T0233175

Lehrbegriffe und Grundlagen der Gesundheitsökonomie

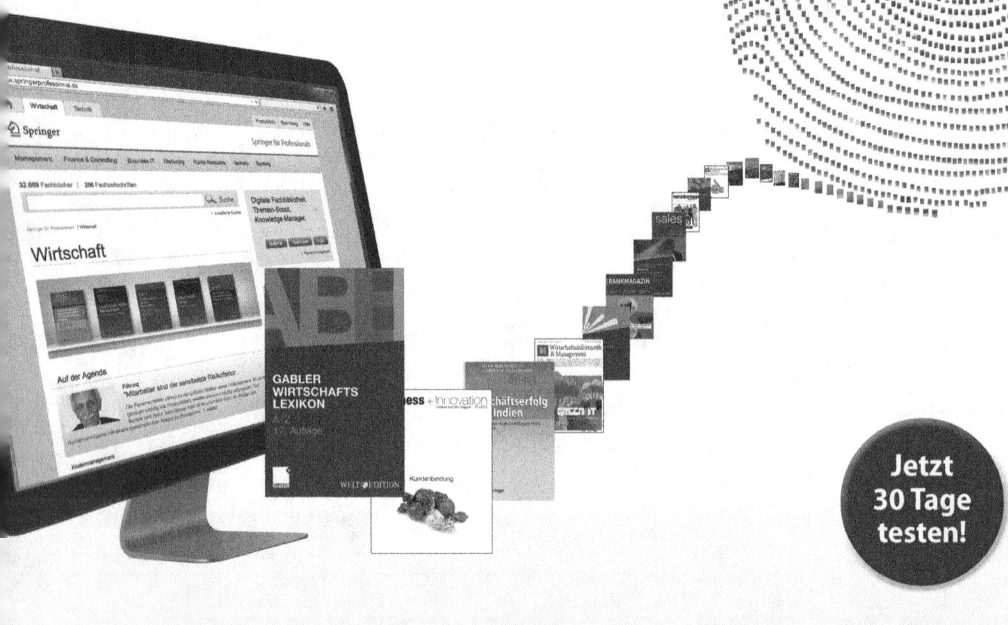

Jonas Trambacz

Lehrbegriffe und Grundlagen der Gesundheitsökonomie

Definitionen, Abkürzungen und Gesetzestexte

Jonas Trambacz
Köln, Deutschland

ISBN 978-3-658-10570-9
DOI 10.1007/978-3-658-10571-6
ISBN 978-3-658-10571-6 (eBook)

Die Deutsche Nationalbibliothek verzeichnet diese Publikation in der Deutschen Nationalbibliografie; detaillierte bibliografische Daten sind im Internet über http://dnb.d-nb.de abrufbar.

Springer Gabler

Lektorat: Margit Schlomski

Gedruckt auf säurefreiem und chlorfrei gebleichtem Papier

Springer Gabler ist Teil der Fachverlagsgruppe Springer Science+Business Media.
www.springer-gabler.de

Geleitwort I

In meiner Funktion als Geschäftsführer einer Krankenhausholding sind mir die veränderten Rahmenbedingungen im Gesundheitswesen bestens vertraut. Mit der Einführung der leistungsorientierten Entgeltabrechnung sind die Herausforderungen im Gesundheitswesen deutlich angestiegen.
Diese Veränderungen bringen die Notwendigkeit mit sich, die Kompetenz im Personalwesen und in der Unternehmensführung adäquat anzupassen. Für die Veränderungen dieser Prozessabläufe besitzen ausgebildete Gesundheitsökonomen eine gute Voraussetzung.
Gesundheitsökonomen besitzen eine hohe Akzeptanz im Dialog mit den Chefärzten/-innen eines Krankenhauses. Sie sind in Praxi das Bindeglied zwischen Medizin und Ökonomie. Sie kennen beispielsweise die Prozesse bezüglich der Reorganisation einer Notfallaufnahme und können diese ebenso wirtschaftlich profund begründen. Mit Freude nehme ich wahr, wenn Mitarbeiter ihre Erfahrungen aus Studium und Klinikpraxis schriftlich, wie in diesem Falle dokumentieren, womit der Wissenstransfer für eine interessierte Öffentlichkeit ermöglicht wird.
Das vorliegende Buch überzeugt mich, da neben der Darstellung der wirtschaftlichen Begriffe ein deutlicher Schwerpunkt auf die medizinisch-pflegerischen Termini gelegt wird und es so zu einem praxisorientierten Nachschlagewerk für junge Mitarbeiter der Krankenhausorganisation wie Praktikanten, Trainees oder Absolventen werden lässt. Diese sind im Gesundheitswesen theoretisch ausgebildet, es fehlt jedoch noch der Praxisbezug, da sie einen Krankenhausbetrieb noch nicht kennen gelernt haben. Aber auch für erfahrene Berufstätige im Gesundheitswesen kann dieses Nachschlagewerk eine Unterstützung darstellen. Obwohl ich als Krankenhaus-Geschäftsführer bereits seit vielen Jahren Berufserfahrung gesammelt habe, gehe ich davon aus, dass ich dieses Buch bei bestimmten Fragestellungen in Anspruch nehmen werde.

Dr. Harald Januschewski — Bergisch Gladbach, Juni 2015
Geschäftsführer
Evangelische Kliniken Rheinland gGmbH

Geleitwort II

Unser Gesundheitswesen in Deutschland befindet sich in einem manifesten Wandel. Dieser Wandel geht einher mit veränderten Krankheitsbildern, mit großen Anforderungen an die professionellen Akteure mit einem extrem schnell verlaufenden und sich weiterentwickelnden medizinischen Fortschritt und mit einer stetig wachsenden Branche. Für diese Branche ist der Nachwuchs in sämtlichen Facetten der Gesundheitsfachberufe wie auch der Gesundheitsmanagementberufe von höchster Priorität. Dabei bietet das Gesundheitswesen für viele Personen einen langfristig attraktiven und zukunftsorientierten Arbeitsplatz. Große Beratungsunternehmen wie McKinsey, Roland Berger oder auch Forschungsinstitute wie Prognos und andere prognostizieren dem Gesundheitswesen seit Jahren ein stetiges Wachstum, trotz des politischen Postulats der begrenzten Ressourcen.

Aber das Gesundheitswesen ist inzwischen so komplex, dass es nicht in drei oder vier Sätzen erklärt werden kann. Nicht nur durch die deutliche Entwicklung sektorübergreifender Behandlungsformen und der Herausforderung durch neue Gesundheitsfachberufe, die sich durch die wandelnden Krankheitsbilder und den Zwängen des demografischen Wandels ergeben, wird von Berufsanfängern und Studierenden eine hohes fachspezifisches Wissen erwartet. Leider ist dies nicht so ohne weiteres erlernbar, insbesondere unter Beachtung hoher Spezialisierungsgrade im Gesundheitswesen.

Jonas Trambacz ist dem Problem entgegengetreten, hat sich durch seine eigenen Erfahrungen zunächst als Krankenpflegefachkraft und dann als Studierender und erfolgreicher Absolvent eines B.A. der Gesundheitsökonomie durch den Dschungel diverser Begrifflichkeiten und Zusammenhänge durchgearbeitet und ein Kompendium geschaffen, welches eine sehr wertvolle Begleitung für sämtliche Ausbildungen und für das Studium im Kontext des Gesundheitssystems sein kann. Er setzt sich dabei detailliert mit dem Geflecht von Subsystemen im gesundheitswissenschaftlichen Kontext auseinander und bereitet die Begriffe in logischer und stark nachvollziehbarer Form auf, so dass eine Einordnung der interessierenden Themen in die Gesundheitswirtschaft und –wissenschaft selbst für startendende Studierende und Auszubildende gut handhabbar wird. Denn letztlich geht es für jeden Berufsstarter und Studierenden erst einmal darum zu verstehen und dabei kann der vorliegende Band eine große Hilfestellung sein.

Prof. Dr. rer. pol. Clarissa Kurscheid — Köln, Juni 2015
Studiengangsleiterin der gesundheitsökonomischen
Studiengänge der praxisHochschule Köln und Leiterin
des Instituts für Gesundheits- und Versorgungsforschung
der praxisHochschule Köln

Inhalt

1. Einleitung

Das Gesundheitswesen ist mit rund 300 Mrd. €, und somit rund 11,3% des Bruttoinlandproduktes, Deutschlands größter Wirtschaftszweig. Jährlich steigen die Gesundheitsausgaben an und der Wettbewerbsdruck im Gesundheitsmarkt wächst stetig. Jener Druck ist im Besonderen seit Einführung der DRGs im Jahr 2004 zu spüren. Seit dieser Zeit erleben Studiengänge mit gesundheitswirtschaftlichem Hintergrund deutlich erhöhten Zulauf. Dabei ist die Gesundheitsökonomie ein Teilgebiet der Volkswirtschaftslehre mit der Spezialisierung auf das Gesundheitswesen. Ob die Studiengänge nun „Management im Gesundheitswesen", „Health Economics", „Medizinökonomie" oder „Gesundheitsökonomie" heißen, die Inhalte sind nahezu identisch.

Das vorliegende Buch soll ein Hilfsmittel für Studenten im Studium, wie auch in den ersten Jahren der Berufspraxis sein. Es werden Lehrbegriffe und Grundlagen der Gesundheitsökonomie lexikalisch, verständlich und vor allem kurz und knapp dargestellt. Es werden neben klassischen ökonomischen Begriffen ebenfalls eine Vielzahl medizinischer Fachtermini aufgeführt, die dem Gesundheitsökonomen geläufig sein sollten. Dabei folgt auf eine Sammlung relevanter Abkürzungen der Hauptteil an Grundlagen und Lehrbegriffen. Jeder Begriff wird in einen nebenstehenden Überbegriff geclustert (Siehe Bsp.), sodass in dem Buch folgende Themenschwerpunkte wiederzufinden sind:

- Allgemein
- Arbeits- und Organisationspsychologie
- Betriebswirtschaftslehre
- Gesundheitsökonomie
- Gesundheitspolitik
- Informationstechnik
- Krankenhausmanagement
- Medizin
- Moderation & Kommunikation
- Pflege
- Pharmakoökonomie
- Projektmanagement
- Prozessmanagement
- Qualitätsmanagement
- Statistik
- Volkswirtschaftslehre

Bei einzelnen Begriffen wird mit ☞ auf die Erklärung des Begriffes an anderer Stelle verwiesen. Ebenso kann ein Verweis zu einem Stichwort erfolgen, welches thematisch zu dem eigentlichen Begriff gehört.

Beispiel

Hypertonie *(Medizin)*

☞ arterielle Hypertonie

Auf den Hauptteil folgen medizinische Präfixe, Wortstämme und Suffixe. Der Gesundheitsökonom wird von seinen medizinischen Kollegen oft daran gemessen, ob er auch die medizinische Fachsprache beherrscht. Es zeigt sich in der Praxis, dass durch bloßes Herleiten von diesen Wortteilen eine Wortbedeutung hergestellt werden kann.

Beispiel

Neuro (Wortstamm) - logie (Suffix)

Lehre von den Nerven

Poly (Präfix) - arthritis (Wortstamm)

Entzündung vieler Gelenke

Zum Schluss werden relevante Gesetzestexte aufgeführt. Dies erleichtert dem Interessierten das mühselige Mitschleppen mehrerer Gesetzesbücher. Hier werden die wichtigen Gesetze an einer Stelle vereint.

Aus Gründen der besseren Lesbarkeit wird auf die gleichzeitige Verwendung männlicher und weiblicher Sprachformen verzichtet. Sämtliche Personenbezeichnungen gelten gleichwohl für beiderlei Geschlecht.

2. Relevante Abkürzungen in der Gesundheitsökonomie

A

ABDA	Bundesvereinigung Deutscher Apothekerverbände
AbgrV	Abgrenzungsverordnung
ACE	Angiotensin-converting enzyme
ACVB	Arteriocoronarer Venen-Bypass
ADH	Antidiuretisches Hormon
ADKA	Bundesverband Deutscher Krankenhausapotheker
ADL	Activities of Daily Life
AEB	Aufstellung der Entgelte und Budgetermittlung
ÄAppO	Ärztliche Approbationsordnung
ÄZQ	Ärztliches Zentrum für Qualität in der Medizin
AfA	Absetzung für Abnutzung
AG	Aktiengesellschaft
AGG	Allgemeines Gleichbehandlungsgesetz
AHB	Anschlussheilbehandlung
AHD	Ambulanter Hospizdienst
AIDS	Acquired immunodeficiency syndrome
AiP	Arzt im Praktikum
AK	Antikörper
AkdÄ	Arzneimittelkommission der deutschen Ärzteschaft
AktG	Aktiengesetz
AltPflG	Altenpflegegesetz
AMG	Arzneimittelgesetz
AMK	Arzneimittelkommission der Deutschen Apotheker
AMNOG	Arzneimittelmarktneuordnungsgesetz
AMPreisV	Arzneimittelpreisverordnung
AO	Abgabenordnung
AOK	Allgemeine Ortskrankenkasse

AOK-BV	AOK-Bundesverband
AOP	Ambulante Operation(en)
ApoG	Apothekengesetz
AQUA	Institut für angewandte Qualitätsförderung und Forschung im Gesundheitswesen
ArbSchG	Arbeitsschutzgesetz
ArbZG	Arbeitszeitgesetz
AR	Absolutes Risiko
AR-DRG	Australian Refined Diagnosis Related Groups
ARR	Absolute Risikoreduktion
ASS	Acetylsalizylsäure
ASV	Ambulante spezialfachärztliche Versorgung
ATC-Code	Anatomisch-therapeutisch-chemischer Code
AU	Arbeitsunfähigkeit
AVK	Arterielle Verschlusskrankheit
AVR	Allgemeine Vertragsrichtlinien
AWMF	Arbeitsgemeinschaft der Wissenschaftlichen Medizinischen Fachgesellschaften
AZ	Allgemeinzustand

B

BAB	Betriebsabrechnungsbogen
BAD	Bundesverband der Allgemeinärzte Deutschlands
BÄK	Bundesärztekammer
BAK	Bundesapothekerkammer
BÄO	Bundesärzteordnung
BAG	Berufsausübungsgemeinschaft
BAH	Bundesverband der Arzneimittelhersteller
BBFW	Bundesbasisfallwert
BCG	Boston Consulting Group
BDA	Bundesvereinigung der deutschen Arbeitgeberverbände

BDI	Berufsverband Deutscher Internisten
BdP	Bundesverband deutscher Psychologinnen und Psychologen
BDPK	Berufsverband Deutscher Privatkliniken
BEM	Betriebliches Eingliederungsmanagement
BEMA	Einheitlicher Bewertungsmaßstab für zahnärztliche Leistungen
BetrVG	Betriebsverfassungsgesetz
BF	Berufsfeuerwehr
BG	Berufsgenossenschaft
BGA	Blutgasanalyse
BGA	Bundesgesundheitsamt
BGB	Bürgerliches Gesetzbuch
BGF	Betriebliche Gesundheitsförderung
BGH	Bundesgerichtshof
BIP	Bruttoinlandsprodukt
BKK	Betriebskrankenkasse
BMC	Bundesverband Managed Care
BMG	Bundesministerium für Gesundheit
BMI	Body-Maß-Index
BMV-Ä	Bundesmantelvertrag – Ärzte
BPEPP	Basis-PEPP
BPflV	Bundespflegesatzverordnung
BPI	Bundesverband der Pharmazeutischen Industrie
BQS	Bundesgeschäftsstelle Qualitätssicherung
BSC	Balanced Scorecard
BSG	Bundessozialgericht
BSG	Blutkörperchensenkungsgeschwindigkeit
BTM	Betäubungsmittel
BtMG	Betäubungsmittelgesetz
BVG	Bundesversorgungsgesetz

BVL	Bundesamt für Verbraucherschutz und Lebensmittelsicherheit
BVW	Betriebliches Vorschlagswesen
BWL	Betriebswirtschaftslehre
BZgA	Bundeszentrale für gesundheitliche Aufklärung

C

Ca	Karzinom
CBA	Cost-benefit analysis
CCL	Complication and Comorbidity Level
CCT	Craniale Computertomographie
CEA	Cost-effectiveness analysis
CEO	Chief Executive Officer
CIRS	Critical Incident Reporting System
CM	Casemix
CMI	Casemix-Index
CMS	Content Management Systeme
Corp.	Corporate
COLD	Chronic obstructive lung disease
COPD	Chronic obstructive pulmonary disease
CPAP	Continuous positive airway pressure
CRM	Costumer relationship management
CRP	C-reaktives Protein
CT	Computertomographie
CTG	Cardiotokogramm
CUA	Cost-utility analysis
CW	Cost weight

D

DALY	Disability Adjusted Life Years
D-Arzt	Durchgangsarzt
DAV	Deutscher Apothekerverband

DAV	Durchgangsarztverfahren
DB	Deckungsbeitrag
DBfK	Deutscher Berufsverband für Pflegeberufe
DCF	Discounted Cash Flow
DD	Differenzialdiagnose
DDD	Defined daily doses
DDG	Deutsche Diabetes Gesellschaft
DEGEMED	Deutsche Gesellschaft für Medizinische Rehabilitation
DGCC	Deutsche Gesellschaft für Care und Case Management
DGfM	Deutsche Gesellschaft für Medizincontrolling e.V.
DGGÖ	Deutsche Gesellschaft für Gesundheitsökonomie e.V.
DGUV	Deutsche Gesellschaftliche Unfallversicherung
DICOM	Digital Imaging and Communications in Medicine
DIMDI	Deutsches Institut für Medizinische Dokumentation und Information
DIN	Deutsche Institut für Normierung e.V.
DIVI	Deutsche Interdisziplinäre Vereinigung für Notfall- und Intensivmedizin
DKG	Deutsche Krankenhausgesellschaft
DKI	Deutsches Krankenhausinstitut
DKR	Deutsche Kodierrichtlinien
DM	Day Mix
DMI	Day Mix Index
DMP	Disease Management Programme
DMS	Dokumenten Management Systeme
DNQP	Deutsches Netzwerk für Qualitätsentwicklung in der Pflege
DNVF	Deutsches Netzwerk Versorgungsforschung e.V.
DPR	Deutscher Pflegerat
DPV	Deutscher Pflegeverband

DQS	Deutsche Gesellschaft zur Zertifizierung von Managementsystemen
DRG	Diagnosis Related Groups
DRK	Deutsches Rotes Kreuz
DRV	Deutsche Rentenversicherung
DTA	Datenträgeraustausch
DWH	Data Warehouse

E

EBIT	Earnings before Interest and Taxes
EBITDA	Earnings before Interest, Taxes, Depreciation and Amortisation
EbM	Evidenzbasierte Medizin
EBM	Einheitlicher Bewertungsmaßstab
EBS	Europäische Beschäftigungsstrategie
EDV	Elektronische Datenverarbeitung
EEG	Elektroenzephalogramm
EFQM	European Foundation for Quality Management
eGK	Elektronische Gesundheitskarte
E-GO	Ersatzkassen-Gebührenordnung
e.K.	eingetragener Kaufmann
EK	Eigenkapital
EK	Einkaufspreis
EKG	Elektrokardiogramm
EMEA	European Agency for the Evaluation of Medicinal Products
EntgFG	Entgeltfortzahlungsgesetz
EOQ	European Organization for Quality
ePA	Elektronische Patientenakte
EPA	European Praxisassessment
ERCP	Endoskopisch retrograde Cholangiopankreatikographie
ESF	Europäischer Sozialfonds

EStG	Einkommensteuergesetz
EU	Europäische Union
EUGH	Europäischer Gerichtshof
EVA	Economic Value Added
EWG	Europäische Wirtschaftsgemeinschaft
EWIV	Europäische Wirtschafts- und Interessensvereinigung
EZ	Ernährungszustand

F

F&E	Forschung & Entwicklung
FK	Fremdkapital
FMEA	Fehlermöglichkeits- und einflussanalyse
FPÄndG	Fallpauschalen-Änderungsgesetz
FP	Fallpauschale
FPG	Fallpauschalengesetz
FPV	Fallpauschalenvereinbarung

G

GAAP	Generally Accepted Acounting Principles
G-BA	Gemeinsamer Bundesausschuss
GBE	Gesundheitsberichterstattung
GbR	Gesellschaft bürgerlichen Rechts
GCS	Glasgow Coma Scale
G-DRG	German Diagnosis Related Groups
GewO	Gewerbeordnung
GewStG	Gewerbesteuergesetz
GFB	Gemeinschaft Fachärztlicher Berufsverbände
GG	Grundgesetz
gGmbH	Gemeinnützige Gesellschaft mit beschränkter Haftung
Gk	Gemeinkosten
GKV	Gesetzliche Krankenversicherung

GKV-GMG	GKV-Modernisierungsgesetz
GKV-GRG	GKV-Gesundheitsreformgesetz
GKV-NOG	GKV-Neuordnungsgesetz
GKV-OrgWG	GKV-Organisationsweiterentwicklungsgesetz
GKV-VStG	GKV-Versorgungsstrukturgesetz
GKV-WSG	GKV-Wettbewerbsstärkungsgesetz
GmbH	Gesellschaft mit beschränkter Haftung
GMG	Gesundheitsmodernisierungsgesetz
GOÄ	Gebührenordnung für Ärzte
GoB	Grundsätze ordnungsgemäßer Buchführung
GOZ	Gebührenordnung für Zahnärzte
GPV	Gesetzliche Pflegeversicherung
GQMG	Gesellschaft für Qualitätsmanagement in der Gesundheitsversorgung
GrESt	Grunderwerbssteuer
GRG	Gesundheitsreformgesetz
GRV	Gesetzliche Rentenversicherung
GuV	Gewinn- und Verlustrechnung
GUV	Gesetzliche Unfallversicherung
GWB	Gesetz gegen Wettbewerbsbeschränkung
GWG	Geringwertige Wirtschaftsgüter

H

H	Haben
h	hour
HALE	Health-Adjusted Life Expectancy
Hb	Hämoglobin
HGB	Handelsgesetzbuch
HIV	Human immunodeficiency virus
HLM	Herz-Lungen-Maschine

HMO	Health Maintenance Organisation
HNO	Hals-Nasen-Ohren-Heilkunde
HP	Helicobacter pylori
HR	Human Resources
HR	Handelsregister
Hrsg.	Herausgeber
HTA	Health Technology Assessment
HVM	Honorarvergütungsmaßstab
HVV	Honorarverteilungsvertrag
HWG	Heilmittelwerbegesetz
HYE	Healthy Years Equivalents
HZV	Hausarztzentrierte Versorgung

I

i.a.	intraarteriell
IAS	International Acconting Standards
IBLV	Innerbetriebliche Leistungsverrechnung
ICD-10	International Classifikation of Diseases – 10. Revision
ICN	International Council of Nurses
ICPM	International Classification of Procedures in Medicine
IDZ	Institut der Deutschen Zahnärzte
ifeg	Institut für empirische Gesundheitsökonomie
IFRS	International financial reporting standards
IfSG	Infektionsschutzgesetz
IGeL	Individuelle Gesundheitsleistungen
IHK	Industrie- und Handelskammer
IK	Institutskennzeichen
IKER	Inkrementelle Kosten-Effektivitäts-Relation
IKK	Innungskrankenkasse
i.m.	intramuskulär

IMC	Intermediate Care
InEK	Institut für das Entgeltsystem im Krankenhaus
IQTIG	Institut für Qualitätssicherung und Transparenz im Gesundheitswesen
IQWIG	Institut für Qualität und Wirtschaftlichkeit im Gesundheitswesen
ISO	International Organization for Standardization
ISTA	Instrument zur stressbezogenen Tätigkeitsanalyse
IT	Informationstechnik
ITN	Intubationsnarkose
ITS	Intensivstation
IV	Integrierte Versorgung, Integrationsversorgung
i.v.	intravenös

J

JAMA	Journal of the American Medical Association
JDS	Job Diagnostic Survey
JUH	Johanniter-Unfall-Hilfe

K

K	Kosten
KAS	Klinisches Arbeitsplatzsystem
KBV	Kassenärztliche Bundesvereinigung
KdöR	Körperschaft des öffentlichen Rechts
Kf	Fixkosten
KG	Krankengymnastik
KG	Kommanditgesellschaft
KGaA	Kommanditgesellschaft auf Aktien
KHBV	Krankenhausbuchführungsverordnung
KHEntgG	Krankenhausentgeltgesetz
KHG	Krankenhausfinanzierungsgesetz
KHK	Koronare Herzkrankheit

KHRG	Krankenhausfinanzierungsreformgesetz
KHStatV	Krankenhausstatistikverordnung
KIS	Krankenhausinformationssystem
KK	Krankenkasse
KKVD	Katholischer Krankenhausverband Deutschland
KMU	Kleine und mittlere Unternehmen
KPI	Key Performance Indicator
Krea	Kreatinin
KRINKO	Kommission für Krankenhaushygiene und Infektionsprävention am RKI
KrpflG	Krankenpflegegesetz
KSchG	Kündigungsschutzgesetz
KTQ	Kooperation für Transparenz und Qualität im Gesundheitswesen
KTR	Kostenträgerrechnung
KÜBAG	KV-übergreifende Berufsausübungsgemeinschaft
KTW	Krankentransportwagen
KV	Kassenärztliche Vereinigung
Kv	variable Kosten
KVP	Kontinuierlicher Verbesserungsprozess
KZVB	Kassenzahnärztliche Bundesvereinigung
KZV	Kassenzahnärztliche Vereinigung

L

LÄK	Landesärztekammer
LBFW	Landesbasisfallwert
LKG	Landeskrankenhausgesellschaft
LKK	Landwirtschaftliche Krankenkasse
LWS	Lendenwirbelsäule

M

M&A	Mergers & Acquisitions

ManV	Massenanfall von Verletzten
MBA	Master of Business Administration
MBO	Musterberufsordnung für Ärzte
MDC	Major Diagnostic Category
MDK	Medizinischer Dienst der Krankenversicherungen
MDS	Medizinischer Dienst der Spitzenverbände
MIS	Managementinformationssystem
Morbi-RSA	Morbiditätsorientierter Risikostrukturausgleich
MPG	Medizinproduktegesetz
MPV	Medizinprodukteverordnung
MRA	Medizinisch radiologische/r Assistent/in
MRSA	Methicillin-resistenter Staphylococcus-aureus
MRT	Magnetresonanztomographie
MS	Multiple Sklerose
MTA	Medizinisch-technische/r Assistent/in
MVZ	Medizinisches Versorgungszentrum
MwST	Mehrwertsteuer

N

n	Anzahl
NA	Notarzt
NEF	Notarzteinsatzfahrzeug
NHS	National Health Service
NJAZ	Nettojahresarbeitszeit
NNT	Numbers Needed to Treat
NOPAT	Net Operating Profit after Tax
NOTES	Natural Orifice Transluminal Endoscopic Surgery
NPO	Non-Profit-Organisation
NRS	Numerische Rating-Skala
NSAR	Nichtsteroidale Antirheumatika

NSTEMI	Non-ST-Elevation Myocardial Infarction
NUB	Neue Untersuchungs- und Behandlungsmethode
NYHA	New York Heart Association

O

OECD	Organisation for Economics Co-operation and Development
ÖGD	Öffentlicher Gesundheitsdienst
oGVD	Obere Grenzverweildauer
OHG	Offene Handelsgesellschaft
OMK	Offene Methode der Koordinierung
OP	Operation/Operationsbereich
OPS	Operationen- und Prozedurenschlüssel
OR	Odds Ratio
OTC	Over the Counter

P

P4P	Pay for Performance
PACS	Picture Archiving and Communication System
pAVK	periphere arterielle Verschlusskrankheiten
pCC	ProCumCert
PCCL	Patient Clinical Complexity Level
PCI	Perkutane Coronar-Intervention
PCR	Polymerase chain reaction
PDCA	Plan, Do, Check, Act
PDL	Pflegedienstleitung
PEG	Perkutane endoskopische Gastrostomie
PEPP	Pauschaliertes Entgelt für Psychiatrie und Psychosomatik
PfWG	Pflege-Weiterentwicklungsgesetz
PIS	Praxisinformationssystem
PJ	Praktisches Jahr
PKV	Private Krankenversicherung

PKV-Verband	Verband der Privaten Krankenversicherung
PKMS	Pflegekomplexmaßnahmen-Score
PM	Projektmanager
PPR	Pflege-Personalregelung
PR	Public relations
PsychKG	Psychisch-Kranken-Gesetz
PsychEntgG	Psych-Entgeltgesetz
PTA	Perkutane transluminale Angioplastie
PTA	Pharmazeutisch technische/r Assistent/in
PTCA	Perkutane transluminale coronare Angioplastie

Q

QALY	Quality Adjusted Life Year
QEP	Qualität und Entwicklung in Praxen
QM	Qualitätsmanagement
QMB	Qualitätsmanagementbeauftragter
QS	Qualitätssicherung

R

r	Zinssatz
RADAR	Results, Approach, Deployment, Assessment, Review
RCT	Randomised controlled trial
Reha	Rehabilitation
resp.	Respiratorisch
REWE	Rechnungswesen
RHB	Roh-, Hilfs- und Betriebsstoffe
RKI	Robert-Koch-Institut
RLV	Regelleistungsvolumen
ROCE	Return on Capital Employed
ROI	Return on Investment
RONA	Return on Net Assets

RSA	Risikostrukturausgleich
RR	Blutdruck (Riva-Rocci)
RR	Relatives Risiko
RRR	Relative Risikoreduktion
RTW	Rettungswagen

S

S	Soll
SAB	Subarachnoidalblutung
SAP-V	Spezialisierte ambulante Palliativversorgung
SAVE	Saved Young life Equivalents
s.c.	subkutan
SchwbG	Schwerbehindertengesetz
SCM	Supply Chain Management
SeeKK	See-Krankenkasse
SGB	Sozialgesetzbuch
SGE	Strategische Geschäftseinheit
SGF	Strategisches Geschäftsfeld
SHT	Schädel-Hirn-Trauma
SHV	Shareholder Value
SMART	Akronym: spezifisch, messbar, aktionsauslösend, realistisch, terminiert
Sono	Sonographie
SOP	Standard Operating Procedure
SpiBu	GKV-Spitzenverband
SPZ	Sozialpädiatrisches Zentrum
SSW	Schwangerschaftswoche
STEMI	ST-Elevation Myocardial Infarction
StGB	Strafgesetzbuch
SVAV	Schwerverletztenartenverfahren

SWOT	Strenght Weaknesses Opportunities Threats

T

TAA-KH	Tätigkeits - und Arbeitsanalyseverfahren für das Krankenhaus
Tbc	Tuberkulose
TCO	Total Cost of Ownership
TE	Therapieeinheit
TE	Tonsillektomie
TEA	Thrombendarteriektomie
TEE	Transösophageale Echokardiographie
TEP	Totale Endoprothese
TIA	Transistorisch ischämische Attacke
TQM	Total Quality Management
TVäD	Tarifvertrag ärztlicher Dienst
TVöD	Tarifvertrag öffentlicher Dienst
TVT	Tiefe Beinvenenthrombose

U

UE	Umsatzerlöse
ÜBAG	Überörtliche Berufsausübungsgemeinschaft
uGVD	Untere Grenzverweildauer
US-GAAP	United States Generally Accepted Accounting Principles
UStG	Umsatzsteuergesetz
UWG	Gesetz gegen unlauteren Wettbewerb

V

V.a.	Verdacht auf
VAS	Visuelle Analogskala
VAV	Verletzungsartenverfahren
VdAK	Verband der Angestellten-Krankenkassen
VERA	Verfahren zur Ermittlung von Regulationserfordernissen
VFA	Verband forschender Arzneimittelhersteller

VgV	Vergabeverordnung
VHF	Vorhofflimmern
VK	Vollkraft, Vollkräfte
VKD	Verband der Krankenhausdirektoren Deutschlands
VO	Verordnung
VUD	Verband der Universitätsklinika Deutschlands
VW	Verweildauer
VWD	Verweildauer

W

WACC	Weight Average Costs of Capital
WHO	World Health Organisation
WHR	World Health Report
WidO	Wissenschaftliches Institut der Ortkrankenkassen
WIP	Wissenschaftliches Institut der PKV
WLB	Work-Life Balance

X

Y

Z

ZE	Zusatzentgelt
Z.n.	Zustand nach
ZNA	Zentrale Notaufnahme
ZNS	Zentrales Nervensystem
ZVK	Zentraler Venenkatheter

3. Grundlagen und Lehrbegriffe der Gesundheitsökonomie

ABC-Analyse *(Betriebswirtschaftslehre)*

Betriebswirtschaftliches Analyseverfahren nach H. Ford Dickie; Unterteilung von Gütern nach absteigender Bedeutung in A-, B- und C- Klassen

Abdomen *(Medizin)*

Bauch

Ablauforganisation *(Projektmanagement)*

Definition und Festlegung von Arbeitsprozessen unter Berücksichtigung von Zeit, Personal, Ressourcen und Raum

Abnehmender Grenznutzen *(Betriebswirtschaftslehre)*

Situation, in der jede zusätzliche Einheit von Gütern oder Diensten, die man konsumiert, einen geringeren Nutzen bringt, als die vorangegangene Einheit

Abschlussbericht *(Projektmanagement)*

Berichtet nach Abschluss eines Projektes sowie eines Arbeitspaketes oder Meilensteines in einem Projekt, über die Ergebnisse der Phase; enthält einen Soll-Ist Vergleich bezüglich der Phase, Termin- und Budgetverlauf und Abweichungen, Probleme und offene Punkte

Absolute Risikoreduktion *(Pharmakoökonomie)*

ARR; statistische Größe; absolute Differenz der Rate der unerwünschten Ereignisse in der Kontrollgruppe und der Interventionsgruppe bei klinischen Studien

Absolutes Risiko *(Pharmakoökonomie)*

AR; statistische Größe; beschreibt die Auftretenswahrscheinlichkeit eines Ereignisses, wobei 0 = 0% und 1 = 100%

Abteilung *(Betriebswirtschaftslehre)*

Zusammenfassung von Stellen unter einer ☞ Instanz

Abzugsfranchise *(Gesundheitspolitik)*

Selbstbehalt; der Versicherte trägt alle, einen definierten Betrag übersteigende Kosten selbst

ACE-Hemmer *(Medizin)*

Arzneimittelgruppe zur Hemmung des Angiotensin Converting Enzyms; Anwendung bei ☞ arterieller Hypertonie und ☞ Herzinsuffizienz

Adhärenz *(Medizin)*

Einhaltung der vom Arzt und Patienten gemeinsam vereinbarten Ziele/Therapie

Adipositas *(Medizin)*

Fettleibigkeit; Fettsucht; Ernährungs- und Stoffwechselerkrankung mit Übergewicht (BMI > 30 kg/m^2); Risikofaktor u.a. für ☞ Herzinfarkt und ☞ Apoplex

Adverse Selektion *(Gesundheitsökonomie)*

Art des Marktversagens durch Informationsasymmetrien; liegt vor, wenn ein Versicherungsnehmer mit höherem Risiko eine Versicherungsleistung in Anspruch zu nehmen, eine Versicherung abschließt, hingegen ein anderer Versicherungsnehmer mit niedrigem Risiko keine Versicherung abschließt. Es resultiert das Problem, dass die Versicherungsprämien die Ausgaben nicht decken

AEB-Informationen *(Krankenhausmanagement)*

Aufstellung der Entgelt- und Budgetinformationen; Aufstellung über Art und Menge der Leistungen eines Krankenhauses; sie stellen die Grundlage zur Ermittlung des Krankenhausbudgets dar

Äquivalenzprinzip *(Gesundheitspolitik)*

Kalkulationsprinzip der PKV-Prämien; die Beitragshöhe richtet sich nach individueller Konstitution des Versicherten (Alter, Vorerkrankungen, Geschlecht) und ist somit risiko-äquivalent

Ärztehaus *(Gesundheitspolitik)*

Mehrzahl von niedergelassenen Ärzten im gleichen Gebäude

Ärztekammer *(Gesundheitspolitik)*

17 Ärztekammern in Deutschland; Träger der berufsständischen Selbstverwaltung; Vertretung der Berufsinteressen der Ärzte; Überwachung der Berufsausübung der Ärzte

Ärzteverbände *(Gesundheitspolitik)*

Vereinigungen mit dem Ziel der Interessensvertretung der Ärzte. Zu den wichtigsten gehören in Deutschland der deutsche Hausärzteverband, der Berufsverband der Internisten, der Marburger Bund, der Verband der niedergelassenen Ärzte Deutschlands und der Hartmannbund

Ärztlicher Direktor *(Krankenhausmanagement)*

Arzt, meist Chefarzt; Mitglied der Krankenhausleitung; meist Nebentätigkeit neben der eigentlichen Position; Aufgaben: Führungsfunktion, Sprecher des Ärztlichen Dienstes, Koordination des ärztlichen Bereichs

Ärztlicher Dokumentationsaufwand *(Krankenhausmanagement)*

Meint die gesamte Dokumentationstätigkeit von Ärzten, z.B. Arztbriefschreibung, Visitendokumentation, Kodierung, etc; seit Einführung des DRG-Systems in Deutschland hat sich der Dokumentationsaufwand für die Ärzte deutlich erhöht. Im Besonderen muss auf die Dokumentationsqualität geachtet werden, da sich Mängel auf die DRG-Erlöse auswirken können. Seit einigen Jahren wird versucht, den Ärztlichen Dienst durch Dokumentationsassistenten zu entlasten

Ätiologie *(Medizin)*

Lehre von den Ursachen der Krankheiten

Akademisierung der Gesundheitsberufe *(Gesundheitspolitik)*

Gemeint ist der erkennbare Trend bzw. auch die Forderung des Wissenschaftsrates, einen Ausbildungsweg einzuschlagen, welcher weg von der traditionellen Ausbildung, hin zu einem Studium geht. So bieten heute zahlreiche Hochschulen und Ausbildungsstätten bspw. einen Bachelor of Nursing (B.A.), statt einer Ausbildung zur Gesundheits- und Krankenpflegerin an

Akkreditierung *(Qualitätsmanagement)*

Formelle Anerkennung einer Organisation oder Person, durch Ihre Kompetenz bestimmte Leistungen erbringen zu dürfen

Akronym *(Allgemein)*

Aus den Anfangsbuchstaben mehrerer Wörter gebildetes Kunstwort, z.B. SMART = specific, measurable, accepted, realistic, timely

Aktiengesellschaft *(Betriebswirtschaftslehre)*

AG; Kapitalgesellschaft, deren Grundkapital (mindestens 50.000 €) in Aktien augeteilt ist

Aktive Sterbehilfe *(Medizin)*

Direkte, aktive Tötung eines Menschen. Zum Zweck der schmerzlosen Tötung eines Sterbenden ist nach § 212 StGB (Totschlag) eine Freiheitsstrafe bis zu 5 Jahren vorgesehen. Das Todesverlangen des Patienten ändert nichts an der Strafbarkeit, die Tat wird dann nach § 216 StGB (Tod auf Verlangen) bestraft

Aktivierende Pflege *(Pflege)*

Pflegepraxis, die die Selbstständigkeit und Unabhängigkeit eines pflegebedürftigen Menschen fördert

Aktivitäten des täglichen Lebens *(Pflege)*

ATL; Instrument zur Messung der Selbstständigkeit einer Person im Haushalt, z.B. beim Essen, Anziehen, Waschen, Gehen, etc.

Aktivitätenliste *(Projektmanagement)*

Zerteilt Arbeitspakete eines Projektstrukturplans weiter bis in die Einzelaktivitäten; ist eine Voraussetzung zur Feinplanung eines Projekts; umfasst Informationen wie ID der Aktivität, Kurzbeschreibung, Aufwand, Mitarbeiter, Mitarbeiterkapazität und Kosten

Akutbehandlung *(Medizin)*

Ist die schnelle, unverzügliche Wiederherstellung eines Gesundheitszustandes des Patienten

Akutes Nierenversagen *(Medizin)*

Rasche, anhaltende, reversible Abnahme der Nierenfunktion mit Anstieg der harnpflichtigen Substanzen im Blut

Allergologie *(Medizin)*

Lehre von den allergischen Erkrankungen

Allokation *(Volkswirtschaftslehre)*

Zuordnung; Verteilung von Ressourcen

Altenpflege *(Pflege)*

Pflegerische Betreuung und Versorgung alter, pflegebedürftiger Menschen

Alternative Medizin *(Medizin)*

Sammelbegriff für medizinische Methoden, die neben der konservativen Medizin als Ergänzung angesehen wird. Die Wirkung der alternativen Medizin ist meist nicht wissenschaftlich bewiesen. Dazu zählen: Naturheilverfahren, Homöopathie, Akkupunktur oder Osteopathie

Ambulant *(Medizin)*

Behandlung, bei der der Patient die Nacht vor und die Nacht nach dem Eingriff nicht im Krankenhaus verbringt

Ambulante Pflege *(Pflege)*

☞ Häusliche Krankenpflege

Ambulantes Operationszentrum *(Krankenhausmanagement)*

Im Zuge der Möglichkeiten des ambulanten Operierens im Krankenhaus, speziell errichtete Zentren, in denen diese Operationen durchgeführt werden können; auch als Marketing-Instrument genutzt

Amnesie *(Medizin)*

Erinnerungslücke; Gedächtnisschwund

Amputation *(Medizin)*

Operative Entfernung eines Körperteils

Anamnese *(Medizin)*

Vorgeschichte des Kranken; Krankengeschichte; in der Regel gibt der Patient selbst Auskünfte (Eigenanamnese), ist er nicht dazu in der Lage, kann dies durch Angehörige geschehen (Fremdanamnese). Inhalt der eigentlichen Anamnese kann auch eine Familien- oder Sozialanamnese sein

Anatomie *(Medizin)*

Lehre von den Körperstrukturen

Anämie *(Medizin)*

Blutarmut

Anästhetika *(Medizin)*

Arzneimittel zur Erzeugung einer allgemeinen oder lokalen Betäubung

Analgetika *(Medizin)*

Schmerzmittel

Aneurysma *(Medizin)*

Gefäßausweitung, meist Arterien

Angebot *(Betriebswirtschaftslehre)*

Bereitschaft, Güter oder Dienste gegen Entgelt abzugeben

Angebotsindizierte Nachfrage *(Gesundheitsökonomie)*

Beeinflussung der Nachfrage durch den Anbieter in Menge und Struktur. Der Zahnarzt empfiehlt seinen Patienten z.B. dreimal jährlich eine professionelle Zahnreinigung durchführen zu lassen. Die Patienten werden die Reinigung voraussichtlich bei ihm durchführen lassen und da es sich um eine Leistung handelt, die der Patient selbst an den Zahnarzt vergüten muss, wird der Zahnarzt mehr Geld verdienen

Angina pectoris *(Medizin)*

Brustschmerz; klassisches Symptom des ☞ Herzinfarkts oder der ☞ KHK; Schmerz strahlt üblicherweise in den linken Arm aus

Angiographie *(Medizin)*

Darstellung von Gefäßen mit bildgebenden Methoden, mit Hilfe von Kontrastmittel

Angiologie *(Medizin)*

Teilgebiet der Inneren Medizin; befasst sich mit der nicht-chirurgischen Gefäßmedizin

Annuität *(Betriebswirtschaftslehre)*

Zahlungen des Kreditnehmers

Anreiz *(Arbeits- und Organisationspsychologie)*

Grund für die Motivation eines Individuums

Antazida *(Medizin)*

Mittel zum Binden überschüssiger Magensäure

Ante *(Medizin)*

Vor; vorher

Anterior *(Medizin)*

Vorne

Antiallergika *(Medizin)*

Arzneimittel gegen Allergien

Antiarrythmika *(Medizin)*

Arzneimittel gegen Herzrhythmusstörungen

Antibiotika *(Medizin)*

Arzneimittel gegen Bakterien

Antidiabetika *(Medizin)*

Arzneimittel gegen Diabetes mellitus

Antidiarrhoika *(Medizin)*

Arzneimittel gegen Durchfall

Antidote *(Medizin)*

Arzneimittel zur Behandlung von Vergiftungen; Gegengift

Antiemetika *(Medizin)*

Arzneimittel gegen Übelkeit und Erbrechen

Antihistaminika *(Medizin)*

Arzneimittel zur Hemmung von Histamin; Anwendung bei allergischen Erkrankungen der Atemwege

Antihypertensiva *(Medizin)*

Arzneimittel gegen Bluthochdruck

Antihypotonika *(Medizin)*

Arzneimittel gegen zu niedrigen Blutdruck

Antikoagulanzien *(Medizin)*

Arzneimittel zur Gerinnungshemmung

Antimykotika *(Medizin)*

Pilzabtötende Arzneimittel

Antiphlogistika *(Medizin)*

Entzündungshemmende Arzneimittel

Antipyretika *(Medizin)*

Fiebersenkende Arzneimittel

Antirheumatika *(Medizin)*

Arzneimittel gegen Rheuma

Antitussiva *(Medizin)*

Arzneimittel gegen Hustenreiz

Apnoe *(Medizin)*

Atemstillstand

Apoplex *(Medizin)*

Verminderte Durchblutung des Gehirns durch ☞ Thrombose, ☞ Embolie oder Blutung

Appendizitis *(Medizin)*

Entzündung des Appendix (Wurmfortsatz), was zu einem akuten ☞ Abdomen (Symptomatik bei vielfach lebensbedrohlichen Erkrankungen) führen kann; i.d.R. Notfallsituation

Approbation *(Medizin)*

Staatliche Zulassung eines Arztes zur Berufsausübung

Approximation *(Statistik)*

Schätzung/Annäherung in der Mathematik/Statistik

Arbeitnehmerbegriff *(Betriebswirtschaftslehre)*

Gesetzlich nicht definiert; Definition über die Selbstständigkeit: Jemand, der im Wesentlichen frei seine Tätigkeit gestalten und seine Arbeitszeit bestimmen kann. Somit ist Arbeitnehmer, wer seine Arbeitskraft einem Anderen zur Verfügung stellt und dabei in persönliche Abhängigkeit tritt

Arbeits- und Organisationspsychologie *(Arbeits- und Organisationspsychologie)*

Betrachtet werden Wechselbeziehungen zwischen Arbeits- und Organisationsbedingungen und menschlichem Erleben und Verhalten

Arithmetische Folge *(Statistik)*

Folge von Zahlen mit konstanter Differenz aufeinanderfolgender Glieder

Arithmetisches Mittel *(Statistik)*

Statistisches Maß; durchschnittliche Ausprägung eines Merkmals; Summe der Merkmalswerte, geteilt durch die Anzahl der Beobachtungen

$$\frac{1}{n}\sum_{i=1}^{n} xi = \bar{x}$$

Arterie *(Medizin)*

Blutgefäß, welches sauerstoffreiches Blut transportiert

Arterielle Hypertonie *(Medizin)*

Anhaltender Blutdruck über 140/90 mmHg. Unterteilung in essentielle (Ursache unbekannt; 90% der Fälle) und sekundäre (Ursache bekannt) Hypertonie

Arteriosklerose *(Medizin)*

Arterienverkalkung; Systemkrankheit der Arterien durch Ablagerungen an den Gefäßwänden; Risikofaktor für ☞ Apoplex

Arthrose *(Medizin)*

Gelenkverschleiß

Arzneimittel *(Medizin)*

Dienen dazu Krankheiten, Leiden, Körperschäden oder krankhafte Beschwerden zu heilen, lindern, verhüten oder zu erkennen

Arzneimittelgesetz *(Gesundheitspolitik)*

AMG; Neufassung trat im Januar 1978 in Kraft; regelt den Verkehr von Arzneimitteln, mit gleichzeitiger Sicherstellung einer optimalen Versorgung mit Arzneimitteln für Menschen

Arzneimittelmanagement *(Gesundheitspolitik)*

Gesamtheit aller Aktivitäten zur medizinischen Patientenversorgung mit Arzneimitteln unter gegebenen Ressourcen

Arztregister *(Gesundheitspolitik)*

Wird von jedem Kassenärztlichen Verband geführt sowie auf Bundesebene von der Kassenärztliche Bundesvereinigung. Voraussetzung für die Aufnahme in das Arztregister ist die Approbation und eine abgeschlossene Weiterbildung. Mit dem Eintrag in das Arztregister erfolgt die Zulassung als Vertragsarzt. Für den Eintrag in das Register ist eine Bewerbung erforderlich; § 95 Abs. 2 SGB V

Assessment *(Medizin)*

Grundsätzliches Instrument zur Erfassung bestimmter Merkmale, z.B. der Einschätzung eines Dekubitus

Asthma bronchiale *(Medizin)*

Entzündliche chronische Erkrankung mit anfallsweise auftretender reversibler (umkehrbarer) Atemwegsverengung (Obstruktion)

Audit *(Qualitätsmanagement)*

Systematischer, unabhängiger und dokumentierter Prozess des Nachweises von definierten Kriterien; ☞ Internes Audit ☞ Externes Audit

Aufbauorganisation *(Betriebswirtschaftslehre)*

Definiert die Strukturierung im Unternehmen; definiert Abteilungen und Stellen im Unternehmen

Aufbewahrungsfristen *(Krankenhausmanagement)*

Gewisse Dokumente müssen über einen definierten Zeitraum aufbewahrt werden, z.B. die Pflegedokumentation über 30 Jahre; § 197 BGB

Aufnahmemanagement *(Krankenhausmanagement)*

Koordination des ☞ Aufnahmeprozesses

Aufnahmeprozess *(Krankenhausmanagement)*

Gemeint ist der Prozess der Aufnahme eines Patienten im Krankenhaus; ein Prozess mit Ablaufstörungen kann zur Unzufriedenheit des Patienten und der Mitarbeiter führen; klassischer Fehler ist das 9-Uhr-Phänomen, bei dem alle Patienten für 9 Uhr einbestellt werden

Aufwachraum *(Medizin)*

Raum, in dem Patienten nach einer Narkose (üblicherweise nach einer Operation) aufwachen können und von medizinischem und pflegerischem Personal überwacht werden

Ausschreibung *(Betriebswirtschaftslehre)*

Verfahren zur Vergabe von Aufträgen

Auswahlkompetenz *(Projektmanagement)*

Projektleiter muss bei der Auswahl der Projektmitarbeiter ein Mitbestimmungsrecht in Form der Auswahlkompetenz haben; die Auswahl muss bei Vorgesetzen angemeldet und abgestimmt werden

Aut idem *(Gesundheitspolitik)*

Arzneimittelsubstitution; der Apotheker hat die Möglichkeit, statt des vom Arzt verordneten Präparats ein wirkstoffgleiches Präparat auszugeben. Dafür muss auf dem Rezept das Aut-idem-Feld angekreuzt sein

Autorität *(Arbeits- und Organisationspsychologie)*

Führungsstil; Anweisungen ohne Beratung mit Mitarbeitern; Kritik ist unerwünscht; Bestrafung bei Fehlern

Aut simile *(Gesundheitspolitik)*

Abgabe eines wirkstoffähnlichen Präparats durch den Apotheker; in Deutschland und den meisten anderen EU-Ländern nicht zulässig

B

Bagatellarzneimittel *(Medizin)*

Medikamente zur Behandlung leichter Erkrankungen, wie Erkältungskrankheiten

Balanced Scorecard *(Betriebswirtschaftslehre)*

Kennzahlengestütztes Managementsystem von Kaplan und Norton (1990). Ziel ist die Abbildung des Unternehmens mittels Kennzahlen durch 4 Perspektiven (Finanz-, Kunden-, Prozess-, Entwicklungs-/Potentialperspektive)

Balkendiagrammtechnik *(Projektmanagement)*

☞ Balkenplan

Balkenplan *(Projektmanagement)*

Instrument des Projektmanagements; nach Henry L. Gantt; stellt die zeitliche Abfolge von Aktivitäten in Projekten in Form von Balken auf einer Zeitachse graphisch dar; dient zur Grobterminplanung von Projekten

Barthel-Index *(Medizin)*

Verfahren zur Erfassung von Beeinträchtigungen der Selbstständigkeit als Folge einer Erkrankung; Instrument, welches vorwiegend in der Geriatrie angewendet wird; Erfassung über einen Score von 0 bis 100 Punkten

Barwert *(Betriebswirtschaftslehre)*

Gegenwartswert von zukünftigen oder historischen Kosten; Ermittlung durch ☞ Diskontierung

Basisfallwert *(Krankenhausmanagement)*

Bezeichnet den Preis der bewerteten ☞ Relativgewichte mit 1,000. Dabei können die Preise je nach Bundesland stark variieren, so haben sich die Preise pro CM-Punkt 2011 um 276,14 Euro unterschieden. Das machte eine Differenz bei der Implantation eines künstlichen Hüftgelenks zwischen Rheinland-Pfalz und Mecklenburg-Vorpommern von rd. 600 Euro aus. Seit 2010 wird versucht, diese Unterschiede durch einen bundeseinheitlichen Basisfallwert auszugleichen. Der LBFW wird jedes Jahr auf Landesebene bis zum 31. November für das Folgejahr vereinbart (§ 10 Abs. 1, Abs. 10 KHEntgG). Für NRW liegt dieser derzeit bei 3.190,81 Euro

Bedarfsdeckungsprinzip *(Gesundheitspolitik)*

Leistungen der gesetzlichen Krankenkasse müssen den Bedarf des Kranken decken, eine Behandlung muss ausreichend und zweckmäßig sein

Bedarfsplanung *(Gesundheitspolitik)*

Meint die Planung zur Sicherstellung der medizinischen Versorgung. Existiert in beiden Sektoren; im ambulanten Sektor wird der Bedarfsplan von den KVen und den Landesverbänden der Krankenkassen erstellt, im stationären Sektor erstellt den Bedarfsplan jedes Bundesland mit Hilfe der ☞ Hill-Burton-Formel

Bedürfnis *(Betriebswirtschaftslehre)*

Mangelempfindung mit dem Wunsch, dies zu überwinden

Bedürfnisorientierte Mitarbeitertypen nach Frey *(Arbeits- und Organisationsmanagement)*

Einkommensmaximierer, Statusorientierte, Formalisten, Selbstbestimmte

Behandlungsfehler *(Medizin)*

Liegt vor, wenn die ärztliche Maßnahme nach dem Standard der medizinischen Wissenschaft und Erfahrung die gebotene Sorgfalt vermissen lässt und darum unsachgemäß erscheint. Maßstab ist der Facharztstandard, unabhängig davon, ob der behandelnde Arzt Facharzt auf dem entsprechenden Gebiet ist

Behandlungspflege *(Pflege)*

Meint die Pflege eines Erkrankten, orientiert an der Erkrankung, z.B. Blutdruckmessung, Blutzucker-Messung, Medikamentengabe oder Verbandswechsel

Beipackzettel *(Medizin)*

Gebrauchsinformationen von Arzneimitteln, die in jeder Verpackung enthalten sein müssen

Beitragsbemessungsgrenze *(Gesundheitspolitik)*

Grenze, bis zu der Krankenversicherungsbeiträge erhoben werden (49.500 € in 2015)

Beitragssatz *(Gesundheitspolitik)*

Prozentsatz des Einkommens für die Sozialversicherung

Belegkrankenhaus *(Krankenhausmanagement)*

Krankenhaus, welches ausschließlich über Belegbetten verfügt, d.h. Betten, die von niedergelassenen Ärzten für die stationäre Behandlung ihrer Patienten genutzt werden

Belegungsmanagement *(Krankenhausmanagement)*

Steuerung aller geplanten und ungeplanten (Notfall-) Aufnahmen, der Bettenbelegung, der Verlegung und Entlassung; in den deutschen Krankenhäusern unterschiedlich gehandhabt. Manchmal ist das Belegungsmanagement Aufgabe des Pflegepersonals, manchmal ist es Aufgabe einer vorgeschalteten übergeordneten Bereichspflegekraft, manchmal wird es ärztlich koordiniert oder eine separate Abteilung eingerichtet

Benchmark *(Betriebswirtschaftslehre)*

Der Vergleich und das Messen mit Anderen. Bspw. kann ein Krankenhaus ein externes Benchmark mit den DRG-Kostendaten des InEK-Browsers durchführen

Benigne *(Medizin)*

Gutartig

Bereichspflege *(Pflege)*

Pflegesystem, bei dem der Pflegekraft eine Patientengruppe zugeordnet wird. Diese Pflegekraft übernimmt jegliche Aufgaben und die Verantwortung über die Ihr zugewiesene Patientengruppe. D.h. die eine Pflegekraft versorgt die Patienten der Zimmer 1 bis 9, eine andere die Zimmer 10 bis 18, usw.

Berufsausübungsgemeinschaft *(Gesundheitspolitik)*

BAG; Zusammenschluss von mind. zwei Ärzten zu einer Organisation, mit gemeinsamer Abrechnung, Abrechnungsnummer, gemeinsamen Patientenstamm und Budget

Berufsgenossenschaften *(Gesundheitspolitik)*

BG; Träger der gesetzlichen Unfallversicherung; KdöR; Mitglieder per Gesetz = alle Unternehmen gegliedert nach Gewerbezweig; überwachen die Einhaltung der Unfallverhütungsvorschriften und bei Berufskrankheiten Heilbehandlungen und Rehabilitationsmaßnahmen; zahlen Berufsunfähigkeitsrenten

Beschäftigungsgrad *(Betriebswirtschaftslehre)*

Kennzahl, die die Ist-Beschäftigung der Plan-Beschäftigung gegenüberstellt

Beschäftigungsstruktur *(Betriebswirtschaftslehre)*

Kennzahl, die den prozentualen Anteil einer Gruppe von Mitarbeitern an den Gesamtbeschäftigten angibt

Beschränktes Monopol *(Volkswirtschaftslehre)*

Marktform mit einem Anbieter und wenigen Nachfragern

Beschränktes Monopson *(Volkswirtschaftslehre)*

Marktform mit wenigen Anbietern und einem Nachfrager

Beschwerdemanagement *(Qualitätsmanagement)*

Regelungen, die den Umgang mit Beschwerden im Unternehmen betreffen. Meist im Qualitätsmanagement eines Krankenhauses angesiedelt

Besprechungsprotokoll *(Projektmanagement)*

Jede Besprechung innerhalb eines Projektes sollte protokolliert werden; das Besprechungsprotokoll erfasst die Ergebnisse der Besprechung und dokumentiert diese; es informiert die Nicht-Anwesenden über den Verlauf der Besprechung

Best Case *(Betriebswirtschaftslehre)*

Bester/günstigster Fall in einem Szenario

Beta-Blocker *(Medizin)*

Beta-Rezeptoren-Blocker; Arzneimittel zur Hemmung der körpereigenen Hormone Adrenalin und Noradrenalin; Anwendung insbesondere bei ☞ arterieller Hypertonie und ☞ KHK

Betriebliche Gesundheitsförderung *(Betriebswirtschaftslehre)*

Maßnahmen zur Vorbeugung von Erkrankungen und der Förderung der Gesundheit am Arbeitsplatz durch z.B. Präventionskurse, rückenschulende Maßnahmen, etc.; bekommt einen immer größeren Stellenwert, da die AU-Tage in den letzten Jahren enorm angestiegen sind

Betriebliche Übung *(Betriebswirtschaftslehre)*

Regelmäßige Wiederholung bestimmter Verhaltensweisen des Arbeitgebers, aus der der Arbeitnehmer eine Routine schließen und somit auch in der Zukunft rechnen kann; z.B. Weihnachtsgeld

Betriebsarzt *(Medizin)*

Arbeitsmedizinischer Dienst; Arzt mit der Zusatzbezeichnung Betriebsmedizin oder Arbeitsmedizin; „Personalarzt"; beratende Tätigkeiten in der Arbeitssicherheit; Durchführung der arbeitsmedizinische Untersuchung der Mitarbeiter

Betriebsrat *(Betriebswirtschaftslehre)*

Vertritt die Interessen der Arbeitnehmer gegenüber dem Arbeitgeber

Betriebsübergang *(Betriebswirtschaftslehre)*

Inhaberwechsel eines Betriebes oder Betriebteils; der neue Inhaber tritt in die Rechte und Pflichten der bestehenden Arbeitsverhältnisse ein

Betriebsvereinbarung *(Betriebswirtschaftslehre)*

Schriftliche Vereinbarung zwischen Arbeitgeber und Betriebsrat, die unmittelbar und zwingend auf die Arbeitsverhältnisse des Betriebes einwirken

Beveridge-Typ *(Gesundheitspolitik)*

Form des Gesundheitswesens, bei dem Gesundheitsleistungen überwiegend durch Steuern finanziert werden (z.B. in Großbritannien)

Bewertungsrelation

☞ Relativgewicht

Bezugspflege *(Pflege)*

☞ Primary Nursing

Bias *(Pharmakoökonomie)*

Verzerrung bei klinischen Studien

Bilaterales Monopol *(Volkswirtschaftslehre)*

Marktform mit einem Anbieter und einem Nachfrager

Bilaterales Oligopol *(Volkswirtschaftslehre)*

Marktform mit wenigen Anbietern und wenigen Nachfragern

BIP *(Volkswirtschaftslehre)*

Bruttoinlandsprodukt; Wert aller Güter und Dienste einer Volkswirtschaft in einer Periode

Bismarck-Typ *(Gesundheitspolitik)*

Form des Gesundheitswesens, bei dem Gesundheitsleistungen überwiegend durch solidarische Versicherungen finanziert werden (z.B. in Deutschland)

Blockbuster *(Pharmakoökonomie)*

In der Pharmaindustrie Medikament mit hohen Umsätzen oder Gewinnen

BMI *(Medizin)*

Body-Maß-Index; Maß zur Bewertung des Körpergewichts in Relation zur Körpergröße; Untergewicht ($\leq 16 - 18{,}5$), Normalgewicht ($18{,}5 - 25{,}0$), Übergewicht ($25{,}0 - 30{,}0$), Adipositas ($30{,}0 - \geq 40{,}0$); Formel:

$$\frac{KG\ Kg}{m^2} = BMI$$

Bonusprogramm *(Gesundheitspolitik)*

Programm einer Krankenkasse, bei dem Versicherte einen Bonus (meist monetär) erhalten, wenn sie an Präventionsprogrammen teilnehmen. Zu diesem Zweck wird an die Versicherten ein Bonusheft ausgegeben, in dem ihre Maßnahmen dokumentiert werden

Boxplot *(Statistik)*

Möglichkeit der Darstellung der wichtigsten deskriptiven, statistischen Parameter einer Verteilung (Median, Mittelwert, unteres und oberes Quartil, kleinste und größte Werte innerhalb der „Zäune", Ausreißer); 50% der dargestellten Werte befinden sich in der dargestellten Box

Bradykardie *(Medizin)*

Verlangsamter Herzschlag

Brainstorming *(Moderation & Kommunikation)*

Kreativitätstechnik in Gruppen durch ungehemmte Aussprache von Gedanken/Einfällen, Sammeln dieser Gedanken und Aufbereitung

Break-even Point *(Betriebswirtschaftslehre)*

Punkt der Gewinnschwelle; Zeitpunkt, an dem die Gewinnschwelle überschritten und ein Gewinn realisiert wird

Bronchoskopie *(Medizin)*

Endoskopische Untersuchung der Luftröhre und der Bronchien

Browsing *(Arbeits- und Organisationspsychologie)*

Das zufällige Aufstöbern von Informationen während der eigentlichen Suche nach einer bestimmten Information

Bruttosozialprodukt *(Volkswirtschaftslehre)*

Maß für das Einkommen der Wohnbevölkerung einer Volkswirtschaft

Buchführung *(Betriebswirtschaftslehre)*

Ist die lückenlose, zeitlich genaue und vollständige Aufzeichnung aller Geschäftsvorgänge innerhalb eines Unternehmens, auf Basis von Belegen und Rechnungen; dient zur Informationsvollständigkeit gegenüber den gesetzlichen Behörden

Budgetverhandlung *(Krankenhausmanagement)*

Jedes Krankenhaus verhandelt jährlich die Summe des individuellen Krankenhauserlöses mit den Krankenkassen. Dabei werden die Krankenkassen von der Krankenkasse mit den meisten Belegungstagen (5%) eines Krankenhauses vertreten

Bürgerversicherung *(Gesundheitspolitik)*

Form der Sozialversicherung, bei der alle Bürger (auch Beamte und Selbstständige) einzahlen; Bemessungsgrundlage ist das Gesamteinkommen (z.B. inkl. Einkünfte aus Vermietung und Verpachtung)

Bundesmantelvertrag *(Gesundheitspolitik)*

Betrifft die Regelungen zwischen den KVen und den Landesverbänden der Krankenkassen, sowie den Verbänden der Ersatzkassen; werden zwischen der Kassen(zahn)ärztlichen Bundesvereinigung und den Spitzenverbänden der Krankenkassen abgeschlossen; Inhalt: Regelungen und Organisation der vertragsärztlichen Tätigkeit und Richtlinien über die Gewährleistung der medizinischen Versorgung

Bundespflegesatzverordnung *(Gesundheitspolitik)*

Regelt die Vergütung stationärer und teilstationärer Pflegeleistungen im Krankenhaus

Burnout *(Medizin)*

Zustand körperlicher, emotionaler und geistiger Erschöpfung; ausgebrannt sein; eine in medizinischen Berufen weit verbreitete Erkrankung

Businessplan *(Betriebswirtschaftslehre)*

Dokument, das alle wesentlichen Voraussetzungen, Planungen und Maßnahmen zur Realisierung eines Innovationsprojektes darlegt; der Zeithorizont beträgt drei bis fünf Jahre

C

Capitation *(Gesundheitspolitik)*

☞ Kopfpauschale

Case Management *(Krankenhausmanagement)*

Prozess, um bedarfsgerecht, nötige Unterstützung, Behandlung, Begleitung, Förderung und Versorgung von Menschen angemessen zu bewerkstelligen. Dabei steht der einzelne Fall im Fokus. Zunehmend werden in Krankenhäusern sog. Case-Manager beschäftigt, die sich in der Hauptsache um die medizinisch-rehabilitative oder häusliche Weiterversorgung des Patienten kümmern

Casemix *(Krankenhausmanagement)*

CM; Summe aller Relativgewichte in einer bestimmten Einheit. Dabei kann die Einheit ein ganzes Krankenhaus oder nur eine bestimmte Abteilung im Krankenhaus sein. Als effektiver CM wird der CM unter Berücksichtigung aller Zu- und Abschläge bezeichnet. Der CM ist zentrale Kennzahl im Krankenhaus und gibt Aufschluss über das Leistungsvolumen. Als Formel:

$$CM = \sum_{i=1}^{n} BWi$$

n = Anzahl der Fälle

BWi = Bewertungsrelation von Fall i

Casemix-Index *(Krankenhausmanagement)*

CMI; die zweite elementare Kennzahl im Krankenhaus. Er entsteht als Quotient aus ☞ Casemix und Fallzahl. Er ist ein Indikator für die durchschnittliche Fallschwere und den durchschnittlichen Kostenaufwand eines Falls in einer Einheit. 2012 lag der durchschnittliche deutschlandweite CMI bei 1,08. Als Formel:

$$CMI = \frac{CM}{Fallzahl}$$

Cave *(Medizin)*

„Vorsicht“ in der medizinischen Fachsprache

Change Management *(Projektmanagement)*

Bewusstes Gestalten und aktive Unterstützung von Unternehmensveränderungen; Aufbau und Erweiterung der Anpassungsbereitschaft der Mitarbeiter

Charisma *(Arbeits- und Organisationspsychologie)*

Eigenschaft von Führungskräften, die Akzeptanz von Mitteilungen durch die Geführten sicherstellt

Chefarzt *(Medizin)*

Abteilungsleiter im Krankenhaus; verantwortlich für alle medizinischen Bereiche seiner Abteilung (med. Leistungen, Personal, ...)

Chefarztambulanz *(Krankenhausmanagement)*

Möglichkeit eines Chefarztes Wahlleistungspatienten (Privatpatienten) in einer eigenen Ambulanz im Krankenhaus, ähnlich einer niedergelassenen Praxis, zu versorgen. Es können auch gesetzlich versicherte Patienten dort versorgt werden, dies bedarf jedoch der Ermächtigung der KV nach § 95 Abs. 1 Satz 1 SGB V (☞ Ermächtigung). Der Chefarzt erbringt die Leistungen klassischer Weise als Nebentätigkeit zu seiner eigentlichen Anstellung als Chefarzt und bedarf daher einer Nebentätigkeitserlaubnis durch das Krankenhaus

Cholelithiasis *(Medizin)*

Vorhandensein von Konkrementen in den Gallenwegen (Gallensteine)

Cholezystitis *(Medizin)*

Entzündung der Gallenblasenwand

Chronisch krank *(Medizin)*

Länger als ein Jahr bestehender Krankheitsverlauf mit meist schwerer irreversibler Krankheitsfolge

CIRS *(Qualitätsmanagement)*

Critical Incident Reporting System; Erfassungssystem für Risiken, Fehler und Beinahe-Schäden, welches der Analyse von vermeidbaren und unerwünschten Ereignissen dient

Clinical Pathway *(Qualitätsmanagement)*

☞ Klinische Behandlungspfade

Cloud-Computing *(Informationstechnik)*

Cloud = Wolke; umschreibt den Ansatz, IT-Infrastrukturen angepasst über ein Netzwerk zur Verfügung zu stellen. Aus Nutzersicht erscheinen diese Strukturen undurchsichtig und weit entfernt, wie in einer Wolke

Coaching *(Arbeits- und Organisationspsychologie)*

Betreuung und Beratung von Mitarbeitern

Cochrane Collaboration *(Pharmakoökonomie)*

Internationales Netz aus Zentren, die medizinisch-wissenschaftliche Literatur auswerten und in Übersichtsarbeiten zur Verfügung stellen

Commitment *(Arbeits- und Organisationspsychologie)*

Verbundenheit mit einer Organisation oder die Bindung an eine Organisation

Compliance *(Medizin)*

In der Medizin Therapietreue oder kooperatives Verhalten eines Patienten

Conjoint Analyse *(Pharmakoökonomie)*

Bewertung von Teilaspekten eines Produktes, z.B. der Tragekomfort von Hüftprotektoren

Controlling *(Betriebswirtschaftslehre)*

Teilbereich des Führungssystems im Unternehmen; Hauptaufgaben sind Planung, Informationsbereitstellung, Steuerung, Kontrolle von Unternehmensberichten; im Controlling laufen Daten aus internem und externen Rechnungswesen zusammen

Coping *(Medizin)*

In der Medizin bezeichnet Coping das Bewältigungsverhalten von chronisch kranken Menschen, genauer die Anstrengungen für das Wohlbefinden der Menschen mit einer Behinderung

Cranial *(Medizin)*

Kopfwärts; in Bezug/Richtung des Schädels; Cranium = Schädel

Caudal *(Medizin)*

Steißwärts; schwanzwärts; in Bezug auf den Steiß/Schwanz; Cauda = Schwanz

Colitis ulcerosa *(Medizin)*

Chronische Entzündung des Dickdarms, meist schubförmig

D

Dachverband *(Betriebswirtschaftslehre)*

Organisation, bestehend aus mehreren Unterorganisationen, welche fachlich einen Zusammenhang aufweisen

Datenbank *(Informationstechnik)*

System zur effizienten und dauerhaften Speicherung von Daten

Deflation *(Volkswirtschaftslehre)*

Situation, in der das Preisniveau der Wirtschaft sinkt

Dekubitus *(Medizin)*

Druckgeschwür, das insbesondere bei bettlägerigen Personen durch anhaltenden Druck auf die Haut entsteht. Klassischerweise am Steiß, an Gesäß und den Fersen auftretend. Übliche Prophylaxe ist eine Antidekubitusmatratze (Luftmatratze), sowie die regelmäßige Drehung des Patienten zur Entlastung der Haut

Delegation *(Krankenhausmanagement)*

Übertragung von Aufgaben; im Krankenhaus z.B. Übertragung ärztlicher Tätigkeiten auf das Pflegepersonal, wie Blutabnahme oder Verbandswechsel

Delphi-Methode *(Moderation & Kommunikation)*

Strukturierter Gruppenkommunikationsprozess, in dessen Verlauf unsichere und ungewisse Sachverhalte von Experten beurteilt werden

Deming-Zyklus *(Projektmanagement)*

☞ PDCA-Zyklus

Demografie *(Gesundheitspolitik)*

Bevölkerungswissenschaften

Demografischer Wandel *(Gesundheitspolitik)*

Bezeichnet das Problem der überalterten und schrumpfenden Gesellschaft. Aus der noch vor 100 Jahren existierenden Alterspyramide, entsteht eine Altersstruktur mit einem immer schmaleren Bereich an jungen Menschen. Zudem reduziert sich die deutsche Bevölkerung bis 2060 auf 64,7 bis 70,1 Mio. Einwohner. Das Problem ist nicht nur in Deutschland existent

Demokratisch-kooperativ *(Arbeits- und Organisationspsychologie)*

Führungsstil; Einbeziehung der Mitarbeiter; sachliche Unterstützung wird erwartet; bei Fehlern wird Hilfe geleistet

Dermatologie *(Medizin)*

Lehre von der Haut und Ihren Erkrankungen

Diabetes mellitus *(Medizin)*

Stoffwechselerkrankung, die mit erhöhten Blutzuckerwerten einher geht. Unbehandelt bzw. schlecht eingestellt führt der Diabetes zu Nerven- und Gefäßschäden

Diagnose *(Medizin)*

Das Erkennen, Benennen und Unterscheiden einer Erkrankung; können mehrere Erkrankungen ursächlich für die Symptome des Patienten sein, spricht man von einer Differenzialdiagnose

Diagnosis Related Groups *(Krankenhausmanagement)*

DRG; Patientenklassifikationssystem, bei dem jeder Krankenhauspatient einer Fallgruppe zugeordnet wird. Die Fallgruppen werden in der Hauptsache durch die Kriterien „Hauptdiagnose, Nebendiagnosen sowie diagnostische und therapeutische Prozeduren“ definiert. Eine DRG besteht aus vier Stellen, z.B. G18B. „G“ steht für die Major Diagnostic Category (MDC), einer Hauptgruppe. „18“ bezeichnet die ☞ Partition. „B“ steht für den Schweregrad, wobei „A“ den höchsten Schweregrad vertritt.

Diagnostik *(Medizin)*

Genaue Zuordnung von Befunden des Patienten zu einer bestimmten Krankheitsform oder einem Syndrom; Methoden der Diagnostik ergeben zusammen die ☞ Diagnose

Dialyse *(Medizin)*

Blutreinigungsverfahren bei Nierenversagen; es existieren verschiedene Verfahren: Hämodialyse, Hämofiltration, Hämodiafiltration, Hämoperfusion, Peritonealdialyse

Digital Imaging and Communications in Medicine *(Informationstechnik)*

DICOM; standardisiertes Format zur Speicherung von Bilddateien und Kommunikationsprotokollen zum Austausch der Bilder im Gesundheitswesen

DIMDI *(Gesundheitspolitik)*

Deutsches Institut für Medizinische Dokumentation und Information; Behörde des Bundesministeriums für Gesundheit und soziale Sicherung; Aufgaben: Zurverfügungstellung aktueller medizinischer Informationen

Direkte Kosten *(Gesundheitsökonomie)*

Kosten, die durch die Behandlung einer Krankheit verursacht werden. Dazu zählen alle Kosten der Behandlungsleistung (Ärzte, Apotheker, Pflege, Geräte, Arzneimittel,...), Kuren, Reha- und Pflegeleistungen oder Behandlungen von Nebenwirkungen und Komplikationen

Direkte Preisregulierung *(Gesundheitspolitik)*

Preisregulierung bei Arzneimitteln; Anwendung bspw. in Frankreich, Spanien oder Italien; Vergütung von Arzneimitteln durch die Sozialversicherung nur bei zuvor genehmigten Preisen

Direktionsrecht *(Betriebswirtschaftslehre)*

Berechtigung des Arbeitgebers über Inhalt, Zeit und Ort der Arbeitsleistung eines Arbeitnehmers näher zu bestimmen, falls nicht im Arbeitsvertrag Eindeutiges beschrieben wird

Disease Management *(Gesundheitspolitik)*

Programm mit dem Ziel chronisch Erkrankte oder Menschen mit kostenintensiven Erkrankungen, sektorenübergreifend und standardisiert zu behandeln. Solche Disease Management Programme (DMP) werden über den Hausarzt gesteuert. In Deutschland existieren DMPs für Diabetes Mellitus, Herzinsuffizienz, COPD, KHK, Asthma, Bluthochdruck und Brustkrebs; § 137 f SGB V

Diskontierung *(Betriebswirtschaftslehre)*

Abzinsung

Dispensierverbot *(Gesundheitspolitik)*

Verbot des Verkaufs von Waren (z.B. Arzneimittel) durch Ärzte

Dis-Stress *(Arbeits- und Organisationspsychologie)*

Negativer Stress

distal *(Medizin)*

Weiter vom Körperstamm entfernt; rumpfferner

Distribution *(Volkswirtschaftslehre)*

Verteilung; stellt in der Wirtschaft die Verteilung von Einkommensstrukturen in der Bevölkerung dar

Diuretika *(Medizin)*

Arzneimittel zur Förderung der Harnausscheidung

Diversifikation *(Betriebswirtschaftslehre)*

Bearbeitung mehrerer ☞ Geschäftsfelder

Dokumenten Management Systeme *(Informationstechnik)*

Verwalten Dokumente und geschützte Daten in einer Datenbank; verwalten auch Daten in Papierform; wesentlich ist die Indexierung der Dokumente

dorsal *(Medizin)*

Rückenwärts; in Bezug auf die Rückseite des Körpers, der Hand und des Fußes; Dorsum = Rücken

Drehtüreffekt *(Krankenhausmanagement)*

Effekt, bei dem der Patient nach seiner Entlassung aus dem Krankenhaus nach kürzester Zeit wieder stationär aufgenommen werden muss. Gründe können eine inadäquate häusliche Versorgung (Versorgungsproblem) oder eine zu frühe Entlassung aus dem Krankenhaus (blutige Entlassung) sein

Duale Krankenhausfinanzierung *(Krankenhausmanagement)*

Beschreibt die zwei Finanzierungsgrundlagen von Krankenhäusern in Deutschland. So haben die Bundesländer zur Finanzierung von Krankenhausinvestitionen (§ 9 Abs. 1 KHG) beizutragen, während die gesetzliche Krankenversicherung für die laufenden Betriebskosten einen Kostenausgleich durch die vorgeschriebene Krankenhausvergütung schafft

Dualistik *(Krankenhausmanagement)*

☞ Duale Krankenhausfinanzierung

Due Diligence *(Betriebswirtschaftslehre)*

Detaillierte Unternehmensbewertung

Durchgangsarzt *(Krankenhausmanagement)*

D-Arzt; Facharzt für die Behandlung von Arbeitsunfällen; Bedarf der besonderen Zulassung der Berufsgenossenschaft

Dyspnoe *(Medizin)*

Luftnot

E

EBM *(Gesundheitspolitik)*

Einheitlicher Bewertungsmaßstab; Grundlage der Abrechnung ambulanter Leistungen für gesetzlich Versicherte

Effectiveness *(Pharmakoökonomie)*

Wirksamkeit einer Gesundheitstechnologie unter Alltagsbedingungen

Effektivität *(Betriebswirtschaftslehre)*

Grad der Wirksamkeit einer Tätigkeit, Maßnahme oder Therapie; „Die richtigen Dinge tun"

Efficacy *(Pharmakoökonomie)*

Wirksamkeit einer Gesundheitstechnologie (z.B. Medikament) unter Studienbedingungen

Effizienz *(Betriebswirtschaftslehre)*

Betrachtung der Effektivität im Kontext der eingesetzten Ressourcen; „Die Dinge richtig tun"; Maß der Wirtschaftlichkeit

EFQM *(Qualitätsmanagement)*

European Foundation for Quality Management; hat das EFQM-Modell für Excellence, als QM-System entwickelt und vergibt einmal im Jahr den europäischen Qualitätspreis

E-Health *(Informationstechnik)*

Gesamtheit aller elektronischen Anwendungen zur medizinischen Versorgung

Einkaufsgemeinschaft *(Betriebswirtschaftslehre)*

Kooperationsform mit dem Ziel der Erhöhung der Wirtschaftlichkeit durch einen gemeinsamen Einkauf; übliche Kooperationsform bei Krankenhäusern um Skaleneffekte zu nutzen

Einmaligkeit *(Projektmanagement)*

Eine neuartige Aufgabenstellung; keine wiederholte Aufgabenstellung; u.a. ein Definitionskriterium eines ☞ Projektes

Einsparpotenzial *(Betriebswirtschaftslehre)*

Ist der Begriff für die potenziellen, durch methodische Vorgehensweisen ermittelten Möglichkeiten zur Einsparung von Ressourcen, Zeit und Personal

Einweisermanagement *(Krankenhausmanagement)*

Einweisermarketing; Aktivitäten zur Gewinnung/Bindung von Einweisern für das Krankenhaus; das Einweisermanagement ist ein oft unterschätztes und meist ineffizientes Management im Krankenhaus, obwohl es essentiell für ein Krankenhaus ist

Einweiservolumen *(Krankenhausmanagement)*

Bezeichnet die Anzahl der Fälle, die ein niedergelassener Arzt ins Krankenhaus einweist; Unterteilung z.B. in Verweigerer, Selteneinweiser, Alleseinweiser, Spezialeinweiser

Einzelaktivität *(Projektmanagement)*

Ein Vorgang während des Projektes, der ununterbrochen auszuführen ist und einen definierten Beginn und ein definiertes Ende hat

Einzelleistungsvergütung *(Krankenhausmanagement)*

Jede einzelne Leistung wird gesondert abgerechnet

Elastizität *(Betriebswirtschaftslehre)*

Maß, welches angibt, wie die Angebots- und Nachfragemengen reagieren, wenn einer dieser Variablen verändert wird

Embolie *(Medizin)*

☞ Lungenembolie

Emetika *(Medizin)*

Arzneimittel zum Auslösen von Erbrechen

Emphysem *(Medizin)*

Aufblähung durch Gase

Endemie *(Medizin)*

Krankheit, die auf bestimmte geographische Regionen beschränkt ist

Endokrinologie *(Medizin)*

Lehre von den innersekretorischen Drüsen und ihren Erkrankungen

Endoskopie *(Medizin)*

Betrachtung des Körperinneren mittels Endoskop, z.B. bei der Gastroskopie wird der Magen betrachtet

Entgeltkatalog *(Gesundheitspolitik)*

☞ Leistungskatalog

Entlassungsmanagement *(Krankenhausmanagement)*

Management mit der Aufgabe der Überwindung der Sektorengrenzen, der Vermeidung von Versorgungsbrüchen und der Sicherstellung eines kontinuierlichen Behandlungsprozesses des Patienten. Im Krankenhaus ist dies die Aufgabe eines ganzen Teams aus Ärzten und Pflege. Neuerdings Aufgabe des Case-Managers; ☞ Case Management

Entzündungszeichen *(Medizin)*

Rubor (Rötung), Calor (Überwärmung), Dolor (Schmerz), Tumor (Schwellung), Functio laesa (Funktionseinschränkung)

Epidemie *(Medizin)*

Zeitlich und örtliche Häufung einer Erkrankung in der Population

Epidemiologie *(Medizin)*

Lehre der Infektionskrankheiten; weit gefasst: Lehre der Bevölkerungskrankheiten

Epikrise *(Medizin)*

Zusammenfassender Bericht am Schluss der Krankenbehandlung; Inhalt: Rückblick, Zusammenfassung der Befunde, Therapie, weiteres Vorgehen für den weiterbehandelnden Arzt

Ereignis *(Qualitätsmanagement)*

Das Eintreten eines definierten Zustandes im Ablauf

Erlösfunktion *(Betriebswirtschaftslehre)*

Erlösberechnung als Multiplikation aus Menge und Preis

$$E(x) = x * p(x)$$

Erlösmanagement *(Krankenhausmanagement)*

Sicherung der Erlösrelevanz der erbrachten Leistungen; verantwortlich für die Vorbereitung der Budgetverhandlungen mit den Kostenträgern

Ermächtigung *(Krankenhausmanagement)*

Möglichkeit von Krankenhausärzten zur Teilnahme an der vertragsärztlichen Versorgung, wenn die vertragsärztliche Versorgung in dem zu betrachteten Gebiet nicht gesichert ist

Ermächtigungsambulanz *(Krankenhausmanagement)*

☞ Ermächtigung ☞ Chefarztambulanz

Erwartungswert *(Statistik)*

Statistisches Maß der Stochastik; Mittelwert der Ereignisse; vergleichbar mit dem ☞ arithmetischen Mittel

$$\mu = x1 * P(X = x1) + x2 * P(X = x2) + \cdots + xn * P(X = xn)$$

Erysipel *(Medizin)*

Entzündung der Haut und des subkutanen Bindegewebes durch Streptokokken

Ethik *(Allgemein)*

Eingeführt von Aristoteles; befasst sich mit der Begründbarkeit von moralischem Denken

Eu-Stress *(Arbeits- und Organisationspsychologie)*

Positiver Stress

Evaluation *(Projektmanagement)*

Bewertung von Produkten (Leistungen), Prozessen oder Programmen nach definierten Kriterien

Evidenzbasierte Medizin *(Medizin)*

ebM; Auf empirischen Belegen gestützte Heilkunde

Expertenstandard *(Pflege)*

Von Pflegeexperten im Konsens erarbeitete Standards; Rahmenbedingungen, Grenzen, Anforderungen und Bedingungen pflegerischen Handelns; werden im Bundesanzeiger veröffentlicht; § 113a SGB XI; bisher existieren 7 Standards:

- Dekubitusprophylaxe in der Pflege
- Entlassungsmanagement in der Pflege
- Förderung der Harnkontinenz in der Pflege
- Schmerzmanagement in der Pflege
- Sturzprophylaxe in der Pflege

- Mangelernährung
- Pflege bei chronischen Wunden

Exposure *(Betriebswirtschaftslehre)*

Absoluter Fremdwährungsbetrag, der während der Bilanzperiode einem Wechselkursrisiko ausgesetzt ist; Unterteilung in Transaktionsexposure, Konversionsexposure und ökonomisches Exposure

Externes Audit *(Qualitätsmanagement)*

Audit durch einen externen Kunden oder eine Organisation bspw. im Rahmen einer Zertifizierung; ☞ Audit ☞ Internes Audit

Externe Effekte *(Betriebswirtschaftslehre)*

Auswirkungen ökonomischer Entscheidungen auf nicht beteiligte Marktteilnehmer

Externe Projektorganisation *(Projektmanagement)*

Einbindung des Projekts/der Projektmitarbeiter in die Firmenhierarchie; man unterscheidet ☞ Stabs-Projektorganisation, ☞ Linien-Projektorganisation, ☞ Matrix-Projektorganisation und ☞ Reine Projektorganisation

Extrinsische Motivation *(Arbeits- und Organisationspsychologie)*

Die von „außen“ zugeführte Motivation; man erbringt bestimmte Leistungen, weil man sich davon einen Vorteil (Belohnung) verspricht oder Nachteile (Bestrafung) vermeiden möchte

F

Facharztstandard *(Krankenhausmanagement)*

Der Patient hat Recht auf eine ärztliche Behandlung, die dem Standard eines Facharztes entspricht. D.h. jedoch nicht, dass der behandelnde Arzt ein Facharzt sein muss. Er muss nur die Anforderungen dafür erfüllen

Fallpauschalenkatalog *(Krankenhausmanagement)*

Katalog, indem jede DRG mit Ihren Kennzahlen, wie z.B. das ☞ Relativgewicht, der mittleren ☞ Verweildauer, der unteren Grenzverweildauer und der oberen Grenzverweildauer aufgelistet ist

Fallzahl *(Krankenhausmanagement)*

Summe aller Abrechnungsfälle in einem definierten Zeitraum

Familienversicherung *(Gesundheitspolitik)*

Bezeichnet die kostenfreie Mitversicherung der Familienmitglieder (solange kein oder nur geringes Einkommen) von GKV-Mitgliedern

Fehlbelegung *(Krankenhausmanagement)*

Bezeichnet die stationäre Unterbringung eines Patienten in einer Abteilung, die nicht zur Erkrankung des Patienten passt, z.B. die Unterbringung eines Patienten mit einem Herzinfarkt auf einer neurologischen Station; zudem kann Fehlbelegung auch eine länger als notwendige stationäre Patientenversorgung meinen

Fehler 1. Art *(Pharmakoökonomie)*

Alpha-Fehler; Fehlerart bei statistischen Tests; Ablehnung der Nullhypothese (H_0) obwohl sie zutrifft

Fehler 2. Art *(Pharmakoökonomie)*

Beta-Fehler; Fehlerart bei statistischen Tests; Nichtablehnung der Nullhypothese (H_0), obwohl die nachzuweisende Hypothese (H_1) zutrifft

Fehlerkultur *(Betriebswirtschaftslehre)*

Darunter versteht man, wie eine Organisation mit Fehlern (Erfassung, Analyse, Behebung, Vermeidung) umgeht. Unter einer positiven Fehlerkultur versteht man, dass Fehler nicht einzelnen Personen oder Personengruppen angelastet werden, sondern die Fehler als Chance zur Verbesserung angesehen werden

Ferndiagnose *(Medizin)*

Diagnosestellung über eine räumliche Distanz hinweg; nur mit Hilfe von ☞ Telemedizin effizient

Fibrinolytika *(Medizin)*

Arzneimittel zum Auflösen von Blutgerinnseln

Fibular *(Medizin)*

Zur Fibula (Wadenbein) hin gelegen

Firma *(Betriebswirtschaftslehre)*

Name des Unternehmens; § 17 HGB

Fischgrätendiagramm *(Moderation & Kommunikation)*

☞ Ishikawadiagramm

Fixkosten *(Betriebswirtschaftslehre)*

Kosten, die unabhängig von der Produktionshöhe sind, z.B. Miete oder Gehälter

Fortbildungspflicht *(Gesundheitspolitik)*

Nach § 95d SGB V sind alle Vertragsärzte gesetzlich verpflichtet, innerhalb eines 5-Jahreszeitraums, 250 Fortbildungspunkte gegenüber ihrer KV nachzuweisen. Andernfalls erfolgt eine Kürzung des Honorars

Fraktur *(Medizin)*

Knochenbruch

Franchisenehmer *(Betriebswirtschaftslehre)*

☞ Selbstständige kaufmännische Hilfsperson; im HGB nicht definiert; vertreibt gegen Entgelt, in eigenem Namen und auf eigene Rechnung eine Ware, die ihm der Franchisegeber (gegen Entgelt) überlässt

Frontalebene *(Medizin)*

Ebene, die parallel zur Stirn verläuft; Frons = Stirn

Führungsstil *(Arbeits- und Organisationspsychologie)*

Konstantes persönliches Verhaltensmuster einer Führungskraft; berühmteste Einteilung nach Lewin: ☞ Autoritär, ☞ Demokratisch-kooperativ, ☞ Laisser-faire; Goldstandard ist heute ein ☞ situativer Führungsstil

Führungstechniken *(Arbeits- und Organisationspsychologie)*

Führungshilfen für Führungskräfte; Management by Objectives, Management by Exception, Management by Systems, Management by Motivation, Management by Champion, Management by Results, Management by Delegation und Management by Wanderung Around, ...

Funktionspflege *(Pflege)*

Pflegesystem, bei dem die anfallenden Tätigkeiten in Einzeltätigkeiten/Tätigkeitspakete gegliedert und auf das Pflegepersonal verteilt werden. D.h. eine Pflegekraft misst bei allen Patienten den Blutdruck, eine Andere gibt allen Patienten Infusionen, etc.

Fusion *(Betriebswirtschaftslehre)*

Zusammenschluss von zwei oder mehreren Unternehmen zu einer rechtlichen Einheit; unter dem starken Wettbewerbsdruck im stationären Sektor, bleibt vielen Krankenhäusern keine andere Wahl, als mit einem Mitwettbewerber zu fusionieren

G

Gantt-Diagramm *(Projektmanagement)*

☞ Balkenplan

Gastritis *(Medizin)*

Entzündung der Magenschleimhaut

Gastroenterologie *(Medizin)*

Lehre vom Magen-Darm-Trakt und seinen Erkrankungen

Gastroskopie *(Medizin)*

☞ Endoskopie

Gatekeeper *(Gesundheitsökonomie)*

Steuert den Zugang zu nachgelagerten Gesundheitsdienstleistungen; der Hausarzt ist erster Ansprechpartner des Patienten und überweist ihn ggf. ins Krankenhaus, sodass hier der Hausarzt der Gatekeeper ist

Gelber Schein *(Gesundheitspolitik)*

Umgangssprachlich für die Arbeitsunfähigkeitsbescheinigung

Gemeinnützigkeit *(Betriebswirtschaftslehre)*

Pflicht zur Wahrnehmung gesellschaftlicher Aufgaben und zur Nachhaltigkeit; gemeinnützige Unternehmen verfolgen keine kommerziellen Interessen

Gemeinsamer Bundesausschuss *(Gesundheitspolitik)*

G-BA; Selbstverwaltungsorgan der Krankenkassen, Ärzte, Zahnärzte und Krankenhäuser für die gesetzliche Krankenversicherung. Aufgabe: Definition von Qualitätsmanagement- und Qualitätssicherungsmaßnahmen, Konkretisierung des Grundsatzes der wirtschaftlichen und ausreichend zweckmäßigen Leistungen, d.h. des Leistungskatalogs

Generation X *(Arbeits- und Organisationspolitik)*

Generation der zwischen 1964 und 1980 Geborenen; hohe Ansprüche an individuelle Lebensgestaltung, weniger an Status

Generation Y *(Arbeits- und Organisationspolitik)*

Generation der ab 1981 Geborenen; hohe Ansprüche an Führung und Kommunikation. Sie sind selbstbewusst und leistungsorientiert

Generikum *(Medizin)*

Nachahmerarzneimittel, mit dem gleichen Wirkstoff und Dosierung, wie das Originalpräparat. In der Regel preisgünstiger als das Originalprodukt

Genfer Deklaration des Weltärztebundes *(Medizin)*

Genfer Gelöbnis; moderne Version des ☞ Hippokratischen Eids; „Bei meiner Aufnahme in den ärztlichen Berufsstand gelobe ich feierlich: mein Leben in den Dienst der Menschlichkeit zu stellen. Ich werde meinen Lehrern die schuldige Achtung und Dankbarkeit erweisen. Ich werde meinen Beruf mit Gewissenhaftigkeit und Würde ausüben. Die Gesundheit meines Patienten soll oberstes Gebot meines Handelns sein. Ich werde alle mir anvertrauten Geheimnisse auch über den Tod des Patienten hinaus wahren. Ich werde mit allen meinen Kräften die Ehre und die edle Überlieferung des ärztlichen Berufes aufrechterhalten. Meine Kolleginnen und Kollegen sollen meine Schwestern und Brüder sein. Ich werde mich in meinen ärztlichen Pflichten meinem Patienten gegenüber nicht beeinflussen lassen durch Alter, Krankheit oder Behinderung, Konfession, ethnische Herkunft, Geschlecht, Staatsangehörigkeit, politische Zugehörigkeit, Rasse, sexuelle Orientierung oder soziale Stellung. Ich werde jedem Menschenleben von seinem Beginn an Ehrfurcht entgegenbringen und selbst unter Bedrohung meine ärztliche Kunst nicht in Widerspruch zu den Geboten der Menschlichkeit anwenden. Dies alles verspreche ich feierlich und frei auf meine Ehre.“

Geriatrie *(Medizin)*

Altersheilkunde; Lehre von den Krankheiten alter Menschen

Geriatrische frührehabilitative Komplexbehandlung *(Medizin)*

Ganzheitlicher Therapieansatz zur frühzeitigen Erhaltung der Alltagsfähigkeiten älterer Patienten während einer Akutbehandlung

Gerontologie *(Medizin)*

Interdisziplinäre Wissenschaft des menschlichen Alters und Alterns

Gesamtdauer *(Projektmanagement)*

Ergibt sich aus der Ist-Dauer und der restlich abgeschätzten Restdauer eines Projektes

Gesamtkosten *(Betriebswirtschaftslehre)*

Summe der ☞ fixen und ☞ variablen Kosten multipliziert mit der Menge

$$GK = Kf + kv * p$$

Gesamtrente *(Betriebswirtschaftslehre)*

Summe aus ☞ Konsumentenrente und ☞ Produzentenrente

Gesamtvergütung *(Gesundheitspolitik)*

Vergütungssumme für die ambulante Versorgung von gesetzlich Krankenversicherten. Wird von den Krankenkassen an die KVen gezahlt, welche die Gesamtvergütung verteilen

Geschäftsfeld *(Betriebswirtschaftslehre)*

Bezeichnet die Gesamtheit bestimmter Produkte für bestimmte Märkte

Geschäftsprozess *(Betriebswirtschaftslehre)*

Funktionsübergreifende Verkettung wertschöpfender Aktivitäten, die vom Kunden erwartete Leistungen erzeugen und deren Ergebnisse strategische Bedeutung für das Unternehmen haben; sie können sich über das Unternehmen hinaus erstrecken und Aktivitäten von Kunden, Lieferanten und Partnern einbinden; Unterteilung in primäre (mit besonderer Relevanz) und sekundäre Geschäftsprozesse

Geschäftsprozessmanagement *(Betriebswirtschaftslehre)*

Integriertes Konzept von Führung, Organisation und Controlling, mit dem Ziel der zielgerichteten Steuerung der Geschäftsprozesse; ist Teil des gesamten Managementsystems

Gesellschaft bürgerlichen Rechts *(Betriebswirtschaftslehre)*

GbR; Personengesellschaft mit mindestens zwei Gesellschaftern zur Erreichung eines beliebigen Zwecks, der nicht auf den Betrieb eines Handelsgewerbes gerichtet ist

Gesellschaft mit beschränkter Haftung *(Betriebswirtschaftslehre)*

GmbH; Kapitalgesellschaft, bei der alle Gesellschafter nur mit Ihrer Einlage haften

Gespaltener Krankenhausaufnahmevertrag *(Krankenhausmanagement)*

Im Gegensatz zum ☞ totalen Krankenhausaufnahmevertrag werden hier zwei Verträge abgeschlossen, einen mit dem Krankenhausträger und einen zweiten mit dem leitenden Krankenhausarzt. Der Träger schuldet dem Patienten Unterbringung, Verpflegung und pflegerische Versorgung, hingegen der Mediziner die ärztlich-medizinische Leistung. Letzteres wird auch direkt mit ihm abgerechnet; üblich im Belegarztsystem

Gesundheit *(Medizin)*

Nach WHO: Zustand vollständigen körperlichen, geistigen und sozialen Wohlbefindens und nicht allein das Freisein von Krankheit und Gebrechen

Gesundheitsausgaben *(Gesundheitspolitik)*

Die finanziellen Aufwendungen einer Gesellschaft für den Erhalt und die Wiederherstellung der Gesundheit ihrer Mitglieder; Deutschland 2012 rd. 300,4 Mrd. Euro, was 11,3% des ☞ BIP entspricht, die Gesundheitsausgaben pro Kopf beliefen sich 2012 in Deutschland auf 3.740 Euro

Gesundheits-Check-up *(Medizin)*

Gesundheitsuntersuchung, die sich an die über 35jährigen der GKV richtet, als Art der Prävention

Gesundheitsfonds *(Gesundheitspolitik)*

Modell der Finanzflüsse von Beiträgen der Mitglieder der gesetzlichen Krankenkassen; Beiträge werden an einer zentralen Stelle gesammelt und von dort zu den Kostenträgern/Versicherungsträgern übermittelt

Gesundheitsgüter *(Gesundheitsökonomie)*

Dienstleistungen (z.B. die medizinische Behandlung oder die pflegerische Versorgung) und Waren (z.B. Arzneimittel) im Gesundheitswesen

Gesundheitsökonomische Evaluation *(Pharmakoökonomie)*

Überbegriff über alle Studien im Gesundheitswesen, bei denen medizinische Maßnahmen ökonomisch bewertet werden; ☞ Krankheits-Kosten-Analyse ☞ Kosten-Kosten-Analyse ☞ Kosten-Wirksamkeits-Analyse ☞ Kosten-Nutzwert-Analyse ☞ Kosten-Nutzen-Analyse

Gesundheitsökonomisches Fundamentalproblem *(Gesundheitsökonomie)*

Der Bedarf der Bevölkerung nach Gesundheitsleistungen übersteigt die finanziellen Ressourcen; der Ausgabefaktor wächst stärker als der Einnahmefaktor und führt zur Mittelknappheit

Gesundheitspolitische Entscheidungsebenen *(Gesundheitspolitik)*

Unterteilung der Akteure im Gesundheitswesen in drei Ebenen: 1. Makroebene (Staat), 2. Mesoebene (Selbstverwaltungsakteure, Verbände), 3. Mikroebene (einzelner Akteur)

Gewinnfunktion *(Betriebswirtschaftslehre)*

Berechnung des Gewinns durch die Subtraktion der Kosten von den Erlösen

$$G(x) = E(x) - K(x)$$

GKV-Modernisierungsgesetz *(Gesundheitspolitik)*

Gesetz zur Modernisierung der gesetzlichen Krankenversicherung; am 01. Januar 2004 in Kraft getreten; Schwerpunkte: IV, MVZ, ambulante Behandlung am/im Krankenhaus, Gründung IQWIG, G-BA, Einführung der Praxisgebühr und Zuzahlungen; das Ziel war es, die Kosten der gesetzlichen Krankenversicherungen zu senken

GKV-Spitzenverband *(Gesundheitspolitik)*

Dachverband der gesetzlichen Krankenkassen; Aufgabe: Interessenvertretung, Unterstützung, Beitragseinzug für den Gesundheitsfonds, Festlegung von Festbeträgen, u.a.

Glasgow Coma Scale *(Medizin)*

Skala zur Einschätzung der Schwere eines Schädel-Hirn-Traumas

GOÄ *(Gesundheitspolitik)*

Gebührenordnung für Ärzte; Grundlage der Vergütung privatärztlicher Leistungen; sieht Punkte- oder Eurowert für einzelne Leistungen vor

Grenzkosten *(Betriebswirtschaftslehre)*

Betrag, um den die Gesamtkosten steigen, wenn eine zusätzliche Einheit produziert wird

Grenzverweildauer *(Krankenhausmanagement)*

☞ Verweildauer/Grenzverweildauer

Grouper *(Krankenhausmanagement)*

EDV-Programm, was den Behandlungsfall einer DRG zuordnet

Groupware *(Informationstechnik)*

EDV-Tool; Ermöglicht einer Gruppe gleichzeitig an verschiedenen Orten an einem Projekt zusammen zu arbeiten

Grundlohnsumme *(Betriebswirtschaftslehre)*

Summe der beitragspflichtigen Einkommen der Mitglieder einer Sozialversicherung, aus denen Krankenversicherungsbeiträge zu leisten sind

Grundpauschale *(Gesundheitspolitik)*

Durchschnittlicher Zuweisungsbetrag je Versicherten im ☞ morbiditätsorientierten Risikostrukturausgleich

Grundpflege *(Pflege)*

Meint die grundlegende Pflege von Erkrankten, unabhängig von der Erkrankung, z.B. die Körperpflege, Hilfe bei der Nahrungsaufnahme; oft delegiert an ☞ Pflegehelfer

Gruppendenken *(Arbeits- und Organisationspsychologie)*

Groupthink; Tendenz von Mitgliedern in Gruppen, sich so sehr dem Gruppendruck zu unterwerfen, dass sie nicht mehr kritisch denken und die möglicherweise korrigierenden Informationen von Außenstehenden ignorieren

Gruppenkohäsion *(Arbeits- und Organisationspsychologie)*

Ausmaß, in dem Gruppenmitglieder die Zusammengehörigkeit der Gruppe empfinden; die Kohäsion gibt an, wie stabil eine Gruppe ist, wie stark sie einem Druck von außen auf die Gruppe widerstehen kann und auch wie attraktiv die Mitgliedschaft für ihre Mitglieder bzw. für potenzielle Mitglieder ist

Güter *(Betriebswirtschaftslehre)*

Mittel der Bedürfnisbefriedigung; Unterteilung in immaterielle (z.B. Sonnenschein, Krankenpflege) und materielle Güter (z.B. Auto)

Gynäkologie *(Medizin)*

Frauenheilkunde

H

Hämatologie *(Medizin)*

Lehre vom Blut und seinen Erkrankungen

Härtefallregelung *(Gesundheitspolitik)*

Belastungsgrenze für Zuzahlungen, die auf 2 % der Bruttoeinnahmen beziffert ist

Häusliche Krankenpflege *(Gesundheitspolitik)*

Bezeichnet die ambulante Pflege von Patienten zu Hause durch entsprechend geschultes Personal; § 37 SGB V; die Leistung muss von einem Arzt verordnet und von der Krankenkasse genehmigt werden; die Leistung ist eine Sachleistung der gesetzlichen Krankenversicherung; Inhalte der häuslichen Krankenpflege ist bspw. die Grundpflege, die Behandlungspflege (Medikamentengabe, Injektionen, ...) oder auch die hauswirtschaftliche Versorgung

Haftungsfondsprinzip *(Betriebswirtschaftslehre)*

Prinzip im Gesellschaftsrecht bei Körperschaften (GmbH, AG); zur Gründung wird ein Haftungsfond mit dem Stammkapital gebildet. Dieser Fonds haftet, nicht etwa die Gesellschafter. Es besteht keine Verschränkung der Vermögensmassen, wie bei Personengesellschaften (GbR, KG)

Haftungstrias *(Betriebswirtschaftslehre)*

Arbeitnehmerhaftung; keine Arbeitnehmerhaftung bei leichter Fahrlässigkeit (kann jedem mal passieren), anteilige Haftung bei normaler/einfacher Fahrlässigkeit, Arbeitnehmerhaftung in voller Höhe bei Vorsatz oder grober Fahrlässigkeit (lässt das außer Acht, was jedem hätte einleuchten müssen)

Handelsregister *(Betriebswirtschaftslehre)*

Öffentlich-rechtliches Verzeichnis, das über die Rechtsverhältnisse von Kaufleuten Auskunft gibt; § 8 HGB

Handelsvertreter *(Betriebswirtschaftslehre)*

☞ Selbstständige kaufmännische Hilfsperson im HGB; vermittelt für einen anderen Unternehmer Geschäfte und/oder schließt diese in dessen Namen ab (§ 84 HGB)

Handlungsbevollmächtigter *(Betriebswirtschaftslehre)*

☞ Unselbstständige kaufmännische Hilfsperson; Stellvertreter des Kaufmanns ohne ☞ Prokurist zu sein. Hat im Vergleich zum Prokuristen geringere Vertretungsmacht (§ 54 Abs. 1 HGB)

Hannover Leitlinien *(Pharmakoökonomie)*

Konsensusempfehlung für die ☞ gesundheitsökonomische Evaluation

Harvard Konzept *(Moderation & Kommunikation)*

Nach R. Fisher und W. L. Ury; Verhandlungs-/Kommunikationsmethode mit dem Ziel einer Win-Win-Situation durch konstruktive und friedliche Einigung; im Vordergrund steht der größtmögliche Nutzen auf beiden Seiten; „Hart in der Sache, weich zu dem Mensch“

Hauptdiagnose *(Medizin)*

Diagnose, die maßgeblich für die Aufnahme des Patienten in das Krankenhaus ist

Hausarztzentrierte Versorgung *(Gesundheitspolitik)*

Versorgungskonzept, indem der Hausarzt der erste Ansprechpartner des Patienten ist und weitere Behandlungsschritte koordiniert. Dabei ist der Hausarzt ☞ Gatekeeper. Ziel ist die Kostensenkung und die gute Patientenversorgung. Die GKV ist verpflichtet ihren Versicherten HZV anzubieten. Dabei verpflichtet sich der Patient für mindestens 1 Jahr bei gesundheitlichen Problemen immer zuerst den Hausarzt aufzusuchen (ausgenommen Notfall); § 73 b SGB V

HbA_{1c} *(Medizin)*

Umgangssprachlich Langzeit-Blutzuckerwert; gibt Aufschluss über die Blutzuckerwerte der letzten 4 bis 12 Wochen

Health Level 7 *(Informationstechnik)*

Definiert Standards für den Informationsaustausch von Dokumenten im Gesundheitswesen und deren Computersystemen; Industrienorm für klinische Informationssysteme

Heilmittel *(Gesundheitspolitik)*

Ärztlich verordnete medizinische Dienstleistungen, die nur von Angehörigen entsprechender Gesundheitsfachberufe geleistet werden dürfen, z.B. Ergotherapie

Herzinfarkt *(Medizin)*

Myokardinfarkt; durch eine verminderte Durchblutung bedingtes Absterben von Herzmuskelgewebe

Herzinsuffizienz *(Medizin)*

Bezeichnet die verminderte körperliche Belastbarkeit aufgrund einer ventrikulären Funktionsstörung. Unterteilung nach betroffener Herzkammer in Links- und Rechtsherzinsuffizienz, sowie in Globalinsuffizienz (beide Kammern betroffen). Weitere Unterteilung in akut und chronisch, sowie beim chronischen Verlauf in kompensiert und dekompensiert

Herzkatheter *(Medizin)*

Untersuchung des Herzens mittels eines Katheters, der über die Leiste des Patienten eingeführt wird

Herzrhythmusstörung *(Medizin)*

Störungen der Reizbildung oder –leitung, die zu Abweichungen der regelmäßigen Herzaktion führen

High-Outlier *(Krankenhausmanagement)*

☞ Langlieger

Hilfsmittel *(Gesundheitspolitik)*

Sachliche medizinische Leistungen, z.B. Seh- oder Hörhilfen, Prothesen, Inkontinenzmaterial; § 33 SGB V

Hill-Burton-Formel *(Gesundheitspolitik)*

Formel zur Berechnung des Bettenbedarfs

$$BB = \frac{Einwohnerzahl\ x\ Krankenhaushäufigkeit\ x\ VWD\ x\ 100}{1000\ x\ 365\ Tage\ x\ Bettennutzungsgrad}$$

Hindsight bias *(Pharmakoökonomie)*

Rückschaufehler in klinischen Studien; nach Eintreten eines Ereignisses wird sich oftmals falsch an die Prognose vorher erinnert; Probanden verzerren nach dem Ereignis ihre Vorhersagen zu Gunsten des Ergebnisses

Hippokratischer Eid *(Medizin)*

Schwurformel der Ärzte, die zum Teil heute noch geschworen wird; teils abgelöst von der ☞ Genfer Deklaration des Weltärztebundes; „Ich schwöre, Apollon den Arzt und Asklepios und Hygieia und Panakeia und alle Götter und Göttinnen zu Zeugen anrufend, dass ich nach bestem Vermögen und Urteil diesen Eid und diese Verpflichtung erfüllen werde: den, der mich diese Kunst lehrte, meinen Eltern gleich zu achten, mit ihm den Lebensunterhalt zu teilen und ihn, wenn er Not leidet, mitzuversorgen; seine Nachkommen meinen Brüdern gleichzustellen und, wenn sie es wünschen, sie diese Kunst zu lehren ohne Entgelt und ohne Vertrag; Ratschlag und Vorlesung und alle übrige Belehrung meinen und meines Lehrers Söhnen mitzuteilen, wie auch den Schülern, die nach ärztlichem Brauch durch den Vertrag gebunden und durch den Eid verpflichtet sind, sonst aber niemandem. Meine Verordnungen werde ich treffen zu Nutz und Frommen der Kranken, nach bestem Vermögen und Urteil; ich werde sie bewahren vor Schaden und willkürlichem Unrecht. Ich werde niemandem, auch nicht auf seine Bitte hin, ein tödliches Gift verabreichen oder auch nur dazu raten. Auch werde ich nie einer Frau ein Abtreibungsmittel geben. Heilig und rein werde ich mein Leben und meine Kunst bewahren. Auch werde ich den Blasenstein nicht operieren, sondern es denen überlassen, deren Gewerbe dies ist. Welche Häuser ich betreten werde, ich will zu Nutz und Frommen der Kranken eintreten, mich enthalten jedes willkürlichen Unrechtes und jeder anderen Schädigung, auch aller Werke der Wollust an den Leibern von Frauen und Männern, Freien und Sklaven. Was ich bei der Behandlung sehe oder höre oder auch außerhalb der Behandlung im Leben der Menschen, werde ich, soweit man es nicht ausplaudern darf, verschweigen und solches als ein Geheimnis betrachten. Wenn ich nun diesen Eid erfülle und nicht verletze, möge mir im Leben und in der Kunst Erfolg zuteil werden und Ruhm bei allen Menschen bis in ewige Zeiten; wenn ich ihn übertrete und meineidig werde, das Gegenteil."

Histologie *(Medizin)*

Lehre von den Körpergeweben

Hochschulambulanz *(Krankenhausmanagement)*

Ambulanz einer Hochschule oder Hochschulklinik zur ambulanten Versorgung; Zulassungsausschuss ist zur Zulassung verpflichtet; § 117 SGB V

Homöopathie *(Medizin)*

Alternativmedizin, die neben den krankheitsbedingten Symptomen sämtliche Symptome des Erkrankten als Ganzes versteht; wird als schonende Medizin wahrgenommen und erfährt wachsende Popularität; die Arzneimittel des Homöopathen sind nicht im Leistungskatalog enthalten

Homonym *(Allgemein)*

Gleich aussehende Wörter mit völlig unterschiedlicher Bedeutung, z.B. Kiefer (Nadelbaum und Teil des Gesichtsschädels)

Honorararzt *(Krankenhausmanagement)*

Arzt in zeitlich befristeter Tätigkeit; arbeitet auf Honorarbasis; in Zeiten des Fachkräftemangels muss teilweise zwangsläufig auf Honorarärzte zurückgegriffen werden

Honorarverteilungsmaßstab *(Gesundheitspolitik)*

HVM; Regeln zur Verteilung der ☞ Gesamtvergütung der KV

Horizontale Integration *(Betriebswirtschaftslehre)*

Das Zusammenfassen von Betrieben gleicher Produktionsstufen unter einem einheitlichen Management, z.B. Fusionen oder die Bildung von Klinikverbünden

Hospitalismus *(Medizin)*

Das Auftreten spezifischer psychischer und physischer Symptome nach längerem Krankenhaus- oder Heimaufenthalt, z.B. Entwicklungsstörungen oder Störungen von Objekt- und Sachbeziehungen

Hospiz *(Medizin)*

Spezielle Einrichtung, in der schwerstkranke oder sterbende Menschen in ihrer letzten Lebensphase umfassend medizinisch, pflegerisch, psychologisch und sozial versorgt und beim Sterben begleitet werden

HTA *(Pharmakoökonomie)*

Health Technology Assessment; Bewertung von Arzneimitteln und anderen Gesundheitsgütern. Dabei wird auf vorhandene Studien zurückgegriffen

Hygiene *(Medizin)*

Lehre von der Verhütung von Krankheiten und Erhaltung der Gesundheit

Hygienebeauftragter Arzt *(Krankenhausmanagement)*

Für jedes Krankenhaus verpflichtend; Arzt mit Kenntnissen der Krankenhaushygiene; arbeitet eng mit der Krankenhaushygiene und den Hygienefachkräften zusammen. Ist Ansprechpartner in Hygienefragen und kann das Personal schulen

Hygienefachkraft *(Krankenhausmanagement)*

Weiterbildung für das Pflegepersonal; Mitwirken in allen Belangen der Krankenhaushygiene und der ☞ Hygienekommission; schult Personal und überwacht u.a. Prozesse auf ihre Hygiene

Hygienekommission *(Krankenhausmanagement)*

In der Regel bestehend aus: Ärztlicher Direktor, Verwaltungsleiter, Pflegedienstleiter, Krankenhaushygieniker, Hygienebeauftragter, Hygienefachkraft; Kommission zum Informations- und Wissensaustausch in allen Bereichen der Hygiene. Erarbeitung von Plänen bei organisatorischen Veränderungen mit Bezug zur Hygiene

Hyper- *(Medizin)*

Zu hoch

Hyperthyreose *(Medizin)*

Schilddrüsenüberfunktion

Hypertonie *(Medizin)*

☞ arterielle Hypertonie

Hypo- *(Medizin)*

Zu niedrig

Hypnotika *(Medizin)*

Schlafmittel

Hypothese *(Medizin)*

Vermutung über eine Gesetzmäßigkeit

Hypotonie *(Medizin)*

Erniedrigter Blutdruck; Systole < 100 mmHg

Hypothyreose *(Medizin)*

Schilddrüsenunterfunktion

I

Iatrogen *(Medizin)*

durch einen Arzt verursacht

ICD *(Krankenhausmanagement)*

International Classifikation of Diseases; internationales Diagnoseklassifikationssystem in der Medizin; von der WHO herausgegeben

IGeL-Leistungen *(Gesundheitspolitik)*

Individuelle Gesundheitsleistungen; Leistungen außerhalb des Leistungskataloges der GKV, d.h. sie müssen vom Patienten selbst gezahlt werden. Zusatzversicherungen können einzelne IGeL-Leistungen abdecken

Ikterus *(Medizin)*

Gelbsucht; Anstieg des Bilirubingehalts im Blut mit späterer Gelbfärbung der Haut

Ileus *(Medizin)*

Unterbrechung der Darmpassage durch ein Hindernis oder eine Parese (Lähmung)

Immunsuppressiva *(Medizin)*

Arzneimittel zur Dämpfung des Immunsystems

Impactfaktor *(Allgemein)*

Faktor, der Auskunft über die Qualität von wissenschaftlichen Fachzeitschriften gibt. Je höher der Faktor, desto bedeutender die Fachzeitschrift

Impfung *(Medizin)*

Aktivierungsmaßnahme des Immunsystems gegen bestimmte Stoffe; Präventionsmaßnahme gegen Infektionskrankheiten

Indirekte Kosten *(Betriebswirtschaftslehre)*

Aufwendungen, die in unmittelbarem Zusammenhang zu einer Erkrankung stehen. Dazu zählen u.a. Produktionsausfall, Lohn- und Gehaltsfortzahlungen, Krankengeld oder Rentenzahlungen

Indirekte Sterbehilfe *(Medizin)*

Bezeichnet das Tolerieren eines früheren Todes, aufgrund einer notwendigen, schmerzlindernden Behandlung, im Einverständnis des Betroffenen. Die Lebensverkürzung tritt als unbeabsichtigte Nebenfolge auf und ist nicht strafbar

InEK *(Krankenhausmanagement)*

Institut für das Entgeltsystem im Krankenhaus; von den Spitzenverbänden der Krankenkassen, dem Verband der Privaten Krankenversicherung und der Deutschen Krankenhausgesellschaft als gemeinnützige GmbH (seit Juni 2007 InEK GmbH) gegründet, welche auch Gesellschafter sind. Die Hauptaufgabe des InEK ist die Pflege und Weiterentwicklung des G-DRG-Systems auf Grundlage des § 17b KHG. Die Aufgaben unterteilen sich in zwei Arbeitsfelder: Medizin und Ökonomie. Das Arbeitsfeld Medizin beinhaltet die Pflege der Fallgruppen, die Weiterentwicklung der Kodierrichtlinien, die Zusammenarbeit mit Institutionen, Gremien und Organisationen und die Unterstützung anderer Länder bei Fragen eines Fallpauschalensystems. Im Arbeitsfeld Ökonomie werden die Relativgewichte sowie Zu- und Abschläge kalkuliert. Zudem wird dort das Entgeltsystem für psychiatrische und psychosomatische Einrichtungen (PEPP) und Investitionspauschalen weiterentwickelt

InEK-Matrix *(Krankenhausmanagement)*

Jährlich veröffentlicht das ☞ InEK den sogenannten DRG-Browser. In ihm ist u.a. die Kostenmatrix jeder ☞ DRG abrufbar. Dabei handelt es sich um Durchschnittskosten der ☞ Kalkulationshäuser. Diese Kosten werden aggregiert dargestellt, als wären sie in einem Krankenhaus entstanden (Einhausmethode). Die Matrix ist in drei Kostenarten und bis zu elf Kostenstellen unterteilt.

Infektion *(Medizin)*

Die Ansteckung, das Haftenbleiben oder das Eindringen von Krankheitserregern durch die (Schleim-)Haut in den menschlichen Organismus

Inferior *(Medizin)*

Unterhalb; unten

Inflamatio *(Medizin)*

Entzündung; ☞ Entzündungszeichen

Inflation *(Volkswirtschaftslehre)*

Situation, in der das Preisniveau der Wirtschaft ansteigt

Informationsasymmetrie *(Gesundheitsökonomie)*

Ungleichverteilung von Informationen z.B. zwischen Arzt und Patient

Informationskompetenz *(Projektmanagement)*

Projektleiter muss über alle relevanten Informationen bezüglich des Projektes verfügen können; die Informationen müssen vollumfänglich zugänglich sein

Informationsmanagement *(Informationstechnik)*

Stellt Aufgabenträgern Informationen zum richtigen Zeitpunkt, in der gewünschten Aktualität und Darstellungsform, mit der notwendigen Sicherheit und zu angemessenen Kosten zur Verfügung. Dabei plant, steuert, kontrolliert und verbessert es das notwendige Informationssystem

Inkontinenz *(Medizin)*

Unvermögen den Harn oder Stuhl zurückzuhalten; Risiko steigt mit zunehmendem Alter

Inlier *(Krankenhausmanagement)*

☞ Normallieger

Innovationstiming *(Betriebswirtschaftslehre)*

Die erstmalige marktliche Verwertung einer Technologie

Input *(Betriebswirtschaftslehre)*

Einzelne Produktionsfaktoren, die dem produktionswirtschaftlichen System vor oder während des Produktionsprozesses zugeführt werden

Insourcing *(Betriebswirtschaftslehre)*

Übertragung von Aufgaben an ein vom Unternehmen (Krankenhaus) oder Träger gegründetes Unternehmen als Form der internen Auslagerung

Instanz *(Betriebswirtschaftslehre)*

Stelle mit Weisungsbefugnissen gegenüber anderen Mitarbeitern

Insuffizienz *(Medizin)*

Pathologisch eingeschränkte Funktionsfähigkeit

Insulin *(Medizin)*

Hormon zur Substitution des körpereigenen fehlenden Insulins; Anwendung bei Diabetikern; senkt den Blutzuckerspiegel im Blut; verschiedene Insulintypen: Langzeit- und schnellwirksames Insulin sind am meisten verbreitet; Insulin wird via Insulin-Pen unter die Haut injiziert, meist in den Unterbauch oder den seitlichen Oberschenkel

Intangible Kosten *(Gesundheitsökonomie)*

Monetär nicht messbare Kosten durch Beeinträchtigung der körperlichen, mentalen oder sozialen Funktion eines Betroffenen durch eine Krankheit

Integrierte Versorgung *(Gesundheitspolitik)*

Sektorengrenzenübergreifende Versorgung; Krankenkassen können mit zugelassenen Vertragsärzten oder Zahnärzten, Krankenhäusern, Rehabilitationseinrichtungen oder anderen Einrichtungen Leistungsverträge abschließen. Ziel ist eine Kostensenkung und Qualitätssteigerung

Interaktiver Projektleiter *(Projektmanagement)*

Hohe Interaktion, kooperative Führung, konstruktive Kreativität, Erfahrung, Problemlösungskapazität

Interdependenz *(Arbeits- und Organisationspsychologie)*

Beziehung

Internes Audit *(Qualitätsmanagement)*

Audit, welches von der Organisation selbst oder im Namen der Organisation durchgeführt wird; ☞ Audit

Intranet *(Informationstechnik)*

Netzwerkkonzept, in dem unternehmensinterne Daten ausgetauscht werden, im Krankenhaus bspw. Stellenangebote, Standards, Telefonlisten, etc.

Intrinsische Motivation *(Arbeits- und Organisationspsychologie)*

Das Bestreben etwas seiner selbst Willen zu tun (weil es Spaß macht, Interessen befriedigt oder eine Herausforderung darstellt)

Inzidenz *(Medizin)*

Rate der Neuerkrankungen/Neudiagnosen innerhalb einer Periode

IQWIG *(Gesundheitspolitik)*

Institut für Qualität und Wirtschaftlichkeit im Gesundheitswesen; erstellt fachlich unabhängige evidenzbasierte Gutachten, z.B. für Arzneimittel, Operationsmethoden, Screeningprogramme oder Behandlungsleitlinien

Ischämie *(Medizin)*

Verminderte oder aufgehobene Durchblutung von Gewebe

Ishikawadiagramm *(Prozessmanagement)*

Nach K. Ishikawa; Methode zur Analyse von Qualitätsproblemen und deren Ursachen im Unternehmen; zählt zu den Ursachen-Wirkungs-Diagrammen

Issue Traking Systeme *(Prozessmanagement)*

Protokolliert und dokumentiert Arbeiten an einzelnen Aktivitäten und Prozessen; über einen vordefinierten Workflow kann gesteuert werden, wie Aktivitäten zu behandeln sind

J

Job Diagnostic Survey *(Arbeits- und Organisationspsychologie)*

JDS; Analyse des Motivationspotenzials eines spezifischen Arbeitsplatzes

Joint Venture *(Betriebswirtschaftslehre)*

Vertraglich, langfristige Kooperation zwischen mindestens zwei Unternehmen, die sich in einer rechtlich selbstständigen, mit Eigenkapital ausgestatteten Einheit manifestiert

K

KAIZEN *(Prozessmanagement)*

☞ Kontinuierlicher Verbesserungsprozess

Kalkulationshaus *(Krankenhausmanagement)*

Gemeint sind diejenigen Krankenhäuser, die an der jährlichen DRG-Kalkulation durch das ☞ InEK teilnehmen; die Teilnahme ist freiwillig, das Kalkulationshaus erhält eine fallbezogene Aufwandentschädigung bei Teilnahme; in 2014 nahmen 247 Krankenhäuser (d.h. rd. 12 %) teil; zu den teilnehmenden Krankenhäusern zählen jeher keine Häuser in privater Trägerschaft

Kapitaldeckungsverfahren *(Gesundheitspolitik)*

Verfahren zur Finanzierung in der PKV. In jüngeren Jahren wird vergleichsweise viel eingezahlt und das Geld am Kapitalmarkt angelegt

Kapitalstock *(Betriebswirtschaftslehre)*

Anlagevermögen

Kardiologie *(Medizin)*

Lehre vom Herzen und seinen Erkrankungen

Karzinogen *(Medizin)*

Stoff, der Krebs auslösen kann

Karzinom *(Medizin)*

Bösartiges Geschwür

Kassenarzt *(Gesundheitspolitik)*

☞ Vertragsarzt

Kassenärztliche Bundesvereinigung *(Gesundheitspolitik)*

KBV; von den 17 KVen gebildet; Aufgabe: Vertragsärztliche Versorgung, Abschluss der Gesamtverträge mit dem GKV-Spitzenverband

Kassenärztliche Vereinigung *(Gesundheitspolitik)*

KV; Mitglieder sind per Gesetz alle zugelassenen Vertragsärzte; insgesamt existieren 17 KVen, in jedem Bundesland eine, in NRW zwei; Aufgabe: Erfüllung des Sicherstellungsauftrags, Bereitstellung eines ärztlichen Notdienstes,

Verteilung der Gesamtvergütung unter den niedergelassenen Ärzten, Prüfung der Abrechnungen

Kennzahl *(Betriebswirtschaftslehre)*

Zusammenfassung von quantitativen (meint zahlbasierenden) Informationen für den innerbetrieblichen und zwischenbetrieblichen Vergleich

Kernprozesse *(Prozessmanagement)*

Es handelt sich dabei um Prozesse, die in höchstem Maße an der unternehmerischen Zielerreichung teilhaben. Sie sind die Grundlage der Geschäftstätigkeit. Kernprozesse sind nicht auslagerbar und nicht substituierbar. Der Kernprozess im Krankenhaus ist die Patientenversorgung

KHK *(Medizin)*

Koronare Herzkrankheit; Arteriosklerose der Herzkranzgefäße (Koronararterien) führt zu einem Missverhältnis von Sauerstoffangebot und –bedarf des Herzmuskels

Kick-Off *(Projektmanagement)*

Bezeichnet ein Initiierungstreffen zum Projektstart

Klinische Behandlungspfade *(Prozessmanagement)*

Im Behandlungsteam selbst gefundener, berufsgruppenübergreifender Konsens für die beste Durchführung der gesamten stationären Behandlung. Berücksichtigt werden dabei Behandlungsqualität wie auch Ressourcen

Körperkultur *(Allgemein)*

Systematische Optimierung des Körpers nach gesundheitlichen, sportlichen und ästhetischen Zielen

Kommissionär *(Betriebswirtschaftslehre)*

☞ Selbstständige kaufmännische Hilfsperson im HGB; kauft in eigenem Namen, aber auf Rechnung eines anderen Unternehmers (Kommittent), welcher den Kommissionär beauftragt hat

Komplexpauschale *(Gesundheitspolitik)*

Pauschale für einen Komplex aus mehreren Leistungen; im ambulanten Sektor gibt es im EBM Komplexpauschalen, sowie im stationären (Krankenhaus) Sektor, z.B. die intensivmedizinische Komplexpauschale

Kommunikationsquadrat *(Moderation & Kommunikation)*

Nach Schulz von Thun; Vier-Ohren-Modell; Nachrichtenquadrat; Kommunikation geschieht auf 4 Ebenen: Sach-, Beziehungs-, Appellebene und die Ebene der Selbstkundgabe. Ebenen werden die 4 Seiten einer Nachricht genannt. Sender und Empfänger einer Nachricht können über diese 4 Ebenen kommunizieren, was ggf. zu Missverständnissen führt

Konfidenzintervall *(Statistik)*

Statistisches Maß; schließt den wahren Wert der Grundgesamtheit mit einer Wahrscheinlichkeit von (1-∞) ein

Konsiliararzt *(Krankenhausmanagement)*

Arzt, der unterstützend bei der Diagnose oder Behandlung hinzugezogen wird; Arzt, der ein Konsil bearbeitet; i.d.R. aus einer anderen Fachabteilung

Konsumentenrente *(Volkswirtschaftslehre)*

Nutzen eines Konsumenten, wenn er etwas für einen Betrag kauft, der unter seinem Maximalbetrag liegt; Differenz zwischen der maximalen Zahlungsbereitschaft und dem tatsächlich bezahlten Preis

Kontinuierlicher Verbesserungsprozess *(Prozessmanagement)*

KVP; japanisch KAIZEN; Ziel ist die systematische Analyse von Prozessen am Arbeitsplatz und die ständige Verbesserung dieser Prozesse

Kontrahierungszwang *(Gesundheitspolitik)*

Pflicht der GKV neue Mitglieder aufzunehmen, ohne Berücksichtigung vom Gesundheitszustand

Kontrazeptiva *(Medizin)*

Arzneimittel zur Empfängnisverhütung

Kooperation *(Betriebswirtschaftslehre)*

Freiwillige Zusammenarbeit zwischen zwei oder mehreren rechtlich selbstständigen Unternehmen zum Zweck der Verfolgung gleicher Interessen und Ziele

Kopfpauschale *(Gesundheitspolitik)*

Vergütungsform vertragsärztlicher Leistungen pro Kopf. Art und Umfang der Leistung sind irrelevant

Kostenerstattungsprinzip *(Gesundheitspolitik)*

Der Patient zahlt die Rechnung für eine Leistung selbst und bekommt die Kosten später zurückerstattet; vorwiegend in der PKV anzutreffen

Kostenfunktion *(Betriebswirtschaftslehre)*

Schafft Zusammenhang zwischen hergestellter Menge x und den Produktionskosten; zerfällt in variable Kosten und Fixkosten

$$K(x) = kv(x) + Kf(x)$$

Kosten-Kosten-Analyse *(Pharmakoökonomie)*

Kostenminimierungsanalyse; Teil der gesundheitsökonomischen Evaluation; Kostenvergleich verschiedener Therapien unter der Annahme der gleichen therapeutischen Wirksamkeit

$$Kosten\ A - Kosten\ B$$

Kostenmanagement *(Betriebswirtschaftslehre)*

Managementprozess mit dem Ziel der Transparenz von Kosten; Durchführung von Prozesskostenanalysen, Kostenträgerrechnungen und Wirtschaftlichkeitsanalysen

Kosten-Nutzen-Analyse *(Pharmakoökonomie)*

Teil der gesundheitsökonomischen Evaluation; den Kosten wird der in Geldeinheiten bewertete Nutzen gegenübergestellt

$$(Nutzen\ A - Kosten\ A) - (Nutzen\ B - Kosten\ B)$$

Kosten-Nutzwert-Analyse *(Pharmakoökonomie)*

Cost-utility-analysis; Teil der gesundheitsökonomischen Evaluation; Gegenüberstellung von Kosten und Kenngrößen bewerteter Gesundheitszustände. Kenngrößen sind Kombinationen aus Lebensdauer und Lebensqualität, z.B. QALY

$$\frac{Kosten\ A}{Nutzwert\ A} - \frac{Kosten\ B}{Nutzwert\ B}$$

Kostenstellen *(Betriebswirtschaftslehre)*

Beschreiben den Ort der Kostenverursachung; Unterteilung in Haupt-, Hilfs- und Nebenkostenstellen; in den Hauptkostenstellen werden die Leistungen des Kerngeschäfts erbracht, z.B. die Station XY. In den Hilfskostenstellen werden sekundäre Leistungen erbracht, die das Kerngeschäft unterstützen und ohne die das Kerngeschäft nicht funktionieren würde, z.B. OP. In Nebenkostenstellen werden Leistungen erbracht, die nicht zum Kerngeschäft gehören, z.B. die Krankenhausapotheke, die auch andere Krankenhäuser mitversorgt

Kostenträger *(Betriebswirtschaftslehre)*

Beschreiben das Produkt, was die Kosten trägt; im Krankenhaus ist dies der einzelne Patient/Fall, der behandelt wird

Kostentrenddiagramm *(Projektmanagement)*

Ein Diagramm, welches die laufenden, aktualisierten Kostenschätzungen der Plankosten (Istkosten + Restkosten) eines Projektes bis zur Fertigstellung eines Arbeitspaketes aufzeigt; ansteigende Kurve = Überschreitung; absteigende Kurve = Überschätzung

Kosten-Wirksamkeits-Analyse *(Pharmakoökonomie)*

Kosten-Effektivitäts-Analyse: Teil der gesundheitsökonomischen Evaluation; Gegenüberstellung von Kosten und medizinisch/naturwissenschaftlichen Größen, z.B. Blutdruck

$$\frac{Kosten\,A}{Wirksamkeit\,A} - \frac{Kosten\,B}{Wirksamkeit\,B}$$

Kovarianz *(Statistik)*

Statistisches Maß; zeigt die Stärke des linearen Zusammenhangs zweier quantitativer Zufallsvariablen

Kräftefeldanalyse *(Projektmanagement)*

Projektmanagementtool, bei dem zu jeder am Projekt beteiligten Person/Organisation der Einfluss auf das Projekt eingeschätzt wird und in eine zweidimensionale Matrix (X-Achse: wenig Einfluss – viel Einfluss; Y-Achse: Ablehnung - Unterstützung) übertragen wird

Krankengeld *(Gesundheitspolitik)*

Geldleistung der GKV mit Lohnersatzfunktion; wird bei Arbeitsunfähigkeit gezahlt; maximal 70% des beitragspflichtigen Bruttoentgeltes; darf 90% des Nettoarbeitsentgeltes nicht überschreiten; maximal für 78 Wochen innerhalb von 3 Jahren für die selbe Erkrankung beziehbar

Krankenhaus *(Krankenhausmanagement)*

Einrichtung, in der durch ärztliche und pflegerische Hilfeleistung Krankheiten, Leiden oder Körperschäden festgestellt, geheilt oder gelindert werden sollen oder Geburtshilfe geleistet wird und in der die zu versorgenden Patienten untergebracht und verpflegt werden können; 2012 gab es in Deutschland 2.017 Krankenhäuser mit insgesamt 501.475 Betten

Krankenhausaufnahmevertrag *(Krankenhausmanagement)*

☞ totaler Krankenhausaufnahmevertrag ☞ gespaltener Krankenhausaufnahmevertrag

Krankenhausbehandlung *(Gesundheitspolitik)*

Voll-, teil-, vor- und nachstationäre Behandlung sowie die ambulante Behandlung im Krankenhaus; § 39 SGB V

Krankenhausentgeltgesetz *(Krankenhausmanagement)*

KHEntgG; Gesetz über die Entgelte von teil- und vollstationären Krankenhausleistungen; trat 2003 in Kraft

Krankenhausfinanzierungsgesetz *(Krankenhausmanagement)*

KHG; regelt die Sicherung der Krankenhäuser auf wirtschaftlicher Basis und sorgt für die bedarfsgerechte Versorgung der Bevölkerung; trat 1972 in Kraft

Krankenhausinformationssystem *(Informationstechnik)*

Gesamtheit aller informationsverarbeitenden Systeme der Informationstechnik im Krankenhaus (Erfassung, Bearbeitung und Weitergabe medizinischer und administrativer Daten)

Krankenhausleitung *(Krankenhausmanagement)*

Betriebsleitung des Krankenhauses; es existieren verschiedene Modelle der Krankenhausleitung. Oft anzutreffen ist ein Modell bestehend aus kaufmännischem Direktor, medizinischem Direktor und Pflegedirektor. Ein anderes Modell hat nur den kaufmännischen und medizinischen Direktor in der Krankenhausleitung. Uniklinika können zudem von einem Präsidium geleitet werden, wobei auch dies meist aus einem kaufmännischen und medizinischen Geschäftsführer existiert

Krankenhausplan *(Gesundheitspolitik)*

☞ Bedarfsplanung

Krankenhaus-Träger *(Krankenhausmanagement)*

Natürliche oder juristische Person, die ein Krankenhaus betreibt. Unterteilung in freigemeinnützige (Träger sind Kirchen, freie Wohlfahrtsverbände, Stiftungen oder Vereine), öffentliche (Träger sind der Bund, Länder, Kreise, Gemeinden, Sozialversicherungsträger oder Berufsgenossenschaften) und private (Träger sind natürliche oder juristische Personen) Träger. 2012 gab es 601 Krankenhäuser in öffentlicher, 719 in freigemeinnütziger und 697 in privater Trägerschaft

Krankheits-Kosten-Analyse *(Pharmakoökonomie)*

Cost-of-illness-study; Teil der gesundheitsökonomischen Evaluation; es werden alle Kosten, die von einer Krankheit verursacht werden, betrachtet. Es handelt sich um eine nicht-vergleichende Studie

Krankenpflege *(Pflege)*

Umfassende pflegerische Betreuung und Versorgung von Kranken

Krankenpflegeschule *(Pflege)*

Dort wird die Ausbildung der Gesundheits- und Krankenpfleger/innen und der Gesundheits- und Kinderkrankenpfleger/innen vermittelt. Nicht selten schließen sich mehrere Krankenhäuser zur Bildung einer Krankenpflegeschule zusammen; in Zeiten des Fachkräftemangels ist eine eigene Krankenpflegeschule sinnvolles Mittel zur Bindung der Auszubildenden an das Unternehmen

Kreuzpreiselastizität *(Volkswirtschaftslehre)*

Gibt an, welchen Einfluss eine Preisänderung eines Gutes auf das Angebot und die Nachfrage eines anderen Gutes hat

Kritischer Pfad *(Projektmanagement)*

Stellt die Verbindung aller Vorgänge eines Projektes dar, die keine Pufferzeit besitzen. Solche Vorgänge können nicht verschoben werden, ohne dass sich der Endtermin des Projekts verschiebt

KTQ *(Qualitätsmanagement)*

Kooperation für Transparenz und Qualität im Gesundheitswesen; Entwicklung und Weiterentwicklung eines Zertifizierungsverfahrens im Gesundheitswesen, derzeit für Krankenhäuser, Reha-Zentren, Praxen, Pflegeeinrichtungen und alternative Wohnformen. Es besteht aus dem Prinzip der Selbst- und anschließenden Fremdbewertung. Gesellschafter der KTQ GmbH sind die Bundesärztekammer, die GKV Spitzenverbände, die Deutsche Krankenhausgesellschaft, der Deutsche Pflegerat und der Hartmannbund

KÜBAG *(Gesundheitspolitik)*

KV-übergreifende Berufsausübungsgemeinschaft; ☞ ÜBAG über die KV-Grenzen hinweg; ☞ BAG

Kur *(Medizin)*

Meint meist die Rehabilitation

Kurzlieger *(Krankenhausmanagement)*

Low Outlier; Patient, der unterhalb der unteren Grenzverweildauer im Krankenhaus ist. Das Krankenhaus muss Abzüge hinnehmen; Höhe der Abzüge sind im ☞ Fallpauschalenkatalog ersichtlich

Kurzliegerstation *(Krankenhausmanagement)*

Krankenhausstation mit Behandlungsleistungen von kurzer Verweildauer; ggf. über das Wochenende geschlossen

Kurzzeitpflege *(Medizin)*

Bezeichnet die vorrübergehende vollstationäre Pflege zur Ergänzung der häuslichen Pflege; kann für einen Zeitraum von 4 Wochen pro Jahr in Anspruch genommen werden; ermöglicht pflegenden Angehörigen eine Ruhepause; § 42 SGB XI

L

Ladenangestellter *(Betriebswirtschaftslehre)*

☞ Unselbstständige kaufmännische Hilfsperson; Angestellter des Kaufmanns, welcher in einem Laden oder Warenlager zu Verkäufen und Empfangnahmen ermächtigt ist

Laisser-faire *(Arbeits- und Organisationspsychologie)*

Führungsstil; selbstbestimmte Organisation der Aufgaben und Arbeit; zufälliger Informationsfluss; keine Hilfestellung, keine Bestrafung

Langlieger *(Krankenhausmanagement)*

High Outlier; bezeichnet einen Patienten, der oberhalb der oberen Grenzverweildauer im Krankenhaus liegt. Das Krankenhaus erhält dafür ein zusätzliches Entgelt, welches im ☞ Fallpauschalenkatalog ersichtlich ist

Lastenheft *(Projektmanagement)*

Definiert die Anforderungen der Kunden an eine Dienstleistung oder ein Produkt; Grundlage für den Auftragnehmer zur Erstellung eines Angebots; enthält notwendige Funktionen und Eigenschaften des Produkts, Anforderungen an eine Dienstleistung und Einsatzbereiche sowie benötigte Personen

Lateral *(Medizin)*

Zur Seite hin; seitlich; weiter von der Mitte entfernt liegend

Laxanzien *(Medizin)*

Abführmittel (Medizin)

Leberzirrhose *(Medizin)*

Irreversibler bindegewebiger Umbau der Leber mit den Folgen einer Leberinsuffizienz und anderen Komplikationen

Leistungskatalog *(Gesundheitspolitik)*

In Ihm sind alle Leistungen aufgelistet, die der Versicherte der gesetzlichen Krankenversicherung beanspruchen kann. Alle Leistungen darüber hinaus sind Satzungsleistungen. Der Leistungskatalog wird vom G-BA konkretisiert und geprüft

Leitbild *(Betriebswirtschaftslehre)*

Dient Mitarbeitern, Kunden (Patienten) oder Anderen als Wegweiser im Unternehmen. Im Leitbild sollen folgende Fragen beantwortet werden: Wer sind wir? Was ist unsere Aufgabe? Wer sind unsere Kunden? Wie verhalten wir uns gegenüber unseren Kunden? Wie messen wir die Qualität unserer Leistung?

Leitender Angestellter *(Betriebswirtschaftslehre)*

Arbeitnehmer mit Tätigkeit an herausgehobener Stelle

Leitlinien *(Medizin)*

Entscheidungshilfen; im Expertenkonsens erstellter Standard, von dem jedoch in begründeten Fällen abgewichen werden kann

Lenkungsausschuss *(Projektmanagement)*

Kreis aus Topmanagern; übernehmen Teil der Projektverantwortung

Letalität *(Medizin)*

Sterblichkeit; Zahl der Todesfälle einer Erkrankung

Lieferfähigkeit *(Betriebswirtschaftslehre)*

Grad der Erfüllung von Markt- und Kundenanforderungen, die ein Unternehmen erbringen kann

Liefertreue *(Betriebswirtschaftslehre)*

Maß für die Zuverlässigkeit der Auftragsterminierung

Lifestyle-Medikamente *(Medizin)*

Arzneimittel, die die Lebensqualität und das individuelle Wohlbefinden steigern sollen und nicht gegen Krankheitssymptome gerichtet sind, z.B. Medikamente zur Rauchentwöhnung oder Mittel zur Diätunterstützung

Linienorganisation *(Projektmanagement)*

Organisationsform, bei der ein Projekt in den entsprechenden Bereich eingegliedert wird; fachliche Weisungsbefugnis für den Projektmanager; Unternehmensleitung ist kaum in das Projekt integriert

Liquidationsrecht *(Krankenhausmanagement)*

Recht des Chefarztes, selten auch des Oberarztes, Wahlleistungen zu liquidieren, d.h. anzubieten und abzurechnen

Low Outlier *(Krankenhausmanagement)*

☞ Kurzlieger

Lungenembolie *(Medizin)*

Gefäßverschluss einer Lungenarterie durch ein Gerinnsel

Lyse *(Medizin)*

Therapie der ☞ Thrombose durch Fibrinspaltung (Auflösung des Thrombus)

M

Magisches Dreieck *(Projektmanagement)*

Triade im Projektmanagement; beschreibt die drei zentralen Aspekte und Risiken im Projektmanagement: Ziel, Zeit und Aufwand

Magisches Viereck *(Volkswirtschaftslehre)*

Wirtschaftsbegriff; beschreibt vier wirtschaftliche Ziele: Stabilität des Preisniveaus, hoher Beschäftigungsgrad, außenwirtschaftliches Gleichgewicht, angemessenes und stetiges Wirtschaftswachstum; Problem besteht in der Komplementarität der Ziele

Makroökonomik *(Volkswirtschaftslehre)*

Teilgebiet der Volkswirtschaftslehre; befasst sich mit der Wirtschaft als Ganzes, sowie mit Wirtschaftswachstum und Geldpolitik

Maligne *(Medizin)*

Bösartig

Mammographie *(Medizin)*

Röntgenaufnahme der Brust

Managed Care *(Gesundheitspolitik)*

Ökonomisches Steuerungskonzept, mit dem Ziel der effizienten Steuerung von Kosten und Qualität im Gesundheitswesen. Zur Zielerreichung werden die Beziehungen zwischen Kostenträgern und Leistungserbringern durch Management-Prinzipien aufgelockert. Bekannte Steuerungskonzepte sind z.B. das Hausarztmodell oder Selbstbeteiligungen

Management *(Betriebswirtschaftslehre)*

Aufeinander abgestimmte Tätigkeiten zum Leiten und Lenken einer Organisation

Markt *(Betriebswirtschaftslehre)*

Zusammentreffen von ☞ Angebot und ☞ Nachfrage

Marktanteil *(Betriebswirtschaftslehre)*

Ist die Bezeichnung für den Umsatzanteil eines Unternehmens am gesamten Absatz/verkaufter Menge in einer bestimmten Branche

Markttyp *(Gesundheitsökonomie)*

Form des Gesundheitswesens, bei der die Gesundheitsleistungen überwiegend privat finanziert werden (z.B. USA)

Marktwirtschaft *(Volkswirtschaftslehre)*

Wirtschaft, in der wirtschaftliche Aktivitäten nur sehr gering oder gar nicht vom Staat gelenkt werden

Matrixorganisation *(Projektmanagement)*

Projektorganisation, bei der Projektmitarbeiter zu einem gewissen (Stunden-) Anteil aus ihrer Abteilung heraus für das Projekt zur Verfügung gestellt werden; fachliche und teils disziplinarische Weisungsbefugnis des Projektmanagers

Maverick-Buying *(Krankenhausmanagement)*

Der unabgestimmte Einkauf von Produkten an der zentralen Einkaufsabteilung vorbei, z.B. wenn ein Chefarzt aus eigenen Stücken heraus ein Produkt für seine Abteilung kauft, ohne den Zentraleinkauf zu informieren und den Kauf abzustimmen

Medial *(Medizin)*

Zur Mittel hin; der Körpermitte näher gelegen

Median *(Statistik)*

Statistisches Maß; Zentralwert; Zahl in der Mitte einer geordneten Messreihe

wenn n ungerade $\tilde{x} = x_{\frac{n+1}{2}}$

wenn n gerade $\tilde{x} = \frac{1}{2}\left(x_{\frac{n}{2}} + x_{\frac{n}{2}+1}\right)$

Median *(Medizin)*

Genau in der Mittellinie liegend

Medianebene *(Medizin)*

Ebene, die den Körper in eine linke und eine rechte Körperebene teilt

MEDICA *(Krankenhausmanagement)*

Weltweit größte Medizin- und Krankenhausmesse in Düsseldorf

Medicaid *(Gesundheitsökonomie)*

Öffentlich organisiertes Versicherungssystem in den USA für arme Bürger

Medical Savings Accounts *(Gesundheitsökonomie)*

Finanzierungssystem von Gesundheitsleistungen, bei dem jeder Bürger auf ein persönliches Gesundheitssparkonto einzahlt (Teil des Monatseinkommens) und bei Bedarf Leistungen daraus bezahlt; u.a. in Singapur vorzufinden

Medicare *(Gesundheitsökonomie)*

Öffentlich organisiertes Versicherungssystem in den USA für Behinderte und für Bürger über 65 Jahren

Medizincontrolling *(Krankenhausmanagement)*

DRG-Management; Überwachung der Struktur-, Prozess, und Ergebnisqualität der medizinischen Leistungen im Krankenhaus; internes Consultingorgan; meist in der Form einer Stabsstelle/-abteilung organisiert

Medizinischer Dienst der Krankenversicherung *(Gesundheitspolitik)*

MDK; Einrichtung der gesetzlichen Kranken- und Pflegekassen mit den Aufgaben der Begutachtung und der Beratung in medizinischen Versorgungsfragen

Medizinisches Versorgungszentrum *(Gesundheitspolitik)*

MVZ; ist nach §95 SGB V Abs. 1 eine fachübergreifende ärztlich geleitete Einrichtung, in denen Ärzte, die in das Arztregister eingetragen sind, als Angestellte oder Vertragsärzte tätig sein können

Mee-too-Präparat *(Medizin)*

Analogpräparat; Arzneimittel, das im Vergleich zu bereits bestehenden Präparaten, nur minimale Veränderungen aufweist

Meilenstein *(Projektmanagement)*

Projektereignis, mit besonderer Bedeutung

Meilensteinmethode *(Projektmanagement)*

Methode zur Bewertung des Realisierungsgrades; Bewertung erfolgt auf Basis definierter ☞ Meilensteine

Menschenbilder nach Schein *(Arbeits- und Organisationspsychologie)*

Rational economic Man, social man, self-realizing man, complex man

Meritorische Güter *(Betriebswirtschaftslehre)*

Güter, von denen angenommen wird, dass sie ohne staatliche Förderung in einem nicht ausreichendem Maße nachgefragt werden, z.B. Haftpflichtversicherungen oder Kulturangebote

Mikroökonomik *(Volkswirtschaftslehre)*

Teilgebiet der Wirtschaftswissenschaften, welches das Verhalten einzelner Menschen und Unternehmen studiert

Mindestmenge *(Krankenhausmanagement)*

Für die Zulassung zur Erbringung einer Leistung vorgeschriebene Menge jener Leistung. So muss bspw. eine bestimmte Anzahl einer OP durchgeführt worden sein, um diese (weiter) erbringen zu dürfen

Mind-Map *(Prozessmanagement)*

Art der bildlichen Veranschaulichung von Gedanken und Zusammenhängen, behilflich zur einfachen Strukturierung, Analyse und Bewertung

Minimal-invasive Chirurgie *(Medizin)*

Oberbegriff für Operationen, bei denen die Haut und Weichteile möglichst wenig verletzt werden; Schlüssellochchirugie; mittlerweile die Standard-OP-Technik mittels Laparoskop und Arthroskop; die neueste Technik wird als NOTES (Natural Orifice Transluminal Endoscopic Surgery) bezeichnet, bei der der OP-Zugang über natürliche Körperöffnungen (Mund, After, Vagina, Harnröhre) hergestellt wird

Mission *(Betriebswirtschaftslehre)*

Bezeichnet den Leitsatz, in dem ausgedrückt wird, wofür das Unternehmen steht und welche Werte und Lösungen das Unternehmen inne hat; sollte kurz und prägnant sein

Mitarbeiterorientierung *(Betriebswirtschaftslehre)*

Ausrichtung von Handlungen der Führungskräfte an den Bedürfnissen der Mitarbeiter

Mitarbeiterorientierungsgespräch *(Betriebswirtschaftslehre)*

Instrument im Personalmanagement; partnerschaftlich geführtes Gespräch zwischen Führungskraft und Mitarbeiter mit den Inhalten der Rückschau auf die letzte Periode, Entwicklung und Entwicklungsbedarf des Mitarbeiters, Leitung und Zusammenarbeit sowie auch Ziele und Aufgaben

Mitgliedschaftsstatut in der GKV *(Gesundheitspolitik)*

Unterteilung der Mitglieder der GKV in: Pflichtversicherte, freiwilligversicherte und familienversicherte Mitglieder (☞ Versicherungspflicht ☞ Versicherungspflichtgrenze)

Mitwirkungspflicht *(Gesundheitspolitik)*

Pflicht der Versicherten für ihre Gesundheit. Sie sollen frühzeitig an Gesundheits- und Präventionsmaßnahmen und aktiv an der Krankenbehandlung und Rehabilitation teilnehmen, um den Eintritt von Krankheiten und deren Folgen zu verhindern

Mobbing *(Arbeits- und Organisationspsychologie)*

Mitarbeiter werden von einem oder mehreren Kollegen oder Vorgesetzten regelmäßig und für längere Zeit systematisch terrorisiert

Modalwert *(Statistik)*

Statistisches Maß; häufigster Wert

Moderation *(Moderation & Kommunikation)*

Instrument zur Unterstützung und Ordnung von Kommunikation in Teams

Monistik *(Gesundheitspolitik)*

Im Gegensatz zur ☞ Dualistik, ein Modell der Krankenhausfinanzierung, bei dem die Krankenkassen die einzigen Kostenträger sind

Monopol *(Volkswirtschaftslehre)*

Marktform mit einem Anbieter und vielen Nachfragern

Monopson *(Volkswirtschaftslehre)*

Marktform mit vielen Anbietern und einem Nachfrager

Moral-Hazard *(Gesundheitsökonomie)*

Änderung des persönlichen Verhaltens mit risikoreicheren Entscheidungen durch die Absicherung von Versicherungen

Morbidität *(Medizin)*

Überbegriff von ☞ Inzidenz und ☞ Prävalenz; Krankheitshäufigkeit bezogen auf eine bestimmte Bevölkerungsgruppe

Morbiditätsorientierter Risikostrukturausgleich *(Gesundheitspolitik)*

Die Höhe der Zuweisung an die Krankenkassen aus dem Gesundheitsfonds wird über den Morbi-RSA kalkuliert. Die Zuweisungen werden pro Kopf kalkuliert, indem einer Grundpauschale entweder Zuschläge (für Erkrankungen und höheres Alter) oder Abschläge (bei Gesundheit und niedrigerem Alter) zugewiesen werden

Morbus Crohn *(Medizin)*

Chronische Entzündung der gesamten Darmschleimhaut

Mortalität *(Medizin)*

Sterblichkeit; Sterberate; Anzahl an Todesfällen in der Gesamtbevölkerung

Motivation *(Arbeits- und Organisationspsychologie)*

Zustand eines Individuums, der zu einer bestimmten Handlung führt und die Richtung, Ausdauer und Intensität der Handlung beeinflusst. Dabei beschreibt die ☞ intrinsische Motivation eine Handlung aus inneren Beweggründen heraus, z.B durch Freude. Bei der ☞ extrinsischen Motivation bestimmt eine Erwartung von Vor- oder Nachteilen die Handlung, z.B. Gehalt oder der Status

Multimorbidität *(Medizin)*

Mehrfacherkrankung; gleichzeitige Erkrankung eines Patienten an mehreren behandlungsbedürftigen Erkrankungen; Wahrscheinlichkeit steigt mit zunehmendem Alter

Myokarditis *(Medizin)*

Entzündliche Erkrankung des Herzmuskels

N

Nachfrage *(Betriebswirtschaftslehre)*

Bereitschaft, Güter oder Dienste gegen Entgelt zu kaufen

Nebendiagnose *(Medizin)*

Diagnose, die neben der Hauptdiagnose existiert

Negativliste *(Medizin)*

Liste mit Arzneimitteln, die nicht von der GKV erstattet werden

Nekrose *(Medizin)*

Absterben von Gewebe- und Organteilen

Neonatologie *(Medizin)*

Lehre vom Neugeborenen

Nephrologie *(Medizin)*

Lehre von den internistischen Erkrankungen der Niere

Netzplan *(Projektmanagement)*

Verfahren im Projetmanagement zur Analyse, Steuerung und Kontrolle von Abläufen im Projekt; es werden Ressourcen, Zeit und finanzielle Aufwendungen berücksichtigt und graphisch in Abhängigkeit voneinander dargestellt

Neue Versorgungsformen *(Gesundheitsökonomie)*

Patientenorientierte Versorgung durch Inanspruchnahme von Gesundheitsleistungen über die Sektorengrenzen hinaus. Beispiele sind: DMP (§ 137 f. SGB V), ambulantes Operieren (§ 115 SGB V), ambulante Behandlung im Krankenhaus (§ 116 b SGB V), MVZ (§ 95 SGB V), Hausarztzentrierte Versorgung (§ 73 b SGB V) und integrierte Versorgung (§§ 140 a-d SGB V)

Neurologie *(Medizin)*

Nervenheilkunde

Non-Profit-Organisation *(Betriebswirtschaftslehre)*

Unternehmen/Organisation ohne Gewinnerzielungsabsicht

Normallieger *(Krankenhausmanagement)*

Inlier; bezeichnet einen Patienten, der innerhalb der Grenzen zur unteren Grenzverweildauer und der oberen Grenzverweildauer im Krankenhaus ist

Nosokomiale Infektion *(Medizin)*

Infektion, die im Zuge einer Behandlung oder eines Aufenthaltes im Krankenhaus oder einer Pflegeeinrichtung auftritt. Dabei darf kein Anzeichen bestehen, dass die Infektion bereits vor dem Aufenthalt bestand oder bei Aufnahme in der Inkubationsphase war

Notdienst *(Medizin)*

Bereitschaftsdienst niedergelassener Ärzte zur Sicherstellung der ambulanten Versorgung außerhalb der Sprechzeiten bzw. im Notfall

NOTES *(Medizin)*

☞ Minimal-invasive Chirurgie

Notfallkoffer/ -wagen *(Medizin)*

Bezeichnet einen Koffer oder Wagen auf einer Station im Krankenhaus, in dem alle Materialien für eine Notfallsituation, z.B. einer Reanimation aufbewahrt werden

NUBs *(Medizin)*

Neue Untersuchungs- und Behandlungsmethoden; innovative Therapeutika oder Diagnostika, die noch nicht über eine DRG abgedeckt werden. Ein Krankenhaus kann einen Antrag zur Abrechnung beim ☞ InEK stellen und danach mit der Krankenkasse über die Höhe verhandeln

Numbers Neaded to Treat *(Pharmakoökonomie)*

NNT; Kenngröße in der ☞ evidenzbasierten Medizin; gibt an, wie viele Patienten durchschnittlich behandelt/diagnostiziert werden müssen, um einen Patienten zu heilen bzw. einem Patienten das Leben zu retten; 1/Absolute Risikoreduktion

Nutzen *(Betriebswirtschaftslehre)*

Grad der erreichten Bedürfnisbefriedigung

O

Objektivität *(Allgemein)*

Unabhängigkeit einer wissenschaftlichen Aussage von subjektiven Einschätzungen und Bewertungen

Ödem *(Medizin)*

Schwellung von Gewebe aufgrund von Wassereinlagerungen

Off-Label-Use *(Medizin)*

Der Einsatz von Arzneimitteln außerhalb der vorgesehenen Anwendungsgebiete

Offshoring *(Betriebswirtschaftslehre)*

Die Verlagerung von Unternehmenstätigkeiten aus Hochlohnländern in Länder mit niedrigerem Lohnniveau

Oligopol *(Volkswirtschaftslehre)*

Marktform mit wenigen Anbietern und vielen Nachfragern

Oligopson *(Volkswirtschaftslehre)*

Marktform mit vielen Anbietern und wenigen Nachfragern

Opportunitätskosten *(Betriebswirtschaftslehre)*

Kosten, die dadurch entstehen, dass Möglichkeiten (Opportunitäten) zur maximalen Nutzung von Ressourcen nicht wahrgenommen werden

OPS *(Krankenhausmanagement)*

Operationen und Prozedurenschlüssel; Verschlüsselung der erbrachten Operationen und Prozeduren im Krankenhaus

Organisationen *(Betriebswirtschaftslehre)*

Zusammenschluss von Menschen zur Erreichung bestimmter Ziele, die hierfür eine zielgerichtete Ordnung bzw. Regelungen von Aufgaben in bestimmten sozialen Gebilden (z.B. Betriebe oder gesellschaftliche Institutionen) entwickelt haben bzw. sich dieser Ordnung unterwerfen

Organisationsklima *(Betriebswirtschaftslehre)*

Bewusst wahrgenommene Prozesse und Faktoren der Umwelt, die sich von der Organisation kontrollieren lassen

Organisationskultur *(Betriebswirtschaftslehre)*

Tief verankerte Werte und Annahmen, die häufig nicht bewusst sind und somit schwerer zu beeinflussen sind

Organisationsstruktur *(Betriebswirtschaftslehre)*

Verweist auf die vertikalen und horizontalen Kompetenzen innerhalb der Organisation; System von Regelungen einer Organisation

Orphan-drugs *(Medizin)*

Arzneimittel für seltene Leiden; Arzneimittel für die Behandlung seltener Krankheiten; für die Pharmaindustrie wenig interessant, da sie wenig Umsatz generieren, jedoch hohe Entwicklungskosten verursachen

Orthopädie *(Medizin)*

Lehre von den Erkrankungen des Stütz- und Bewegungsapparates

Ösophagus *(Medizin)*

Speiseröhre

OTC-Arzneimittel *(Gesundheitspolitik)*

Over the counter-Arzneimittel; nicht verschreibungspflichtige Medikamente

Out-of-Pocket Zahlungen *(Gesundheitspolitik)*

Kosten, die der Patient/Versicherte selbst zahlen muss, z.B. ☞ OTC-Arzneimittel

Output *(Betriebswirtschaftslehre)*

Bezeichnet das Ergebnis eines Produktionsprozesses

Outsourcing *(Betriebswirtschaftslehre)*

Übertragung von bisherigen Aufgaben (eines Krankenhauses) an eine Fremdfirma/an ein anderes Krankenhaus; klassische Beispiele im Krankenhaus: Küche, IT, Reinigung, Labor, Wäscherei

P

Palliativmedizin *(Medizin)*

Medizinische Behandlung einer Erkrankung mit begrenzter Lebenserwartung des Patienten; Fokus auf Schmerzlinderung und Verbesserung der Lebensqualität

Pandemie *(Medizin)*

Weltweit auftretende Seuche

Pankreatitis *(Medizin)*

Entzündung der Bauchspeicheldrüse

Pareto-Prinzip *(Betriebswirtschaftslehre)*

80/20-Regel; Regel die besagt, dass 80% des möglichen Erfolgs mit 20% des möglichen Ressourceneinsatzes erzielt werden. Das Prinzip ist übertragbar auf mehrere Beispiele und Branchen

Paritätische Finanzierung *(Allgemein)*

Finanzierung durch gleiche Teile vom Arbeitgeber und –nehmer

Partition *(Krankenhausmanagement)*

Innerhalb einer ☞ DRG steht an der zweiten und dritten Stelle des DRG-Codes die Partition, welche die Art der Behandlung wiedergibt. Für operative Prozeduren (O) wird der Zahlencode 01-39, für andere (A) 40-59 und für medizinische (M) 60-99 verwendet.

Passive Sterbehilfe *(Medizin)*

Sterbehilfe durch Verzicht auf lebensverlängernde Maßnahmen; im engeren Sinne (Sterbevorgang hat bereits eingesetzt → Hilfe beim Sterben) straffrei; im weiteren Sinne (keine unmittelbare Todesnähe → Hilfe zum Sterben) strafbar

Patentschutz *(Allgemein)*

Gewerbliches Schutzrecht für eine Erfindung, z.B. für ein neues Medikament, für meist 20 Jahre

Pathologie *(Medizin)*

Lehre von den Krankheiten

Patientenbindung *(Krankenhausmanagement)*

Maßnahmen zur Bindung von Patienten an das Krankenhaus

Patientenorientierung *(Krankenhausmanagement)*

Ausrichtung von Handlungen an den Bedürfnissen von Patienten

Patientenverfügung *(Krankenhausmanagement)*

Verbindliche Willenserklärung eines einwilligungsfähigen Volljährigen zur Selbstbestimmung am Lebensende

Pathogenese *(Medizin)*

Krankheitsentstehung

Paul-Ehrlich-Institut *(Medizin)*

Aufgabe: Arzneimittelsicherheit; Prüfung, Zulassung und Überwachung von Impfstoffen und Sera

pAVK *(Medizin)*

Periphere arterielle Verschlusskrankheit; bezeichnet eine Durchblutungsstörung der extremitätenversorgenden ☞ Arterien. Man unterscheidet akut (embolische oder atherothrombotische Verschlüsse auf dem Boden bestehender Gefäßläsionen) und chronisch (in über 95% Arteriosklerose), sowie asymptomatisch (keine Beschwerden, jedoch pathologischer Knöchel-Arm-Index; ca. 75% aller Fälle) und symptomatisch (Schmerzen unter Belastung oder in Ruhe); Schaufensterkrankheit

Pay for Performace *(Betriebswirtschaftslehre)*

Erfolgs-, qualitäts- und leistungsorientierte Vergütung, die vor allem in den USA angewendet wird

PDCA-Zyklus *(Projektmanagement)*

Deming-Zyklus; 4-Phasen-Problemlösungsprozess (Plan, Do, Check, Act); in der Plan-Phase werden Verbesserungspotentiale aufgedeckt und analysiert. Zudem wird ein Konzept zur Verbesserung geplant. In der Do-Phase wird der Plan umgesetzt. Die Check-Phase dient der Überprüfung der Maßnahmen. In der Act-Phase werden erforderliche Korrekturen und weitere Verbesserungen/Maßnahmen eingeleitet. Im Sinne des ☞ kontinuierlichen Verbesserungsprozesses beginnt der Kreislauf wieder mit der Plan-Phase

PEPP *(Krankenhausmanagement)*

Pauschaliertes Entgelt für Psychiatrie und Psychosomatik; durch Aufnahme des § 17d KHG in 2009, anvisiertes Ziel einer Fallpauschalensystematik für die Psychiatrie und Psychosomatik; ab 01.01.2017 verpflichtend für alle Kliniken, vorher optionale Phase

Perikarditis *(Medizin)*

Entzündung des Herzbeutels

Perinatalmedizin *(Medizin)*

Interdisziplinäre Fachrichtung der Medizin, die alle Aspekte von Mutter und Kind während der Perinatalperiode (22. SSW bis 7. Lebenstag) umfasst

Personalentwicklung *(Betriebswirtschaftslehre)*

Alle gezielten Maßnahmen einer Organisation, die der individuellen beruflichen Entwicklung der Mitarbeiter dienen und ihnen unter Beachtung ihrer persönlichen Interessen die zur optimalen Wahrnehmung ihrer jetzigen und künftigen Aufgaben erforderlichen Qualifikationen vermitteln

Personalfreisetzung *(Betriebswirtschaftslehre)*

Verringerung der Mitarbeiteranzahl im Unternehmen durch Pensionierung oder Kündigung

Personalkosten *(Betriebswirtschaftslehre)*

Bewertete Ressourcenverbräuche, die durch den Einsatz von Personal verursacht werden. Unterteilung in Direktentgelte (Löhne und Gehälter) und Personalzusatzkosten (Sozialversicherungsbeiträge, betriebliche Altersvorsorge)

Personalkostenarten *(Betriebswirtschaftslehre)*

Gliederung der Personalkosten nach im Krankenhaus beschäftigten Berufsgruppen: Ärztlicher Dienst, Pflegedienst, Medizinisch-technischer Dienst, Funktionsdienst, Klinisches Hauspersonal, Wirtschafts- und Versorgungsdienst, Technischer Dienst, Verwaltungsdienst, Sonderdienst, sonstiges Personal und nicht zurechenbare Personalkosten

Personalleasing *(Betriebswirtschaftslehre)*

In Zeiten des Fachkräftemangels ist es nicht unüblich auf Zeitarbeitsfirmen zurückzugreifen und sich jegliches medizinisches Personal zu leasen

Pflegebedürftigkeit *(Medizin)*

Personen, die wegen einer körperlichen, geistigen oder seelischen Krankheit oder Behinderung für die Aktivitäten des täglichen Lebens auf Dauer, voraussichtlich für mindestens sechs Monate, der Hilfe bedürfen; Unterscheidung der Pflegebedürftigkeit nach ☞ Pflegestufen; § 14 SGB XI

Pflegeberater *(Medizin)*

Beruf, der unabhängige Hilfestellung zu pflegerischen Themen gibt; bei jeder Krankenkasse muss er vorgehalten werden, da alle Personen, die Leistungen nach dem SGB XI erhalten, einen Anspruch auf Pflegeberatung haben

Pflegedienstleitung *(Krankenhausmanagement)*

Verantwortliche Stelle über den Pflegedienst im Krankenhaus oder einer Pflegeeinrichtung. In größeren Krankenhäusern gibt es oft mehrere PDLs, welche unter einem Pflegedirektor angesiedelt sind

Pflegehelfer *(Medizin)*

Gesundheitsberuf mit einjähriger Ausbildung; seit 2007 durch den Pflegeassistenten mit zweijähriger Ausbildung abgelöst; Aufgabe ist die Unterstützung des examinierten Pflegepersonals, meist in der Grundpflege, Dokumentation oder andere Hilfsarbeiten

Pflegesätze *(Krankenhausmanagement)*

Berechnete Entgelte/Erlöse für einen Patienten im KHG. Im KHEntgG wird der Begriff durch DRG-Fallpauschale und Zusatzentgelt definiert

Pflegestufen *(Gesundheitspolitik)*

Zuordnung der ☞ Pflegebedürftigkeit in drei Stufen: Pflegestufe 1: Erhebliche Pflegebedürftigkeit; Pflegestufe 2: Schwerpflegebedürftig; Pflegestufe 3: Schwerstpflegebedürftig; einzelne Inhalte der Stufen sowie ein pflegerischer Zeitaufwand sind in § 15 SGB XI definiert

Pflichtenheft *(Projektmanagement)*

Katalog über die zu erbringende Leistung; Grundlage für das Pflichtenheft ist das ☞ Lastenheft; Anforderungen aus Lastenheft werden detailliert dargestellt und eine genaue Definition der zu erfüllenden Dienstleistung erstellt; nach Erstellung wird es von beiden Parteien abgenommen; meist Bestandteil des Vertragswerkes

Pharmakoökonomie *(Pharmakoökonomie)*

Teilgebiet der Gesundheitsökonomie; Überschneidung mit der Pharmaökonomie; Schwerpunkt ist die systematische Bewertung möglicher Arzneimitteltherapien

Pharmakovigilanz *(Pharmakoökonomie)*

Arzneimittelüberwachung

Pharmazentralnummer *(Medizin)*

PZN; Nummer für ein bestimmtes Arzneimittel in einer bestimmten Packungsgröße

Phasenplan *(Projektmanagement)*

Detailliert die im ☞ Projektstrukturplan geschaffenen Arbeitspakete in Hinsicht auf ihre zeitlichen Vorgaben; Gesamtprojektstrukturplan wird in einzelne Phasen mit mehreren, verschiedenen Arbeitspaketen unterteilt

Physician Assistant *(Medizin)*

Neuer Gesundheitsberuf meist für das Pflegepersonal. Das Pflegepersonal wird über ein Aufbaustudium ausgebildet, um ärztliche Tätigkeiten zu übernehmen, z.B. Blutabnahme, ☞ Anamnese, Sonographien, Duplex-Untersuchungen, etc.

Physikum *(Medizin)*

Natur- und sozialwissenschaftliche Grundlagen im Medizinstudium in der Regel nach dem 4. Semester

PKMS *(Krankenhausmanagement)*

Pflegekomplexmaßnahmen-Score; Score für die Einordnung pflegerischer Maßnahmen als hoch aufwendige Pflege im Krankenhaus; sobald ein ausreichender Score ermittelt wurde, kann die OPS 9-20 abgerechnet werden

Placebo *(Medizin)*

Scheinpräparat; identisches Präparat zum Original, jedoch wirkstofffrei

Placeboeffekt *(Medizin)*

Effekt, bei dem durch Einnahme von ☞ Placebos eine Besserung eines Zustandes empfunden wird

Plan *(Projektmanagement)*

Regelt, was zu tun ist

Plankrankenhaus *(Krankenhausmanagement)*

Krankenhaus, welches in den Krankenhausplan, mit Abschluss des ☞ Versorgungsvertrags aufgenommen wurde

Plantar *(Medizin)*

Zur Fußsohle hin oder gehörig; Planta = Fußsohle

Planwirtschaft *(Volkswirtschaftslehre)*

Wirtschaft, in der alle wirtschaftlichen Aktivitäten vom Staat gelenkt werden

Pneumologie *(Medizin)*

Lehre von Lungen und Atmungsorganen und ihren Erkrankungen

Pneumonie *(Medizin)*

Akute oder chronische Entzündung der Lunge bzw. der Lungenbläschen oder des Interstitiums (Stützgewebe)

Polypol *(Volkswirtschaftslehre)*

Marktform mit vielen Anbietern und vielen Nachfragern

Polytrauma *(Medizin)*

Verletzter mit mehreren gleichzeitig erlittenen Verletzungen, von denen mindestens eine oder die Kombination der Verletzungen lebensbedrohlich ist; wird in der Regel im ☞ Schockraum der Notaufnahme erstversorgt

Posterior *(Medizin)*

Hinten

Prämedikationsambulanz *(Medizin)*

Einheit, wo ein Patient vor einer OP von einem Anästhesisten aufgeklärt wird

Prävalenz *(Medizin)*

Anteil/Häufigkeit erkrankter Personen in der Gesamtbevölkerung

Prävention *(Gesundheitsökonomie)*

Gesundheitsvorsorge mit dem Ziel, Krankheiten möglichst früh zu erkennen und zu behandeln, bzw. gar nicht entstehen zu lassen. Es werden Primär-, Sekundär, Tertiär- und Quartärprävention unterschieden

Praxisanleiter *(Pflege)*

Verantwortliche Pflegekraft für Auszubildende in der Kranken- und Altenpflege; Ansprechpartner für die Auszubildenden und das Ausbildungsinstitut

Praxisgebühr *(Gesundheitspolitik)*

Zuzahlung in Höhe von 10 Euro je Quartal bei der ärztlichen Behandlung; am 01.01.2004 eingeführt und zum 01.01.2013 abgeschafft

Praxisgemeinschaft (*Gesundheitspolitik)*

Zusammenschluss von mindestens zwei Ärzten mit der gemeinsamen Nutzung von Praxisräumen, -einrichtung und/oder –personal. Es bleiben jedoch Einzelpraxen, mit eigener Abrechnung und eigener Patientenkartei

Praxisverbund *(Gesundheitspolitik)*

Kooperation niedergelassener Ärzte, welche auf die Erfüllung eines durch gemeinsame oder gleich gerichtete Maßnahmen bestimmten ☞ Versorgungsauftrags oder auf eine andere Form der Zusammenarbeit zur Patientenversorgung, z.B. auf dem Feld der Qualitätssicherung oder Versorgungsbereitschaft, gerichtet ist

Preiselastizität *(Volkswirtschaftslehre)*

Einfluss einer Preisveränderung auf Angebot und Nachfrage; wie ändert sich bei einer 1%igen Preisveränderung des Produkts die Nachfrage?

Preisregulierung von Arzneimitteln *(Gesundheitsökonomie)*

☞ Direkte Preisregulierung ☞ Renditeregulierung ☞ Referenzpreise

Primary Nursing *(Pflege)*

Bezugspflege; Pflegesystem, bei dem eine Pflegekraft (Primary Nurse) die Verantwortung für einen Patienten bzw. für eine Patientengruppe über den gesamten Krankenhausaufenthalt (Aufnahme, Pflege, Behandlungskoordination, Entlassung) hat

proCumCert *(Qualitätsmanagement)*

Konfessionelle Zertifizierungsgesellschaft, mit dem Ziel der Sicherung und Weiterentwicklung der Qualität in kirchlichen Krankenhäusern und Sozialeinrichtungen

Produktinnovation *(Pharmakoökonomie)*

Herstellung von Produkten mit verbesserter Eigenschaft, jedoch teurer, z.B. neue Arzneimittel

Produktion *(Betriebswirtschaftslehre)*

Umwandlung und Bereitstellung von Gütern durch Kombination und Einsatz der Produktionsfaktoren

Produktionsfunktion *(Volkswirtschaftslehre)*

Beschreibt in der Volkswirtschaftslehre den Zusammenhang zwischen Inputfaktoren und den Outputfaktoren

Produzentenrente *(Volkswirtschaftslehre)*

Der Gewinn, den Produzenten tatsächlich erzielen, wenn sie ihr Produkt zu einem Preis verkaufen können, der höher als der Mindestpreis ist, zu dem sie bereit sind, das Produkt anzubieten

Prognose *(Medizin)*

Die Vorhersage über den weiteren Gesundheitszustand eines Patienten

Projekt *(Projektmanagement)*

Ist ein einmaliger Prozess, der aus einem Satz von abgestimmten und gelenkten Tätigkeiten mit Anfangs- und Endtermin besteht und durchgeführt wird, um unter Berücksichtigung von Zwängen bezüglich Zeit, Kosten und Ressourcen ein Ziel zu erreichen, das spezifische Anforderungen erfüllt (ISO 9000:2005); erfolgreich, wenn Termin eingehalten, geforderte Qualität erreicht und mit gegebenen Ressourcen fertiggestellt wurde

Projektablaufplan *(Projektmanagement)*

Beschreibt die Bearbeitungsreihenfolge von Projektphasen oder Projektschritten; zeigt an, welche Phasen parallel, sequentiell oder abgeschlossen verlaufen müssen

Projektabschlussbericht *(Projektmanagement)*

Zum Abschluss eines Projektes zu erstellen; sollte neben den im Lasten- und Pflichtenheft definierten Aufgaben und Anforderungen weitere Informationen enthalten wie: Geplante und erreichte Ziele sowie Ergebnisse, Ursachen für inhaltliche Abweichungen, geplante Meilensteine und Meilensteinverlauf, Ursachen für terminliche Abweichungen, geplantes und verbrauchtes Budget, Ursachen für Budgetabweichungen, offene Punkte und noch zu erledigende Arbeiten

Projektantrag *(Projektmanagement)*

Standardisierter Antrag mit den wesentlichen Projektmerkmalen

Projektauftrag *(Projektmanagement)*

Standardisiertes Formular bei positivem Projektentscheid; kann ☞ Projektantrag ersetzen

Projektcontrolling *(Projektmanagement)*

Setzt sich zusammen aus den Aufgaben der Projektplanung, Projektsteuerung, Projektkontrolle und der Informationsversorgung; kann projektintern (durch Projektleiter) oder projektextern (Personen/Institutionen außerhalb des Projektes) getragen werden

Projekthandbuch *(Projektmanagement)*

Wird zu Beginn eines Projektes erstellt; enthält verbindliche Regelungen zur Bearbeitung des Projektes und wird kontinuierlich aktualisiert; erleichtert die Einarbeitung neuer Mitarbeiter in das Projekt

Projektleiter *(Projektmanagement)*

Ist der Beauftragte zur Umsetzung eines Projektes; hat die Aufgaben der Projektplanung, der Projektsteuerung, der Projektmitarbeit und der Projektkontrolle (Ggf. Abtretung von Aufgaben nach Absprache). Er erhält bestimmte Befugnisse, welche mit dem Vorgesetzten abzustimmen sind

Projektmanagement *(Projektmanagement)*

Bedeutet ein Projekt über die gesamte Laufzeit zu planen, steuern, koordinieren und kontrollieren

Projektsitzungen *(Projektmanagement)*

Treffen mit Projektmitarbeitern/Entscheidungsträgern in einem Projekt; muss während des Projekts regelmäßig durchgeführt werden; betrachtet werden der aktuelle Projektfortschritt und Probleme

Projektstrukturplan *(Projektmanagement)*

Unterteilt das Projekt in verschiedene Projektphasen; es werden dabei Projektziele und Teilaufgaben vorgegeben; kann nach Funktionen oder Objekten aufgeteilt werden

Prokurist *(Betriebswirtschaftslehre)*

☞ Unselbstständige kaufmännische Hilfsperson; Stellvertreter des Kaufmanns mit einer, in das Handelsregister einzutragenden Vertretungsvollmacht (Prokura). Diese kann nur vom Kaufmann erteilt werden (§ 48 HGB). Der Prokurist ist zu allen gerichtlichen und außergerichtlichen Geschäften ermächtigt, außer: Veräußerung und Belastung von Grundstücken, Erteilung der Prokura, Unterschreiben des Jahresabschlusses, Veräußerung des Betriebs, Insolvenzanmeldung

Prophylaxe *(Medizin)*

Das Erkennen von Gefährdungspotentialen und das gezielte Gegensteuern, z.B. bei der Prophylaxe eines ☞ Dekubitus durch die regelmäßige Umlagerung des Patienten oder eine Antidekubitusmatratze

Protokoll *(Projektmanagement)*

Schriftliches Festhalten von Besprechungsinhalten

Proximal *(Medizin)*

Näher zum Körperstamm; rumpfnäher; proximus = der nächste

Prozess *(Prozessmanagement)*

Gesamtheit aufeinander einwirkende Vorgänge innerhalb eines Systems

Prozessanalyse *(Prozessmanagement)*

Untersuchung eines ☞ Prozesses auf Verbesserungsmöglichkeiten

Prozesscontrolling *(Prozessmanagement)*

Gesamtheit aller Aufgaben, Methoden und Techniken zur Planung, Kontrolle, Informationsversorgung und Koordination der ☞ Geschäftsprozesse

Prozessinnovation *(Pharmakoökonomie)*

Herstellung eines gleichbleibenden Produktes zu geringeren Kosten, z.B. die kostengünstigere Herstellung von Einmalkanülen

Prozessmanagement *(Prozessmanagement)*

Umfasst die zielorientierte Gestaltung, Steuerung und Durchführung aller Prozesse im Unternehmen. D.h. im Einzelnen: Prozessidentifikation und -strukturierung, Prozessgestaltung mit Zielbezug, Prozessanwendung sowie Prozesscontrolling

Prozessmanagement-Lebenszyklus *(Prozessmanagement)*

Analyse → Modellierung → Gestaltung → Implementierung → Ausführung → Monitoring → Controlling → Optimierung ↺

Prozessvisualisierung *(Prozessmanagement)*

Graphische Darstellung von Prozessabläufen, üblicherweise mittels Flussdiagramm. Kennzahlen oder Verantwortliche können zusätzlich im Flussdiagramm dargestellt werden

Pschyrembel *(Medizin)*

Bekanntestes medizinisches Wörterbuch; Standardwerk in der 262. Auflage

Psychiatrische Institutsambulanz *(Krankenhausmanagement)*

Psychiatrische Krankenhausambulanz, die vom Zulassungsausschuss zur ambulanten psychiatrischen und psychotherapeutischen Versorgung ermächtigt werden; für Versicherte, die wegen Art, Schwere oder Dauer der psychiatrischen Erkrankung oder Entfernung zu geeigneten Ärzten auf die Behandlung durch das Krankenhaus angewiesen sind; § 118 SGB V

Psychologie *(Allgemein)*

Zusammensetzung der griechischen Wörter Psyche und Logos; Gegenstand der Psychologie: Verhalten und Erleben der Menschen; Ziel der Psychologie als Wissenschaft: Beschreibung, Erklärung und Vorhersage dieser mentalen Verhaltensvorgänge. Ziel der Psychologie als Beruf: Anwendung solcher Erkenntnisse zur Verbesserung der Lebensqualität des Einzelnen und der Gemeinschaft

Psychosomatik *(Medizin)*

Lehre von den körperlichen Auswirkungen seelischer Konflikte und den seelischen Auswirkungen psychischer Erkrankungen

Public Health *(Gesundheitsökonomie)*

Wissenschaft und Praxis der Gesundheitsförderung und der Systemgestaltung im Gesundheitswesen

Pulmonal *(Medizin)*

Zur Lunge gehörend

Q

QEP *(Qualitätsmanagement)*

Qualität und Entwicklung in Praxen; ☞ Qualitätsmanagementsystem der KVen und der KBV

Qualität *(Qualitätsmanagement)*

Güte/Beschaffenheit einer Sache oder Dienstleistung; Erfüllungsgrad von erwarteten und festgelegten Kriterien

Qualitätsaudit *(Qualitätsmanagement)*

Audit zur Überprüfung der Funktionsfähigkeit des Qualitätsmanagementsystems; ☞ Audit

Qualitätsbericht *(Qualitätsmanagement)*

Nach § 137 SGB V vorgeschriebene Veröffentlichung aller zugelassenen Krankenhäuser. Inhalt sind Angaben zum Leistungsspektrum und der Qualitätssicherung. Der Qualitätsbericht ist meist auf der Homepage eines Krankenhauses abrufbar

Qualitätsdimensionen *(Qualitätsmanagement)*

Nach Donabedian; Struktur-, Prozess- und Ergebnisqualität. Strukturqualität bezeichnet strukturelle Eigenschaften wie die räumliche und technische Ausstattung. Prozessqualität meint bspw. die Regelung der Schnittstellen oder die medizinische Behandlung. Ergebnisqualität bezeichnet den Outcome, z.B. den Gesundheitszustand oder die Patientenzufriedenheit

Qualitätsmanagement *(Qualitätsmanagement)*

Gesamtheit der qualitätsbezogenen Tätigkeiten und Zielsetzungen

Qualitätsmanagement-Handbuch *(Qualitätsmanagement)*

Dort erfolgt die Dokumentation des Qualitätsmanagementsystems. Es hat Informations-, Kontroll- und Dispositionsfunktion

Qualitätsmanagementsystem *(Qualitätsmanagement)*

Zusammenführung der qualitätsbezogenen Tätigkeiten und Zielsetzungen in ein einheitliches System; dient der Strukturierung und der systematischen Umsetzung der Qualitätsaufgaben im Unternehmen

Qualitätssicherung *(Qualitätsmanagement)*

Summe aller Maßnahmen, um konstante Produktqualität sicherzustellen

QALY *(Pharmakoökonomie)*

Quality Adjusted Life Year; Output-Maß in der ☞ Kosten-Nutzwert-Analyse; Zusammenfassung von Lebensdauer und Lebensqualität

Quartil *(Statistik)*

Statistisches Maß; Schwellenwert; z.B. besagt das untere Quartil (25%-Quantil), dass 25% aller Werte kleiner sind als dieser Wert

R

RACI-Modell *(Projektmanagement)*

Modell zur Zuordnung von Zuständigkeiten; R = Responsible (Durchführungsverantwortung), A = Accountable (Kostenstellenverantwortung), C = Consulted (fachliche Beratung), I = Informed (wird informiert)

radial *(Medizin)*

Zum Radius (Speiche) hin gelegen

Radiologie *(Medizin)*

Strahlenkunde; Strahlenheilkunde

Rating Scale *(Medizin)*

Skala um bestimmte Zustände z.B. Schmerzen oder Lebensqualität zu erfragen. In der Praxis geschieht dies meist über eine Schiebeskala von 0 bis 10

Randomisation *(Pharmakoökonomie)*

Zufällige, nicht willkürliche Zuteilung der Therapie in klinischen Studien

Realisierungsgrad *(Projektmanagement)*

Leistungsfortschritt; erläutert den Fortschritt des Projektes und den einzelner Arbeitspakete; abgeschlossene Arbeitspakete werden mit 100% versehen, noch nicht begonnene Arbeitspakete werden mit 0 % gekennzeichnet; schwer zu bewerten sind die begonnen und noch nicht abgeschlossenen Arbeitspakete

Rechnungswesen *(Betriebswirtschaftslehre)*

Teilgebiet der Betriebswirtschaftslehre; dient der systematischen Erfassung und Überwachung von Informationen bezüglich der Geld- und Leistungsströme, entstehend aus betrieblichen Leistungsprozessen

Referenzpreise *(Pharmakoökonomie)*

Preisregulierung bei Arzneimitteln; Anwendung bspw. in Deutschland, Dänemark oder den Niederlanden; Arzneimittel werden therapeutischen Gruppen zugeordnet, die Referenzpreise erhalten. Preise oberhalb der Referenzpreise müssen vom Patienten zugezahlt werden

Regelleistungsvolumen *(Gesundheitspolitik)*

Vorgabe eines mengenmäßigen Wertes der Leistungen einer Praxis. Überschreiten führt zu nicht kostendeckenden Erlösen

Rehabilitation *(Medizin)*

Wiederherstellung; Maßnahmen, die den körperlichen, seelischen und sozialen Zustand eines Menschen wiederherstellen oder eine Behinderung auf ein Minimum reduzieren. Meist im Anschluss an eine medizinische Behandlung, dann wird es Anschlussheilbehandlung genannt

Reifegradmodell *(Arbeits- und Organisationspsychologie)*

Nach Hersey & Blanchard 1982; Führungsstilmodell mit dem Ziel, den optimalen Führungsstil in Abhängigkeit von Mitarbeitereigenschaften zu identifizieren

Reine Projektorganisation *(Projektmanagement)*

Der Projektmanager erhält volle Weisungsbefugnisse; Mitarbeiter werden gänzlich für das Projekt abgestellt; Projektmanager hat die volle Verantwortung für das gesamte Projekt

Relative Risikoreduktion *(Pharmakoökonomie)*

RRR; Maß, um die Wirksamkeit einer (neuen) Therapie im Vergleich zu der alten zu beschreiben; Höhe der Abnahme des Risikos durch eine spezielle Intervention im Vergleich zu einer bisherigen; 1-Realtives Risiko

Relativer Marktanteil *(Betriebswirtschaftslehre)*

Indikator für die Marktstellung eines Unternehmens; berechnet sich: Eigener Umsatz/Umsatz des stärksten Konkurrenten bzw. eigener Marktanteil/Marktanteil des größten Konkurrenten

Relatives Risiko *(Pharmakoökonomie)*

RR; zeigt Verhältnis vom Risiko in der Interventionsgruppe zum Risiko in der Kontrollgruppe bei klinischen Studien

Relativgewicht *(Krankenhausmanagement)*

Bewertungsrelation; das Relativgewicht beschreibt eine Wertigkeit zwischen den verschiedenen Fallpauschalen in Bezug auf ihre durchschnittliche Kostenintensität. Eine ☞ DRG mit einem Relativgewicht von 2,000 ist durchschnittlich doppelt so kostenaufwendig, wie eine DRG mit dem Relativgewicht 1,000. Beispielsweise hat die DRG G18B ein Relativgewicht von 2,353 und ist somit durchschnittlich 2,353 mal kostenaufwendiger, als eine DRG mit einem Relativgewicht von 1,000

Reliabilität *(Pharmakoökonomie)*

Die Reliabilität einer Messmethode gibt an, inwieweit Messergebnisse, die unter gleichen Bedingungen mit identischen Messverfahren erzielt werden (z.B. bei Wiederholungsmessungen), übereinstimmen

Renditeregulierung *(Pharmakoökonomie)*

Preisregulierung bei Arzneimitteln; Anwendung in England; Kapitalrendite für ein Medikament darf definierten Wert nicht übersteigen

Revision *(Betriebswirtschaftslehre)*

Interne Revision; Abteilung, die in allen Bereichen eines Unternehmens die grundsätzlichen Systemabläufe und Einzelfälle auf Ordnungsmäßigkeit und Zweckmäßigkeit prüft; in der Krankenhausverwaltung angesiedelt

Rezept *(Medizin)*

Ärztliche Verordnung von ☞ Heil- und ☞ Hilfsmitteln

Rheumatoide Arthritis *(Medizin)*

Chronisch entzündliche Systemerkrankung des Bindegewebes, vorwiegend an der Gelenkflüssigkeit

Rightcoding *(Krankenhausmanagement)*

Korrekte Kodierung der Krankenhausleistungen

Risikofaktoren *(Medizin)*

Lifestyle-Faktoren, die das Risiko für bestimmte Erkrankungen erhöhen. Zu ihnen zählen Bluthochdruck, Tabakkonsum, Alkoholkonsum, Fettstoffwechselstörung, Adipositas, ungesundes Ernährungsverhalten, Bewegungsmangel

Risikomanagement *(Qualitätsmanagement)*

Gesamtheit an Aktivitäten zur Vermeidung, Minimierung und Bewältigung von Risiken

Robert-Koch-Institut *(Medizin)*

RKI; Aufgabe: Erkennung, Bekämpfung und Verhütung von Krankheiten (i.d.R. gefährliche Erkrankungen oder Erkrankungen mit weiter Verbreitungsrate)

Rollout *(Projektmanagement)*

Bezeichnet eine Projektphase, in der das Projektvorhaben in die Realität umgesetzt bzw. eingeführt wird

Rooming-In *(Medizin)*

Methode der Geburtshilfe, die die Mutter-Kind-Bindung fördert, indem die Eltern/die Mutter rund um die Uhr im Kontakt mit dem Säugling ist

Rote Liste® *(Medizin)*

Verzeichnis von Arzneimitteln inkl. Arzneimittelinformationen

S

Sachleistungsprinzip *(Gesundheitspolitik)*

Der Patient erhält Gesundheitsleistungen ohne dafür bezahlen zu müssen. Die Abrechnung erfolgt direkt mit der Krankenkasse; vorherrschend in der GKV

Sagittalebene *(Medizin)*

Alle Körperebenen, die parallel zur ☞ Medianebene liegen; Sagitta = Pfeil; in dieser Ebene werden u.a. Röntgen-Schichtaufnahmen durchgeführt

Salutogenese *(Medizin)*

Befasst sich mit der Fragestellung, der Entstehung und Erhaltung von Gesundheit und steht somit komplementär zur ☞ Pathogenese; besagt, dass Gesundheit ein Prozess im Gesundheits-Krankheits-Kontinuum ist und kein Zustand; nach Aaron Antonovsky (1923-1944)

Sanierung *(Medizin)*

Dekontamination; Eradikation; Maßnahmen, mit dem Ziel der Beseitigung einer Keim-Besiedlung (z.B. MRSA)

Schmerzambulanz *(Krankenhausmanagement)*

Einrichtung mit der Spezialisierung der Behandlung von Schmerzen

Schockraum *(Medizin)*

Raum zur Erstversorgung Schwerstverletzter oder Polytraumata; in der Regel ist dort ein Beatmungsgerät sowie ein Röntgengerät installiert

Schweigepflicht *(Allgemein)*

Verpflichtung zur Verschwiegenheit gegenüber Dritten, im Rahmen, der während der Berufsausübung bekannt gewordenen Geheimnisse von Patienten (im Krankenhaus oder der Praxis) oder Bewohnern (im Altenheim). Dazu zählen u.a. persönliche Daten, Name, Krankheitsgeschichte, Religion, Vermögens- und Familienverhältnisse

Sedativa *(Medizin)*

Beruhigungsmittel

Sektoren des Gesundheitssystems *(Gesundheitsökonomie)*

Das deutsche Gesundheitssystem wird in den stationären und den ambulanten Sektor unterteilt; ☞ Strukturmerkmale der ambulanten Versorgung, ☞ Strukturmerkmale der stationären Versorgung

Selbstbeteiligung *(Gesundheitspolitik)*

Zuzahlung des Versicherten

Selbstkostendeckungsprinzip *(Gesundheitspolitik)*

Erstattung aller Kosten, die im Zusammenhang mit der Erbringung von Krankenhausleistungen entstehen

Selbstständige kaufmännische Hilfsperson *(Betriebswirtschaftslehre)*

Selbstständiger Gewerbetreibender im HGB. Im HGB werden der ☞ Handelsvertreter, der ☞ Vertragshändler, der ☞ Kommissionär und der ☞ Franchisenehmer benannt

Selektivverträge *(Gesundheitspolitik)*

Krankenkassen können für besondere ambulante Versorgungsformen direkt Verträge mit den Leistungserbringern (z.B. Arztpraxis) abschließen

Selfserving bias *(Pharmakoökonomie)*

Selbstwertdienliche Verzerrungen; Vorgänge werden in der Art interpretiert, sodass man selber am besten dabei wegkommt

Senologie *(Medizin)*

Lehre von den Erkrankungen der Brust

Sensitivitätsanalyse *(Pharmakoökonomie)*

Aufbauend auf einer Basisanalyse klinischer Studien werden einzelne Parameter variiert

Sepsis *(Medizin)*

Blutvergiftung

Serendipity *(Arbeits- und Organisationspsychologie)*

Der Verlust der Zielorientierung bei der Informationssuche durch Ablenkung

SGB V *(Gesundheitspolitik)*

Das Sozialgesetzbuch V regelt die gesetzliche Krankenversicherung in Deutschland. Es betrifft u. a. die Leistungen der gesetzlichen Krankenversicherung und die Rechtsbeziehung mit den Leistungserbringern im Gesundheitswesen. Es trat am 01.01.1989 in Kraft und besteht aus 13 Kapiteln mit 321 Paragraphen

Shareholder *(Betriebswirtschaftslehre)*

Anteilseigner eines Unternehmens; der Shareholder ist ebenfalls ☞ Stakeholder, da er Interesse an der Unternehmenstätigkeit hat

Shunt *(Medizin)*

Kurzschluss zwischen Gefäßen, meist zwischen Arterien und Venen, z.B. zur ☞ Dialyse

Situativ *(Arbeits- und Organisationspsychologie)*

Führungsstil; Wechsel zwischen verschiedenen Führungsstilen erfolgt in Abhängigkeit von den Situationen; je nach Notwendigkeit wird auf den entsprechenden Führungsstil zurückgegriffen (☞ Demokratisch-kooperativ, ☞ Laisser-faire, ☞ Autoritär)

Skaleneffekt *(Betriebswirtschaftslehre)*

Tritt auf, wenn ein Unternehmen die Anzahl der erbrachten Dienstleistung/des Produktes erhöht. Positive Skaleneffekte ergeben sich, wenn durch die Erhöhung der Anzahl, die Erlös- und Kostensituation verbessert wird. Negative Skaleneffekte resultieren durch eine Verschlechterung der Erlös- und Kostensituation

SMART-Definition *(Projektmanagement)*

Zieldefinitionsmodell; Ziele sind spezifisch, messbar, akzeptiert, realistisch und terminiert; ☞ Akronym

Social perception *(Pharmakoökonomie)*

Interpersonelle Wahrnehmung: Beobachtungen finden beim Beobachtenden selten neutral statt, sondern es wird häufig beobachtet, was man erwartet

Solidarprinzip *(Gesundheitspolitik)*

Mitglieder einer Solidargemeinschaft gewähren sich im Krankheitsfall gegenseitig Unterstützung und Hilfe durch Solidarausgleiche. Zentrale Solidarausgleiche sind: Solidarausgleich zwischen Gesunden und Kranken; Solidarausgleich zwischen höheren und niedrigeren Einkommen

Sozialgesetzbuch *(Gesundheitspolitik)*

Fasst die Sozialgesetze zusammen; Unterteilung in:

- SGB I: Allgemeiner Teil
- SGB II: Grundsicherung für Arbeitssuchende

- SGB III: Arbeitsförderung
- SGB IV: Gemeinsame Vorschriften für die Sozialversicherung
- SGB V: Gesetzliche Krankenversicherung
- SGB VI: Gesetzliche Rentenversicherung
- SGB VII: Gesetzliche Unfallversicherung
- SGB VIII: Kinder- und Jugendhilfe
- SGB IX: Rehabilitation und Teilhabe behinderter Menschen
- SGB X: Sozialverwaltungsverfahren und Sozialdatenschutz
- SGB XI: Soziale Pflegeversicherung
- SGB XII: Sozialhilfe

Sozialpädiatrisches Zentrum *(Gesundheitspolitik)*

SPZ; Ambulante interdisziplinäre Einrichtung mit Ärzten und Therapeuten für Kinder mit Entwicklungsstörungen und Behinderungen bzw. von Behinderung bedrohten Kindern; § 119 SGB V

Sozialstaat *(Volkswirtschaftslehre)*

Staatstypus, dessen Politik, Recht und Verwaltung durch den Rahmen einer freiheitlichen, rechtsstaatlichen und demokratischen Verfassung gestaltet wird

Sozialstaatsgebot *(Gesundheitspolitik)*

Aufgabe des Staats ist es, soziale Gerechtigkeit und ein menschenwürdiges Dasein sowie eine gleichberechtigte Teilhabe an der Gesellschaft sicherzustellen. Daraus abgeleitet entsteht die staatliche Verpflichtung zur Daseinsvorsorge

Spannweite *(Statistik)*

Statistisches Maß; Differenz zwischen größtem und kleinstem Wert

Spasmolytika *(Medizin)*

Krampflösende Arzneimittel

Staatliche Krankenhausplanung *(Krankenhausmanagement)*

Seit 1972 Verpflichtung der Länder zur Bedarfsermittlung der Krankenhäuser und den Bedarf notwendiger Krankenhäuser und Betten im Landeskrankenhausplan aufzuführen

Staatskirchenrecht *(Volkswirtschaftslehre)*

Summe der Rechtsformen, bestehend aus Gesetzen, Staatsverträgen und Verordnungen, welche das Verhältnis zwischen Kirchen/Religionsgemeinschaften und Staat beschreibt

Stabs-Projektorganisation *(Projektmanagement)*

Organisationsform, bei welcher der Projektmanager der Unternehmensführung direkt unterstellt ist; keine Weisungsbefugnis des Projektmanagers

Stakeholder *(Betriebswirtschaftslehre)*

Alle nicht unmittelbar dem Unternehmen angehörige Personen oder Institutionen, die ein Interesse an der unternehmerischen Tätigkeit haben oder von den unternehmerischen Tätigkeiten berührt werden. Z.B. Kunden, Lieferanten, Presse, Verbände, Angehörige, Patienten, ☞ Shareholder

Standardabweichung *(Statistik)*

Statistisches Maß; beschreibt die Streuung der Einzelwerte um den Mittelwert herum

$$\sigma_x = \sqrt{Var\ (X)}$$

Stenose *(Medizin)*

Verengung von Gefäßen

Stent *(Medizin)*

Gefäßstütze; dient der Aufdehnung von verengten Gefäßen (☞ Stenosen)

Sterbehilfe *(Medizin)*

☞ Aktive Sterbehilfe ☞ Indirekte Sterbehilfe ☞ Passive Sterbehilfe

Strategie *(Betriebswirtschaftslehre)*

Längerfristig ausgerichtetes Anstreben eines Ziels unter Berücksichtigung der Ressourcen

Strategisches Management *(Betriebswirtschaftslehre)*

Entwicklung, Planung und Umsetzung längerfristig ausgerichteter Ziele

Stress *(Medizin)*

Subjektiv intensiv unangenehmer Spannungszustand

Strukturmerkmale der ambulanten Versorgung *(Gesundheitsökonomie)*

Niederlassungsfreiheit der Ärzte, freie Arztwahl des Patienten, Übertragung zentraler Aufgaben an KV, Bedarfsplanung und Zulassungsbegrenzung, Gliederung in Haus- und Facharzt, Gruppenverhandlungen zwischen KVen und Krankenkassen, gemeinsame Selbstverwaltung durch KVen und Krankenkassen

Strukturmerkmale der stationären Versorgung *(Gesundheitsökonomie)*

Sicherstellungsauftrag der Länder, staatliche Krankenhausplanung, duale Finanzierung, Versorgungsaufträge und -verträge, freie Krankenhauswahl, krankenhausindividuelle Budgetverhandlungen, gemeinsame Selbstverwaltung

Struma *(Medizin)*

Vergrößerung der Schilddrüse bei normaler Funktion

Stückkosten *(Betriebswirtschaftslehre)*

Kosten pro Stück

Sub *(Medizin)*

Unterhalb

Subsidiaritätsprinzip *(Gesundheitspolitik)*

Ergänzendes Prinzip zum ☞ Solidarprinzip; besagt, dass ein Individuum (im Kontext des Gesundheitswesens meist ein Patient) die Lasten einer Belastung zuerst selbst zu tragen hat (in der Höhe, die seiner Leistungsfähigkeit entsprechen und ihm zumutbar sind), danach die Lebens- oder Ehepartner sowie die Familie, danach die GKV und danach die Gemeinschaft aller Staatsbürger

Superior *(Medizin)*

Oberhalb; oben

Surrogatmaße *(Pharmakoökonomie)*

Maß zur Messung der Wirksamkeit bei der gesundheitsökonomischen Evaluation. Sie stehen aber nur stellvertretend für den eigentlichen Erfolg einer Therapie (Zwischenziel), z.B. Senkung des Cholesterinspiegels als Surrogatmaß zur Schlaganfallprävention

SWOT-Analyse *(Betriebswirtschaftslehre)*

SWOT = Strength, Weaknesses, Opportunities, Threats; Instrument der strategischen Planung; dient der Positionsbestimmung des eigenen Unternehmens im Markt bzw. zu den Mitbewerbern

Symptom *(Medizin)*

Merkmal einer Erkrankung, Krankheitszeichen

Syndrom *(Medizin)*

Das Einhergehen mehrerer Symptome bei einer Erkrankung, z.B. bei Morbus Basedow (☞ Struma (Kropf), Exophthalmus (Glotzauge), ☞ Tachykardie (schneller Herzschlag)

Synonym *(Allgemein)*

Bedeutungsähnliche oder gleichbedeutende Begriffe

T

Tachykardie *(Medizin)*

Erhöhter Herzschlag; Herzrasen

Tailoring *(Projektmanagement)*

Anpassung und Detaillierung eines Konzeptes im Projektmanagement

Teilstationär *(Krankenhausmanagement)*

Behandlung, die über einen gewissen Zeitraum hinweg in Intervallen erfolgt. Dabei wird die medizinisch-organisatorische Infrastruktur eines Krankenhauses benötigt, ohne dass der Patient ununterbrochen anwesend ist; findet üblicherweise Anwendung bei psychiatrischen Erkrankungen; ebenfalls in der Pflege möglich, d.h. ein Patient/Bewohner wird nur tagsüber oder nur nachts pflegerisch betreut

Telematik *(Informationstechnik)*

Telekommunikation und Informatik

Telemedizin *(Informationstechnik)*

Teilgebiet der ☞ Telematik im Gesundheitswesen; bezeichnet Diagnostik und Therapie eines Patienten mittels Telekommunikation; Bsp.: Befunden eines Röntgenbildes über einen Drittanbieter, der den Befund dann telefonisch oder auf anderem Weg mitteilt

Terminverantwortung *(Projektmanagement)*

Projektleiter ist an Terminplan gebunden; Einhaltung des Terminplans ist verpflichtend

Therapie *(Medizin)*

Behandlung einer Erkrankung; zwei Gruppen: Chirurgisch-operative oder konservative Therapie

Thorax *(Medizin)*

Brustkorb

Thrombophlebitis *(Medizin)*

Entzündung oberflächlicher Venen

Thrombose *(Medizin)*

☞ TVT

Throughput *(Betriebswirtschaftslehre)*

Bezeichnet den Transformations- bzw. Produktionsprozess; Inputfaktoren werden zu Produkten kombiniert

Tibial *(Medizin)*

Zur Tibia (Schienbein) hin gelegen

Total Cost of Ownership *(Betriebswirtschaftslehre)*

TCO; Ansatz, bei dem bei einer Beschaffung eines Gutes nicht nur der Einkaufpreis, sondern alle bei der Beschaffung, Nutzung und Wartung/Instandhaltung anfallenden Kosten berücksichtigt werden

Totaler Krankenhausaufnahmevertrag *(Krankenhausmanagement)*

Regelfall des Aufnahmevertrags im Krankenhaus. Der Krankenhausträger fungiert als Vertragspartner des Patienten; der Träger schuldet ihm Unterkunft, sowie medizinische und pflegerische Versorgung. Sonderwünsche, wie z.B. eine Chefarztbehandlung muss der Patient separat bezahlen

Transaktionsanalyse *(Moderation & Kommunikation)*

Nach Eric (Lennard) Berne (Bernstein); zeigt drei Ich-Zustände einer Person: Kindheits-Ich, Eltern-Ich und Erwachsenen-Ich mit spezifischen Attributen; Kommunikationsstörungen können auftreten, wenn nicht passende Ich-Zustände aufeinandertreffen

Transversalebene *(Medizin)*

Ebene, die senkrecht zur Körperachse verläuft

Tuberkulose *(Medizin)*

Infektion durch Tuberkel-Viren, die in den meisten Fällen die Lunge befällt

TVT *(Medizin)*

Tiefe Venenthrombose; Intravasale, intravitale Blutgerinnung in den tiefen Beinvenen. Gefahr der ☞ Lungenembolie

U

ÜBAG *(Gesundheitspolitik)*

Überörtliche Berufsausübungsgemeinschaft; BAG an mind. zwei verschiedenen Vertragsarztsitzen; Bedarf der Genehmigung des Zulassungsausschusses; ☞ BAG

Überalterung der Gesellschaft *(Allgemein)*

☞ Demografischer Wandel

Überlieger *(Krankenhausmanagement)*

Patienten, die sich über den Jahreswechsel hinweg stationär im Krankenhaus befinden

Ulnar *(Medizin)*

Zur Ulna (Elle) hin gelegen

Umlageverfahren *(Gesundheitspolitik)*

Verfahren zur Finanzierung in der GKV; die Ausgaben werden auf alle Beitragszahler umgelegt

Universitätsklinikum *(Krankenhausmanagement)*

Krankenhaus, welches an einer medizinischen Fakultät oder einer Universität angegliedert ist und dort neben der üblichen stationären Versorgung, Medizinstudenten ausbildet und einen Fokus auf die Forschung legt

Uno-actu-Prinzip *(Gesundheitsökonomie)*

Zusammenhang zwischen Anbieter und Nachfrager einer Leistung; Anbieter und Nachfrager einer Leistung sind gleichzeitig anwesend; die Herstellung und Konsumption der Leistung fallen räumlich und zeitlich zusammen; Beispiel: Blutabnahme im Krankenhaus

Unselbstständige kaufmännische Hilfspersonen *(Betriebswirtschaftslehre)*

Bezeichnung für die Angestellten eines Kaufmanns im HGB. Dort sind der ☞ Prokurist, der ☞ Handlungsbevollmächtigte und der ☞ Ladenangestellte benannt

Unternehmensklima *(Arbeits- und Organisationspsychologie)*

Subjektiv empfundene Stimmung oder Atmosphäre im Unternehmen

Unternehmenskommunikation *(Betriebswirtschaftslehre)*

Interne und externe Kommunikation eines Unternehmens, meist über eine separate Abteilung oder Position (Pressesprecher). Interne Kommunikation geschieht oft über ein Intranet, auf das die Mitarbeiter zugreifen können oder über einen Newsletter/eine Zeitschrift

Unternehmenskultur *(Arbeits- und Organisationspsychologie)*

Organisationskultur; Corporate Culture; Gesamtheit der im Unternehmen bewusst oder unbewusst gelebten Werte, Denkmuster und Verhaltensnormen. Die Unternehmenskultur wird den Mitarbeitern als gültige Form des Wahrnehmens, Denkens und Urteilens vermittelt

Unternehmensregister *(Betriebswirtschaftslehre)*

Gibt Auskunft über allgemeinzugängliche Geschäftsdaten; § 8b HGB

Unterstützende Prozesse *(Prozessmanagement)*

Supportprozesse; unterstützen die Kernprozesse im Unternehmen. Es besteht die Möglichkeit des Outsourcens. Im Krankenhaus sind bspw. der Transportdienst oder die Essenversorgung unterstützende Prozesse

Upcoding (*Krankenhausmanagement)*

Bewusstes falsches Kodieren von Krankenhausleistung, um eine höhere Vergütung zu erzielen

Urologie *(Medizin)*

Lehre von den ableitenden Harnwegen und ihren Krankheiten (einschließlich der männlichen Geschlechtsorgane)

V

Validität *(Pharmakoökonomie)*

Ausmaß, in dem eine Messmethode tatsächlich das Konstrukt misst, das gemessen werden soll

Variable Kosten *(Betriebswirtschaftslehre)*

Kosten, die sich in Abhängigkeit von der Produktionsmenge verändern, z.B. für den Verbrauch an Pflegeprodukten auf einer Pflegestation

Varianz *(Statistik)*

Statistisches Maß; mittlere quadrierte Abweichung vom Erwartungswert; beschreibt das Streuungsverhalten des Wertebereichs um den ☞ Erwartungswert

$$s^2 = \frac{1}{n-1}\sum_{i=1}^{n}(x_i - \bar{x})^2$$

Vene *(Medizin)*

Blutgefäß, welches Blut zum Herzen führt

Ventral *(Medizin)*

Bauchwärts; in Bezug auf die Vorderseite des Körpers; Venter = Bauch

Verblindung *(Pharmakoökonomie)*

Unwissenheit über die Therapie in klinischen Studien. Dies kann den Patient oder auch den Arzt betreffen. Sind beide unwissend, spricht man von einer doppelt-blind Studie

Verfahrensanweisung *(Qualitätsmanagement)*

Regelt, wie etwas zu tun ist

Verfügungskompetenz *(Projektmanagement)*

Der Projektleiter kann über die ihm zur verfügenden Ressourcen bestimmen; darüber hinaus stehen ihm keine anderen Ressourcen zu

Verkehrssteuern *(Betriebswirtschaftslehre)*

Werden auf die Teilnahme am Rechts- und Wirtschaftsverkehr erhoben

Versandapotheke *(Gesundheitsökonomie)*

Apotheke, die Medikamente direkt an Patienten verschickt

Verschreibungspflicht *(Medizin)*

Medikamente unterliegen der Verschreibungspflicht, wenn diese die Gesundheit von Menschen, bei Anwendung ohne ärztliche Überwachung, gefährden können

Versicherungspflicht *(Gesundheitspolitik)*

Alle deutschen Bürger unterliegen der Versicherungspflicht in einer Krankenversicherung, solange ihr Einkommen unterhalb der ☞ Versicherungspflichtgrenze liegt. Liegt das Einkommen darüber, muss sich der Bürger zwischen einer freiwilligen Versicherung in der GKV oder der PKV entscheiden

Versicherungspflichtgrenze *(Gesundheitspolitik)*

Grenze, bis zu welcher Höhe des jährlichen Bruttoarbeitsentgeltes Arbeitnehmer der Versicherungspflicht in der GKV unterliegen; 2014 = 53.550 €

Versorgungsauftrag *(Krankenhausmanagement)*

Vertrag zur Konkretisierung der Leistungen eines Krankenhauses; ein Krankenhaus darf nur Leistungen erbringen, die im Versorgungsauftrag aufgeführt sind

Versorgungsstufen *(Krankenhausmanagement)*

Unterscheidung der Krankenhäuser der Akutversorgung: Krankenhäuser der Grundversorgung, Krankenhäuser der Regelversorgung, Schwerpunktkrankenhäuser, Krankenhäuser der Maximalversorgung. Die Stufen werden je nach Bundesland unterschiedlich definiert und benannt

Versorgungsvertrag *(Krankenhausmanagement)*

Definiert den ☞ Versorgungsauftrag; Vertrag zwischen den Landesverbänden und den Krankenkassen auf der einen Seite mit einem Krankenhaus auf der anderen Seite, mit dem Ziel der Krankenhauszulassung. Der Vertrag berechtigt die Krankenkassen, Leistungen in einem Krankenhaus erbringen zu lassen. Ebenfalls berechtigt der Vertrag die Abrechnung der Leistung eines Krankenhauses gegenüber der Krankenkasse; § 108 Nr. 3 SGB V

Vertikale Integration *(Betriebswirtschaftslehre)*

Form der Unternehmenskonzentration mit dem Ziel der Optimierung der Wertschöpfungskette des Unternehmens, z.B. Optimierung der Netzwerkstrukturen

Verweildauer/Grenzverweildauer *(Krankenhausmanagement)*

Im DRG-Fallpauschalenkatalog werden für jede DRG eine mittlere Verweildauer (VWD), eine untere Grenzverweildauer (uGVD) und eine obere Grenzverweildauer (oGVD) angegeben. Die mittlere VWD gibt den durchschnittlichen stationären Aufenthalt für eine DRG an. Die uGVD gibt eine vergütungsrelevante Grenze an, bei deren Nichterreichen es zu einem Abschlag der Vergütung kommt. Komplementär verhält es sich bei der oGVD, bei der es bei Überschreitung zu Zuschlägen führt. So gilt für die DRG G18B eine VWD von 12,6 Tagen, eine uGVD von drei und eine oGVD von 24 Tagen

Vertragsarzt *(Medizin)*

Approbierter, niedergelassener Arzt in Besitz eines Kassenarztsitzes; eingetragen in das Arztregister; kann Leistungen gegenüber der GKV abrechnen

Vertragshändler *(Betriebswirtschaftslehre)*

☞ Selbstständige kaufmännische Hilfsperson im HGB; Eigenhändler; kauft und verkauft im eigenen Namen und auf eigene Rechnung, steht aber in enger Verbindung mit dem Produkthersteller. Der Vertragshändler verpflichtet sich, eine Vertragsware ständig zu vertreiben (Dauerschuldverhältnis), gibt fachkundige Beratung und führt ein Ersatzteillager

Virchowsche Trias *(Medizin)*

Ursachen einer ☞ TVT: 1. Schädigung der Gefäßwand 2. Verlangsamung der Blutströmungsgeschwindigkeit 3. erhöhte Gerinnungsneigung

Vision *(Betriebswirtschaftslehre)*

Beschreibt die zukünftige Entwicklung bzw. einen erstrebenswerten Zustand eines Unternehmens

Visite *(Medizin)*

Ärztlicher Besuch des Patienten am Krankenbett, ggf. durch mehrere Ärzte und im Beisein einer Pflegekraft. Bei der sog. Chefarztvisite ist zudem der Chefarzt anwesend. Bei der sog. Kurvenvisite werden lediglich die Patientenkurven studiert, der Patient wird selbst nicht begutachtet. Visite kann auch der Hausbesuch des Hausarztes sein

Volar *(Medizin)*

Zur Handfläche gehörend; Vola = Handfläche

Vollstationär *(Krankenhausmanagement)*

Bezeichnung für die medizinische Behandlung oder pflegerische Betreuung, welche sich zeitlich über einen Tag und eine Nacht erstreckt, d.h. eine Behandlung oder Betreuung über mindestens 24 Stunden

Vorsorgevollmacht *(Allgemein)*

Bevollmächtigung einer Person durch eine andere Person in einer Notfallsituation, alle oder bestimmte Aufgaben für den Vollmachtgeber zu erledigen

Wahlleistungen *(Krankenhausmanagement)*

Krankenhausleistungen, die nicht zu den allgemeinen Krankenhausleistungen gehören. Unterteilung in ärztliche Wahlleistung (Chefarztbehandlung) und nichtärztliche Wahlleistung (Unterbringung im Ein- oder Zweibettzimmer)

Weisungsbefugnis *(Betriebswirtschaftslehre)*

Die im Rahmen einer Organisation festgelegte Kompetenz zur Delegation; legt fest, welche ☞ Instanz delegierend auf andere Instanzen einwirken darf; es kann sich dabei um eine fachliche und eine disziplinarische Weisungsbefugnis handeln

Wertkette im Krankenhaus *(Krankenhausmanagement)*

Bezeichnet die Stufen der Kerntätigkeiten im Krankenhaus; Anmeldung/Aufnahme → Anamnese → Diagnostik → Therapie → Rehabilitation → Entlassung werden als primäre Aktivitäten der Wertkette angesehen. Durch unterstützende Aktivitäten, wie z.B. EDV, Verwaltung, Apotheke oder Geschäftsführung, werden die Primäraktivitäten gestützt

Wirtschaftlichkeitsgebot *(Gesundheitspolitik)*

Kernprinzip im SGB V; in § 12 SGB V beschrieben; Leistungen müssen ausreichend, zweckmäßig, wirtschaftlich sein und das Maß des Notwendigen nicht überschreiten

Wissensmanagement *(Betriebswirtschaftslehre)*

Nutzbarmachung von implizitem (bewusstem) und explizitem (unbewusstem) Wissen für das Unternehmen, z.B. als Wettbewerbsvorteil; Einflussnahme auf das Wissen im Unternehmen

Wohlfahrtsstaat *(Volkswirtschaftslehre)*

Staatskonzept mit Maßnahmen zur sozialen, materiellen und kulturellen Steigerung des Wohlergehens der Bevölkerung

Work-Life-Balance *(Arbeits- und Organisationspsychologie)*

WLB; Grad der Kompatibilität von Beruf und Arbeit. WLB gewinnt immer mehr, im Besonderen in der ☞ Generation Y an Bedeutung

X/Y/Z

Zeitlicher Fortschrittsgrad *(Projektmanagement)*

Zeigt auf, wie viel Prozent eines Projektes bereits abgeschlossen wurden; Formel:

$$\frac{Ist - Dauer}{Gesamtdauer} x\ 100$$

Zentralisierungsgrad *(Betriebswirtschaftslehre)*

Größe, die angibt, ob im Unternehmen viel oder wenig delegiert wird; wenig ☞ Delegation bedeutet einen hohen Zentralisierungsgrad

Zerebrovaskuläre Erkrankungen *(Medizin)*

Zusammenfassung verschiedener Krankheitsbilder mit gestörter Durchblutung des Gehirns, dazu gehören: ischämische und hämorrhagische Infarkte und zerebrovaskuläre Gefäßmissbildungen

Zertifizierung *(Qualitätsmanagement)*

Verfahren, bei dem ein unabhängiger Dritter durch ein Zertifikat vorgeschriebene Kriterien eines Produktes, eines Verfahrens, einer Dienstleistung oder einer Organisation attestiert

Zivilprozess *(Betriebswirtschaftslehre)*

Rechtlich geregeltes Verfahren der Feststellung, Gestaltung und Durchsetzung bürgerlich-rechtlicher Ansprüche

Zöliakie *(Medizin)*

Verdauungsstörung aufgrund einer Gluten-Unverträglichkeit

Zusatzbeiträge *(Gesundheitspolitik)*

Krankenkassen, die nicht mit den Beiträgen aus dem Gesundheitsfonds auskommen, können von den Versicherungsnehmern Zusatzbeiträge nehmen; dürfen nicht mehr als ein Prozent des Einkommens betragen

Zuweisermanagement *(Krankenhausmanagement)*

☞ Einweisermanagement

Zyanose *(Medizin)*

Bläuliche Verfärbung der Akren (Lippen, Nasenspitze, Fingernägel), infolge mangelnder Sauerstoffsättigung des Blutes

Zytostatika *(Medizin)*

Arzneimittel, die die Zellteilung hemmen; Anwendung in der Tumortherapie

0%/50%/100% - Methode *(Projektmanagement)*

Methode zur Bewertung des Realisierungsgrads von z.B. Projekten, Arbeitspaketen; Bewertung in drei Stufen: 0% = nicht begonnenes Arbeitspaket. 50% = begonnenes Arbeitspaket, 100% = abgeschlossenes Arbeitspaket; Optional einzufügen sind 25%- und 75%-Marker; Methode geht davon aus, dass sich Ungenauigkeiten über die Arbeitspakete ausgleichen

5 Säulen des deutschen Sozialstaates *(Gesundheitspolitik)*

Krankenversicherung, Unfallversicherung, Rentenversicherung, Arbeitslosenversicherung, Pflegeversicherung

5-S-Methode *(Prozessmanagement)*

Methode zur Prozessoptimierung; Arbeitsplatzoptimierung; Seiri (Ordnung schaffen), Seiton (jeden Gegenstand am richtigen Platz aufbewahren), Seiso (Sauberkeit), Seiketsu (persönlicher Ordnungssinn), Shitsuke (Disziplin)

635 Methode *(Moderation & Kommunikation)*

Kreativitätstechnik; Brainwriting; 6 Gruppenmitglieder schreiben jeweils 3 Vorschläge/Lösungsalternativen auf einen Vordruck, welche jeweils nach 5 Minuten weitergegeben werden und zu denen die anderen Gruppenmitglieder schriftlich Stellung nehmen

7 Arten der Verschwendung *(Prozessmanagement)*

Japanisch: muda; 1. Verschwendung durch Überproduktion; 2. Verschwendung durch Wartezeiten; 3. Verschwendung durch Transporte; 4. Verschwendung im Arbeitsprozess; 5. Verschwendung durch zu hohe Bestände; 6. Verschwendung durch überflüssige Bewegung; 7. Verschwendung durch Produktionsfehler

7 S-Modell *(Betriebswirtschaftslehre)*

Bezeichnet die wesentlichen Elemente (Kernelemente) für die Gestaltung des Unternehmens; Strategy, structure, systems, skills, staff, style, shared values

4. Präfixe der medizinischen Fachsprache

a-	un-, nicht, ohne, Mangel an, Fehlen von
a-	an, heran, hinzu
ab-	ab-, von...weg
abs-	ab-, von...weg
ad-	an, heran, hinzu
af-	an, heran, hinzu
ag-	an, heran, hinzu
ak-	an, heran, hinzu
an-	un-, nicht, ohne, Mangel an, Fehlen von
an-	auf, hinauf, auf...hin
ana-	auf, hinauf, auf...hin
anti-	gegen, entgegen
ap-	an, heran, hinzu
ar-	an, heran, hinzu
as-	an, heran, hinzu
bi-	zwei, doppelt
bin-	zwei, doppelt
brady-	langsam
de-	un-, nicht, von...weg, ent-, herab
des-	un-, nicht, von...weg, ent-, herab
di-	auseinander, ver-
di-	durch, hindurch, zwischen, auseinander
dia-	durch, hindurch, zwischen, auseinander
dif-	auseinander, ver-
dipl-	zwei, doppelt
diplo-	zwei, doppelt
dis-	auseinander, ver-

dys-	miß-, un-, Normabweichung, krankhafte Störung
e-	aus, heraus
ek-	aus, heraus
em-	in, in...hinein, innen, innerhalb
en-	in, in...hinein, innen, innerhalb
endo-	innen, innerhalb
ento-	innen, innerhalb
ep-	auf, darauf, nach
epi-	auf, darauf, nach
eu-	gut, normgerecht
ex-	aus, heraus
extra-	außerhalb
hemi-	halb
hyp-	unter, unterhalb, zu wenig, Unterfunktion
hyper-	über, oberhalb, übermäßig, Überfunktion
hypo-	unter, unterhalb, zu wenig, Unterfunktion
im-	in...hinein, un-, nicht
in-	in...hinein, un-, nicht
inter-	zwischen
intra-	innerhalb, in...hinein
ir-	in...hinein, un-, nicht
kat-	ab, hinab, danach
kata-	ab, hinab, danach
ko-	zusammen, mit
kol-	zusammen, mit
kom-	zusammen, mit
kon-	zusammen, mit
kontra-	gegen, gegenüber
met-	hinter, nach, Wechsel

meta-	hinter, nach, Wechsel
mon-	allein, einzeln
mono-	allein, einzeln
neo-	neu
oligo-	wenig
pan-	ganz, vollständig
par-	neben, bei, entgegengesetzt, von der Norm abweichend
para-	neben, bei, entgegengesetzt, von der Norm abweichend
per-	durch, hindurch
peri-	um...herum
polio-	grau
pollakis-	oft, häufig
poly-	viel, zahlreich
post-	hinter, nach
prä-	vor, vorher
presby-	alt
pro-	vor, vorher, davor, für
re-	zurück, wieder, wider-
retro-	rückwärts, nach hinten
sub-	unter, unterhalb, unter der Norm
suf-	unter, unterhalb, unter der Norm
sug-	unter, unterhalb, unter der Norm
suk-	unter, unterhalb, unter der Norm
sup-	unter, unterhalb, unter der Norm
sus-	unter, unterhalb, unter der Norm
sy-	mit, zusammen-
sym-	mit, zusammen-
syn-	mit, zusammen-
tachy-	schnell

tetra-	vier
trans-	hinüber, hindurch
ultra-	jenseits, über...hinaus
zirkum-	rings herum

5. Wortstämme der medizinischen Fachsprache

abdomin/o	Bauch
aden/o	Drüse
adren/o	Nebenniere
adrenal/o	Nebenniere
aer/o	Luft
äti/o	Ursache/n
akr/o	Extremitäten/-enden
akust/o	Hören, Gehör
alkal/o	basisch, Base
all/o	anders, fremd
alveol/o	Lungenbläschen
an/o	After
andr/o	Mann
angi/o	Blutgefäß
ankyl/o	gekrümmt
aort/o	Hauptschlagader, Aorta
append/o	Wurmfortsatz
appendik/o	Wurmfortsatz
arteri/o	Schlagader, Arterie
arthr/o	Gelenk
artikul/o	Gelenk
atri/o	Herzvorhof
audi/o	Hören, Gehör
aut/o	selbst
azid/o	sauer, Säure
bakteri/o	Bakterium
bil/i	Galle

bronch/o	Luftröhrenast
bronchi/o	Luftröhrenast
chem/o	chemisch
cholangi/o	Gallengänge
chole	Galle
cholezyst/o	Gallenblase
chondr/o	Knorpel
chrom/o	Farbe
chromat/o	Farbe
dent/o	Zähne
derm/o	Haut
dermat/o	Haut
disk/o	Bandscheibe
divertikul/o	Divertikel, Ausstülpung der Darmwand
ech/o	Ton, Schall
elektr/o	auf Elektrizität beruhend
embol/o	mit dem Blutstrom verschleppter Propf
enter/o	Dünndarm
enzephal/o	Gehirn
epididym/o	Nebenhoden
epiglott/o	Kehldeckel
episi/o	Damm
erythr/o	rot
fibr/o	Faser
gastr/o	Magen
genit/o	Geschlecht, Zugang
gland/o	Drüse
gli/o	Glia
glomerul/o	Glomerulus

gluk/o	Zucker, süß
glyk/o	Zucker, süß
gon/o	Geschlecht
granul/o	Körnchen
gyn/o	Frau
gynäk/o	Frau
häm/o	Blut
hämat/o	Blut
hepat/o	Leber
hist/o	Gewebe
hydr/o	Wasser
hyster/o	Gebärmutter
iatr/o	Arzt
ile/o	Krummdarm
immun/o	Immunität
intestin/o	Darm, Eingeweide
jejun/o	Leerdarm
kanzer/o	Krebs
kardi/o	Herz
karzin/o	Krebs
kol/o	Dickdarm
kolp/o	Scheide
koronar/o	Herzkranzgefäße
kortik/o	Rinde
krani/o	Schädel
krin/o	Absonderung, Abgabe
krypt/o	verborgen
kut/o	Haut
lapar/o	Bauchhöhle, Bauchwand

laryng/o	Kehlkopf
leuk/o	weiß
lith/o	Stein
lob/o	Lappen eines Organs
lymph/o	Lymphe
makr/o	groß
medull/o	Mark
mega-	groß
megal/o	groß
men/o	Monatsfluss
mening/o	Hirnhaut
meninge/o	Hirnhaut
menisk/o	scheibenförmiger Knorpel
metr/i	Gebärmutter
metr/o	Gebärmutter
mikr/o	klein
muk/o	Schleim
muskul/o	Muskel
my/o	Muskel
myel/o	Mark
myk/o	Pilz
nas/o	Nase
nekr/o	abgestorben, tot
nephr/o	Niere
neur/o	Nerv
norm/o	regelgerecht, normal
nos/o	Krankheit
nykt/o	Nacht
odont/o	Zähne

ösophag/o	Speiseröhre
okul/o	Auge
onk/o	Geschwulst
oophor/o	Eierstock
ophthalm/o	Auge
or/o	Mund
orch/o	Hoden
orchi/o	Hoden
orchid/o	Hoden
organ/o	Organ, Körperteil
orth/o	gerade, aufrecht, richtig
oste/o	Knochen
ot/o	Ohr
ox/o	Sauerstoff
pankreat/o	Bauchspeicheldrüse
parasit/o	Schmarotzer
parathyr/o	Nebenschilddrüse
parathyre/o	Nebenschilddrüse
path/o	Krankheit, Leiden
pektor/o	Brust
perine/o	Damm
peritone/o	Bauchfell
phag/o	fressen
pharmak/o	Arzneimittel
pharyng/o	Rachen
phleb/o	Blutader, Vene
phon/o	Laut, Stimme
physi/o	Natur, Körpervorgänge
pleur/o	Brustfell

pneum/o	Lunge, Luft
pneumat/o	Lunge, Luft
pneumon/o	Lunge
prokt/o	Enddarm, Mastdarm
prostat/o	Vorsteherdrüse
protein/o	Eiweiß
pseud/o	falsch, scheinbar
psych/o	Seele
pulmon/o	Lunge
py/o	Eiter
pyel/o	Nierenbecken
pyr/o	Fieber
rachi-	Rückgrat, Rücken
radi/o	Strahlen
radik/o	Wurzeln der Rückenmarksnerven
radikul/o	Wurzeln der Rückenmarksnerven
rekt/o	Enddarm, Mastdarm
ren/o	Niere
rhin/o	Nase
rhiz/o	Wurzeln der Rückenmarksnerven
rhythm/o	Rhythmus
salping/o	Eileiter
sark/o	Fleisch
semin/o	Samen
ser/o	Blutserum
sial/o	Speichel
sigmoid/o	Sigmoideum
sin/o	Nasennebenhöhlen
sinus/o	Nasennebenhöhlen

skoli/o	krumm
somat/o	Körper
son/o	Ton, Geräusch
sperm/o	Samen
spermat/o	Samen
spin/o	Rückenmark, Wirbelsäule
spir/o	Atmung
spirat/o	Atmung
splen/o	Milz
spondyl/o	Wirbelknochen, Wirbelsäule
steth/o	Brust
stomat/o	Mund
synovi/o	Gelenkinnenhaut
synovial/o	Gelenkinnenhaut
ten/o	Sehne
tend/o	Sehne
tendin/o	Sehne
test/o	Hoden
thorak/o	Brustkorb, Brustraum
thromb/o	Pfropf, Blutgerinnsel
thym/o	Thymus
thyr/o	Schilddrüse
thyre/o	Schilddrüse
thyreoid/o	Schilddrüse
thyroid/o	Schilddrüse
tom/o	Schnitt
tonsill/o	Gaumenmandeln
tox/o	Gift
toxik/o	Gift

trache/o	Luftröhre
ur/o	Harn, Harnröhre
ureter/o	Harnleiter
urethr/o	Harnröhre
uter/o	Gebärmutter
vagin/o	Scheide
varik/o	Krampfader, Erweiterung einer Vene
vas/o	Blutgefäß
vas/o	Samenleiter
vaskul/o	kleines Blutgefäß
ven/o	Blutader, Vene
ventrikul/o	Kammer
vesik/o	Harnblase
vir/o	Virus
vulv/o	Vulva
zellul/o	Zelle
zerebell/o	Kleinhirn
zerebr/o	Gehirn
zyst/o	Harnblase
zyt/o	Zelle

6. Suffixe der medizinischen Fachsprache

-ämie	Blut
-ästhesie	Empfindung
-akusis	Hören, Gehör
-algie	Schmerz
-dese	operative Versteifung
-drom	Lauf, Ablauf
-ektase	Erweiterung, Ausweitung eines Hohlorgans
-ektasie	Erweiterung, Ausweitung eines Hohlorgans
-ektomie	operatives Entfernen eines Organs, Herausschneiden
-emesis	Erbrechen
-ergie	Wirkung, Arbeit
-fibrose	Faservermehrung
-gen	erzeugend, verursachend, erzeugt von, verursacht von
-genese	Erzeugung, Entstehung
-genesie	Erzeugung, Entstehung
-gnose	Erkennen, Erkenntnis
-gnosie	Erkennen, Erkenntnis
-grad	Schritt, -läufig
-gramm	Aufzeichnung, Darstellung (Ergebnis)
-graphie	Aufzeichnung, Darstellung (Verfahren)
-hämie	Blut
-iasis	Krankheit, Leiden
-iatrie	-heilkunde
-id	-ähnlich, -artig
-ie	Zustand, krankhafter Zustand
-ismus	Krankheit, Leiden
-itis	Entzündung

-lithiasis	Steinleiden
-logie	Lehre, Wissenschaft von
-lyse	medikamentöse Auflösung, operative Loslösung
-malazie	Erweichung
-megalie	krankhafte Vergrößerung
-meter	Messgerät
-metrie	Messung, Messvorgang
-odynie	Schmerz
-oid	-ähnlich, -artig
-om	Geschwulst
-opie	Sehen
-opsie	Sehen
-ose	chronische Erkrankung, krankhafter Zustand
-osis	chronische Erkrankung, krankhafter Zustand
-osus	reich an
-parese	Lähmung
-pathie	Erkrankung eines Organs (Sammelbegriff)
-penie	Mangel
-pexie	operative Befestigung, Anheftung
-phasie	Sprechen
-philie	Neigung zu etwas
-phobie	Abneigung zu etwas
-plasie	Bildung, Formung, Gebilde
-plasma	Bildung, Formung, Gebilde
-plastik	operative Wiederherstellung
-plegie	Lähmung
-pnoe	Atmung
-poese	Entstehung
-porose	Substanzverminderung

-ptose	Herabfallen, Sinken
-resektion	Beschneidung
-rrhagie	Riss, Blutung
-rrhapie	Vernähung
-rrhexis	Zerreißung
-rrhoe	Fluss, fließen
-schisis	Spalt, Spaltung
-sklerose	Verhärtung
-skop	Instrument zur visuellen Darstellung
-skopie	Betrachtung durch ein Instrument, Spiegelung
-spasmus	Krampf, Verkrampfung
-stase	Stillstand eines Flüssigkeitsstromes, Stauung
-stenose	Verengung
-stoma	künstliche Mündung
-stomie	operative Verbindung von Hohlorganen, operative Herstellung einer Mündung nach außen
-synthese	operative Verbindung von Knochen
-therapie	Behandlung
-tomie	operative Öffnung, Schnitt
-tonie	Druck, Spannung
-tonus	Druck, Spannung
-transfusion	hinübergießen
-tripsie	Zertrümmerung
-trop	einwirkend auf, gerichtet auf
-trophie	Wachstum, Ernährung
-urese	Harn
-urie	Harn
-zele	Bruch
-zentese	operativer Einstich
-zytose	Vermehrung von (Blut-)zellen

7. Relevante Gesetzestexte

7.1 Krankenhausfinanzierungsgesetz (KHG)

Gesetz zur wirtschaftlichen Sicherung der Krankenhäuser und zur Regelung der Krankenhauspflegesätze (Krankenhausfinanzierungsgesetz - KHG)

Ausfertigungsdatum: 29.06.1972
Stand: Zuletzt geändert durch Art. 16a G. v. 21.07.2014 I 1133

1. Abschnitt
Allgemeine Vorschriften

§ 1 Grundsatz

(1) Zweck dieses Gesetzes ist die wirtschaftliche Sicherung der Krankenhäuser, um eine bedarfsgerechte Versorgung der Bevölkerung mit leistungsfähigen, eigenverantwortlich wirtschaftenden Krankenhäusern zu gewährleisten und zu sozial tragbaren Pflegesätzen beizutragen.

(2) Bei der Durchführung des Gesetzes ist die Vielfalt der Krankenhausträger zu beachten. Dabei ist nach Maßgabe des Landesrechts insbesondere die wirtschaftliche Sicherung freigemeinnütziger und privater Krankenhäuser zu gewährleisten. Die Gewährung von Fördermitteln nach diesem Gesetz darf nicht mit Auflagen verbunden werden, durch die die Selbständigkeit und Unabhängigkeit von Krankenhäusern über die Erfordernisse der Krankenhausplanung und der wirtschaftlichen Betriebsführung hinaus beeinträchtigt werden.

§ 2 Begriffsbestimmungen

Im Sinne dieses Gesetzes sind

1. Krankenhäuser
   Einrichtungen, in denen durch ärztliche und pflegerische Hilfeleistung Krankheiten, Leiden oder Körperschäden festgestellt, geheilt oder gelindert werden sollen oder Geburtshilfe geleistet wird und in denen die zu versorgenden Personen untergebracht und verpflegt werden können,

1a. mit den Krankenhäusern notwendigerweise verbundene Ausbildungsstätten staatlich anerkannte Einrichtungen an Krankenhäusern zur Ausbildung für die Berufe

a) Ergotherapeut, Ergotherapeutin,
b) Diätassistent, Diätassistentin,
c) Hebamme, Entbindungspfleger,
d) Krankengymnast, Krankengymnastin, Physiotherapeut, Physiotherapeutin
e) Gesundheits- und Krankenpflegerin, Gesundheits- und Krankenpfleger,
f) Gesundheits- und Kinderkrankenpflegerin, Gesundheits- und Kinderkrankenpfleger,
g) Krankenpflegehelferin, Krankenpflegehelfer,
h) medizinisch-technischer Laboratoriumsassistent, medizinisch-technische Laboratoriumsassistentin,
i) medizinisch-technischer Radiologieassistent, medizinisch-technische Radiologieassistentin,
j) Logopäde, Logopädin,
k) Orthoptist, Orthoptistin,
l) medizinisch-technischer Assistent für Funktionsdiagnostik, medizinisch-technische Assistentin für Funktionsdiagnostik, wenn die Krankenhäuser Träger oder Mitträger der Ausbildungsstätte sind,

2. Investitionskosten

a) die Kosten der Errichtung (Neubau, Umbau, Erweiterungsbau) von Krankenhäusern und der Anschaffung der zum Krankenhaus gehörenden Wirtschaftsgüter, ausgenommen der zum Verbrauch bestimmten Güter (Verbrauchsgüter),

b) die Kosten der Wiederbeschaffung der Güter des zum Krankenhaus gehörenden Anlagevermögens (Anlagegüter);

zu den Investitionskosten gehören nicht die Kosten des Grundstücks, des Grundstückserwerbs, der Grundstückserschließung sowie ihrer Finanzierung sowie die Kosten der Telematikinfrastruktur gemäß § 291a Abs. 7 Satz 4 des Fünften Buches Sozialgesetzbuch,

3. für die Zwecke dieses Gesetzes den Investitionskosten gleichstehende Kosten

a) die Entgelte für die Nutzung der in Nummer 2 bezeichneten Anlagegüter,

b) die Zinsen, die Tilgung und die Verwaltungskosten von Darlehen, soweit sie zur Finanzierung der in Nummer 2 sowie in Buchstabe a bezeichneten Kosten aufgewandt worden sind,
c) die in Nummer 2 sowie in den Buchstaben a und b bezeichneten Kosten, soweit sie gemeinschaftliche Einrichtungen der Krankenhäuser betreffen,
d) Kapitalkosten (Abschreibungen und Zinsen) für die in Nummer 2 genannten Wirtschaftsgüter,
e) Kosten der in Nummer 2 sowie in den Buchstaben a bis d bezeichneten Art, soweit sie die mit den Krankenhäusern notwendigerweise verbundenen Ausbildungsstätten betreffen und nicht nach anderen Vorschriften aufzubringen sind,

4. Pflegesätze
die Entgelte der Benutzer oder ihrer Kostenträger für stationäre und teilstationäre Leistungen des Krankenhauses,

5. pflegesatzfähige Kosten
die Kosten des Krankenhauses, deren Berücksichtigung im Pflegesatz nicht nach diesem Gesetz ausgeschlossen ist.

§ 3 Anwendungsbereich

Dieses Gesetz findet keine Anwendung auf

1. (weggefallen)
2. Krankenhäuser im Straf- oder Maßregelvollzug,
3. Polizeikrankenhäuser,
4. Krankenhäuser der Träger der allgemeine Rentenversicherung und, soweit die gesetzliche Unfallversicherung die Kosten trägt, Krankenhäuser der Träger der gesetzlichen Unfallversicherung und ihrer Vereinigungen; das gilt nicht für Fachkliniken zur Behandlung von Erkrankungen der Atmungsorgane, soweit sie der allgemeinen Versorgung der Bevölkerung mit Krankenhäusern dienen.

§ 28 bleibt unberührt.

§ 4

Die Krankenhäuser werden dadurch wirtschaftlich gesichert, dass

1. ihre Investitionskosten im Wege öffentlicher Förderung übernommen werden und sie
2. leistungsgerechte Erlöse aus den Pflegesätzen, die nach Maßgabe dieses Gesetzes auch Investitionskosten enthalten können, sowie Vergütungen für vor- und nachstationäre Behandlung und für ambulantes Operieren erhalten.

§ 5 Nicht förderungsfähige Einrichtungen

(1) Nach diesem Gesetz werden nicht gefördert

1. Krankenhäuser, die nach den landesrechtlichen Vorschriften für den Hochschulbau gefördert werden; dies gilt für Krankenhäuser, die Aufgaben der Ausbildung von Ärzten nach der Approbationsordnung für Ärzte vom 27. Juni 2002 (BGBl. I S. 2405), zuletzt geändert durch Artikel 71 des Gesetzes vom 21. Juni 2005 (BGBl. I S. 1818), erfüllen, nur hinsichtlich der nach den landesrechtlichen Vorschriften für Hochschulen förderfähigen Maßnahmen,
2. Krankenhäuser, die nicht die in § 67 der Abgabenordnung bezeichneten Voraussetzungen erfüllen,
3. Einrichtungen in Krankenhäusern,
   a) soweit die Voraussetzungen nach § 2 Nr. 1 nicht vorliegen, insbesondere Einrichtungen für Personen, die als Pflegefälle gelten,
   b) für Personen, die im Maßregelvollzug auf Grund strafrechtlicher Bestimmungen untergebracht sind,
4. Tuberkulosekrankenhäuser mit Ausnahme der Fachkliniken zur Behandlung von Erkrankungen der Atmungsorgane, soweit sie nach der Krankenhausplanung des Landes der allgemeinen Versorgung der Bevölkerung mit Krankenhäusern dienen,
5. Krankenhäuser, deren Träger ein nicht bereits in § 3 Satz 1 Nr. 4 genannter Sozialleistungsträger ist, soweit sie nicht nach der Krankenhausplanung des Landes der allgemeinen Versorgung der Bevölkerung mit Krankenhäusern dienen,
6. Versorgungskrankenhäuser,
7. Vorsorge- oder Rehabilitationseinrichtungen nach § 107 Abs. 2 des Fünften Buches Sozialgesetzbuch, soweit die Anwendung dieses Gesetzes nicht bereits nach § 3 Satz 1 Nr. 4 ausgeschlossen ist,

8. die mit den Krankenhäusern verbundenen Einrichtungen, die nicht unmittelbar der stationären Krankenversorgung dienen, insbesondere die nicht für den Betrieb des Krankenhauses unerläßlichen Unterkunfts- und Aufenthaltsräume,
9. Einrichtungen, die auf Grund bundesrechtlicher Rechtsvorschriften vorgehalten oder unterhalten werden; dies gilt nicht für Einrichtungen, soweit sie auf Grund des § 30 des Infektionsschutzgesetzes vom 20. Juli 2000 (BGBl. I S. 1045) vorgehalten werden,
10. Einrichtungen, soweit sie durch die besonderen Bedürfnisse des Zivilschutzes bedingt sind,
11. Krankenhäuser der Träger der gesetzlichen Unfallversicherung und ihrer Vereinigungen.

(2) Durch Landesrecht kann bestimmt werden, daß die Förderung nach diesem Gesetz auch den in Absatz 1 Nr. 2 bis 8 bezeichneten Krankenhäusern und Einrichtungen gewährt wird.

§ 6 Krankenhausplanung und Investitionsprogramme

(1) Die Länder stellen zur Verwirklichung der in § 1 genannten Ziele Krankenhauspläne und Investitionsprogramme auf; Folgekosten, insbesondere die Auswirkungen auf die Pflegesätze, sind zu berücksichtigen.

(2) Hat ein Krankenhaus auch für die Versorgung der Bevölkerung anderer Länder wesentliche Bedeutung, so ist die Krankenhausplanung insoweit zwischen den beteiligten Ländern abzustimmen.

(3) Die Länder stimmen ihre Krankenhausplanung auf die pflegerischen Leistungserfordernisse nach dem Elften Buch Sozialgesetzbuch ab, insbesondere mit dem Ziel, Krankenhäuser von Pflegefällen zu entlasten und dadurch entbehrlich werdende Teile eines Krankenhauses nahtlos in wirtschaftlich selbständige ambulante oder stationäre Pflegeeinrichtungen umzuwidmen.

(4) Das Nähere wird durch Landesrecht bestimmt.

§ 6a

(weggefallen)

§ 7 Mitwirkung der Beteiligten

(1) Bei der Durchführung dieses Gesetzes arbeiten die Landesbehörden mit den an der Krankenhausversorgung im Lande Beteiligten eng zusammen; das betroffene Krankenhaus ist anzuhören. Bei der Krankenhausplanung und der Aufstellung der Investitionsprogramme sind einvernehmliche Regelungen mit den unmittelbar Beteiligten anzustreben.

(2) Das Nähere wird durch Landesrecht bestimmt.

2. Abschnitt
Grundsätze der Investitionsförderung

§ 8 Voraussetzungen der Förderung

(1) Die Krankenhäuser haben nach Maßgabe dieses Gesetzes Anspruch auf Förderung, soweit und solange sie in den Krankenhausplan eines Landes und bei Investitionen nach § 9 Abs. 1 Nr. 1 in das Investitionsprogramm aufgenommen sind. Die zuständige Landesbehörde und der Krankenhausträger können für ein Investitionsvorhaben nach § 9 Abs. 1 eine nur teilweise Förderung mit Restfinanzierung durch den Krankenhausträger vereinbaren; Einvernehmen mit den Landesverbänden der Krankenkassen, den Ersatzkassen und den Vertragsparteien nach § 18 Abs. 2 ist anzustreben. Die Aufnahme oder Nichtaufnahme in den Krankenhausplan wird durch Bescheid festgestellt. Gegen den Bescheid ist der Verwaltungsrechtsweg gegeben.

(2) Ein Anspruch auf Feststellung der Aufnahme in den Krankenhausplan und in das Investitionsprogramm besteht nicht. Bei notwendiger Auswahl zwischen mehreren Krankenhäusern entscheidet die zuständige Landesbehörde unter Berücksichtigung der öffentlichen Interessen und der Vielfalt der Krankenhausträger nach pflichtgemäßem Ermessen, welches Krankenhaus den Zielen der Krankenhausplanung des Landes am besten gerecht wird.

(3) Für die in § 2 Nr. 1a genannten Ausbildungsstätten gelten die Vorschriften dieses Abschnitts entsprechend.

§ 9 Fördertatbestände

(1) Die Länder fördern auf Antrag des Krankenhausträgers Investitionskosten, die entstehen insbesondere

1. für die Errichtung von Krankenhäusern einschließlich der Erstausstattung mit den für den Krankenhausbetrieb notwendigen Anlagegütern,
2. für die Wiederbeschaffung von Anlagegütern mit einer durchschnittlichen Nutzungsdauer von mehr als drei Jahren.

(2) Die Länder bewilligen auf Antrag des Krankenhausträgers ferner Fördermittel

1. für die Nutzung von Anlagegütern, soweit sie mit Zustimmung der zuständigen Landesbehörde erfolgt,
2. für Anlaufkosten, für Umstellungskosten bei innerbetrieblichen Änderungen sowie für Erwerb, Erschließung, Miete und Pacht von Grundstücken, soweit ohne die Förderung die Aufnahme oder Fortführung des Krankenhausbetriebs gefährdet wäre,
3. für Lasten aus Darlehen, die vor der Aufnahme des Krankenhauses in den Krankenhausplan für förderungsfähige Investitionskosten aufgenommen worden sind,
4. als Ausgleich für die Abnutzung von Anlagegütern, soweit sie mit Eigenmitteln des Krankenhausträgers beschafft worden sind und bei Beginn der Förderung nach diesem Gesetz vorhanden waren,
5. zur Erleichterung der Schließung von Krankenhäusern,
6. zur Umstellung von Krankenhäusern oder Krankenhausabteilungen auf andere Aufgaben, insbesondere zu ihrer Umwidmung in Pflegeeinrichtungen oder selbständige, organisatorisch und wirtschaftlich vom Krankenhaus getrennte Pflegeabteilungen.

(3) Die Länder fördern die Wiederbeschaffung kurzfristiger Anlagegüter sowie kleine bauliche Maßnahmen durch feste jährliche Pauschalbeträge, mit denen das Krankenhaus im Rahmen der Zweckbindung der Fördermittel frei wirtschaften kann; § 10 bleibt unberührt. Die Pauschalbeträge sollen nicht ausschließlich nach der Zahl der in den Krankenhausplan aufgenommenen Betten bemessen werden. Sie sind in regelmäßigen Abständen an die Kostenentwicklung anzupassen.

(3a) Der vom Land bewilligte Gesamtbetrag der laufenden und der beiden folgenden Jahrespauschalen nach Absatz 3 steht dem Krankenhaus unabhängig von einer Verringerung der tatsächlichen Bettenzahl zu, soweit die Verringerung auf einer Vereinbarung des Krankenhausträgers mit den Landesverbänden der Krankenkassen und den Ersatzkassen nach § 109 Abs. 1 Satz 4 oder 5 des Fünften Buches Sozialgesetzbuch beruht und ein Fünftel der Planbetten nicht übersteigt. § 6 Abs. 3 bleibt unberührt.

(4) Wiederbeschaffung im Sinne dieses Gesetzes ist auch die Ergänzung von Anlagegütern, soweit diese nicht über die übliche Anpassung der vorhandenen Anlagegüter an die medizinische und technische Entwicklung wesentlich hinausgeht.

(5) Die Fördermittel sind nach Maßgabe dieses Gesetzes und des Landesrechts so zu bemessen, dass sie die förderungsfähigen und unter Beachtung betriebswirtschaftlicher Grundsätze notwendigen Investitionskosten decken.

§ 10 Entwicklungsauftrag zur Reform der Investitionsfinanzierung

(1) Für Krankenhäuser, die in den Krankenhausplan eines Landes aufgenommen sind und Entgelte nach § 17b erhalten, soll eine Investitionsförderung durch leistungsorientierte Investitionspauschalen ab dem 1. Januar 2012, für psychiatrische und psychosomatische Einrichtungen nach § 17d Abs. 1 Satz 1, die in den Krankenhausplan eines Landes aufgenommen sind, ab dem 1. Januar 2014 ermöglicht werden. Dafür werden bis zum 31. Dezember 2009 Grundsätze und Kriterien für die Ermittlung eines Investitionsfallwertes auf Landesebene entwickelt. Die Investitionsfinanzierung der Hochschulkliniken ist zu berücksichtigen. Die näheren Einzelheiten des weiteren Verfahrens legen Bund und Länder fest. Das Recht der Länder, eigenständig zwischen der Förderung durch leistungsorientierte Investitionspauschalen und der Einzelförderung von Investitionen einschließlich der Pauschalförderung kurzfristiger Anlagegüter zu entscheiden, bleibt unberührt.

(2) Die Vertragsparteien auf Bundesebene nach § 17b Abs. 2 Satz 1 vereinbaren bis zum 31. Dezember 2009 die Grundstrukturen für Investitionsbewertungsrelationen und das Verfahren zu ihrer Ermittlung, insbesondere zur Kalkulation in einer sachgerechten Auswahl von Krankenhäusern. In den Investitionsbewertungsrelationen ist der Investitionsbedarf für die voll- und teilstationären Leistungen pauschaliert abzubilden; der Differenzierungsgrad soll praktikabel sein. Die Vertragsparteien nach Satz 1 beauftragen ihr DRG-Institut, bis zum 31. Dezember 2010 für das DRG-Vergütungssystem und bis zum 31. Dezember 2012 für Einrichtungen nach § 17d Abs. 1 Satz 1 bundeseinheitliche Investitionsbewertungsrelationen zu entwickeln und zu kalkulieren. Für die Finanzierung der Aufgaben gilt § 17b Abs. 5 entsprechend. Die erforderlichen Finanzmittel sind mit dem DRG-Systemzuschlag zu erheben; dieser ist entsprechend zu erhöhen. Für die Befugnisse des Bundesministeriums für Gesundheit gilt § 17b Abs. 7 und 7a entsprechend. Für die Veröffentlichung der Ergebnisse gilt § 17b Absatz 2 Satz 8 entsprechend.

§ 11 Landesrechtliche Vorschriften über die Förderung

Das Nähere zur Förderung wird durch Landesrecht bestimmt. Dabei kann auch geregelt werden, dass Krankenhäuser bei der Ausbildung von Ärzten und sonstigen Fachkräften des Gesundheitswesens besondere Aufgaben zu übernehmen haben; soweit hierdurch zusätzliche Sach- und Personalkosten entstehen, ist ihre Finanzierung zu gewährleisten.

§§ 12 bis 15

(weggefallen)

3. Abschnitt
Vorschriften über Krankenhauspflegesätze

§ 16 Verordnung zur Regelung der Pflegesätze

Die Bundesregierung wird ermächtigt, durch Rechtsverordnung mit Zustimmung des Bundesrates Vorschriften zu erlassen über

1. die Pflegesätze der Krankenhäuser,
2. die Abgrenzung der allgemeinen stationären und teilstationären Leistungen des Krankenhauses von den Leistungen bei vor- und nachstationärer Behandlung (§ 115a des Fünften Buches Sozialgesetzbuch), den ambulanten Leistungen einschließlich der Leistungen nach § 115b des Fünften Buches Sozialgesetzbuch, den Wahlleistungen und den belegärztlichen Leistungen,
3. die Nutzungsentgelte (Kostenerstattung und Vorteilsausgleich sowie diesen vergleichbare Abgaben) der zur gesonderten Berechnung ihrer Leistungen berechtigten Ärzte an das Krankenhaus, soweit diese Entgelte pflegesatzmindernd zu berücksichtigen sind,
4. die Berücksichtigung der Erlöse aus der Vergütung für vor- und nachstationäre Behandlung (§ 115a des Fünften Buches Sozialgesetzbuch), für ambulante Leistungen einschließlich der Leistungen nach § 115b des Fünften Buches Sozialgesetzbuch und für Wahlleistungen des Krankenhauses sowie die Berücksichtigung sonstiger Entgelte bei der Bemessung der Pflegesätze,
5. die nähere Abgrenzung der in § 17 Abs. 4 bezeichneten Kosten von den pflegesatzfähigen Kosten,
6. das Verfahren nach § 18,
7. die Rechnungs- und Buchführungspflichten der Krankenhäuser,

8. ein Klagerecht des Verbandes der privaten Krankenversicherung gegenüber unangemessen hohen Entgelten für nichtärztliche Wahlleistungen.

Die Ermächtigung kann durch Rechtsverordnung auf die Landesregierungen übertragen werden; dabei kann bestimmt werden, dass die Landesregierungen die Ermächtigung durch Rechtsverordnung auf oberste Landesbehörden weiter übertragen können.

§ 17 Grundsätze für die Pflegesatzregelung

(1) Die Pflegesätze und die Vergütung für vor- und nachstationäre Behandlung nach § 115a des Fünften Buches Sozialgesetzbuch sind für alle Benutzer des Krankenhauses einheitlich zu berechnen. Die Pflegesätze sind im Voraus zu bemessen. Bei der Ermittlung der Pflegesätze ist der Grundsatz der Beitragssatzstabilität (§ 71 Abs. 1 des Fünften Buches Sozialgesetzbuch) nach Maßgabe dieses Gesetzes und des Krankenhausentgeltgesetzes zu beachten. Überschüsse verbleiben dem Krankenhaus; Verluste sind vom Krankenhaus zu tragen. Eine Einrichtung, die in räumlicher Nähe zu einem Krankenhaus liegt und mit diesem organisatorisch verbunden ist, darf für allgemeine, dem Versorgungsauftrag des Krankenhauses entsprechende Krankenhausleistungen keine höheren Entgelte verlangen, als sie nach den Regelungen dieses Gesetzes, des Krankenhausentgeltgesetzes und der Bundespflegesatzverordnung zu leisten wären. Für nichtärztliche Wahlleistungen gilt § 17 Absatz 1, 2 und 4 des Krankenhausentgeltgesetzes entsprechend.

(1a) Für die mit pauschalierten Pflegesätzen vergüteten voll- oder teilstationären Krankenhausleistungen gelten im Bereich der DRG-Krankenhäuser die Vorgaben des § 17b und im Bereich der psychiatrischen und psychosomatischen Einrichtungen die Vorgaben des § 17d.

(2) Soweit tagesgleiche Pflegesätze vereinbart werden, müssen diese medizinisch leistungsgerecht sein und einem Krankenhaus bei wirtschaftlicher Betriebsführung ermöglichen, den Versorgungsauftrag zu erfüllen.

(2a) (weggefallen)

(3) Im Pflegesatz sind nicht zu berücksichtigen

1. Kosten für Leistungen, die nicht der stationären oder teilstationären Krankenhausversorgung dienen,

2. Kosten für wissenschaftliche Forschung und Lehre, die über den normalen Krankenhausbetrieb hinausgehen.
3. (weggefallen)

(4) Bei Krankenhäusern, die nach diesem Gesetz voll gefördert werden, und bei den in § 5 Abs. 1 Nr. 1 erster Halbsatz bezeichneten Krankenhäusern sind außer den in Absatz 3 genannten Kosten im Pflegesatz nicht zu berücksichtigen

1. Investitionskosten, ausgenommen die Kosten der Wiederbeschaffung von Wirtschaftsgütern mit einer durchschnittlichen Nutzungsdauer bis zu drei Jahren,
2. Kosten der Grundstücke, des Grundstückserwerbs, der Grundstückserschließung sowie ihrer Finanzierung,
3. Anlauf- und Umstellungskosten,
4. Kosten der in § 5 Abs. 1 Nr. 8 bis 10 bezeichneten Einrichtungen,
5. Kosten, für die eine sonstige öffentliche Förderung gewährt wird;
   dies gilt im Falle der vollen Förderung von Teilen eines Krankenhauses nur hinsichtlich des geförderten Teils.

(4a) (weggefallen)

(4b) Instandhaltungskosten sind im Pflegesatz zu berücksichtigen. Dazu gehören auch Instandhaltungskosten für Anlagegüter, wenn in baulichen Einheiten Gebäudeteile, betriebstechnische Anlagen und Einbauten oder wenn Außenanlagen vollständig oder überwiegend ersetzt werden. Die in Satz 2 genannten Kosten werden pauschal in Höhe eines Betrages von 1,1 vom Hundert der für die allgemeinen Krankenhausleistungen vereinbarten Vergütung finanziert. Die Pflegesatzfähigkeit für die in Satz 2 genannten Kosten entfällt für alle Krankenhäuser in einem Bundesland, wenn das Land diese Kosten für die in den Krankenhausplan aufgenommenen Krankenhäuser im Wege der Einzelförderung oder der Pauschalförderung trägt.

(5) Bei Krankenhäusern, die nach diesem Gesetz nicht oder nur teilweise öffentlich gefördert werden sowie bei anteilig öffentlich geförderten Maßnahmen mit Restfinanzierung durch den Krankenhausträger, dürfen von Sozialleistungsträgern und sonstigen öffentlich-rechtlichen Kostenträgern keine höheren Pflegesätze gefordert werden, als sie von diesen für Leistungen vergleichbarer nach diesem Gesetz geförderter Krankenhäuser zu entrichten sind. Krankenhäuser, die nur deshalb nach diesem Gesetz nicht gefördert werden, weil sie keinen Antrag auf Förderung stellen, dürfen auch von einem Krankenhausbenutzer keine höheren als die sich aus Satz 1 ergebenden Pflegesätze fordern. Soweit bei teilweiser Förderung Investitionen nicht öffentlich gefördert

werden und ein vergleichbares Krankenhaus nicht vorhanden ist, dürfen die Investitionskosten in den Pflegesatz einbezogen werden, soweit die Landesverbände der Krankenkassen und die Ersatzkassen der Investition zugestimmt haben. Die Vertragsparteien nach § 18 Abs. 2 vereinbaren die nach den Sätzen 1 und 2 maßgebenden Pflegesätze. Werden die Krankenhausleistungen mit pauschalierten Pflegesätzen nach Absatz 1a vergütet, gelten diese als Leistungen vergleichbarer Krankenhäuser im Sinne des Satzes 1.

§ 17a Finanzierung von Ausbildungskosten

(1) Die Kosten der in § 2 Nr. 1a genannten Ausbildungsstätten und der Ausbildungsvergütungen und die Mehrkosten des Krankenhauses infolge der Ausbildung, insbesondere die Mehrkosten der Praxisanleitung infolge des Krankenpflegegesetzes vom 16. Juli 2003, sind nach Maßgabe der folgenden Vorschriften durch Zuschläge zu finanzieren, soweit diese Kosten nach diesem Gesetz zu den pflegesatzfähigen Kosten gehören und nicht nach anderen Vorschriften aufzubringen sind (Ausbildungskosten); der von dem jeweiligen Land finanzierte Teil der Ausbildungskosten ist in Abzug zu bringen. Abweichend von Satz 1 sind bei einer Anrechnung nach den Sätzen 3 und 4 nur die Mehrkosten der Ausbildungsvergütungen zu finanzieren. Bei der Ermittlung der Mehrkosten der Ausbildungsvergütung sind Personen, die in der Krankenpflege oder Kinderkrankenpflege ausgebildet werden, im Verhältnis 7 zu 1 auf die Stelle einer in diesen Berufen voll ausgebildeten Person anzurechnen; ab dem 1. Januar 2005 gilt das Verhältnis von 9,5 zu 1. Personen, die in der Krankenpflegehilfe ausgebildet werden, sind im Verhältnis 6 zu 1 auf die Stelle einer voll ausgebildeten Person nach Satz 2 anzurechnen.

(2) Mit dem Ziel, eine sachgerechte Finanzierung sicherzustellen, schließen

1. die Vertragsparteien nach § 17b Abs. 2 Satz 1 auf Bundesebene eine Rahmenvereinbarung insbesondere über die zu finanzierenden Tatbestände, die zusätzlichen Kosten auf Grund der Umsetzung des Gesetzes über die Berufe in der Krankenpflege und zur Änderung anderer Gesetze und über ein Kalkulationsschema für die Verhandlung des Ausbildungsbudgets nach Absatz 3;
2. die in § 18 Abs. 1 Satz 2 genannten Beteiligten auf Landesebene ergänzende Vereinbarungen insbesondere zur Berücksichtigung der landesrechtlichen Vorgaben für die Ausbildung und zum Abzug des vom Land finanzierten Teils der Ausbildungskosten, bei einer fehlenden Vereinbarung nach Nummer 1 auch zu den dort möglichen Vereinbarungsinhalten.

Die Vereinbarungen nach Satz 1 sind bei der Vereinbarung des Ausbildungsbudgets nach Absatz 3 zu beachten. Kommt eine Vereinbarung nach Satz 1 nicht zu Stande, entscheidet auf Antrag einer Vertragspartei bei Satz 1 Nr. 1 die Schiedsstelle nach § 18a Abs. 6 und bei Satz 1 Nr. 2 die Schiedsstelle nach § 18a Abs. 1.

(3) Bei ausbildenden Krankenhäusern vereinbaren die Vertragsparteien nach § 18 Abs. 2 für einen zukünftigen Zeitraum (Vereinbarungszeitraum) ein krankenhausindividuelles Ausbildungsbudget, mit dem die Ausbildungskosten finanziert werden; § 11 Abs. 2 des Krankenhausentgeltgesetzes gilt entsprechend. Sie stellen dabei Art und Anzahl der voraussichtlich belegten Ausbildungsplätze fest. Das Budget soll die Kosten der Ausbildungsstätten bei wirtschaftlicher Betriebsgröße und Betriebsführung decken. Die für den Vereinbarungszeitraum zu erwartenden Kostenentwicklungen einschließlich der zusätzlichen Kosten auf Grund der Umsetzung des Gesetzes über die Berufe in der Krankenpflege und zur Änderung anderer Gesetze sind zu berücksichtigen. Ab dem Jahr 2010 sind bei der Vereinbarung des Ausbildungsbudgets auch die Richtwerte nach Absatz 4b zu berücksichtigen. Soweit Richtwerte nicht vereinbart oder nicht durch Rechtsverordnung vorgegeben sind, vereinbaren die Vertragsparteien nach § 18 Abs. 2 entsprechende Finanzierungsbeträge im Rahmen des Ausbildungsbudgets. Es ist eine Angleichung der krankenhausindividuellen Finanzierungsbeträge an die Richtwerte oder im Falle des Satzes 6 eine Angleichung der Finanzierungsbeträge im Land untereinander anzustreben; dabei sind krankenhausindividuelle Abweichungen des vom Land finanzierten Teils der Ausbildungskosten zu berücksichtigen. Soweit erforderlich schließen die Vertragsparteien Strukturverträge, die den Ausbau, die Schließung oder die Zusammenlegung von Ausbildungsstätten finanziell unterstützen und zu wirtschaftlichen Ausbildungsstrukturen führen; dabei ist Einvernehmen mit der zuständigen Landesbehörde anzustreben. Die Ausbildung in der Region darf nicht gefährdet werden. Soweit eine Ausbildungsstätte in der Region erforderlich ist, zum Beispiel weil die Entfernungen und Fahrzeiten zu anderen Ausbildungsstätten nicht zumutbar sind, können auch langfristig höhere Finanzierungsbeträge gezahlt werden; zur Prüfung der Voraussetzungen sind die Vorgaben zum Sicherstellungszuschlag nach § 17b Abs. 1 Satz 6 und 7 in Verbindung mit § 5 Abs. 2 des Krankenhausentgeltgesetzes entsprechend anzuwenden. Weicht am Ende des Vereinbarungszeitraums die Summe der Zahlungen aus dem Ausgleichsfonds nach Absatz 5 Satz 5 und den verbleibenden Abweichungen nach Absatz 6 Satz 5 oder die Summe der Zuschläge nach Absatz 9 Satz 1 von dem vereinbarten Ausbildungsbudget ab, werden die Mehr- oder Mindererlöse vollständig über das Ausbildungsbudget des nächstmöglichen Vereinbarungszeitraums ausgeglichen. Steht bei der Verhandlung der Ausgleichsbetrag noch nicht fest, sind Teilbeträge als Abschlagszahlungen auf den Ausgleich zu berücksichtigen.

(4) Das Ausbildungsbudget für das Jahr 2005 wird bei ausbildenden Krankenhäusern auf der Grundlage der Ausbildungskosten für das Jahr 2004 ermittelt. Zusätzlich werden die für das Jahr 2005 zu erwartenden Veränderungen, insbesondere bei Zahl und Art der Ausbildungsplätze und Ausbildungsverträge sowie Kostenentwicklungen, berücksichtigt. Die bisher im Krankenhausbudget enthaltenen Ausbildungskosten werden zum 1. Januar 2005 aus dem Krankenhausbudget ausgegliedert (§ 4 Abs. 2 Nr. 1 Buchstabe g des Krankenhausentgeltgesetzes); dabei ist die Höhe der Kosten nach Satz 1 für das Jahr 2004 zu Grunde zu legen. Eine Fehlschätzung der nach Satz 1 auszugliedernden Kosten ist bei der Budgetvereinbarung für das Jahr 2006 als Berichtigung des Erlösbudgets 2005 und mit entsprechender Ausgleichszahlung für das Jahr 2005 zu berücksichtigen.

(4a) Der Krankenhausträger hat den anderen Vertragsparteien rechtzeitig vor den Verhandlungen Nachweise und Begründungen insbesondere über Art und Anzahl der voraussichtlich belegten Ausbildungsplätze, die Ausbildungskosten, für die Höhe der nach Absatz 4 durchzuführenden Ausgliederung des Ausbildungsbudgets aus dem Krankenhausbudget und für die Vereinbarung von Zuschlägen nach Absatz 6 vorzulegen sowie im Rahmen der Verhandlungen zusätzliche Auskünfte zu erteilen.

(4b) Als Zielwert für die Angleichung der krankenhausindividuellen Finanzierungsbeträge nach Absatz 3 Satz 6 ermitteln die Vertragsparteien nach § 17b Abs. 2 Satz 1 jährlich für die einzelnen Berufe nach § 2 Nr. 1a die durchschnittlichen Kosten je Ausbildungsplatz in den Ausbildungsstätten und die sonstigen Ausbildungskosten und vereinbaren für das folgende Kalenderjahr entsprechende Richtwerte unter Berücksichtigung zu erwartender Kostenentwicklungen; die Beträge können nach Regionen differenziert festgelegt werden. Zur Umsetzung der Vorgaben nach Satz 1 entwickeln die Vertragsparteien insbesondere unter Nutzung der Daten nach § 21 Abs. 2 Nr. 1 Buchstabe c des Krankenhausentgeltgesetzes und von Daten aus einer Auswahl von Krankenhäusern und Ausbildungsstätten, die an einer gesonderten Kalkulation teilnehmen, jährlich schrittweise das Verfahren zur Erhebung der erforderlichen Daten und zur Kalkulation und Vereinbarung von Richtwerten. Kommt eine Vereinbarung nach Satz 1 nicht zustande, kann das Bundesministerium für Gesundheit das Verfahren oder die Richtwerte durch eine Rechtsverordnung nach § 17b Abs. 7 vorgeben. Für die Veröffentlichung der Ergebnisse gilt § 17b Absatz 2 Satz 8 entsprechend.

(5) Mit dem Ziel, eine Benachteiligung ausbildender Krankenhäuser im Wettbewerb mit nicht ausbildenden Krankenhäusern zu vermeiden, vereinbaren die in § 18 Abs. 1 Satz 2 genannten Beteiligten auf Landesebene

1. erstmals für das Jahr 2006 einen Ausgleichsfonds in Höhe der von den Krankenhäusern im Land angemeldeten Beträge (Sätze 3 und 4),
2. die Höhe eines Ausbildungszuschlags je voll- und teilstationärem Fall, mit dem der Ausgleichsfonds finanziert wird,
3. die erforderlichen Verfahrensregelungen im Zusammenhang mit dem Ausgleichsfonds und den in Rechnung zu stellenden Zuschlägen, insbesondere Vorgaben zur Verzinsung ausstehender Zahlungen der Krankenhäuser mit einem Zinssatz von 8 vom Hundert über dem Basiszins nach § 247 Abs. 1 des Bürgerlichen Gesetzbuchs.

Der Ausgleichsfonds wird von der Landeskrankenhausgesellschaft errichtet und verwaltet; sie hat über die Verwendung der Mittel Rechenschaft zu legen. Zur Ermittlung der Höhe des Ausgleichsfonds melden die ausbildenden Krankenhäuser die jeweils nach Absatz 3 oder 4 für das Vorjahr vereinbarte Höhe des Ausbildungsbudgets sowie Art und Anzahl der Ausbildungsplätze und die Höhe des zusätzlich zu finanzierenden Mehraufwands für Ausbildungsvergütungen; im Falle einer für den Vereinbarungszeitraum absehbaren wesentlichen Veränderung der Zahl der Ausbildungsplätze oder der Zahl der Auszubildenden kann ein entsprechend abweichender Betrag gemeldet werden. Soweit Meldungen von Krankenhäusern fehlen, sind entsprechende Beträge zu schätzen. Die Landeskrankenhausgesellschaft zahlt aus dem Ausgleichsfonds den nach Satz 3 gemeldeten oder nach Satz 4 geschätzten Betrag in monatlichen Raten jeweils an das ausbildende Krankenhaus.

(6) Der Ausbildungszuschlag nach Absatz 5 Satz 1 Nr. 2 wird von allen nicht ausbildenden Krankenhäusern den Patienten oder Patientinnen oder deren Sozialleistungsträger in Rechnung gestellt. Bei ausbildenden Krankenhäusern wird der in Rechnung zu stellende Zuschlag verändert, soweit der an den Ausgleichsfonds gemeldete und von diesem gezahlte Betrag von der Höhe des nach Absatz 3 oder 4 vereinbarten Ausbildungsbudgets abweicht. Die sich aus dieser Abweichung ergebende Veränderung des Ausbildungszuschlags und damit die entsprechende Höhe des krankenhausindividuellen, in Rechnung zu stellenden Ausbildungszuschlags wird von den Vertragsparteien nach § 18 Abs. 2 vereinbart. Alle Krankenhäuser haben die von ihnen in Rechnung gestellten Ausbildungszuschläge in der nach Absatz 5 Satz 1 Nr. 2 festgelegten Höhe an den Ausgleichsfonds abzuführen; sie haben dabei die Verfahrensregelungen nach Absatz 5 Satz 1 Nr. 3 einzuhalten. Eine Erlösabweichung zwischen dem in Rechnung gestellten krankenhausindividuellen Zuschlag nach Satz 3 und dem abzuführenden Zuschlag verbleibt dem ausbildenden Krankenhaus.

(7) Das Ausbildungsbudget ist zweckgebunden für die Ausbildung zu verwenden. Der Krankenhausträger hat für die Budgetverhandlungen nach Absatz 3 eine vom Jahresabschlussprüfer bestätigte Aufstellung für das abgelaufene Jahr über die Einnahmen aus dem Ausgleichsfonds und den in Rechnung gestellten Zuschlägen, über Erlösabweichungen zum vereinbarten Ausbildungsbudget und über die zweckgebundene Verwendung der Mittel vorzulegen.

(8) Kommt eine Vereinbarung nach den Absätzen 3 und 4 oder eine Vereinbarung nach Absatz 5 zur Höhe des Ausgleichsfonds, den Ausbildungszuschlägen und den Verfahrensregelungen nicht zu Stande, entscheidet auf Antrag einer Vertragspartei die Schiedsstelle nach § 18a Abs. 1 innerhalb von sechs Wochen. Die Genehmigung der Vereinbarung oder die Festsetzung der Schiedsstelle ist von einer der Vertragsparteien bei der zuständigen Landesbehörde zu beantragen. Gegen die Genehmigung ist der Verwaltungsrechtsweg gegeben. Ein Vorverfahren findet nicht statt; die Klage hat keine aufschiebende Wirkung.

(9) Kommt die Bildung eines Ausgleichsfonds nach Absatz 5 nicht zu Stande, werden die Ausbildungsbudgets nach Absatz 3 oder 4 durch einen krankenhausindividuellen Zuschlag je voll- und teilstationärem Fall finanziert, der den Patienten oder Patientinnen oder deren Sozialleistungsträger in Rechnung gestellt wird. Ist zu Beginn des Kalenderjahres dieser Zuschlag krankenhausindividuell noch nicht vereinbart, wird der für das Vorjahr vereinbarte Zuschlag nach Satz 1 oder der für das Vorjahr geltende Zuschlag nach Absatz 6 Satz 2 und 3 weiterhin in Rechnung gestellt; § 15 Abs. 1 und 2 Satz 1 des Krankenhausentgeltgesetzes ist entsprechend anzuwenden. Um Wettbewerbsverzerrungen infolge dieser Ausbildungszuschläge zu vermeiden, werden für diesen Fall die Landesregierungen ermächtigt, durch Rechtsverordnung einen finanziellen Ausgleich zwischen ausbildenden und nicht ausbildenden Krankenhäusern und Vorgaben zur Abrechnung der entsprechenden Zuschläge für die Jahre vorzugeben, für die ein Ausgleichsfonds nicht zu Stande gekommen ist. Die Landesregierungen in Ländern, in denen eine entsprechende Rechtsverordnung nach Absatz 10 in der bis zum 31. Dezember 2004 geltenden Fassung bereits für das Jahr 2004 besteht, werden ermächtigt, diese auch für das Jahr 2005 zu erlassen.

(10) Kosten der Unterbringung von Auszubildenden sind nicht pflegesatzfähig, soweit die Vertragsparteien nach § 18 Abs. 2 nichts anderes vereinbaren. Wird eine Vereinbarung getroffen, ist bei ausbildenden Krankenhäusern der Zuschlag nach Absatz 6 Satz 3 entsprechend zu erhöhen. Der Erhöhungsbetrag verbleibt dem Krankenhaus.

(11) Für ausbildende Krankenhäuser, die der Bundespflegesatzverordnung unterliegen, gilt § 21 des Krankenhausentgeltgesetzes mit der Maßgabe, dass die Daten nach Absatz 2 Nr. 1 Buchstabe a und c zu übermitteln sind.

§ 17b Einführung eines pauschalierenden Entgeltsystems für DRG-Krankenhäuser

(1) Für die Vergütung der allgemeinen Krankenhausleistungen ist für ein durchgängiges, leistungsorientiertes und pauschalierendes Vergütungssystem einzuführen; dies gilt nicht für die Leistungen der in § 1 Abs. 2 der Psychiatrie-Personalverordnung genannten Einrichtungen und der Einrichtungen für Psychosomatische Medizin und Psychotherapie, soweit in der Verordnung nach § 16 Satz 1 Nr. 1 nichts Abweichendes bestimmt wird. Das Vergütungssystem hat Komplexitäten und Comorbiditäten abzubilden; sein Differenzierungsgrad soll praktikabel sein. Mit den Entgelten nach Satz 1 werden die allgemeinen vollstationären und teilstationären Krankenhausleistungen für einen Behandlungsfall vergütet. Soweit allgemeine Krankenhausleistungen nicht in die Entgelte nach Satz 1 einbezogen werden können, weil der Finanzierungstatbestand nicht in allen Krankenhäusern vorliegt, sind ein Ausbildungszuschlag nach § 17a Absatz 6 sowie bundeseinheitlich Regelungen für Zu- oder Abschläge zu vereinbaren, insbesondere für die Notfallversorgung, die besonderen Aufgaben von Zentren und Schwerpunkten nach § 2 Abs. 2 Satz 2 Nr. 4 des Krankenhausentgeltgesetzes und für die Aufnahme von Begleitpersonen nach § 2 Abs. 2 Satz 2 Nr. 3 des Krankenhausentgeltgesetzes und § 2 Abs. 2 Satz 2 Nr. 3 der Bundespflegesatzverordnung; für die Kalkulation und Vereinbarung von Zuschlägen für Zentren und Schwerpunkte, die nach Regionen differenziert werden können, sind die besonderen Leistungen zu benennen und zu bewerten und den Vertragsparteien im Voraus zu übermitteln. Für die Beteiligung der Krankenhäuser an Maßnahmen zur Qualitätssicherung auf der Grundlage des § 137 des Fünften Buches Sozialgesetzbuch und die Beteiligung ganzer Krankenhäuser oder wesentlicher Teile der Einrichtungen an einrichtungsübergreifenden Fehlermeldesystemen, sofern diese den Festlegungen des Gemeinsamen Bundesausschusses nach § 137 Absatz 1d Satz 3 des Fünften Buches Sozialgesetzbuch entsprechen, sind Zuschläge zu vereinbaren; diese können auch in die Fallpauschalen eingerechnet werden. Zur Sicherstellung einer für die Versorgung der Bevölkerung notwendigen Vorhaltung von Leistungen, die auf Grund des geringen Versorgungsbedarfs mit den Entgelten nach Satz 1 nicht kostendeckend finanzierbar ist, sind bundeseinheitliche Empfehlungen für Maßstäbe zu vereinbaren, unter welchen Voraussetzungen der Tatbestand einer notwendigen Vorhaltung vorliegt sowie in welchem Umfang grundsätzlich zusätzliche Zahlungen zu leisten sind. Die Landesregierungen werden ermächtigt, durch Rechtsverordnung ergänzende oder abweichende Vorgaben zu den Vorausset-

zungen nach Satz 6 zu erlassen, insbesondere um die Vorhaltung der für die Versorgung notwendigen Leistungseinheiten zu gewährleisten; dabei sind die Interessen anderer Krankenhäuser zu berücksichtigen; die Landesregierungen können diese Ermächtigung durch Rechtsverordnung auf oberste Landesbehörden übertragen. Soweit das Land keine Vorgaben erlässt, sind die Empfehlungen nach Satz 6 verbindlich anzuwenden. Die Vertragsparteien nach § 18 Abs. 2 prüfen, ob die Voraussetzungen für einen Sicherstellungszuschlag im Einzelfall vorliegen und vereinbaren die Höhe der abzurechnenden Zuschläge. Die Fallgruppen und ihre Bewertungsrelationen sind bundeseinheitlich festzulegen. Die Bewertungsrelationen sind als Relativgewichte auf eine Bezugsleistung zu definieren; sie können für Leistungen, bei denen in erhöhtem Maße wirtschaftlich begründete Fallzahlsteigerungen eingetreten oder zu erwarten sind, gezielt abgesenkt oder in Abhängigkeit von der Fallzahl bei diesen Leistungen gestaffelt vorgegeben werden. Soweit dies zur Ergänzung der Fallpauschale in eng begrenzten Ausnahmefällen erforderlich ist, können die Vertragsparteien nach Absatz 2 Satz 1 Zusatzentgelte für Leistungen, Leistungskomplexe oder Arzneimittel vereinbaren, insbesondere für die Behandlung von Blutern mit Blutgerinnungsfaktoren oder für eine Dialyse, wenn die Behandlung des Nierenversagens nicht die Hauptleistung ist. Sie vereinbaren auch die Höhe der Entgelte; diese kann nach Regionen differenziert festgelegt werden. Nach Maßgabe des Krankenhausentgeltgesetzes können Entgelte für Leistungen, die nicht durch die Entgeltkataloge erfasst sind, durch die Vertragsparteien nach § 18 Abs. 2 vereinbart werden. Besondere Einrichtungen, deren Leistungen insbesondere aus medizinischen Gründen, wegen einer Häufung von schwerkranken Patienten oder aus Gründen der Versorgungsstruktur mit den Entgeltkatalogen noch nicht sachgerecht vergütet werden, können zeitlich befristet aus dem Vergütungssystem ausgenommen werden. Entstehen bei Patienten mit außerordentlichen Untersuchungs- und Behandlungsabläufen extrem hohe Kostenunterdeckungen, die mit dem pauschalierten Vergütungssystem nicht sachgerecht finanziert werden (Kostenausreißer), sind entsprechende Fälle zur Entwicklung geeigneter Vergütungsformen vertieft zu prüfen. Bis zum 30. Juni 2009 ist zu prüfen, ob zur sachgerechten Finanzierung der mit der ärztlichen Weiterbildung verbundenen Mehrkosten bei der Leistungserbringung Zu- oder Abschläge für bestimmte Leistungen oder Leistungsbereiche erforderlich sind; erforderliche Zu- oder Abschläge sollen möglichst in Abhängigkeit von Qualitätsindikatoren für die Weiterbildung abgerechnet werden.

(2) Der Spitzenverband Bund der Krankenkassen und der Verband der privaten Krankenversicherung gemeinsam vereinbaren entsprechend den Vorgaben der Absätze 1 und 3 mit der Deutschen Krankenhausgesellschaft ein Vergütungssystem, das sich an einem international bereits eingesetzten Vergütungssystem auf der Grundlage der Diagnosis Related Groups (DRG) orientiert, seine jährliche Weiterentwicklung und An-

passung, insbesondere an medizinische Entwicklungen, Kostenentwicklungen, Verweildauerverkürzungen und Leistungsverlagerungen zu und von anderen Versorgungsbereichen, und die Abrechnungsbestimmungen, soweit diese nicht im Krankenhausentgeltgesetz vorgegeben werden. Sie orientieren sich dabei unter Wahrung der Qualität der Leistungserbringung an wirtschaftlichen Versorgungsstrukturen und Verfahrensweisen. Die Prüfungsergebnisse nach § 137c des Fünften Buches Sozialgesetzbuch sind zu beachten. Der Bundesärztekammer ist Gelegenheit zur beratenden Teilnahme an den Sitzungen der Vertragsparteien nach Absatz 2 Satz 1 zu geben, soweit medizinische Fragen der Entgelte und der zu Grunde liegenden Leistungsabgrenzung betroffen sind; dies gilt entsprechend für einen Vertreter der Berufsorganisationen der Krankenpflegeberufe. Die betroffenen Fachgesellschaften und, soweit deren Belange berührt sind, die Spitzenorganisationen der pharmazeutischen Industrie und der Industrie für Medizinprodukte erhalten Gelegenheit zur Stellungnahme. Für die gemeinsame Beschlussfassung des Spitzenverbandes Bund der Krankenkassen und des Verbandes der privaten Krankenversicherung haben der Spitzenverband Bund der Krankenkassen zwei Stimmen und der Verband der privaten Krankenversicherung eine Stimme. Das Bundesministerium für Gesundheit kann an den Sitzungen der Vertragsparteien teilnehmen und erhält deren fachliche Unterlagen. Die Vertragsparteien veröffentlichen in geeigneter Weise die Ergebnisse der Kostenerhebungen und Kalkulationen; die der Kalkulation zugrunde liegenden Daten einzelner Krankenhäuser sind vertraulich.

(3) Die Vertragsparteien nach Absatz 2 Satz 1 vereinbaren bis zum 30. Juni 2000 die Grundstrukturen des Vergütungssystems und des Verfahrens zur Ermittlung der Bewertungsrelationen auf Bundesebene (Bewertungsverfahren), insbesondere der zu Grunde zu legenden Fallgruppen, sowie die Grundzüge ihres Verfahrens zur laufenden Pflege des Systems auf Bundesebene. Die Vertragsparteien vereinbaren bis zum 31. Dezember 2001 Bewertungsrelationen und die Bewertung der Zu- und Abschläge nach Absatz 1 Satz 4. Die Bewertungsrelationen können auf der Grundlage der Fallkosten einer sachgerechten Auswahl von Krankenhäusern kalkuliert, aus international bereits eingesetzten Bewertungsrelationen übernommen oder auf deren Grundlage weiterentwickelt werden. Nach Maßgabe der Absätze 4 und 6 ersetzt das neue Vergütungssystem die bisher abgerechneten Entgelte nach § 17 Abs. 2a. Erstmals für das Jahr 2005 wird nach § 18 Abs. 3 Satz 3 ein Basisfallwert vereinbart.

(4) Das Vergütungssystem wird für das Jahr 2003 budgetneutral umgesetzt. Die Vertragsparteien nach Absatz 2 vereinbaren für die Anwendung im Jahr 2003 einen vorläufigen Fallpauschalenkatalog auf der Grundlage des von ihnen ausgewählten australischen Katalogs. Auf Verlangen des Krankenhauses wird das Vergütungssystem zum 1. Januar 2003 mit diesem vorläufigen Fallpauschalenkatalog eingeführt.

(5) Zur Finanzierung der ihnen übertragenen Aufgaben nach den Absätzen 1 und 3 sowie § 10 Abs. 2 und § 17d vereinbaren die Vertragsparteien nach Absatz 2 Satz 1

1. einen Zuschlag für jeden abzurechnenden Krankenhausfall, mit dem die Entwicklung, Einführung und laufende Pflege des zum 1. Januar 2003 einzuführenden Vergütungssystems finanziert werden (DRG-Systemzuschlag). Der Zuschlag dient der Finanzierung insbesondere der Entwicklung der DRG-Klassifikation und der Kodierregeln, der Ermittlung der Bewertungsrelationen, der Bewertung der Zu- und Abschläge, der Ermittlung der Richtwerte nach § 17a Abs. 4b, von pauschalierten Zahlungen für die Teilnahme von Krankenhäusern oder Ausbildungsstätten an der Kalkulation und der Vergabe von Aufträgen, auch soweit die Vertragsparteien die Aufgaben durch ein eigenes DRG-Institut wahrnehmen lassen oder das Bundesministerium für Gesundheit nach Absatz 7 anstelle der Vertragsparteien entscheidet,
2. Maßnahmen, die sicherstellen, dass die durch den Systemzuschlag erhobenen Finanzierungsbeträge ausschließlich zur Umsetzung der in diesem Absatz genannten Aufgaben verwendet werden,
3. das Nähere zur Weiterleitung der entsprechenden Einnahmen der Krankenhäuser an die Vertragsparteien,
4. kommt eine Vereinbarung nicht zustande, entscheidet auf Antrag einer Vertragspartei die Schiedsstelle nach § 18a Abs. 6.

Die Vertragsparteien vereinbaren pauschalierte Zahlungen für die Teilnahme von Krankenhäusern oder Ausbildungsstätten an der Kalkulation, die einen wesentlichen Teil der zusätzlich entstehenden Kosten umfassen sollen; sie sollen als fester Grundbetrag je Krankenhaus und ergänzend als Finanzierung in Abhängigkeit von Anzahl und Qualität der übermittelten Datensätze gezahlt werden. Über die Teilnahme des einzelnen Krankenhauses entscheiden prospektiv die Vertragsparteien nach Absatz 2 Satz 1 auf Grund der Qualität des Rechnungswesens oder der Notwendigkeit der zu erhebenden Daten; ein Anspruch auf Teilnahme besteht nicht. Für die Vereinbarungen gilt Absatz 2 Satz 6 entsprechend. Ein Einsatz der Finanzmittel zur Deckung allgemeiner Haushalte der Vertragsparteien oder zur Finanzierung herkömmlicher Verbandsaufgaben im Zusammenhang mit dem Vergütungssystem ist unzulässig. Die vom Bundesministerium für Gesundheit zur Vorbereitung einer Rechtsverordnung nach Absatz 7 veranlassten Kosten für die Entwicklung, Einführung und laufende Pflege des Vergütungssystems sind von den Selbstverwaltungspartnern unverzüglich aus den Finanzmitteln nach Satz 1 zu begleichen; die Entscheidungen verantwortet das Bundesministerium. Der DRG-Systemzuschlag ist von den Krankenhäusern je voll- und teilstationärem Krankenhausfall dem selbstzahlenden Patienten oder dem jeweiligen Kostenträger zusätzlich zu den tagesgleichen Pflegesätzen oder einer Fallpauschale in Rechnung zu stellen; er ist an die Vertragsparteien oder eine von ihnen benannte Stelle abzuführen. Der Zuschlag unterliegt nicht der Begrenzung der Pflegesätze durch § 10 Absatz 4 des Krankenhausentgeltgesetzes oder § 10 Absatz 3 der Bundespflegesatzverordnung; er geht nicht in den Gesamtbetrag und die Erlösausgleiche nach dem Krankenhausentgeltgesetz oder der Bundespflegesatzverordnung ein.

(6) Das Vergütungssystem wird für alle Krankenhäuser mit einer ersten Fassung eines deutschen Fallpauschalenkatalogs verbindlich zum 1. Januar 2004 eingeführt. Das Vergütungssystem wird für das Jahr 2004 budgetneutral umgesetzt. Ab dem Jahr 2005 wird das Erlösbudget des Krankenhauses nach den näheren Bestimmungen des Krankenhausentgeltgesetzes schrittweise an den Basisfallwert nach Absatz 3 Satz 5 angeglichen.

(7) Das Bundesministerium für Gesundheit wird ermächtigt, durch Rechtsverordnung ohne Zustimmung des Bundesrates

1. Vorschriften über das Vergütungssystem zu erlassen, soweit eine Einigung der Vertragsparteien nach Absatz 2 ganz oder teilweise nicht zustande gekommen ist und eine der Vertragsparteien insoweit das Scheitern der Verhandlungen erklärt hat; die Vertragsparteien haben zu den strittigen Punkten ihre Auffassungen und die Auffassungen sonstiger Betroffener darzulegen und Lösungsvorschläge zu unterbreiten,
2. abweichend von Nummer 1 auch ohne Erklärung des Scheiterns durch eine Vertragspartei nach Ablauf vorher vorgegebener Fristen für Arbeitsschritte zu entscheiden, soweit dies erforderlich ist, um die Einführung des Vergütungssystems und seine jährliche Weiterentwicklung fristgerecht sicherzustellen,
3. Leistungen oder besondere Einrichtungen nach Absatz 1 Satz 14 und 15 zu bestimmen, die mit dem DRG-Vergütungssystem noch nicht sachgerecht vergütet werden können; für diese Bereiche können die anzuwendende Art der Vergütung festgelegt sowie Vorschriften zur Ermittlung der Entgelthöhe und zu den vorzulegenden Verhandlungsunterlagen erlassen werden,
4. unter den Voraussetzungen nach den Nummern 1 und 2 Richtwerte nach § 17a Abs. 4b zur Finanzierung der Ausbildungskosten vorzugeben.

Von Vereinbarungen der Vertragsparteien nach Absatz 2 kann abgewichen werden, soweit dies für Regelungen nach Satz 1 erforderlich ist. Das DRG-Institut der Selbstverwaltungspartner ist verpflichtet, dem Bundesministerium zur Vorbereitung von Regelungen nach Satz 1 unmittelbar und unverzüglich nach dessen Weisungen zuzuarbeiten. Das Bundesministerium kann sich von unabhängigen Sachverständigen beraten lassen. Das DRG-Institut ist auch im Falle einer Vereinbarung durch die Vertragsparteien nach Absatz 2 verpflichtet, auf Anforderung des Bundesministeriums Auskunft insbesondere über den Entwicklungsstand des Vergütungssystems, die Entgelte und deren Veränderungen sowie über Problembereiche und mögliche Alternativen zu erteilen.

(7a) Das Bundesministerium für Gesundheit wird ermächtigt, durch Rechtsverordnung mit Zustimmung des Bundesrates Vorschriften über die Unterlagen, die von den Krankenhäusern für die Budgetverhandlungen vorzulegen sind, zu erlassen.

(8) Die Vertragsparteien nach Absatz 2 führen eine Begleitforschung zu den Auswirkungen des neuen Vergütungssystems, insbesondere zur Veränderung der Versorgungsstrukturen und zur Qualität der Versorgung, durch; dabei sind auch die Auswirkungen auf die anderen Versorgungsbereiche sowie die Art und der Umfang von Leistungsverlagerungen zu untersuchen. Sie schreiben dazu Forschungsaufträge aus und beauftragen das DRG-Institut, insbesondere die Daten nach § 21 des Krankenhausentgeltgesetzes auszuwerten. Die Kosten dieser Begleitforschung werden mit dem DRG-Systemzuschlag nach Absatz 5 finanziert. Die Begleitforschung ist mit dem Bundesministerium für Gesundheit abzustimmen. Erste Ergebnisse sind im Jahr 2005 zu veröffentlichen.

(9) Die Vertragsparteien nach Absatz 2 vergeben im Jahr 2012 einen gemeinsamen Forschungsauftrag mit dem Ziel, insbesondere die Leistungsentwicklung und bestehende Einflussgrößen zu untersuchen sowie gemeinsame Lösungsvorschläge zu erarbeiten und deren Auswirkungen auf die Qualität der Versorgung und die finanziellen Auswirkungen zu bewerten. Dabei sind insbesondere Alternativen zu der Berücksichtigung zusätzlicher Leistungen beim Landesbasisfallwert zu prüfen. Möglichkeiten der Stärkung qualitätsorientierter Komponenten in der Leistungssteuerung sind zu entwickeln. Zudem beauftragen sie mit dem in Satz 1 genannten Ziel das DRG-Institut, insbesondere die Daten nach § 21 des Krankenhausentgeltgesetzes auszuwerten. Die Kosten für die Aufgaben nach den Sätzen 1 bis 3 werden mit dem DRG-Systemzuschlag nach Absatz 5 finanziert. Die Ergebnisse sind bis zum 30. Juni 2013 zu veröffentlichen.

(10) Über die nach Absatz 1 Satz 16 vorzunehmende vertiefte Prüfung von Kostenausreißern hinausgehend beauftragen die Vertragsparteien nach Absatz 2 bis zum 31. Dezember 2013 das DRG-Institut mit der Festlegung von Kriterien zur Ermittlung von Kostenausreißern und einer auf dieser Grundlage erfolgenden systematischen Prüfung,

in welchem Umfang Krankenhäuser mit Kostenausreißern belastet sind. Das DRG-Institut entwickelt ein Regelwerk für Fallprüfungen bei Krankenhäusern, die an der DRG-Kalkulation teilnehmen. Zur sachgerechten Beurteilung der Kostenausreißer hat das DRG-Institut von den an der Kalkulation teilnehmenden Krankenhäusern über den Kalkulationsdatensatz hinausgehende detaillierte fallbezogene Kosten- und Leistungsdaten zu erheben. Das DRG-Institut veröffentlicht die Prüfergebnisse jährlich im Rahmen eines Extremkostenberichts, erstmals bis zum 31. Dezember 2014. In dem Bericht sind auch die Gründe von Kostenausreißerfällen und Belastungsunterschieden zwischen Krankenhäusern darzulegen. Auf der Grundlage des Berichts sind geeignete Regelungen für eine sachgerechte Vergütung von Kostenausreißern im Rahmen des Entgeltsystems zu entwickeln und durch die Vertragsparteien nach Absatz 2 zu vereinbaren.

§ 17c Prüfung der Abrechnung von Pflegesätzen, Schlichtungsausschuss

(1) Der Krankenhausträger wirkt durch geeignete Maßnahmen darauf hin, dass

1. keine Patienten in das Krankenhaus aufgenommen werden, die nicht der stationären Krankenhausbehandlung bedürfen, und bei Abrechnung von tagesbezogenen Pflegesätzen keine Patienten im Krankenhaus verbleiben, die nicht mehr der stationären Krankenhausbehandlung bedürfen (Fehlbelegung),
2. eine vorzeitige Verlegung oder Entlassung aus wirtschaftlichen Gründen unterbleibt,
3. die Abrechnung der nach § 17b vergüteten Krankenhausfälle ordnungsgemäß erfolgt.

Die Krankenkassen können durch Einschaltung des Medizinischen Dienstes (§ 275 Absatz 1 des Fünften Buches Sozialgesetzbuch) die Einhaltung der in Satz 1 genannten Verpflichtungen prüfen.

(2) Der Spitzenverband Bund der Krankenkassen und die Deutsche Krankenhausgesellschaft regeln das Nähere zum Prüfverfahren nach § 275 Absatz 1c des Fünften Buches Sozialgesetzbuch; in der Vereinbarung sind abweichende Regelungen zu § 275 Absatz 1c Satz 2 des Fünften Buches Sozialgesetzbuch möglich. Dabei haben sie insbesondere Regelungen über den Zeitpunkt der Übermittlung zahlungsbegründender Unterlagen an die Krankenkassen, über das Verfahren zwischen Krankenkassen und Krankenhäusern bei Zweifeln an der Rechtmäßigkeit der Abrechnung im Vorfeld einer Beauftragung des Medizinischen Dienstes der Krankenversicherung, über den Zeitpunkt der Beauftragung des Medizinischen Dienstes der Krankenversicherung, über

die Prüfungsdauer, über den Prüfungsort und über die Abwicklung von Rückforderungen zu treffen; die §§ 275 bis 283 des Fünften Buches Sozialgesetzbuch bleiben im Übrigen unberührt. Kommt eine Vereinbarung bis zum 31. März 2014 ganz oder teilweise nicht zu Stande, trifft auf Antrag einer Vertragspartei die Schiedsstelle nach § 18a Absatz 6 die ausstehenden Entscheidungen. Die Vereinbarung oder Festsetzung durch die Schiedsstelle ist für die Krankenkassen, den Medizinischen Dienst der Krankenversicherung und die zugelassenen Krankenhäuser unmittelbar verbindlich.

(3) Der Spitzenverband Bund der Krankenkassen und die Deutsche Krankenhausgesellschaft bilden einen Schlichtungsausschuss auf Bundesebene; das DRG-Institut und das Deutsche Institut für Medizinische Dokumentation und Information sind Mitglieder ohne Stimmrecht. Aufgabe des Schlichtungsausschusses ist die verbindliche Klärung von Kodier- und Abrechnungsfragen von grundsätzlicher Bedeutung. Der Schlichtungsausschuss kann auch von den Landesverbänden der Krankenkassen und den Ersatzkassen sowie den Landeskrankenhausgesellschaften angerufen werden; die Vertragsparteien nach Satz 1 können weitere Anrufungsrechte einräumen. Bei den Entscheidungen sind die Stellungnahmen des DRG-Instituts und des Deutschen Instituts für Medizinische Dokumentation und Information zu berücksichtigen. Die Entscheidungen des Schlichtungsausschusses sind zu veröffentlichen und für die Krankenkassen, den Medizinischen Dienst der Krankenversicherung und die zugelassenen Krankenhäuser unmittelbar verbindlich. Absatz 4 Satz 4 zweiter Halbsatz sowie § 18a Absatz 6 Satz 2 bis 4, 7 und 8 sind entsprechend anzuwenden. Kommen die für die Einrichtung des Schlichtungsausschusses erforderlichen Entscheidungen nicht bis zum 31. Dezember 2013 ganz oder teilweise zu Stande, trifft auf Antrag einer Vertragspartei die Schiedsstelle nach § 18a Absatz 6 die ausstehenden Entscheidungen. Soweit eine Einigung auf die unparteiischen Mitglieder nicht zu Stande kommt, werden diese durch das Bundesministerium für Gesundheit berufen.

(4) Die Ergebnisse der Prüfungen nach § 275 Absatz 1c des Fünften Buches Sozialgesetzbuch können durch Anrufung eines für die Landesverbände der Krankenkassen und die Ersatzkassen gemeinsamen und einheitlichen Schlichtungsausschusses überprüft werden. Aufgabe des Schlichtungsausschusses ist die Schlichtung zwischen den Vertragsparteien. Der Schlichtungsausschuss besteht aus einem unparteiischen Vorsitzenden sowie Vertretern der Krankenkassen und der zugelassenen Krankenhäuser in gleicher Zahl. Die Vertreter der Krankenkassen werden von den Landesverbänden der Krankenkassen und den Ersatzkassen und die Vertreter der zugelassenen Krankenhäuser von der Landeskrankenhausgesellschaft bestellt; bei der Auswahl der Vertreter sollen sowohl medizinischer Sachverstand als auch besondere Kenntnisse in Fragen der Abrechnung der DRG-Fallpauschalen berücksichtigt werden. Die Landesverbände der

Krankenkassen und die Ersatzkassen und die Landeskrankenhausgesellschaft sollen sich auf den unparteiischen Vorsitzenden einigen; § 18a Absatz 2 Satz 4 gilt entsprechend. Bei Stimmengleichheit gibt die Stimme des Vorsitzenden den Ausschlag. Der Schlichtungsausschuss prüft und entscheidet auf der Grundlage fallbezogener, nicht versichertenbezogener Daten. Die Landesverbände der Krankenkassen und die Ersatzkassen vereinbaren mit der Landeskrankenhausgesellschaft die näheren Einzelheiten zum Verfahren des Schlichtungsausschusses sowie Regelungen zur Finanzierung der wahrzunehmenden Aufgaben. Kommt keine Vereinbarung zustande, entscheidet die Schiedsstelle nach § 18a Absatz 1 auf Antrag einer Vertragspartei. Wenn bis zum 31. August 2014 kein Schlichtungsausschuss anrufbar ist, ist die Aufgabe des Schlichtungsausschusses bis zu seiner Bildung übergangsweise von der Schiedsstelle nach § 18a Absatz 1 wahrzunehmen. Für diese Zeit kann die Schiedsstelle nach § 18a Absatz 1 unter Berücksichtigung der Vorgaben von Satz 3 einen vorläufigen Schlichtungsausschuss einrichten.

(4a) Der Spitzenverband Bund der Krankenkassen und die Deutsche Krankenhausgesellschaft entwickeln und erproben modellhaft bis zum 31. Dezember 2014 die Durchführung von Auffälligkeitsprüfungen auf der Grundlage von Daten nach § 21 des Krankenhausentgeltgesetzes. Bei der Abrechnung von Entgelten für die Behandlung von Patientinnen oder Patienten, die nicht mehr der stationären Krankenhausbehandlung bedürfen (sekundäre Fehlbelegung), soll hierdurch ein auf statistischen Auffälligkeiten beruhendes Verfahren entwickelt und modellhaft erprobt werden. Bis zum 31. März 2014 sind die näheren Einzelheiten für die Durchführung und Auswertung der modellhaften Erprobung von den Vertragsparteien nach Satz 1 zu vereinbaren, insbesondere die Kriterien für die Überprüfung auf Auffälligkeiten und die Auswahl einer hinreichenden Anzahl teilnehmender Krankenhäuser. Die Ergebnisse der modellhaften Erprobung sind von den Vertragsparteien nach Satz 1 in einem gemeinsamen Bericht bis zum 31. März 2015 zu veröffentlichen. Kommt eine Vereinbarung nach Satz 3 ganz oder teilweise nicht fristgerecht zu Stande, trifft auf Antrag einer Vertragspartei oder des Bundesministeriums für Gesundheit die Schiedsstelle nach § 18a Absatz 6 die ausstehenden Entscheidungen.

(4b) Gegen die Entscheidungen der Schiedsstelle nach Absatz 2 Satz 3, Absatz 3 Satz 7 und Absatz 4a Satz 5 sowie des Schlichtungsausschusses auf Bundesebene nach Absatz 3 und der Schlichtungsausschüsse nach Absatz 4 ist der Sozialrechtsweg gegeben. Ein Vorverfahren findet nicht statt; die Klage hat keine aufschiebende Wirkung. Bei Klagen, mit denen nach Durchführung einer Abrechnungsprüfung nach § 275 Absatz 1c des Fünften Buches Sozialgesetzbuch eine streitig gebliebene Vergütung gefordert wird, ist vor der Klageerhebung das Schlichtungsverfahren nach Absatz 4 durchzuführen, wenn der Wert der Forderung 2 000 Euro nicht übersteigt.

(5) Das Krankenhaus hat selbstzahlenden Patienten, die für die Abrechnung der Fallpauschalen und Zusatzentgelte erforderlichen Diagnosen, Prozeduren und sonstigen Angaben mit der Rechnung zu übersenden. Sofern Versicherte der privaten Krankenversicherung von der Möglichkeit einer direkten Abrechnung zwischen dem Krankenhaus und dem privaten Krankenversicherungsunternehmen Gebrauch machen, sind die Daten entsprechend § 301 des Fünften Buches Sozialgesetzbuch im Wege des elektronischen Datenaustausches an das private Krankenversicherungsunternehmen zu übermitteln, wenn der Versicherte hierzu schriftlich seine Einwilligung, die jederzeit widerrufen werden kann, erklärt hat.

§ 17d Einführung eines pauschalierenden Entgeltsystems für psychiatrische und psychosomatische Einrichtungen

(1) Für die Vergütung der allgemeinen Krankenhausleistungen von Fachkrankenhäusern und selbständigen, gebietsärztlich geleiteten Abteilungen an somatischen Krankenhäusern für die Fachgebiete Psychiatrie und Psychotherapie, Kinder- und Jugendpsychiatrie und -psychotherapie (psychiatrische Einrichtungen) sowie Psychosomatische Medizin und Psychotherapie (psychosomatische Einrichtungen) ist ein durchgängiges, leistungsorientiertes und pauschalierendes Vergütungssystem auf der Grundlage von tagesbezogenen Entgelten einzuführen. Dabei ist zu prüfen, ob für bestimmte Leistungsbereiche andere Abrechnungseinheiten eingeführt werden können. Ebenso ist zu prüfen, inwieweit auch die im Krankenhaus ambulant zu erbringenden Leistungen der psychiatrischen Institutsambulanzen nach § 118 des Fünften Buches Sozialgesetzbuch einbezogen werden können. Das Vergütungssystem hat den unterschiedlichen Aufwand der Behandlung bestimmter, medizinisch unterscheidbarer Patientengruppen abzubilden; sein Differenzierungsgrad soll praktikabel sein. Die Bewertungsrelationen sind als Relativgewichte zu definieren. Die Definition der Entgelte und ihre Bewertungsrelationen sind bundeseinheitlich festzulegen.

(2) Mit den Entgelten nach Absatz 1 werden die voll- und teilstationären allgemeinen Krankenhausleistungen vergütet. Soweit dies zur Ergänzung der Entgelte in eng begrenzten Ausnahmefällen erforderlich ist, können die Vertragsparteien nach Absatz 3 Zusatzentgelte und deren Höhe vereinbaren. Entgelte für Leistungen, die auf Bundesebene nicht bewertet worden sind, werden durch die Vertragsparteien nach § 18 Abs. 2 vereinbart. Die Vorgaben des § 17b Abs. 1 Satz 4 und 5 für einen Ausbildungszuschlag nach § 17a Absatz 6 und Regelungen für Zu- und Abschläge sowie § 17b Abs.

1 Satz 15 und 16 zu besonderen Einrichtungen und zur Prüfung von außerordentlichen Untersuchungs- und Behandlungsabläufen mit extrem hohen Kostenunterdeckungen gelten entsprechend. Für die Finanzierung der Sicherstellung einer für die Versorgung der Bevölkerung notwendigen Vorhaltung von Leistungen gelten § 17b Abs. 1 Satz 6 bis 9 und § 5 Abs. 2 des Krankenhausentgeltgesetzes entsprechend. Im Rahmen von Satz 4 ist auch die Vereinbarung von Regelungen für Zu- oder Abschläge für die Teilnahme an der regionalen Versorgungsverpflichtung zu prüfen.

(3) Die Vertragsparteien nach § 17b Abs. 2 Satz 1 vereinbaren nach den Vorgaben der Absätze 1, 2 und 4 das Entgeltsystem, seine grundsätzlich jährliche Weiterentwicklung und Anpassung, insbesondere an medizinische Entwicklungen, Veränderungen der Versorgungsstrukturen und Kostenentwicklungen, und die Abrechnungsbestimmungen, soweit diese nicht gesetzlich vorgegeben werden. Es ist ein gemeinsames Entgeltsystem zu entwickeln; dabei ist von den Daten nach Absatz 9 und für Einrichtungen, die die Psychiatrie-Personalverordnung anwenden, zusätzlich von den Behandlungsbereichen nach der Psychiatrie-Personalverordnung auszugehen. Mit der Durchführung der Entwicklungsaufgaben beauftragen die Vertragsparteien das DRG-Institut. § 17b Abs. 2 Satz 2 bis 8 ist entsprechend anzuwenden. Zusätzlich ist der Bundespsychotherapeutenkammer Gelegenheit zur beratenden Teilnahme an den Sitzungen zu geben, soweit psychotherapeutische und psychosomatische Fragen betroffen sind.

(4) Die Vertragsparteien auf Bundesebene vereinbaren bis zum Jahresende 2009 die Grundstrukturen des Vergütungssystems sowie des Verfahrens zur Ermittlung der Bewertungsrelationen auf Bundesebene, insbesondere zur Kalkulation in einer sachgerechten Auswahl von Krankenhäusern. Sie vereinbaren bis zum 30. September 2012 die ersten Entgelte und deren Bewertungsrelationen. Nach Maßgabe der Sätze 4 bis 9 ersetzt das neue Vergütungssystem die bisher abgerechneten Entgelte nach § 17 Absatz 2. Das Vergütungssystem wird für die Einrichtung für die Jahre 2013 bis 2018 budgetneutral umgesetzt, erstmals für das Jahr 2013. Das Vergütungssystem wird zum 1. Januar 2013, 1. Januar 2014, 1. Januar 2015 oder 1. Januar 2016 jeweils auf Verlangen des Krankenhauses eingeführt. Das Krankenhaus hat sein Verlangen zum Zeitpunkt der Aufforderung zur Verhandlung durch die Sozialleistungsträger, frühestens jedoch zum 31. Dezember des jeweiligen Vorjahres, den anderen Vertragsparteien nach § 18 Absatz 2 Nummer 1 oder 2 schriftlich mitzuteilen. Verbindlich für alle Einrichtungen wird das Vergütungssystem zum 1. Januar 2017 eingeführt. Erstmals für das Jahr 2019 wird nach § 18 Absatz 3 Satz 3 ein landesweit geltender Basisentgeltwert vereinbart. Ab dem Jahr 2019 werden der krankenhausindividuelle Basisentgeltwert und das Erlösbudget der Einrichtungen nach den näheren Bestimmungen der Bundespflegesatzverordnung schrittweise an den Landesbasisentgeltwert und das sich

daraus ergebende Erlösvolumen angeglichen. Die Vertragsparteien auf Bundesebene legen dem Bundesministerium für Gesundheit bis zum 30. Juni 2018 einen gemeinsamen Bericht über Auswirkungen des neuen Entgeltsystems, erste Anwendungserfahrungen sowie über die Anzahl und erste Erkenntnisse zu Modellvorhaben nach § 64b des Fünften Buches Sozialgesetzbuch vor. In den Bericht sind die Stellungnahmen der Fachverbände der Psychiatrie und Psychosomatik einzubeziehen. Das Bundesministerium für Gesundheit legt den Bericht dem Deutschen Bundestag vor.

(5) Für die Finanzierung der den Vertragsparteien auf Bundesebene übertragenen Aufgaben gilt § 17b Abs. 5 entsprechend. Die erforderlichen Finanzierungsmittel sind mit dem DRG-Systemzuschlag zu erheben; dieser ist entsprechend zu erhöhen.

(6) Das Bundesministerium für Gesundheit wird ermächtigt, durch Rechtsverordnung ohne Zustimmung des Bundesrates

1. Vorschriften über das Vergütungssystem zu erlassen, soweit eine Einigung der Vertragsparteien nach Absatz 3 ganz oder teilweise nicht zustande gekommen ist und eine der Vertragsparteien insoweit das Scheitern der Verhandlungen erklärt hat; die Vertragsparteien haben zu den strittigen Punkten ihre Auffassungen und die Auffassungen sonstiger Betroffener darzulegen und Lösungsvorschläge zu unterbreiten;
2. abweichend von Nummer 1 auch ohne Erklärung des Scheiterns durch eine Vertragspartei nach Ablauf vorher vorgegebener Fristen für Arbeitsschritte zu entscheiden, soweit dies erforderlich ist, um die Einführung des Vergütungssystems und seine jährliche Weiterentwicklung fristgerecht sicherzustellen;
3. Leistungen nach Absatz 2 Satz 3 oder besondere Einrichtungen nach Absatz 2 Satz 4 zu bestimmen, die mit dem neuen Vergütungssystem noch nicht sachgerecht vergütet werden können; für diese Bereiche können die anzuwendende Art der Vergütung festgelegt sowie Vorschriften zur Ermittlung der Entgelthöhe und zu den vorzulegenden Verhandlungsunterlagen erlassen werden.

Das Bundesministerium kann von Vereinbarungen der Vertragsparteien nach Absatz 3 abweichen, soweit dies für Regelungen nach Satz 1 erforderlich ist. Es kann sich von unabhängigen Sachverständigen beraten lassen. Das DRG-Institut der Selbstverwaltungspartner ist verpflichtet, dem Bundesministerium zur Vorbereitung von Regelungen nach Satz 1 unmittelbar und unverzüglich nach dessen Weisungen zuzuarbeiten. Es ist auch im Falle einer Vereinbarung durch die Vertragsparteien nach Absatz 3 verpflichtet, auf Anforderung des Bundesministeriums Auskunft insbesondere über den

Entwicklungsstand des Vergütungssystems, die Entgelte und deren Veränderungen sowie über Problembereiche und mögliche Alternativen zu erteilen.

(7) Das Bundesministerium für Gesundheit wird ermächtigt, durch Rechtsverordnung mit Zustimmung des Bundesrates Vorschriften über die Unterlagen, die von den Krankenhäusern für die Budgetverhandlungen vorzulegen sind, zu erlassen.

(8) Die Vertragsparteien auf Bundesebene führen eine Begleitforschung zu den Auswirkungen des neuen Vergütungssystems, insbesondere zur Veränderung der Versorgungsstrukturen und zur Qualität der Versorgung, durch. Dabei sind auch die Auswirkungen auf die anderen Versorgungsbereiche sowie die Art und der Umfang von Leistungsverlagerungen zu untersuchen. § 17b Abs. 8 Satz 2 bis 4 gilt entsprechend. Erste Ergebnisse sind im Jahr 2016 zu veröffentlichen.

(9) Für Einrichtungen nach Absatz 1 Satz 1 gilt § 21 des Krankenhausentgeltgesetzes mit der Maßgabe, dass die Daten nach seinem Absatz 2 Nr. 1 Buchstabe a und Nr. 2 Buchstabe a bis h zu übermitteln sind. Zusätzlich ist von Einrichtungen, die die Psychiatrie-Personalverordnung anwenden, für jeden voll- und teilstationären Behandlungsfall die tagesbezogene Einstufung der Patientin oder des Patienten in die Behandlungsbereiche nach den Anlagen 1 und 2 der Psychiatrie-Personalverordnung zu übermitteln; für die zugrunde liegende Dokumentation reicht eine Einstufung zu Beginn der Behandlung und bei jedem Wechsel des Behandlungsbereichs aus.

§ 18 Pflegesatzverfahren

(1) Die nach Maßgabe dieses Gesetzes für das einzelne Krankenhaus zu verhandelnden Pflegesätze werden zwischen dem Krankenhausträger und den Sozialleistungsträgern nach Absatz 2 vereinbart. Die Landeskrankenhausgesellschaft, die Landesverbände der Krankenkassen, die Ersatzkassen und der Landesausschuß des Verbandes der privaten Krankenversicherung können sich am Pflegesatzverfahren beteiligen. Die Pflegesatzvereinbarung bedarf der Zustimmung der Landesverbände der Krankenkassen und des Landesausschusses des Verbandes der privaten Krankenversicherung. Die Zustimmung gilt als erteilt, wenn die Mehrheit der Beteiligten nach Satz 3 der Vereinbarung nicht innerhalb von zwei Wochen nach Vertragsschluß widerspricht.

(2) Parteien der Pflegesatzvereinbarung (Vertragsparteien) sind der Krankenhausträger und

1. Sozialleistungsträger, soweit auf sie allein, oder

2. Arbeitsgemeinschaften von Sozialleistungsträgern, soweit auf ihre Mitglieder insgesamt

im Jahr vor Beginn der Pflegesatzverhandlungen mehr als fünf vom Hundert der Belegungs- und Berechnungstage des Krankenhauses entfallen.

(3) Die Vereinbarung soll nur für zukünftige Zeiträume getroffen werden. Der Krankenhausträger hat nach Maßgabe des Krankenhausentgeltgesetzes und der Rechtsverordnung nach § 16 Satz 1 Nr. 6 die für die Vereinbarung der Budgets und Pflegesätze erforderlichen Unterlagen über Leistungen sowie die Kosten der nicht durch pauschalierte Pflegesätze erfassten Leistungen vorzulegen. Die in Absatz 1 Satz 2 genannten Beteiligten vereinbaren die Höhe der mit Bewertungsrelationen bewerteten Entgelte nach den §§ 17b und 17d mit Wirkung für die Vertragsparteien nach Absatz 2.

(4) Kommt eine Vereinbarung über die Pflegesätze oder die Höhe der Entgelte nach Absatz 3 Satz 3 innerhalb von sechs Wochen nicht zustande, nachdem eine Vertragspartei schriftlich zur Aufnahme der Pflegesatzverhandlungen aufgefordert hat, so setzt die Schiedsstelle nach § 18a Abs. 1 auf Antrag einer Vertragspartei die Pflegesätze unverzüglich fest. Die Schiedsstelle kann zur Ermittlung der vergleichbaren Krankenhäuser gemäß § 17 Abs. 5 auch gesondert angerufen werden.

(5) Die vereinbarten oder festgesetzten Pflegesätze werden von der zuständigen Landesbehörde genehmigt, wenn sie den Vorschriften dieses Gesetzes und sonstigem Recht entsprechen; die Genehmigung ist unverzüglich zu erteilen. Gegen die Genehmigung ist der Verwaltungsrechtsweg gegeben. Ein Vorverfahren findet nicht statt; die Klage hat keine aufschiebende Wirkung.

§ 18a Schiedsstelle

(1) Die Landeskrankenhausgesellschaften und die Landesverbände der Krankenkassen bilden für jedes Land oder jeweils für Teile des Landes eine Schiedsstelle. Ist für ein Land mehr als eine Schiedsstelle gebildet worden, bestimmen die Beteiligten nach Satz 1 die zuständige Schiedsstelle für mit landesweiter Geltung zu treffende Entscheidungen.

(2) Die Schiedsstellen bestehen aus einem neutralen Vorsitzenden sowie aus Vertretern der Krankenhäuser und Krankenkassen in gleicher Zahl. Der Schiedsstelle gehört auch ein von dem Landesausschuß des Verbandes der privaten Krankenversicherung bestellter Vertreter an, der auf die Zahl der Vertreter der Krankenkassen angerechnet

wird. Die Vertreter der Krankenhäuser und deren Stellvertreter werden von der Landeskrankenhausgesellschaft, die Vertreter der Krankenkassen und deren Stellvertreter von den Landesverbänden der Krankenkassen bestellt. Der Vorsitzende und sein Stellvertreter werden von den beteiligten Organisationen gemeinsam bestellt; kommt eine Einigung nicht zustande, werden sie von der zuständigen Landesbehörde bestellt.

(3) Die Mitglieder der Schiedsstellen führen ihr Amt als Ehrenamt. Sie sind in Ausübung ihres Amts an Weisungen nicht gebunden. Jedes Mitglied hat eine Stimme. Die Entscheidungen werden mit der Mehrheit der Mitglieder getroffen; ergibt sich keine Mehrheit, gibt die Stimme des Vorsitzenden den Ausschlag.

(4) Die Landesregierungen werden ermächtigt, durch Rechtsverordnung das Nähere über

1. die Zahl, die Bestellung, die Amtsdauer und die Amtsführung der Mitglieder der Schiedsstelle sowie die ihnen zu gewährende Erstattung der Barauslagen und Entschädigung für Zeitverlust,
2. die Führung der Geschäfte der Schiedsstelle,
3. die Verteilung der Kosten der Schiedsstelle,
4. das Verfahren und die Verfahrensgebühren

zu bestimmen; sie können diese Ermächtigung durch Rechtsverordnung auf oberste Landesbehörden übertragen.

(5) Die Rechtsaufsicht über die Schiedsstelle führt die zuständige Landesbehörde.

(6) Der Spitzenverband Bund der Krankenkassen und die Deutsche Krankenhausgesellschaft bilden eine Schiedsstelle; diese entscheidet in den ihr nach diesem Gesetz oder der Bundespflegesatzverordnung zugewiesenen Aufgaben. Die Schiedsstelle besteht aus Vertretern des Spitzenverbandes Bund der Krankenkassen und der Deutschen Krankenhausgesellschaft in gleicher Zahl sowie einem unparteiischen Vorsitzenden und zwei weiteren unparteiischen Mitgliedern. Der Schiedsstelle gehört ein vom Verband der privaten Krankenversicherung bestellter Vertreter an, der auf die Zahl der Vertreter der Krankenkassen angerechnet wird. Die unparteiischen Mitglieder werden von den beteiligten Organisationen gemeinsam bestellt. Die unparteiischen Mitglieder werden durch den Präsidenten des Bundessozialgerichts berufen, soweit eine Einigung nicht zustande kommt. Durch die Beteiligten zuvor abgelehnte Personen können nicht berufen werden. Absatz 3 gilt entsprechend. Der Spitzenverband Bund der Krankenkassen und die Deutsche Krankenhausgesellschaft vereinbaren das Nähere über die

Zahl, die Bestellung, die Amtsdauer, die Amtsführung, die Erstattung der baren Auslagen und die Entschädigung für den Zeitaufwand der Mitglieder der Schiedsstelle sowie die Geschäftsführung, das Verfahren, die Höhe und die Erhebung der Gebühren und die Verteilung der Kosten. Kommt eine Vereinbarung nach Satz 8 bis zum 31. August 1997 nicht zustande, bestimmt das Bundesministerium für Gesundheit ihren Inhalt durch Rechtsverordnung. Die Rechtsaufsicht über die Schiedsstelle führt das Bundesministerium für Gesundheit. Gegen die Entscheidung der Schiedsstelle ist der Verwaltungsrechtsweg gegeben. Ein Vorverfahren findet nicht statt; die Klage hat keine aufschiebende Wirkung.

§ 18b

(aufgehoben)

§ 19

(weggefallen)

§ 20 Nichtanwendung von Pflegesatzvorschriften

Die Vorschriften des Dritten Abschnitts mit Ausnahme des § 17 Abs. 5 finden keine Anwendung auf Krankenhäuser, die nach § 5 Abs. 1 Nr. 2, 4 oder 7 nicht gefördert werden. § 17 Abs. 5 ist bei den nach § 5 Abs. 1 Nr. 4 oder 7 nicht geförderten Krankenhäusern mit der Maßgabe anzuwenden, daß an die Stelle der Pflegesätze vergleichbarer nach diesem Gesetz voll geförderter Krankenhäuser die Pflegesätze vergleichbarer öffentlicher Krankenhäuser treten.

4. Abschnitt

(weggefallen)

§§ 21 bis 26

(weggefallen)

5. Abschnitt
Sonstige Vorschriften

§ 27 Zuständigkeitsregelung

Die in diesem Gesetz den Landesverbänden der Krankenkassen zugewiesenen Aufgaben nehmen für die Ersatzkassen die nach § 212 Abs. 5 des Fünften Buches Sozialgesetzbuch benannten Bevollmächtigten, für die knappschaftliche Krankenversicherung die Deutsche Rentenversicherung Knappschaft-Bahn-See und für die Krankenversicherung der Landwirte die Sozialversicherung für Landwirtschaft, Forsten und Gartenbau wahr.

§ 28 Auskunftspflicht und Statistik

(1) Die Träger der nach § 108 des Fünften Buches Sozialgesetzbuch zur Krankenhausbehandlung zugelassenen Krankenhäuser und die Sozialleistungsträger sind verpflichtet, dem Bundesministerium für Gesundheit sowie den zuständigen Behörden der Länder auf Verlangen Auskünfte über die Umstände zu erteilen, die für die Beurteilung der Bemessung und Entwicklung der Pflegesätze nach diesem Gesetz benötigt werden. Unter die Auskunftspflicht fallen insbesondere die personelle und sachliche Ausstattung sowie die Kosten der Krankenhäuser, die im Krankenhaus in Anspruch genommenen stationären und ambulanten Leistungen sowie allgemeine Angaben über die Patienten und ihre Erkrankungen. Die zuständigen Landesbehörden können darüber hinaus von den Krankenhausträgern Auskünfte über Umstände verlangen, die sie für die Wahrnehmung ihrer Aufgaben bei der Krankenhausplanung und Krankenhausfinanzierung nach diesem Gesetz benötigen.

(2) Die Bundesregierung wird ermächtigt, für Zwecke dieses Gesetzes durch Rechtsverordnung mit Zustimmung des Bundesrates jährliche Erhebungen über Krankenhäuser einschließlich der in den §§ 3 und 5 genannten Krankenhäuser und Einrichtungen als Bundesstatistik anzuordnen. Die Bundesstatistik auf Grundlage dieser Erhebungen kann folgende Sachverhalte umfassen:

1. Art des Krankenhauses und der Trägerschaft,
2. im Krankenhaus tätige Personen nach Geschlecht, Beschäftigungsverhältnis, Tätigkeitsbereich, Dienststellung, Aus- und Weiterbildung,
3. sachliche Ausstattung und organisatorische Einheiten des Krankenhauses,
4. Kosten nach Kostenarten,
5. in Anspruch genommene stationäre und ambulante Leistungen,
6. Patienten nach Alter, Geschlecht, Wohnort, Erkrankungen nach Hauptdiagnosen,
7. Ausbildungsstätten am Krankenhaus.

Auskunftspflichtig sind die Krankenhausträger gegenüber den statistischen Ämtern der Länder; die Rechtsverordnung kann Ausnahmen von der Auskunftspflicht vorsehen. Die Träger der nach § 108 des Fünften Buches Sozialgesetzbuch zur Krankenhausbehandlung zugelassenen Krankenhäuser teilen die von der Statistik umfaßten Sachverhalte gleichzeitig den für die Krankenhausplanung und -finanzierung zuständigen Landesbehörden mit Dasselbe gilt für die Träger der nach § 111 des Fünften Buches Sozialgesetzbuch zur Vorsorge- oder Rehabilitationsbehandlung zugelassenen Einrichtungen.

(3) Die Befugnis der Länder, zusätzliche, von Absatz 2 nicht erfaßte Erhebungen über Sachverhalte des Gesundheitswesens als Landesstatistik anzuordnen, bleibt unberührt.

(4) Das Statistische Bundesamt führt unter Verwendung der von der DRG-Datenstelle nach § 21 Abs. 3 Satz 1 Nr. 4 des Krankenhausentgeltgesetzes übermittelten Daten jährlich eine Auswertung als Bundesstatistik zu folgenden Sachverhalten durch:

1. Identifikationsmerkmale der Einrichtung,
2. Patienten nach Anlass und Grund der Aufnahme, Weiterbehandlung, Verlegung und Entlassung sowie Gewicht der unter Einjährigen bei der Aufnahme, Diagnosen einschließlich der Nebendiagnosen, Beatmungsstunden, vor- und nachstationäre Behandlung, Art der Operationen und Prozeduren sowie Angabe der Leistungserbringung durch Belegoperateur, -anästhesist oder -hebamme,
3. in Anspruch genommene Fachabteilungen,
4. Abrechnung der Leistungen je Behandlungsfall nach Höhe der Entgelte insgesamt, der DRG-Fallpauschalen, Zusatzentgelte, Zu- und Abschläge und sonstigen Entgelte,
5. Zahl der DRG-Fälle, Summe der Bewertungsrelationen sowie Ausgleichsbeträge nach § 5 Absatz 4 des Krankenhausentgeltgesetzes,
6. Anzahl der Ausbildenden und Auszubildenden, jeweils gegliedert nach Berufsbezeichnung nach § 2 Nr. 1a sowie die Anzahl der Auszubildenden nach Berufsbezeichnungen zusätzlich gegliedert nach jeweiligem Ausbildungsjahr.

§ 29

(aufgehoben)

§ 30 Darlehen aus Bundesmitteln

Lasten aus Darlehen, die vor der Aufnahme des Krankenhauses in den Krankenhausplan für förderungsfähige Investitionskosten aus Bundesmitteln gewährt worden sind, werden auf Antrag des Krankenhausträgers erlassen, soweit der Krankenhausträger vor dem 1. Januar 1985 von diesen Lasten nicht anderweitig freigestellt worden ist und solange das Krankenhaus in den Krankenhausplan aufgenommen ist. Für die in § 2 Nr. 1a genannten Ausbildungsstätten gilt Satz 1 entsprechend.

§ 31 Berlin-Klausel

(gegenstandslos)

§ 32

(Inkrafttreten)

7.2 Krankenhausentgeltgesetz (KHEntgG) – *ohne Anlagen*

Gesetz über die Entgelte für voll- und teilstationäre Krankenhausleistungen (Krankenhausentgeltgesetz – KHEntgG)

Ausfertigungsdatum: 23.04.2002
Stand: Zuletzt geändert durch Art. 2b des Gesetzes vom 17.12.2014 I 2222

Abschnitt 1 Allgemeine Vorschriften

§ 1 Anwendungsbereich

(1) Die vollstationären und teilstationären Leistungen der DRG-Krankenhäuser werden nach diesem Gesetz und dem Krankenhausfinanzierungsgesetz vergütet.

(2) Dieses Gesetz gilt auch für die Vergütung von Leistungen der Bundeswehrkrankenhäuser, soweit diese Zivilpatienten behandeln, und der Krankenhäuser der Träger der gesetzlichen Unfallversicherung, soweit nicht die gesetzliche Unfallversicherung die Kosten trägt. Im Übrigen gilt dieses Gesetz nicht für

1. Krankenhäuser, auf die das Krankenhausfinanzierungsgesetz nach seinem § 3 Satz 1 keine Anwendung findet,
2. Krankenhäuser, die nach § 5 Abs. 1 Nr. 2, 4 oder 7 des Krankenhausfinanzierungsgesetzes nicht gefördert werden,
3. Krankenhäuser oder Krankenhausabteilungen, die nach § 17b Abs. 1 Satz 1 zweiter Halbsatz des Krankenhausfinanzierungsgesetzes nicht in das DRG-Vergütungssystem einbezogen sind.
4. (weggefallen)

(3) Die vor- und nachstationäre Behandlung wird für alle Benutzer einheitlich nach § 115a des Fünften Buches Sozialgesetzbuch vergütet. Die ambulante Durchführung von Operationen und sonstiger stationsersetzender Eingriffe wird für die gesetzlich versicherten Patienten nach § 115b des Fünften Buches Sozialgesetzbuch und für sonstige Patienten nach den für sie geltenden Vorschriften, Vereinbarungen oder Tarifen vergütet.

§ 2 Krankenhausleistungen

(1) Krankenhausleistungen nach § 1 Abs. 1 sind insbesondere ärztliche Behandlung, auch durch nicht fest angestellte Ärztinnen und Ärzte, Krankenpflege, Versorgung mit Arznei-, Heil- und Hilfsmitteln, die für die Versorgung im Krankenhaus notwendig sind, sowie Unterkunft und Verpflegung; sie umfassen allgemeine Krankenhausleistungen und Wahlleistungen. Zu den Krankenhausleistungen gehören nicht die Leistungen der Belegärzte (§ 18) sowie der Beleghebammen und -entbindungspfleger.

(2) Allgemeine Krankenhausleistungen sind die Krankenhausleistungen, die unter Berücksichtigung der Leistungsfähigkeit des Krankenhauses im Einzelfall nach Art und Schwere der Krankheit für die medizinisch zweckmäßige und ausreichende Versorgung des Patienten notwendig sind. Unter diesen Voraussetzungen gehören dazu auch

1. die während des Krankenhausaufenthalts durchgeführten Maßnahmen zur Früherkennung von Krankheiten im Sinne des Fünften Buches Sozialgesetzbuch,
2. die vom Krankenhaus veranlassten Leistungen Dritter,
3. die aus medizinischen Gründen notwendige Mitaufnahme einer Begleitperson des Patienten oder die Mitaufnahme einer Pflegekraft nach § 11 Absatz 3 des Fünften Buches Sozialgesetzbuch,
4. die besonderen Aufgaben von Zentren und Schwerpunkten für die stationäre Versorgung von Patienten, insbesondere die Aufgaben von Tumorzentren und geriatrischen Zentren sowie entsprechenden Schwerpunkten,
5. die Frührehabilitation im Sinne von § 39 Abs. 1 Satz 3 des Fünften Buches Sozialgesetzbuch,
6. das Entlassmanagement im Sinne des § 39 Absatz 1 Satz 4 und 5 des Fünften Buches Sozialgesetzbuch.

Nicht zu den Krankenhausleistungen nach Satz 2 Nr. 2 gehört eine Dialyse, wenn hierdurch eine entsprechende Behandlung fortgeführt wird, das Krankenhaus keine eigene Dialyseeinrichtung hat und ein Zusammenhang mit dem Grund der Krankenhausbehandlung nicht besteht.

(3) Bei der Erbringung von allgemeinen Krankenhausleistungen durch nicht im Krankenhaus fest angestellte Ärztinnen und Ärzte hat das Krankenhaus sicherzustellen, dass diese für ihre Tätigkeit im Krankenhaus die gleichen Anforderungen erfüllen, wie sie auch für fest im Krankenhaus angestellte Ärztinnen und Ärzte gelten.

Abschnitt 2
Vergütung der Krankenhausleistungen

§ 3 Grundlagen

Die voll- und teilstationären allgemeinen Krankenhausleistungen werden vergütet durch

1. ein von den Vertragsparteien nach § 11 Abs. 1 gemeinsam vereinbartes Erlösbudget nach § 4,
2. eine von den Vertragsparteien nach § 11 Abs. 1 gemeinsam vereinbarte Erlössumme nach § 6 Abs. 3 für krankenhausindividuell zu vereinbarende Entgelte,
3. Entgelte nach § 6 Abs. 2 für neue Untersuchungs- und Behandlungsmethoden,
4. Zusatzentgelte für die Behandlung von Blutern,
5. Zu- und Abschläge nach § 7 Abs. 1.

§ 4 Vereinbarung eines Erlösbudgets ab dem Jahr 2009

(1) Das von den Vertragsparteien nach § 11 Abs. 1 zu vereinbarende Erlösbudget umfasst für voll- und teilstationäre Leistungen die Fallpauschalen nach § 7 Abs. 1 Satz 1 Nr. 1 und die Zusatzentgelte nach § 7 Abs. 1 Satz 1 Nr. 2. Es umfasst nicht die krankenhausindividuell zu vereinbarenden Entgelte nach § 6 Abs. 1 bis 2a, nicht die Zusatzentgelte für die Behandlung von Blutern, nicht die Zu- und Abschläge nach § 7 Abs. 1 und nicht die Vergütung nach § 140c des Fünften Buches Sozialgesetzbuch für die integrierte Versorgung.

(2) Das Erlösbudget wird leistungsorientiert ermittelt, indem für die voraussichtlich zu erbringenden Leistungen Art und Menge der Entgelte nach Absatz 1 Satz 1 mit der jeweils maßgeblichen Entgelthöhe multipliziert werden. Die Entgelthöhe für die Fallpauschalen wird ermittelt, indem diese nach den Vorgaben des Entgeltkatalogs und der Abrechnungsbestimmungen mit den effektiven Bewertungsrelationen und mit dem Landesbasisfallwert nach § 10 bewertet werden. Bei Patientinnen und Patienten, die über den Jahreswechsel im Krankenhaus stationär behandelt werden (Überlieger), werden die Erlöse aus Fallpauschalen in voller Höhe dem Jahr zugeordnet, in dem die Patientinnen und Patienten entlassen werden.

(2a) Abweichend von Absatz 2 Satz 1 und 2 gilt für Leistungen, die im Vergleich zur Vereinbarung für das laufende Kalenderjahr zusätzlich im Erlösbudget berücksichtigt werden, ab dem Jahr 2013 ein Vergütungsabschlag von 25 Prozent (Mehrleistungsabschlag). Für das Jahr 2012 haben die Vertragsparteien die Höhe des Abschlags zu vereinbaren. Der Mehrleistungsabschlag nach Satz 1 oder 2 gilt nicht für zusätzlich vereinbarte Entgelte mit einem Sachkostenanteil von mehr als zwei Dritteln, bei Transplantationen sowie bei zusätzlichen Kapazitäten aufgrund der Krankenhausplanung oder des Investitionsprogramms des Landes; im Übrigen können die Vertragsparteien zur Vermeidung unzumutbarer Härten einzelne Leistungen von der Erhebung des Abschlags ausnehmen, ferner können sie für einzelne Leistungen oder Leistungsbereiche Ausnahmen vom Mehrleistungsabschlag aufgrund besonderer Qualitätsvereinbarungen festlegen. Der Vergütungsabschlag ist durch einen einheitlichen Abschlag auf alle mit dem Landesbasisfallwert vergüteten Leistungen des Krankenhauses umzusetzen. Die näheren Einzelheiten der Umsetzung des Mehrleistungsabschlags vereinbaren die Vertragsparteien. Der Mehrleistungsabschlag ist in der Rechnung gesondert auszuweisen. Die Abschläge nach Satz 1 oder 2 werden bei der Ermittlung des Landesbasisfallwerts nicht absenkend berücksichtigt. Der nach Satz 1 für das Jahr 2013 ermittelte Mehrleistungsabschlag gilt sowohl für das Jahr 2013 als auch für die Jahre 2014 und 2015; auch der für das Jahr 2014 und die Folgejahre zu ermittelnde Mehrleistungsabschlag ist entsprechend dreijährig zu vereinbaren. Die Leistungen nach Satz 1 oder 2 sind nach Ablauf der jeweiligen Geltung des Mehrleistungsabschlags in den Erlösbudgets für die Folgejahre jeweils in Höhe des ungekürzten Landesbasisfallwerts zu vereinbaren. Der Mehrleistungsabschlag findet keine Anwendung für Leistungen, für welche die Vertragsparteien auf Bundesebene abgesenkte oder gestaffelte Bewertungsrelationen nach § 17b Absatz 1 Satz 11 des Krankenhausfinanzierungsgesetzes vereinbart haben.

(3) Das nach den Absätzen 1 und 2 vereinbarte Erlösbudget und die nach § 6 Abs. 3 vereinbarte Erlössumme werden für die Ermittlung von Mehr- oder Mindererlösausgleichen zu einem Gesamtbetrag zusammengefasst. Weicht die Summe der auf das Kalenderjahr entfallenden Erlöse des Krankenhauses aus den Entgelten nach § 7 Abs. 1 Satz 1 Nr. 1 und 2 und nach § 6 Abs. 1 Satz 1 und Abs. 2a von dem nach Satz 1 gebildeten Gesamtbetrag ab, werden die Mehr- oder Mindererlöse nach Maßgabe der folgenden Sätze ausgeglichen. Mindererlöse werden ab dem Jahr 2007 grundsätzlich zu 20 vom Hundert ausgeglichen; Mindererlöse aus Zusatzentgelten für Arzneimittel und Medikalprodukte werden nicht ausgeglichen. Mehrerlöse aus Zusatzentgelten für Arzneimittel und Medikalprodukte und aus Fallpauschalen für schwerverletzte, insbesondere polytraumatisierte oder schwer brandverletzte Patienten werden zu 25 vom Hundert, sonstige Mehrerlöse zu 65 vom Hundert ausgeglichen. Für Fallpauschalen mit einem sehr hohen Sachkostenanteil sowie für teure Fallpauschalen mit einer schwer planbaren Leistungsmenge, insbesondere bei Transplantationen oder Langzeitbeatmung, sollen die Vertragsparteien im Voraus einen von den Sätzen 3 und 4 abweichenden Ausgleich vereinbaren. Mehr- oder Mindererlöse aus Zusatzentgelten für die

Behandlung von Blutern sowie auf Grund von Abschlägen nach § 8 Abs. 4 werden nicht ausgeglichen. Zur Ermittlung der Mehr- oder Mindererlöse hat der Krankenhausträger eine vom Jahresabschlussprüfer bestätigte Aufstellung über die Erlöse nach § 7 Satz 1 Nr. 1 und 2 vorzulegen. Der nach diesen Vorgaben ermittelte Ausgleichsbetrag wird im Rahmen des Zu- oder Abschlags nach § 5 Abs. 4 abgerechnet. Steht bei der Budgetverhandlung der Ausgleichsbetrag noch nicht fest, sind Teilbeträge als Abschlagszahlung auf den Ausgleich zu berücksichtigen.

(4) Auf Verlangen des Krankenhauses werden Leistungen für ausländische Patienten, die mit dem Ziel einer Krankenhausbehandlung in die Bundesrepublik Deutschland einreisen, nicht im Rahmen des Erlösbudgets vergütet.

(5) Die Vertragsparteien nach § 11 sind an das Erlösbudget gebunden. Auf Verlangen einer Vertragspartei ist bei wesentlichen Änderungen der der Vereinbarung des Erlösbudgets zu Grunde gelegten Annahmen das Erlösbudget für das laufende Kalenderjahr neu zu vereinbaren. Die Vertragsparteien können im Voraus vereinbaren, dass in bestimmten Fällen das Erlösbudget nur teilweise neu vereinbart wird. Der Unterschiedsbetrag zum bisherigen Erlösbudget ist im Rahmen des Zu- oder Abschlags nach § 5 Abs. 4 abzurechnen.

(6) Solange die Vertragsparteien auf Bundesebene nach § 9 für die Nichtteilnahme von Krankenhäusern an der Notfallversorgung dem Grunde nach einen Abschlag nach § 17b Abs. 1 Satz 4 des Krankenhausfinanzierungsgesetzes vereinbart, diesen jedoch in der Höhe nicht festgelegt haben, oder solange ein Zu- oder Abschlag durch Rechtsverordnung nach § 17b Abs. 7 des Krankenhausfinanzierungsgesetzes nicht festgelegt wurde, ist ein Betrag in Höhe von 50 Euro je vollstationärem Fall abzuziehen.

(7) Werden von der Anwendung des DRG-Vergütungssystems bisher ausgenommene besondere Einrichtungen nach § 6 Abs. 1 im Vereinbarungszeitraum in das Erlösbudget einbezogen, wird die Differenz zwischen dem Anteil dieser Leistungen an der zuletzt vereinbarten Erlössumme nach § 6 Abs. 3 und dem neuen im Rahmen des Erlösbudgets vereinbarten Vergütungsanteil in einem Zeitraum von drei Jahren schrittweise abgebaut. War der bisher nach § 6 Abs. 3 vereinbarte Vergütungsanteil höher, wird das Erlösbudget nach Absatz 2 im ersten Jahr um zwei Drittel und im zweiten Jahr um ein Drittel der für das jeweilige Jahr ermittelten Differenz erhöht; war der bisher vereinbarte Vergütungsanteil niedriger, wird das Erlösbudget nach Absatz 2 entsprechend vermindert. Die Fallpauschalen werden mit dem Landesbasisfallwert bewertet und in entsprechender Höhe in Rechnung gestellt. Die sich hierdurch ergebende Unter- oder Überdeckung des vereinbarten Erlösbudgets wird durch einen Zu- oder Abschlag auf

die abgerechnete Höhe der DRG-Fallpauschalen und die Zusatzentgelte (§ 7 Abs. 1 Satz 1 Nr. 1 und 2) sowie auf die sonstigen Entgelte nach § 6 Abs. 1 Satz 1 und Abs. 2a finanziert und gesondert in der Rechnung ausgewiesen. Die Höhe des Zuschlags ist anhand eines Prozentsatzes zu berechnen, der aus dem Verhältnis des Unter- oder Überdeckungsbetrags einerseits sowie des Gesamtbetrags nach Absatz 3 Satz 1 andererseits zu ermitteln und von den Vertragsparteien zu vereinbaren ist. Ausgleiche für Vorjahre und für einen verspäteten Beginn der Laufzeit nach § 15 sind über die Zuschläge nach § 5 Abs. 4 zu verrechnen.

(8) Für das Jahr 2009 vereinbaren die Vertragsparteien den Zuschlag für die Verbesserung der Arbeitszeitbedingungen nach § 4 Abs. 13 in der bis zum 31. Dezember 2008 geltenden Fassung dieses Gesetzes.

(9) Für das Jahr 2009 wird bei Krankenhäusern, bei denen der nach Maßgabe der folgenden Sätze veränderte Ausgangswert für das Jahr 2009 mehr als 3 Prozent über dem Erlösbudget nach Absatz 2 liegt, das Erlösbudget abweichend von Absatz 2 wie folgt ermittelt: Der veränderte Ausgangswert ist nach den Vorgaben des § 4 Abs. 3 Satz 2, Abs. 4 in Verbindung mit Anlage 1, Abschnitt B2 lfd. Nr. 1 bis 15 in der bis zum 31. Dezember 2008 geltenden Fassung zu berechnen; dabei ist Absatz 4 Satz 2 in der bis zum 31. Dezember 2008 geltenden Fassung mit der Maßgabe anzuwenden, dass zusätzliche oder wegfallende Leistungen zu 100 Prozent zu berücksichtigen sind. Der veränderte Ausgangswert wird um 3 Prozent abgesenkt und in dieser Höhe als Erlösbudget vereinbart. Die Fallpauschalen werden mit dem Landesbasisfallwert bewertet und in entsprechender Höhe in Rechnung gestellt. Die sich hierdurch ergebende Unterdeckung des vereinbarten Erlösbudgets wird durch einen Zuschlag auf die abgerechnete Höhe der DRG-Fallpauschalen und die Zusatzentgelte (§ 7 Abs. 1 Satz 1 Nr. 1 und 2) sowie auf die sonstigen Entgelte nach § 6 Abs. 1 Satz 1 und Abs. 2a finanziert und gesondert in der Rechnung ausgewiesen. Die Höhe des Zuschlags ist anhand eines Prozentsatzes zu berechnen, der aus dem Verhältnis des Unterdeckungsbetrags einerseits sowie des Gesamtbetrags nach Absatz 3 Satz 1 andererseits zu ermitteln und von den Vertragsparteien zu vereinbaren ist. Ausgleiche für Vorjahre und für einen verspäteten Beginn der Laufzeit nach § 15 sind über die Zuschläge nach § 5 Abs. 4 zu verrechnen. Ab dem Jahr 2010 wird das Erlösbudget auch dieser Krankenhäuser nach Absatz 2 ermittelt.

(10) Die bei der Neueinstellung oder Aufstockung vorhandener Teilzeitstellen von ausgebildetem Pflegepersonal mit einer Berufserlaubnis nach § 1 Abs. 1 Krankenpflegegesetz zusätzlich entstehenden Personalkosten werden für die Jahre 2009 bis 2011 zu 90 Prozent finanziell gefördert. Dazu können die Vertragsparteien für diese Jahre

jährlich einen zusätzlichen Betrag bis zur Höhe von 0,48 Prozent des Gesamtbetrags nach Absatz 3 Satz 1 vereinbaren. Wurde für ein Kalenderjahr ein Betrag nicht vereinbart, kann für das Folgejahr ein zusätzlicher Betrag bis zur Höhe von 0,96 Prozent vereinbart werden. Ist bereits für ein Kalenderjahr ein Betrag vereinbart worden, wird dieser um einen für das Folgejahr neu vereinbarten Betrag kumulativ erhöht, soweit zusätzliche Neueinstellungen oder Aufstockungen vorhandener Teilzeitstellen vereinbart werden. Voraussetzung für diese Förderung ist, dass das Krankenhaus nachweist, dass auf Grund einer schriftlichen Vereinbarung mit der Arbeitnehmervertretung zusätzliches Pflegepersonal im Vergleich zum Bestand der entsprechend umgerechneten Vollkräfte am 30. Juni 2008 neu eingestellt oder aufgestockt und entsprechend der Vereinbarung beschäftigt wird. Bis zu 5 Prozent des nach den Sätzen 2 bis 5 vereinbarten Betrags kann das Krankenhaus zur Erprobung neuer Arbeitsorganisationsmaßnahmen in der Pflege verwenden. Der dem Krankenhaus nach den Sätzen 2 bis 5 insgesamt zustehende Betrag wird durch einen Zuschlag auf die abgerechnete Höhe der DRG-Fallpauschalen und die Zusatzentgelte (§ 7 Abs. 1 Satz 1 Nr. 1 und 2) sowie auf die sonstigen Entgelte nach § 6 Abs. 1 Satz 1 und Abs. 2a finanziert und gesondert in der Rechnung ausgewiesen. Die Höhe des Zuschlags ist anhand eines Prozentsatzes zu berechnen, der aus dem Verhältnis der für die Neueinstellungen, Aufstockungen vorhandener Teilzeitstellen und Arbeitsorganisationsmaßnahmen insgesamt vereinbarten Beträge einerseits sowie des Gesamtbetrags nach Absatz 3 Satz 1 andererseits zu ermitteln und von den Vertragsparteien zu vereinbaren ist. Kommt eine Vereinbarung nicht zustande, entscheidet die Schiedsstelle nach § 13 auf Antrag einer Vertragspartei. Um eine kurzfristige Umsetzung dieser finanziellen Förderung im Jahr 2009 sicherzustellen, kann das Krankenhaus den Zuschlag bereits vor der Vereinbarung mit den anderen Vertragsparteien vorläufig festsetzen und in Rechnung stellen; weicht die abgerechnete Summe von der späteren Vereinbarung ab, ist der Abweichungsbetrag durch eine entsprechende Korrektur des für den restlichen oder den folgenden Vereinbarungszeitraum vereinbarten Zuschlags oder bei Fehlen eines solchen Zuschlags durch Verrechnung mit dem Zuschlag nach § 5 Abs. 4 Satz 1 vollständig auszugleichen. Soweit die mit dem zusätzlichen Betrag finanzierten Neueinstellungen, Aufstockungen vorhandener Teilzeitstellen oder die vereinbarte Erprobung neuer Arbeitsorganisationsmaßnahmen in der Pflege nicht umgesetzt werden, ist der darauf entfallende Anteil der Finanzierung zurückzuzahlen; für eine entsprechende Prüfung hat das Krankenhaus den anderen Vertragsparteien eine Bestätigung des Jahresabschlussprüfers über die Stellenbesetzung am 30. Juni 2008, über die aufgrund dieser Förderung zusätzlich beschäftigten Pflegekräfte, differenziert in Voll- und Teilzeitkräfte, sowie über die jahresdurchschnittliche Stellenbesetzung zum 31. Dezember des jeweiligen Förderjahres und über die zweckentsprechende Verwendung der Mittel vorzulegen. Der Spitzenverband Bund der Krankenkassen berichtet jährlich bis zum 30. Juni dem Bundesministerium für Gesundheit über die Zahl der Vollkräfte und den Umfang der aufgestockten Teilzeitstellen, die auf Grund dieser Förderung im Vorjahr zusätzlich beschäftigt wurden. Die Krankenkassen sind verpflichtet, dem Spitzenverband Bund der Krankenkassen in einem von diesem festzulegenden Verfahren die für die Berichterstattung nach Satz 12 erforderlichen Informationen über die Vereinbarungen der Vertragsparteien zur Neueinstellung oder Aufstockung vorhandener Teilzeitstellen von Pflegepersonal zu übermitteln. Die Vertragsparteien auf Bundesebene nach § 9 beauftragen ihr DRG-Institut, Kriterien zu entwickeln, nach denen ab dem Jahr 2012 diese zusätzlichen Finanzmittel im Rahmen des DRG-Vergütungssystems zielgerichtet den Bereichen zugeordnet werden, die einen erhöhten pflegerischen Aufwand aufweisen.

(11) Die zur Erfüllung der Anforderungen des Infektionsschutzgesetzes erforderliche personelle Ausstattung wird bei Einhaltung der Anforderungen zur Qualifikation und zum Bedarf, die in der Empfehlung zu personellen und organisatorischen Voraussetzungen zur Prävention nosokomialer Infektionen der Kommission für Krankenhaushygiene und Infektionsprävention benannt werden, in den Jahren 2013 bis 2016 finanziell gefördert

1. bei Neueinstellungen, interner Besetzung neu geschaffener Stellen oder Aufstockungen vorhandener Teilzeitstellen von

    a) Hygienefachkräften in Höhe von 90 Prozent der zusätzlich entstehenden Personalkosten,
    b) Krankenhaushygienikerinnen oder Krankenhaushygienikern mit abgeschlossener Weiterbildung zur Fachärztin oder zum Facharzt für Hygiene und Umweltmedizin oder für Mikrobiologie, Virologie und Infektionsepidemiologie in Höhe von 75 Prozent der zusätzlich entstehenden Personalkosten,
    c) Krankenhaushygienikerinnen oder Krankenhaushygienikern mit strukturierter curricularer Fortbildung Krankenhaushygiene und mit Fortbildung im Bereich der rationalen Antibiotikatherapieberatung in Anlehnung an die Fortbildung der Deutschen Gesellschaft für Infektiologie in Höhe von 50 Prozent der zusätzlich entstehenden Personalkosten,
    d) hygienebeauftragten Ärztinnen oder Ärzten in Höhe von 10 Prozent der zusätzlich entstehenden Personalkosten,

2. bei Fort- und Weiterbildungen

    a) zur Fachärztin oder zum Facharzt für Hygiene und Umweltmedizin für die Dauer von maximal fünf Jahren durch einen pauschalen Zuschuss in Höhe von jährlich 30 000 Euro,

b) zur Fachärztin oder zum Facharzt für Mikrobiologie, Virologie und Infektionsepidemiologie zur Befähigung und zum Einsatz in der klinisch-mikrobiologischen Beratung im Krankenhaus für die Dauer von maximal fünf Jahren durch einen pauschalen Zuschuss in Höhe von jährlich 15 000 Euro,
c) zur Krankenhaushygienikerin oder zum Krankenhaushygieniker mit strukturierter curricularer Fortbildung Krankenhaushygiene für die Dauer von maximal zwei Jahren durch einen pauschalen Zuschuss in Höhe von jährlich 5 000 Euro,
d) zur Ärztin oder zum Arzt und zur Krankenhausapothekerin oder zum Krankenhausapotheker mit Fortbildung im Bereich der rationalen Antibiotikatherapieberatung in Anlehnung an die Fortbildung der Deutschen Gesellschaft für Infektiologie durch einen pauschalen Zuschuss in Höhe von 5 000 Euro,
e) zur hygienebeauftragten Ärztin oder zum hygienebeauftragten Arzt durch einen pauschalen Zuschuss in Höhe von 5 000 Euro und
f) zur Hygienefachkraft durch einen pauschalen Zuschuss von 10 000 Euro,

3. bei vertraglich vereinbarten externen Beratungsleistungen durch Krankenhaushygienikerinnen oder Krankenhaushygieniker mit abgeschlossener Weiterbildung zur Fachärztin oder zum Facharzt für Hygiene und Umweltmedizin oder für Mikrobiologie, Virologie und Infektionsepidemiologie pauschal in Höhe von 400 Euro je Beratungstag;

Weiterbildungen nach Nummer 2 Buchstabe a und b und Satz 2 werden über das Jahr 2016 hinaus gefördert, wenn sie spätestens im Jahr 2016 beginnen, Beratungsleistungen nach Nummer 3 werden bis einschließlich zum Jahr 2020 gefördert. Kosten im Rahmen von Satz 1 werden auch gefördert, wenn diese ab dem 1. August 2013 für erforderliche Neueinstellungen, Aufstockungen, Beratungen oder Fort- und Weiterbildungen zur Erfüllung der Anforderungen des Infektionsschutzgesetzes entstehen, die nach dem 4. August 2011 vorgenommen wurden. Für Maßnahmen nach den Sätzen 1 und 2 haben die Vertragsparteien jährlich einen zusätzlichen Betrag als Prozentsatz des Gesamtbetrags nach Absatz 3 Satz 1 zu vereinbaren. Der dem Krankenhaus nach Satz 3 insgesamt zustehende Betrag wird durch einen Zuschlag auf die abgerechnete Höhe der DRG-Fallpauschalen und die Zusatzentgelte (§ 7 Absatz 1 Satz 1 Nummer 1 und 2) sowie auf die sonstigen Entgelte nach § 6 Absatz 1 Satz 1 und Absatz 2a finanziert; der Zuschlag wird gesondert in der Rechnung ausgewiesen. Absatz 10 Satz 4 und 8 bis 13 sowie § 5 Absatz 4 Satz 5 gelten entsprechend, wobei der Nachweis über die Stellenbesetzung und die zweckentsprechende Mittelverwendung berufsbildspezifisch zu erbringen ist.

(12) (weggefallen)

(13) (weggefallen)

(14) (weggefallen)

§ 5 Vereinbarung und Abrechnung von Zu- und Abschlägen

(1) Die nach § 9 Abs. 1 Satz 1 Nr. 3 vereinbarten Regelungen für bundeseinheitliche Zu- und Abschläge nach § 17b Abs. 1 Satz 4 und 5 des Krankenhausfinanzierungsgesetzes sind für die Vertragsparteien nach § 11 verbindlich. Auf Antrag einer Vertragspartei ist zu prüfen, ob bei dem Krankenhaus die Voraussetzungen für einen Zu- oder Abschlag vorliegen. Wurde für einen Tatbestand ein bundeseinheitlicher Zu- oder Abschlagsbetrag festgelegt, der für die Zwecke der Berechnung gegenüber den Patienten oder den Kostenträgern auf eine krankenhausindividuelle Bezugsgröße, beispielsweise die Fallzahl oder eine Erlössumme, umgerechnet werden muss, so vereinbaren die Vertragsparteien gemäß den bundeseinheitlichen Vereinbarungen den sich daraus ergebenden krankenhausindividuellen Abrechnungsbetrag oder -prozentsatz.

(2) Für die Vorhaltung von Leistungen, die auf Grund des geringen Versorgungsbedarfs mit den Fallpauschalen nicht kostendeckend finanzierbar und zur Sicherstellung der Versorgung der Bevölkerung bei einem Krankenhaus notwendig ist, vereinbaren die Vertragsparteien nach § 11 unter Anwendung der Maßstäbe und Einhaltung der Vorgaben nach § 17b Abs. 1 Satz 6 bis 8 des Krankenhausfinanzierungsgesetzes Sicherstellungszuschläge. Sie haben dabei zu prüfen, ob die Leistung durch ein anderes geeignetes Krankenhaus, das diese Leistungsart bereits erbringt, ohne Zuschlag erbracht werden kann. Kommt eine Einigung nicht zustande, entscheidet die für die Krankenhausplanung zuständige Landesbehörde. Die Vertragsparteien nach § 11 vereinbaren die Höhe des Zuschlags.

(3) Soweit für Zentren und Schwerpunkte nach § 2 Abs. 2 Satz 2 Nr. 4 bundesweite Regelungen zu Zuschlägen nach § 17b Abs. 1 Satz 4 des Krankenhausfinanzierungsgesetzes oder eine entsprechende Vorgabe des Bundesministeriums für Gesundheit nach § 17b Abs. 7 des Krankenhausfinanzierungsgesetzes nicht vorliegen, vereinbaren die Vertragsparteien nach § 11 die Zu- und Abschläge auf der Grundlage der Vorgaben dieses Gesetzes.

(4) Die Erlösausgleiche nach § 4 Abs. 3 und § 15 Abs. 3 sowie ein Unterschiedsbetrag nach § 4 Abs. 5 werden über einen gemeinsamen Zu- und Abschlag auf die abgerechnete Höhe der DRG-Fallpauschalen und die Zusatzentgelte (§ 7 Abs. 1 Satz 1 Nr. 1 und 2) sowie auf die sonstigen Entgelte nach § 6 Abs. 1 Satz 1 und Abs. 2a verrechnet und unter der Bezeichnung „Zu- oder Abschlag für Erlösausgleiche" gesondert in der Rechnung ausgewiesen. Die Höhe des Zu- oder Abschlags ist anhand eines Prozentsatzes zu berechnen, der aus dem Verhältnis des zu verrechnenden Betrags einerseits sowie des Gesamtbetrags nach § 4 Abs. 3 Satz 1 andererseits zu ermitteln und von den Vertragsparteien zu vereinbaren ist; wird die Vereinbarung erst während des Kalenderjahres geschlossen, ist ein entsprechender Prozentsatz bezogen auf die im restlichen Kalenderjahr zu erhebenden Entgelte zu vereinbaren. Würden die voll- und teilstationären Entgelte durch einen Zuschlag nach Satz 1 insgesamt um mehr als 15 Prozent erhöht, sind übersteigende Beträge in nachfolgenden Vereinbarungszeiträumen mit Hilfe des Zu- oder Abschlags nach Satz 1 bis jeweils zu dieser Grenze zu verrechnen; für das Jahr 2009 gilt abweichend eine Grenze von 30 Prozent. In seltenen Ausnahmefällen können die Vertragsparteien nach § 11 einen höheren Zuschlag vereinbaren, wenn dies erforderlich ist, um eine ansonsten hierdurch entstehende wirtschaftliche Gefährdung des Krankenhauses abzuwenden. Weicht die Summe der für das Kalenderjahr tatsächlich abgerechneten Zu- oder Abschlagsbeträge von dem zu verrechnenden Betrag nach Satz 2 ab, werden die Mehr- oder Mindererlöse vollständig ausgeglichen, indem sie über die Gesamtsumme und den Zu- oder Abschlag für das nächstmögliche Kalenderjahr verrechnet werden; dabei sind die Verrechnungen in die Grenze nach Satz 3 einzubeziehen.

(5) Kann ein Zu- oder Abschlag nach Absatz 4 wegen der Schließung des Krankenhauses nicht oder nicht im notwendigen Umfang abgerechnet werden, wird der auf die gesetzliche Krankenversicherung entfallende Anteil des noch auszugleichenden Betrags den gesetzlichen Krankenkassen, deren Versicherte im Vorjahr im Krankenhaus voll- und teilstationär behandelt wurden, gesondert in Rechnung gestellt oder an diese zurückgezahlt. Auf die einzelne Krankenkasse entfällt davon der Teilbetrag, der ihrem entsprechenden Anteil an der Summe der Entgelte im Vorjahr entspricht. Die Vertragsparteien nach § 11 können eine abweichende Vereinbarung schließen.

(6) Bei Patienten, die im Zeitraum vom 1. Januar bis zum 31. Dezember 2009 entlassen werden, ist ein Zu- oder Abschlag wegen Verlängerung der Konvergenzphase nach Maßgabe der folgenden Sätze in Rechnung zu stellen. Der Unterschiedsbetrag zwischen dem krankenhausindividuellen Basisfallwert für das Jahr 2008 ohne Ausgleiche und dem Landesbasisfallwert für das Jahr 2008 ohne Ausgleiche und ohne Kappung wird ermittelt und in Höhe von 50 Prozent mit der effektiven Bewertungsre-

lation der Fallpauschale multipliziert. Der Zu- oder Abschlag ist auch ohne Vereinbarung mit den anderen Vertragsparteien in Rechnung zu stellen. Weicht die abgerechnete Summe von der späteren Vereinbarung ab, ist der Abweichungsbetrag durch Verrechnung mit dem Zu- oder Abschlag nach Absatz 4 Satz 1 vollständig auszugleichen.

§ 6 Vereinbarung sonstiger Entgelte

(1) Für Leistungen, die noch nicht mit den DRG-Fallpauschalen und Zusatzentgelten sachgerecht vergütet werden können, und für besondere Einrichtungen nach § 17b Abs. 1 Satz 15 des Krankenhausfinanzierungsgesetzes vereinbaren die Vertragsparteien nach § 11 fall- oder tagesbezogene Entgelte oder in eng begrenzten Ausnahmefällen Zusatzentgelte, sofern die Leistungen oder besonderen Einrichtungen nach Feststellung der Vertragsparteien nach § 9 oder in einer Verordnung nach § 17b Abs. 7 Satz 1 Nr. 3 des Krankenhausfinanzierungsgesetzes von der Anwendung der DRG-Fallpauschalen und Zusatzentgelte ausgenommen sind. Die Entgelte sind sachgerecht zu kalkulieren; die Empfehlungen nach § 9 Abs. 1 Satz 1 Nr. 4 sind zu beachten.

(2) Für die Vergütung neuer Untersuchungs- und Behandlungsmethoden, die mit den Fallpauschalen und Zusatzentgelten nach § 7 Satz 1 Nr. 1 und 2 noch nicht sachgerecht vergütet werden können und die nicht gemäß § 137c des Fünften Buches Sozialgesetzbuch von der Finanzierung ausgeschlossen worden sind, sollen die Vertragsparteien nach § 11 erstmals für das Kalenderjahr 2005 zeitlich befristete, fallbezogene Entgelte oder Zusatzentgelte außerhalb des Erlösbudgets nach § 4 Abs. 2 und der Erlössumme nach Absatz 3 vereinbaren. Die Entgelte sind sachgerecht zu kalkulieren; die Empfehlungen nach § 9 Abs. 1 Satz 1 Nr. 4 sind zu beachten. Vor der Vereinbarung einer gesonderten Vergütung hat das Krankenhaus bis spätestens zum 31. Oktober von den Vertragsparteien nach § 9 eine Information einzuholen, ob die neue Methode mit den bereits vereinbarten Fallpauschalen und Zusatzentgelten sachgerecht abgerechnet werden kann. Die Vertragsparteien nach § 11 haben die Information bei ihrer Vereinbarung zu berücksichtigen. Liegt bei fristgerecht erfolgter Anfrage nach Satz 3 bis zur Budgetvereinbarung für das Krankenhaus eine Information nicht vor, kann die Vereinbarung ohne diese Information geschlossen werden; dies gilt nicht, wenn die Budgetvereinbarung vor dem 1. Januar geschlossen wird. Die Entgelte sollen möglichst frühzeitig, auch unabhängig von der Vereinbarung des Erlösbudgets, nach § 4 vereinbart werden. Wird ein Entgelt vereinbart, melden die an der Vereinbarung beteiligten gesetzlichen Krankenkassen Art und Höhe des Entgelts an die Vertragsparteien nach § 9; dabei haben sie auch die der Vereinbarung zu Grunde liegenden Kalkulationsunterlagen und die vom Krankenhaus vorzulegende ausführliche Beschreibung der Methode zu übermitteln. Die Vertragsparteien nach § 9 können eine Bewertung

der Untersuchungs- und Behandlungsmethode nach § 137c des Fünften Buches Sozialgesetzbuch veranlassen; § 137c Abs. 1 Satz 1 des Fünften Buches Sozialgesetzbuch bleibt unberührt. Für das Schiedsstellenverfahren nach § 13 kann eine Stellungnahme des Gemeinsamen Bundesausschusses nach § 137c des Fünften Buches Sozialgesetzbuch eingeholt werden.

(2a) In eng begrenzten Ausnahmefällen können die Vertragsparteien nach § 11 für Leistungen, die den Fallpauschalen und Zusatzentgelten aus den Entgeltkatalogen nach § 7 Satz 1 Nr. 1 und 2 zwar zugeordnet, mit ihnen jedoch nicht sachgerecht vergütet werden, im Rahmen der Erlössumme nach Absatz 3 ein gesondertes Zusatzentgelt vereinbaren, wenn

1. diese Leistungen auf Grund einer Spezialisierung nur von sehr wenigen Krankenhäusern in der Bundesrepublik Deutschland mit überregionalem Einzugsgebiet erbracht werden,
2. auf Grund der Komplexität der Behandlung die Behandlungskosten die Höhe der DRG-Vergütung einschließlich der Zusatzentgelte um mindestens 50 vom Hundert überschreiten und
3. das Krankenhaus sich an den Maßnahmen nach § 137 des Fünften Buches Sozialgesetzbuch beteiligt.

Nach Vereinbarung des Zusatzentgelts melden die an der Vereinbarung beteiligten gesetzlichen Krankenkassen Art und Höhe des Entgelts an die Vertragsparteien nach § 9. Dabei haben sie auch die der Vereinbarung zu Grunde liegenden Kalkulationsunterlagen und die vom Krankenhaus vorzulegende ausführliche Begründung zu den Voraussetzungen nach Satz 1 zu übermitteln.

(3) Werden krankenhausindividuelle Entgelte für Leistungen oder besondere Einrichtungen nach Absatz 1 Satz 1 und Absatz 2a vereinbart, ist für diese Entgelte eine Erlössumme zu bilden. Sie umfasst nicht die Entgelte nach Absatz 2 und die Zusatzentgelte für die Behandlung von Blutern. Für die Vereinbarung der Entgelte und der Erlössumme sind Kalkulationsunterlagen nach Absatz 1 Satz 2 vorzulegen. Für besondere Einrichtungen oder Einrichtungen, deren Leistungen weitgehend über krankenhausindividuell zu vereinbarende Entgelte abgerechnet werden, gelten darüber hinaus die Vorschriften zur Vereinbarung des Gesamtbetrags nach § 6 und zu den vorzulegenden Unterlagen nach § 17 Abs. 4 in Verbindung mit den Anlagen 1 und 2 der Bundespflegesatzverordnung in der am 31. Dezember 2012 geltenden Fassung entsprechend, wobei anstelle der Veränderungsrate als maßgebliche Rate für den Anstieg der Erlössumme der Veränderungswert nach § 9 Absatz 1 Satz 1 Nummer 5a oder Satz 2 gilt;

die Unterlagen sind nur bezogen auf den Bereich der Einrichtung und nur insoweit vorzulegen, wie die anderen Vertragsparteien nach § 11 nicht darauf verzichten. Für das Jahr 2013 gilt § 18 Absatz 1 Satz 2 der Bundespflegesatzverordnung entsprechend. Weichen die tatsächlich eintretenden Erlöse von der vereinbarten Erlössumme ab, sind die Mehr- oder Mindererlöse nach den Vorgaben des § 4 Abs. 3 zu ermitteln und auszugleichen.

(4) (weggefallen)

Abschnitt 3
Entgeltarten und Abrechnung

§ 7 Entgelte für allgemeine Krankenhausleistungen

(1) Die allgemeinen Krankenhausleistungen werden gegenüber den Patienten oder ihren Kostenträgern mit folgenden Entgelten abgerechnet:

1. Fallpauschalen nach dem auf Bundesebene vereinbarten Entgeltkatalog (§ 9),
2. Zusatzentgelte nach dem auf Bundesebene vereinbarten Entgeltkatalog (§ 9),
3. gesonderte Zusatzentgelte nach § 6 Abs. 2a,
4. der Ausbildungszuschlag (§ 17a Abs. 6 des Krankenhausfinanzierungsgesetzes) und sonstige Zu- und Abschläge (§ 17b Abs. 1 Satz 4 und 6 des Krankenhausfinanzierungsgesetzes sowie § 4 Absatz 2a, 7, 9 und 11, § 5 Abs. 4 und § 12 Satz 3),
5. Entgelte für besondere Einrichtungen und für Leistungen, die noch nicht von den auf Bundesebene vereinbarten Fallpauschalen und Zusatzentgelten erfasst werden (§ 6 Abs. 1),
6. Entgelte für neue Untersuchungs- und Behandlungsmethoden, die noch nicht in die Entgeltkataloge nach § 9 Abs. 1 Satz 1 Nr. 1 und 2 aufgenommen worden sind (§ 6 Abs. 2),
7. Qualitätssicherungszuschläge nach § 17b Abs. 1 Satz 5 des Krankenhausfinanzierungsgesetzes sowie Qualitätssicherungsabschläge nach § 8 Abs. 4,
8. Versorgungszuschlag nach § 8 Absatz 10.

Mit diesen Entgelten werden alle für die Versorgung des Patienten erforderlichen allgemeinen Krankenhausleistungen vergütet. Darüber hinaus werden der DRG-Systemzuschlag nach § 17b Abs. 5 des Krankenhausfinanzierungsgesetzes, der Systemzuschlag für den Gemeinsamen Bundesausschuss und das Institut für Qualität und Wirtschaftlichkeit im Gesundheitswesen nach § 91 Abs. 3 Satz 1 in Verbindung mit

§ 139c des Fünften Buches Sozialgesetzbuch und der Telematikzuschlag nach § 291a Abs. 7a Satz 1 und 2 des Fünften Buches Sozialgesetzbuch abgerechnet.
(2) Die Höhe der Entgelte nach Absatz 1 Satz 1 wird wie folgt ermittelt:

1. Fallpauschalen nach Absatz 1 Satz 1 Nr. 1; die sich aus dem bundeseinheitlichen Entgeltkatalog ergebende Bewertungsrelation einschließlich der Regelungen zur Grenzverweildauer und zu Verlegungen (effektive Bewertungsrelation) wird mit dem Landesbasisfallwert multipliziert;
2. Zusatzentgelte nach Absatz 1 Satz 1 Nr. 2; die bundeseinheitliche Entgelthöhe wird dem Entgeltkatalog entnommen;
3. Fallpauschalen, Zusatzentgelte und tagesbezogene Entgelte nach Absatz 1 Satz 1 Nr. 3, 5 und 6; die Entgelte sind in der nach § 6 krankenhausindividuell vereinbarten Höhe abzurechnen;
4. Zu- und Abschläge nach Absatz 1 Satz 1 Nr. 4; die Zu- und Abschläge werden krankenhausindividuell vereinbart.

Die auf der Bundesebene vereinbarten Abrechnungsbestimmungen nach § 9 Abs. 1 Satz 1 Nr. 3 sind anzuwenden.

§ 8 Berechnung der Entgelte

(1) Die Entgelte für allgemeine Krankenhausleistungen sind für alle Benutzer des Krankenhauses einheitlich zu berechnen; § 17 Abs. 5 des Krankenhausfinanzierungsgesetzes bleibt unberührt. Bei Patienten, die im Rahmen einer klinischen Studie behandelt werden, sind die Entgelte für allgemeine Krankenhausleistungen nach § 7 zu berechnen; dies gilt auch bei klinischen Studien mit Arzneimitteln. Die Entgelte dürfen nur im Rahmen des Versorgungsauftrags berechnet werden; dies gilt nicht für die Behandlung von Notfallpatienten. Der Versorgungsauftrag des Krankenhauses ergibt sich

1. bei einem Plankrankenhaus aus den Festlegungen des Krankenhausplans in Verbindung mit den Bescheiden zu seiner Durchführung nach § 6 Abs. 1 in Verbindung mit § 8 Abs. 1 Satz 3 des Krankenhausfinanzierungsgesetzes sowie einer ergänzenden Vereinbarung nach § 109 Abs. 1 Satz 4 des Fünften Buches Sozialgesetzbuch,
2. bei einer Hochschulklinik aus der Anerkennung nach den landesrechtlichen Vorschriften, dem Krankenhausplan nach § 6 Abs. 1 des Krankenhausfinanzierungsgesetzes sowie einer ergänzenden Vereinbarung nach § 109 Abs. 1 Satz 4 des Fünften Buches Sozialgesetzbuch,

3. bei anderen Krankenhäusern aus dem Versorgungsvertrag nach § 108 Nr. 3 des Fünften Buches Sozialgesetzbuch.

(2) Fallpauschalen werden für die Behandlungsfälle berechnet, die in dem Fallpauschalen-Katalog nach § 9 Abs. 1 Satz 1 Nr. 1 bestimmt sind. Für die Patienten von Belegärzten werden gesonderte Fallpauschalen berechnet. Zusätzlich zu einer Fallpauschale dürfen berechnet werden:

1. Zusatzentgelte nach dem Katalog nach § 9 Abs. 1 Satz 1 Nr. 2 oder nach § 6 Abs. 1 bis 2a, insbesondere für die Behandlung von Blutern mit Blutgerinnungsfaktoren sowie für eine Dialyse, wenn die Behandlung des Nierenversagens nicht die Hauptleistung ist,
2. Zu- und Abschläge nach § 5, im Jahr 2009 ein Zuschlag nach § 4 Abs. 8 und ein Ausbildungszuschlag nach § 17a Abs. 6 des Krankenhausfinanzierungsgesetzes,
3. eine nachstationäre Behandlung nach § 115a des Fünften Buches ^ Sozialgesetzbuch, soweit die Summe aus den stationären Belegungstagen und den vor- und nachstationären Behandlungstagen die Grenzverweildauer der Fallpauschale übersteigt; eine vorstationäre Behandlung ist neben der Fallpauschale nicht gesondert berechenbar; dies gilt auch für eine entsprechende Behandlung von Privatpatienten als allgemeine Krankenhausleistung,
4. Zuschläge nach den §§ 139c, 91 Abs. 2 Satz 6 und § 291a Abs. 7a Satz 1 und 2 des Fünften Buches Sozialgesetzbuch.

(3) Krankenhäuser in dem in Artikel 3 des Einigungsvertrages genannten Gebiet berechnen bis zum 31. Dezember 2014 für jeden Tag des Krankenhausaufenthalts mit Ausnahme des Entlassungstags (Belegungstage) den Investitionszuschlag nach Artikel 14 Abs. 3 des Gesundheitsstrukturgesetzes. Bei teilstationärer Behandlung wird der Zuschlag auch für den Entlassungstag berechnet.

(4) Hält das Krankenhaus seine Verpflichtungen zur Qualitätssicherung nicht ein, sind von den Fallpauschalen und Zusatzentgelten Abschläge nach § 137 Abs. 1 Satz 2 des Fünften Buches Sozialgesetzbuch vorzunehmen.

(5) Werden Patientinnen oder Patienten, für die eine Fallpauschale abrechenbar ist, wegen einer Komplikation im Zusammenhang mit der durchgeführten Leistung innerhalb der oberen Grenzverweildauer wieder aufgenommen, hat das Krankenhaus eine Zusammenfassung der Falldaten zu einem Fall und eine Neueinstufung in eine Fallpauschale vorzunehmen. Näheres oder Abweichendes regeln die Vertragsparteien nach § 17b Abs. 2 Satz 1 des Krankenhausfinanzierungsgesetzes oder eine Rechtsverordnung nach § 17b Abs. 7 des Krankenhausfinanzierungsgesetzes.

(6) Werden die mit einer Fallpauschale vergüteten Leistungen ohne Verlegung des Patienten durch mehrere Krankenhäuser erbracht, wird die Fallpauschale durch das Krankenhaus berechnet, das den Patienten stationär aufgenommen hat.

(7) Das Krankenhaus kann eine angemessene Vorauszahlung verlangen, wenn und soweit ein Krankenversicherungsschutz nicht nachgewiesen wird. Ab dem achten Tag des Krankenhausaufenthalts kann das Krankenhaus eine angemessene Abschlagszahlung verlangen, deren Höhe sich an den bisher erbrachten Leistungen in Verbindung mit der Höhe der voraussichtlich zu zahlenden Entgelte zu orientieren hat. Die Sätze 1 bis 2 gelten nicht, soweit andere Regelungen über eine zeitnahe Vergütung der allgemeinen Krankenhausleistungen in für das Krankenhaus verbindlichen Regelungen nach den §§ 112 bis 114 des Fünften Buches Sozialgesetzbuch oder in der Vereinbarung nach § 11 Abs. 1 getroffen werden.

(8) Das Krankenhaus hat dem selbstzahlenden Patienten oder seinem gesetzlichen Vertreter die für ihn voraussichtlich maßgebenden Entgelte so bald wie möglich schriftlich bekannt zu geben, es sei denn, der Patient ist in vollem Umfang für Krankenhausbehandlung versichert. Im Übrigen kann jeder Patient verlangen, dass ihm unverbindlich die voraussichtlich abzurechnende Fallpauschale und deren Höhe sowie voraussichtlich zu zahlende, ergänzende Entgelte mitgeteilt werden. Stehen bei der Aufnahme eines selbstzahlenden Patienten die Entgelte noch nicht endgültig fest, ist hierauf hinzuweisen. Dabei ist mitzuteilen, dass das zu zahlende Entgelt sich erhöht, wenn das neue Entgelt während der stationären Behandlung des Patienten in Kraft tritt. Die voraussichtliche Erhöhung ist anzugeben.

(9) Die Rechnungen des Krankenhauses für selbstzahlende Patientinnen oder selbstzahlende Patienten sind in einer verständlichen und nachvollziehbaren Form zu gestalten. Dabei sind die Fallpauschalen und Zusatzentgelte mit der Nummerierung und den vollständigen Texten aus dem jeweils anzuwendenden Entgeltkatalog, den maßgeblichen Diagnose- und Prozedurenschlüsseln sowie bei Fallpauschalen den effektiven Bewertungsrelationen und dem Landesbasisfallwert auszuweisen. Zu den Diagnose- und Prozedurenschlüsseln sind außerdem die entsprechenden Textfassungen anzugeben. Weitere Entgelte sowie Zu- oder Abschläge sind mit kurzen verständlichen Texten zu bezeichnen. Die Zuschläge nach § 7 Abs. 1 Satz 3 werden in der Rechnung zusammengefasst und gemeinsam als „Systemzuschlag" ausgewiesen. Die Deutsche Krankenhausgesellschaft gibt zur Gestaltung der Rechnung eine entsprechende Empfehlung im Benehmen mit dem Verband der privaten Krankenversicherung ab. Das Verfahren nach § 301 des Fünften Buches Sozialgesetzbuch bleibt unberührt.

(10) Bei Patientinnen oder Patienten, die zur voll- oder teilstationären Behandlung in das Krankenhaus aufgenommen werden und für die Entgelte nach § 7 Absatz 1 Satz 1 Nummer 1 berechnet werden, ist für Aufnahmen ab dem 1. August 2013 ein Versorgungszuschlag in Höhe von 1 Prozent der entsprechenden Entgelte und für Patientinnen oder Patienten, die ab dem 1. Januar 2014 aufgenommen werden, ein Versorgungszuschlag in Höhe von 0,8 Prozent der entsprechenden Entgelte vorzunehmen und gesondert in der Rechnung auszuweisen. Der nach Satz 1 für 2013 zu berechnende Versorgungszuschlag ist nach Maßgabe von § 10 Absatz 5 Satz 6 zu erhöhen. Der Versorgungszuschlag wird bei der Ermittlung der Erlösausgleiche nicht berücksichtigt. Der Versorgungszuschlag ist letztmalig für Patientinnen und Patienten zu berechnen, die zum 31. Dezember des Jahres aufgenommen werden, in dem der Mehrleistungsabschlag nach § 4 Absatz 2a letztmalig erhoben wird.

Abschnitt 4
Vereinbarungsverfahren

§ 9 Vereinbarung auf Bundesebene

(1) Der Spitzenverband Bund der Krankenkassen und der Verband der privaten Krankenversicherung gemeinsam vereinbaren mit der Deutschen Krankenhausgesellschaft (Vertragsparteien auf Bundesebene) mit Wirkung für die Vertragsparteien nach § 11 insbesondere

1. einen Fallpauschalen-Katalog nach § 17b Abs. 1 Satz 10 des Krankenhausfinanzierungsgesetzes einschließlich der Bewertungsrelationen sowie Regelungen zu Verlegungsfällen und zur Grenzverweildauer und der in Abhängigkeit von diesen zusätzlich zu zahlenden Entgelte oder vorzunehmenden Abschläge (effektive Bewertungsrelationen),
2. einen Katalog ergänzender Zusatzentgelte nach § 17b Abs. 1 Satz 12 des Krankenhausfinanzierungsgesetzes einschließlich der Vergütungshöhe,
3. die Abrechnungsbestimmungen für die Entgelte nach den Nummern 1 und 2 sowie die Regelungen über Zu- und Abschläge,
4. Empfehlungen für die Kalkulation und Vergütung neuer Untersuchungs- und Behandlungsmethoden, für die nach § 6 gesonderte Entgelte vereinbart werden können,
5. die Erhöhungsrate für Tariferhöhungen nach § 10 Abs. 5 Satz 4,

5a. bis zum 31. Oktober jeden Jahres, erstmals für das Jahr 2013, den Veränderungswert nach Maßgabe des § 10 Absatz 6 Satz 5 oder 6 für die Begrenzung der Entwicklung des Basisfallwerts nach § 10 Absatz 4, wobei bereits anderweitig finanzierte Kostensteigerungen zu berücksichtigen sind, soweit dadurch die Veränderungsrate nach § 71 Absatz 3 des Fünften Buches Sozialgesetzbuch nicht unterschritten wird; im Falle des § 10 Absatz 6 Satz 6 ist die Veränderungsrate nach § 71 Absatz 3 des Fünften Buches Sozialgesetzbuch unter Berücksichtigung der Gewährleistung der notwendigen medizinischen Versorgung und von Personal- und Sachkostensteigerungen um bis zu ein Drittel dieser Differenz zu erhöhen,

6. bis zum 31. August 2003 den einheitlichen Aufbau der Datensätze und das Verfahren für die Übermittlung der Daten nach § 11 Abs. 4 Satz 1.

Die Vertragsparteien auf Bundesebene vereinbaren Empfehlungen an die Vertragsparteien auf Landesebene zur Vereinbarung der Basisfallwerte und geben vor, welche Tatbestände, die bei der Weiterentwicklung der Bewertungsrelationen nicht umgesetzt werden können und deshalb nach § 10 Abs. 3 Satz 1 Nr. 1 und Satz 3 bei der Vereinbarung des Basisfallwerts umzusetzen sind, in welcher Höhe zu berücksichtigen oder auszugleichen sind. Abweichend von Satz 1 Nummer 5a zweiter Halbsatz ist für die Jahre 2014 und 2015 die Veränderungsrate nach § 71 Absatz 3 des Fünften Buches Sozialgesetzbuch im Falle des § 10 Absatz 6 Satz 6 unter Berücksichtigung der Gewährleistung der notwendigen medizinischen Versorgung und von Personal- und Sachkostensteigerungen bis zur vollständigen Höhe dieser Differenz zu erhöhen.

(2) Kommt eine Vereinbarung zu Absatz 1 Satz 1 Nummer 1 bis 3 ganz oder teilweise nicht zustande, gilt § 17b Absatz 7 des Krankenhausfinanzierungsgesetzes; in den übrigen Fällen entscheidet auf Antrag einer Vertragspartei die Schiedsstelle nach § 18a Absatz 6 des Krankenhausfinanzierungsgesetzes; eine Entscheidung zu Absatz 1 Satz 1 Nummer 5a hat die Schiedsstelle bis zum 15. November des jeweiligen Jahres zu treffen.

§ 10 Vereinbarung auf Landesebene

(1) Zur Bestimmung der Höhe der Fallpauschalen nach § 9 Abs. 1 Satz 1 Nr. 1 vereinbaren die in § 18 Abs. 1 Satz 2 des Krankenhausfinanzierungsgesetzes genannten Beteiligten (Vertragsparteien auf Landesebene) mit Wirkung für die Vertragsparteien nach § 11 jährlich einen landesweit geltenden Basisfallwert (Landesbasisfallwert) für das folgende Kalenderjahr. Dabei gehen sie von den Vereinbarungswerten der Krankenhäuser im Land für das laufende Kalenderjahr nach Anlage 1 Abschnitt B2 aus, insbesondere von der Summe der effektiven Bewertungsrelationen und der Erlössumme für Fallpauschalen (B2 laufende Nummer 3), und schätzen auf dieser Grundlage

die voraussichtliche Entwicklung im folgenden Kalenderjahr; soweit Werte für einzelne Krankenhäuser noch nicht vorliegen, sind diese zu schätzen; als Grundlage für die Vereinbarung für das Jahr 2009 ist die Summe der effektiven Bewertungsrelationen 2008 mit dem Landesbasisfallwert 2008 zu bewerten. Sie vereinbaren, dass Fehlschätzungen des Basisfallwerts bei der Vereinbarung des Basisfallwerts für das Folgejahr berichtigt werden. Die Vertragsparteien haben in der Vereinbarung festzulegen, zu welchen Tatbeständen und unter welchen Voraussetzungen im Folgejahr eine Verhandlung über eine Berichtigung aufgenommen wird. Bei einer Berichtigung ist zusätzlich zu der Berichtigung des vereinbarten Erlösvolumens (Basisberichtigung) ein entsprechender Ausgleich durchzuführen. Die Berichtigung nach den Sätzen 3 bis 5 ist nur durchzuführen, soweit im Rahmen der Vorgaben zur Beitragssatzstabilität bei der zu ändernden Vereinbarung des Vorjahres auch ohne eine Fehlschätzung eine Berücksichtigung des Betrags der Basisberichtigung zulässig gewesen wäre.

(2) (weggefallen)

(3) Bei der Vereinbarung sind insbesondere zu berücksichtigen:

1. der von den Vertragsparteien nach § 9 Abs. 1 Satz 2 vorgegebene Veränderungsbedarf auf Grund der jährlichen Kostenerhebung und Neukalkulation, der nicht mit den Bewertungsrelationen umgesetzt werden kann,
2. voraussichtliche allgemeine Kostenentwicklungen,
3. Möglichkeiten zur Ausschöpfung von Wirtschaftlichkeitsreserven, soweit diese nicht bereits durch die Weiterentwicklung der Bewertungsrelationen erfasst worden sind,
4. Leistungsveränderungen (Fallzahl und Schweregrade), soweit diese nicht Folge einer veränderten Kodierung der Diagnosen und Prozeduren sind, in Höhe des geschätzten Anteils der variablen Kosten an den Fallpauschalen,
5. die Ausgabenentwicklung insgesamt bei den Leistungsbereichen, die nicht mit Fallpauschalen vergütet werden, soweit diese den Veränderungswert nach § 9 Absatz 1 Satz 1 Nummer 5a überschreiten; dabei werden die Zuschläge zur Finanzierung der Ausbildungskosten nicht einbezogen,
6. absenkend die Summe der sonstigen Zuschläge nach § 7 Absatz 1 Satz 1 Nummer 4 mit Ausnahme der Zuschläge nach § 4 Absatz 11, soweit die Leistungen bislang durch den Basisfallwert finanziert worden sind.
7. (weggefallen)

Bei der Anwendung von Satz 1 Nr. 4 ist sicherzustellen, dass zusätzliche Fälle bei der Vereinbarung des Basisfallwerts absenkend berücksichtigt werden. Soweit infolge einer veränderten Kodierung der Diagnosen und Prozeduren Ausgabenerhöhungen entstehen, sind diese vollständig durch eine entsprechende Absenkung des Basisfallwerts auszugleichen. Für die Anwendung von Satz 1 Nummer 5 ist für das Jahr 2011 die um 0,25 Prozentpunkte und für das Jahr 2012 die um 0,5 Prozentpunkte verminderte Veränderungsrate maßgeblich.

(4) Die nach Absatz 3 vereinbarte Veränderung des Basisfallwerts darf die sich bei Anwendung des Veränderungswerts nach § 9 Absatz 1 Satz 1 Nummer 5a ergebende Veränderung des Basisfallwerts nicht überschreiten. Satz 1 gilt nicht, soweit eine Erhöhung des Basisfallwerts infolge der Weiterentwicklung des DRG-Vergütungssystems oder der Abrechnungsregeln lediglich technisch bedingt ist und nicht zu einer Erhöhung der Gesamtausgaben für Krankenhausleistungen führt oder soweit eine Berichtigung von Fehlschätzungen nach Absatz 1 durchzuführen ist. Wird aus anderen als den in Satz 2 genannten Tatbeständen eine niedrigere Summe der effektiven Bewertungsrelationen vereinbart, kann abweichend von Satz 1 ein höherer Basisfallwert vereinbart werden, wenn dies nicht zu einer Erhöhung der Gesamtausgaben für Krankenhausleistungen führt. Für die Verhandlung des Basisfallwerts für die Jahre 2011 und 2012 gilt Satz 1 mit der Maßgabe, dass die Obergrenze für die Veränderung des Basisfallwerts für 2011 auf die um 0,25 Prozentpunkte und für 2012 auf die um 0,5 Prozentpunkte verminderte Veränderungsrate begrenzt ist.

(5) Bei der Vereinbarung des Basisfallwerts für das Jahr 2014 sind nach Maßgabe der folgenden Sätze bestimmte Tariferhöhungen für Löhne und Gehälter über die Obergrenze nach Absatz 4 Satz 1 hinaus zu berücksichtigen; diese Erhöhung wirkt als Basiserhöhung auch für die Folgejahre. Bezogen auf die Personalkosten werden nach Maßgabe des Satzes 5 50 Prozent des Unterschieds zwischen dem Veränderungswert nach Absatz 4 Satz 1 für das Jahr 2013 und der Tarifrate, die sich aus den durchschnittlichen Auswirkungen der für das Jahr 2013 tarifvertraglich vereinbarten Erhöhungen der Vergütungstarifverträge und vereinbarter Einmalzahlungen errechnet, berücksichtigt. Maßstäbe für die Ermittlung der Tarifrate nach Satz 2 sind für den nichtärztlichen Personalbereich einerseits und den ärztlichen Personalbereich andererseits jeweils diejenige tarifvertragliche Vereinbarung, die in dem jeweiligen Bereich für die meisten Beschäftigten maßgeblich ist. Die Vertragsparteien auf Bundesebene nach § 9 vereinbaren in Höhe des Unterschieds zwischen beiden Raten eine Erhöhungsrate. Als Ausgangsgrundlage für die Vereinbarung des Basisfallwerts 2014 ist der Basisfallwert 2013 von den Vertragsparteien um ein Drittel dieser Erhöhungsrate zu erhöhen; ein Ausgleich ist nicht durchzuführen. Für das Jahr 2013 ist die anteilige Erhöhungsrate nach Satz 5 ab einem von den Vertragsparteien zu vereinbarenden und zu veröffentlichenden Zeitpunkt erhöhend beim Versorgungszuschlag nach § 8 Absatz 10 zu be-

rücksichtigen; dabei ist die für das restliche Kalenderjahr anzuwendende Erhöhungsrate infolge der verspäteten Berücksichtigung entsprechend zu erhöhen.

(6) Mit dem Ziel, die in Absatz 4 vorgegebene Begrenzung des Basisfallwerts durch die Veränderungsrate nach § 71 des Fünften Buches Sozialgesetzbuch abzulösen, erteilt das Bundesministerium für Gesundheit einen Auftrag an das Statistische Bundesamt zur Ermittlung eines Orientierungswertes für Krankenhäuser, der die Kostenstrukturen und -entwicklungen besser als die Veränderungsrate berücksichtigt. Die Systematik für die Ermittlung des Wertes ist bis zum 31. Dezember 2009 zu entwickeln; die Länder sind einzubeziehen. Der Wert soll erstmals zum 30. Juni 2010 ermittelt werden. Das Statistische Bundesamt veröffentlicht den Wert jeweils spätestens bis zum 30. September jeden Jahres, erstmals spätestens zum 30. September 2012. Unterschreitet der Orientierungswert die Veränderungsrate nach § 71 Absatz 3 des Fünften Buches Sozialgesetzbuch, entspricht der Veränderungswert der Veränderungsrate. Überschreitet der Orientierungswert die Veränderungsrate nach § 71 Absatz 3 des Fünften Buches Sozialgesetzbuch, ermitteln die Vertragsparteien auf Bundesebene die Differenz zwischen beiden Werten und vereinbaren den Veränderungswert gemäß § 9 Absatz 1 Satz 1 Nummer 5a und § 9 Absatz 1 Nummer 5 der Bundespflegesatzverordnung.

(7) Soweit in dem in Artikel 3 des Einigungsvertrages genannten Gebiet die Höhe der Vergütung nach dem Tarifvertrag für den öffentlichen Dienst (TVöD) unter der im übrigen Bundesgebiet geltenden Höhe liegt, ist dies bei der Vereinbarung des Basisfallwerts zu beachten. Die Veränderungsrate nach Absatz 4 darf überschritten werden, soweit eine Angleichung dieser Vergütung an die im übrigen Bundesgebiet geltende Höhe dies erforderlich macht.

(8) Zur schrittweisen Angleichung der unterschiedlichen Basisfallwerte der Länder wird ein einheitlicher Basisfallwertkorridor in Höhe von +2,5 Prozent bis −1,25 Prozent um den einheitlichen Basisfallwert nach Absatz 9 eingeführt. Jeweils zum 1. Januar der Jahre 2010 bis 2014 werden die Landesbasisfallwerte in fünf gleichen Schritten in Richtung auf den einheitlichen Basisfallwertkorridor angeglichen. Der für die Angleichung jeweils maßgebliche Angleichungsbetrag wird ermittelt, indem der nach den Absätzen 1 bis 7, 11 und 12 verhandelte Basisfallwert ohne Ausgleiche

1. von dem oberen Grenzwert des einheitlichen Basisfallwertkorridors abgezogen wird, wenn der Basisfallwert höher ist, oder
2. von dem unteren Grenzwert des einheitlichen Basisfallwertkorridors abgezogen wird, wenn der Basisfallwert niedriger ist, und von diesem Zwischenergebnis

a) 20 Prozent im Jahr 2010,
b) 25 Prozent im Jahr 2011,
c) 33 Prozent im Jahr 2012,
d) 50 Prozent im Jahr 2013,
e) 100 Prozent im Jahr 2014

errechnet werden. Für die Jahre 2010 und 2012 ist vor der Ermittlung des Angleichungsbetrags nach Satz 3 der Grenzwert nach Satz 3 Nr. 1 oder Nr. 2 um den Betrag zu erhöhen, der nach Maßgabe des Absatzes 11 Satz 2 oder des Absatzes 12 beim Landesbasisfallwert zusätzlich berücksichtigt worden ist. Abweichend von Satz 3 wird in Ländern, in denen der verhandelte Basisfallwert über dem oberen Grenzwert liegt, der jährliche Angleichungsbetrag auf höchstens 0,3 Prozent des Basisfallwerts, der für das laufende Kalenderjahr gilt, begrenzt und der Angleichungszeitraum verlängert, bis der obere Grenzwert erreicht ist. Zur Ermittlung des Basisfallwerts werden für das jeweilige Kalenderjahr der verhandelte Basisfallwert und der entsprechende Angleichungsbetrag nach Satz 3 unter Beachtung des Vorzeichens addiert. Das Rechenergebnis ist von den Vertragsparteien auf Landesebene als Basisfallwert, der der Abrechnung der Fallpauschalen zu Grunde zu legen ist, zu vereinbaren. Nach der vollständigen Angleichung nach Satz 3 sind Verhandlungsergebnisse, die außerhalb des einheitlichen Basisfallwertkorridors nach Satz 1 liegen, jährlich in vollem Umfang an den jeweiligen Grenzwert dieser Bandbreite anzugleichen. Die Vertragsparteien ermitteln die nach Absatz 9 Satz 3 zu meldenden Daten.

(9) Die Vertragsparteien auf Bundesebene beauftragen ihr DRG-Institut, einen einheitlichen Basisfallwert und einen einheitlichen Basisfallwertkorridor nach Maßgabe der folgenden Sätze auf der Grundlage der in den Ländern jeweils geltenden, abzurechnenden Basisfallwerte zu berechnen. Dabei werden die einzelnen Basisfallwerte einschließlich Berichtigungen und ohne Ausgleiche mit der Summe der effektiven Bewertungsrelationen, die bei ihrer Vereinbarung zu Grunde gelegt wurden, gewichtet. Für die Berechnung meldet die an der Vereinbarung des Basisfallwerts beteiligte Landeskrankenhausgesellschaft bis zum 31. Juli jeden Jahres den für das laufende Jahr vereinbarten oder festgesetzten Basisfallwert einschließlich Berichtigungen und ohne Ausgleiche, das bei seiner Vereinbarung zu Grunde gelegte Ausgabenvolumen und die Summe der effektiven Bewertungsrelationen an das DRG-Institut. Sind diese Werte für ein Land bis zu diesem Termin nicht vereinbart und übermittelt, berechnet das DRG-Institut den einheitlichen Basisfallwert mit den Vorjahreswerten für dieses Land. Das Berechnungsergebnis des DRG-Instituts ist im Jahr 2013 um die Rate nach Absatz 5 Satz 5 zu erhöhen und ist Grundlage für die Vereinbarung des einheitlichen Basisfallwerts und des einheitlichen Basisfallwertkorridors durch die Vertragsparteien auf

Bundesebene bis zum 31. Oktober jeden Jahres; das Berechnungsergebnis ist um die für das folgende Kalenderjahr maßgebliche Veränderungsrate oder den Veränderungswert nach Absatz 4 Satz 1 zu erhöhen. Kommt eine Vereinbarung nicht zustande, entscheidet auf Antrag einer Vertragspartei die Schiedsstelle nach § 18a Abs. 6 des Krankenhausfinanzierungsgesetzes.

(10) Die Vereinbarung des Basisfallwerts oder des angeglichenen Basisfallwerts nach Absatz 8 Satz 5 und 6 ist bis zum 30. November jeden Jahres zu schließen. Die Vertragsparteien auf Landesebene nehmen die Verhandlungen unverzüglich auf, nachdem eine Partei dazu schriftlich aufgefordert hat. Die Vereinbarung kommt durch Einigung zwischen den Parteien zustande, die an der Verhandlung teilgenommen haben; sie ist schriftlich abzuschließen. Kommt eine Vereinbarung bis zu diesem Zeitpunkt nicht zustande, setzt die Schiedsstelle nach § 13 den Basisfallwert auf Antrag einer Vertragspartei auf Landesebene unverzüglich fest.

(11) (weggefallen)

(12) In den ab dem 1. Januar 2017 geltenden Basisfallwert sind die Finanzierungsbeträge für die Neueinstellung oder Aufstockung vorhandener Teilzeitstellen von Hygienefachkräften in Höhe der von den Krankenhäusern im Lande insgesamt für das Jahr 2016 nach § 4 Absatz 11 Satz 1 Nummer 1 abgerechneten Zuschläge einzurechnen. Absatz 4 gilt insoweit nicht.

(13) Das Bundesministerium für Gesundheit gibt bis zum 30. Juni 2011 eine wissenschaftliche Untersuchung über die Ursachen unterschiedlicher Basisfallwerte der Länder in Auftrag.

§ 11 Vereinbarung für das einzelne Krankenhaus

(1) Nach Maßgabe der §§ 3 bis 6 und unter Beachtung des Versorgungsauftrags des Krankenhauses (§ 8 Abs. 1 Satz 3 und 4) regeln die Vertragsparteien nach § 18 Abs. 2 des Krankenhausfinanzierungsgesetzes (Vertragsparteien) in der Vereinbarung das Erlösbudget nach § 4, die Summe der Bewertungsrelationen, die sonstigen Entgelte nach § 6, die Erlössumme nach § 6 Abs. 3, die Zu- und Abschläge und die Mehr- und Mindererlösausgleiche. Die Vereinbarung ist für einen zukünftigen Zeitraum (Vereinbarungszeitraum) zu schließen. Die Vereinbarung muss Bestimmungen enthalten, die eine zeitnahe Zahlung der Entgelte an das Krankenhaus gewährleisten; hierzu sollen insbesondere Regelungen über angemessene monatliche Teilzahlungen und Verzugszinsen bei verspäteter Zahlung getroffen werden. Die Vereinbarung kommt durch Ei-

nigung zwischen den Vertragsparteien zustande, die an der Verhandlung teilgenommen haben; sie ist schriftlich abzuschließen.

(2) Der Vereinbarungszeitraum beträgt ein Kalenderjahr, wenn das Krankenhaus ganzjährig betrieben wird. Ein Zeitraum, der mehrere Kalenderjahre umfasst, kann vereinbart werden.

(3) Die Vertragsparteien nehmen die Verhandlung unverzüglich auf, nachdem eine Vertragspartei dazu schriftlich aufgefordert hat. Die Verhandlung soll unter Berücksichtigung der Sechswochenfrist des § 18 Abs. 4 des Krankenhausfinanzierungsgesetzes so rechtzeitig abgeschlossen werden, dass das neue Erlösbudget und die neuen Entgelte mit Ablauf des laufenden Vereinbarungszeitraums in Kraft treten können.

(4) Der Krankenhausträger übermittelt zur Vorbereitung der Verhandlung den anderen Vertragsparteien, den in § 18 Abs. 1 Satz 2 des Krankenhausfinanzierungsgesetzes genannten Beteiligten und der zuständigen Landesbehörde die Abschnitte E1 bis E3 und B2 nach Anlage 1 dieses Gesetzes. Die Daten sind auf maschinenlesbaren Datenträgern vorzulegen. Soweit dies zur Beurteilung der Leistungen des Krankenhauses im Rahmen seines Versorgungsauftrags im Einzelfall erforderlich ist, hat das Krankenhaus auf gemeinsames Verlangen der anderen Vertragsparteien nach § 18 Abs. 2 Nr. 1 und 2 des Krankenhausfinanzierungsgesetzes zusätzliche Unterlagen vorzulegen und Auskünfte zu erteilen. Bei dem Verlangen nach Satz 2 muss der zu erwartende Nutzen den verursachten Aufwand deutlich übersteigen.

(5) Die Vertragsparteien sind verpflichtet, wesentliche Fragen zum Versorgungsauftrag und zur Leistungsstruktur des Krankenhauses sowie zur Höhe der Zu- und Abschläge nach § 5 so frühzeitig gemeinsam vorzuklären, dass die Verhandlung zügig durchgeführt werden kann.

§ 12 Vorläufige Vereinbarung

Können sich die Vertragsparteien insbesondere über die Höhe des Erlösbudgets oder über die Höhe sonstiger Entgelte nicht einigen und soll wegen der Gegenstände, über die keine Einigung erzielt werden konnte, die Schiedsstelle nach § 13 angerufen werden, schließen die Vertragsparteien eine Vereinbarung, soweit die Höhe unstrittig ist. Die auf dieser Vereinbarung beruhenden Entgelte sind zu erheben, bis die endgültig maßgebenden Entgelte in Kraft treten. Mehr- oder Mindererlöse des Krankenhauses infolge der erhobenen vorläufigen Entgelte werden durch Zu- oder Abschläge auf die Entgelte des laufenden oder eines folgenden Vereinbarungszeitraums ausgeglichen.

§ 13 Schiedsstelle

(1) Kommt eine Vereinbarung nach § 10 oder § 11 ganz oder teilweise nicht zustande, entscheidet die Schiedsstelle nach § 18a Abs. 1 des Krankenhausfinanzierungsgesetzes auf Antrag einer der in § 10 oder § 11 genannten Vertragsparteien. Sie ist dabei an die für die Vertragsparteien geltenden Rechtsvorschriften gebunden.

(2) Die Schiedsstelle entscheidet innerhalb von sechs Wochen über die Gegenstände, über die keine Einigung erreicht werden konnte.

§ 14 Genehmigung

(1) Die Genehmigung des vereinbarten oder von der Schiedsstelle nach § 13 festgesetzten landesweit geltenden Basisfallwerts nach § 10, des Erlösbudgets nach § 4, der Entgelte nach § 6 und der krankenhausindividuell ermittelten Zu- und Abschläge ist von einer der Vertragsparteien bei der zuständigen Landesbehörde zu beantragen. Die zuständige Landesbehörde erteilt die Genehmigung, wenn die Vereinbarung oder Festsetzung den Vorschriften dieses Gesetzes sowie sonstigem Recht entspricht. Sie entscheidet über die Genehmigung des landesweit geltenden Basisfallwerts innerhalb von vier Wochen nach Eingang des Antrags.

(2) Die Vertragsparteien und die Schiedsstellen haben der zuständigen Landesbehörde die Unterlagen vorzulegen und die Auskünfte zu erteilen, die für die Prüfung der Rechtmäßigkeit erforderlich sind. Im Übrigen sind die für die Vertragsparteien bezüglich der Vereinbarung geltenden Rechtsvorschriften entsprechend anzuwenden. Die Genehmigung kann mit Nebenbestimmungen verbunden werden, soweit dies erforderlich ist, um rechtliche Hindernisse zu beseitigen, die einer uneingeschränkten Genehmigung entgegenstehen.

(3) Wird die Genehmigung eines Schiedsspruches versagt, ist die Schiedsstelle auf Antrag verpflichtet, unter Beachtung der Rechtsauffassung der Genehmigungsbehörde erneut zu entscheiden.

(4) Im Hinblick auf die Genehmigung des landesweit geltenden Basisfallwerts ist der Verwaltungsrechtsweg nur für die Vertragsparteien auf Landesebene gegeben. Ein Vorverfahren findet nicht statt; die Klage hat keine aufschiebende Wirkung.

§ 15 Laufzeit

(1) Die für das Kalenderjahr vereinbarten Fallpauschalen und Zusatzentgelte nach § 7 Abs. 1 Satz 1 Nr. 1 und 2 werden bei Patientinnen und Patienten abgerechnet, die ab dem 1. Januar in das Krankenhaus aufgenommen werden, soweit die Vertragsparteien auf Bundesebene nichts Abweichendes vereinbart haben. Die Fallpauschalen werden mit dem Landesbasisfallwert für das Kalenderjahr bewertet. Wird der Landesbasisfallwert für das Kalenderjahr erst nach diesem Zeitpunkt genehmigt, ist er ab dem ersten Tag des Monats anzuwenden, der auf die Genehmigung folgt. Bis dahin sind die Fallpauschalen mit dem bisher geltenden Landesbasisfallwert zu bewerten und in der sich ergebenden Entgelthöhe abzurechnen; abweichend hiervon ist für den Jahresbeginn 2009 der geltende krankenhausindividuelle Basisfallwert abzurechnen. Werden die Entgeltkataloge für die Fallpauschalen oder Zusatzentgelte nach § 7 Abs. 1 Satz 1 Nr. 1 und 2 so spät vereinbart oder durch Rechtsverordnung nach § 17b Abs. 7 des Krankenhausfinanzierungsgesetzes vorgegeben, dass eine erstmalige Abrechnung erst nach dem 1. Januar möglich ist, sind bis zum Inkrafttreten der neuen Entgeltkataloge die bisher geltenden Fallpauschalen oder Zusatzentgelte weiter abzurechnen.

(2) Die für das Kalenderjahr krankenhausindividuell zu vereinbarenden Entgelte werden vom Beginn des neuen Vereinbarungszeitraums an erhoben. Wird die Vereinbarung erst nach diesem Zeitpunkt genehmigt, sind die Entgelte ab dem ersten Tag des Monats zu erheben, der auf die Genehmigung folgt, soweit in der Vereinbarung oder Schiedsstellenentscheidung kein anderer zukünftiger Zeitpunkt bestimmt ist. Bis dahin sind die bisher geltenden Entgelte der Höhe nach weiter zu erheben; dies gilt nicht, wenn

1. ein bisher krankenhausindividuell vereinbartes Entgelt ab dem 1. Januar nicht mehr abgerechnet werden darf, weil die Leistung durch ein bundeseinheitlich bewertetes Entgelt aus den neuen Entgeltkatalogen vergütet wird, oder
2. die Vertragsparteien auf Bundesebene in den Abrechnungsbestimmungen festlegen, dass hilfsweise ein anderes Entgelt abzurechnen ist.

Sie sind jedoch um die darin enthaltenen Ausgleichsbeträge zu bereinigen, wenn und soweit dies in der bisherigen Vereinbarung oder Festsetzung so bestimmt worden ist.

(3) Mehr- oder Mindererlöse infolge der Weitererhebung des bisherigen Landesbasisfallwerts und bisheriger Entgelte nach den Absätzen 1 und 2 werden grundsätzlich im restlichen Vereinbarungszeitraum ausgeglichen. Der Ausgleichsbetrag wird im Rahmen des Zu- oder Abschlags nach § 5 Abs. 4 abgerechnet.

Abschnitt 5
Gesondert berechenbare ärztliche und andere Leistungen

§ 16 (weggefallen)

§ 17 Wahlleistungen

(1) Neben den Entgelten für die voll- und teilstationäre Behandlung dürfen andere als die allgemeinen Krankenhausleistungen als Wahlleistungen gesondert berechnet werden, wenn die allgemeinen Krankenhausleistungen durch die Wahlleistungen nicht beeinträchtigt werden und die gesonderte Berechnung mit dem Krankenhaus vereinbart ist. Diagnostische und therapeutische Leistungen dürfen als Wahlleistungen nur gesondert berechnet werden, wenn die Voraussetzungen des Satzes 1 vorliegen und die Leistungen von einem Arzt oder einer Psychologischen Psychotherapeutin oder einem Psychologischen Psychotherapeuten oder Kinder- und Jugendlichenpsychotherapeutinnen oder Kinder- und Jugendlichenpsychotherapeuten im Sinne von § 1 Abs. 3 des Psychotherapeutengesetzes erbracht werden. Die Entgelte für Wahlleistungen dürfen in keinem unangemessenen Verhältnis zu den Leistungen stehen. Die Deutsche Krankenhausgesellschaft und der Verband der privaten Krankenversicherung können Empfehlungen zur Bemessung der Entgelte für nichtärztliche Wahlleistungen abgeben. Verlangt ein Krankenhaus ein unangemessen hohes Entgelt für nichtärztliche Wahlleistungen, kann der Verband der privaten Krankenversicherung die Herabsetzung auf eine angemessene Höhe verlangen; gegen die Ablehnung einer Herabsetzung ist der Zivilrechtsweg gegeben.

(2) Wahlleistungen sind vor der Erbringung schriftlich zu vereinbaren; der Patient ist vor Abschluss der Vereinbarung schriftlich über die Entgelte der Wahlleistungen und deren Inhalt im Einzelnen zu unterrichten. Die Art der Wahlleistungen ist der zuständigen Landesbehörde zusammen mit dem Genehmigungsantrag nach § 14 mitzuteilen.

(3) Eine Vereinbarung über wahlärztliche Leistungen erstreckt sich auf alle an der Behandlung des Patienten beteiligten angestellten oder beamteten Ärzte des Krankenhauses, soweit diese zur gesonderten Berechnung ihrer Leistungen im Rahmen der vollstationären und teilstationären sowie einer vor- und nachstationären Behandlung (§ 115a des Fünften Buches Sozialgesetzbuch) berechtigt sind, einschließlich der von diesen Ärzten veranlassten Leistungen von Ärzten und ärztlich geleiteten Einrichtungen außerhalb des Krankenhauses; darauf ist in der Vereinbarung hinzuweisen. Ein zur gesonderten Berechnung wahlärztlicher Leistungen berechtigter Arzt des Krankenhauses kann eine Abrechnungsstelle mit der Abrechnung der Vergütung für die wahlärztli-

chen Leistungen beauftragen oder die Abrechnung dem Krankenhausträger überlassen. Der Arzt oder eine von ihm beauftragte Abrechnungsstelle ist verpflichtet, dem Krankenhaus umgehend die zur Ermittlung der nach § 19 Abs. 2 zu erstattenden Kosten jeweils erforderlichen Unterlagen einschließlich einer Auflistung aller erbrachten Leistungen vollständig zur Verfügung zu stellen. Der Arzt ist verpflichtet, dem Krankenhaus die Möglichkeit einzuräumen, die Rechnungslegung zu überprüfen. Wird die Abrechnung vom Krankenhaus durchgeführt, leitet dieses die Vergütung nach Abzug der anteiligen Verwaltungskosten und der nach § 19 Abs. 2 zu erstattenden Kosten an den berechtigten Arzt weiter. Personenbezogene Daten dürfen an eine beauftragte Abrechnungsstelle außerhalb des Krankenhauses nur mit Einwilligung des Betroffenen, die jederzeit widerrufen werden kann, übermittelt werden. Für die Berechnung wahlärztlicher Leistungen finden die Vorschriften der Gebührenordnung für Ärzte oder der Gebührenordnung für Zahnärzte entsprechende Anwendung, soweit sich die Anwendung nicht bereits aus diesen Gebührenordnungen ergibt.

(4) Eine Vereinbarung über gesondert berechenbare Unterkunft darf nicht von einer Vereinbarung über sonstige Wahlleistungen abhängig gemacht werden.

(5) Bei Krankenhäusern, für die die Bundespflegesatzverordnung gilt, müssen die Wahlleistungsentgelte mindestens die dafür nach § 7 Abs. 2 Satz 2 Nr. 4, 5 und 7 der Bundespflegesatzverordnung in der am 31. Dezember 2012 geltenden Fassung abzuziehenden Kosten decken.

§ 18 Belegärzte

(1) Belegärzte im Sinne dieses Gesetzes sind nicht am Krankenhaus angestellte Vertragsärzte, die berechtigt sind, ihre Patienten (Belegpatienten) im Krankenhaus unter Inanspruchnahme der hierfür bereitgestellten Dienste, Einrichtungen und Mittel stationär oder teilstationär zu behandeln, ohne hierfür vom Krankenhaus eine Vergütung zu erhalten. Leistungen des Belegarztes sind

1. seine persönlichen Leistungen,
2. der ärztliche Bereitschaftsdienst für Belegpatienten,
3. die von ihm veranlassten Leistungen nachgeordneter Ärzte des Krankenhauses, die bei der Behandlung seiner Belegpatienten in demselben Fachgebiet wie der Belegarzt tätig werden,
4. die von ihm veranlassten Leistungen von Ärzten und ärztlich geleiteten Einrichtungen außerhalb des Krankenhauses.

(2) Für Belegpatienten werden gesonderte pauschalierte Pflegesätze nach § 17 Absatz 1a des Krankenhausfinanzierungsgesetzes vereinbart, für das Entgeltsystem nach § 17d des Krankenhausfinanzierungsgesetzes frühestens für das Jahr 2017. Soweit für Belegpatientinnen und -patienten gesonderte Entgelte nach Satz 1 nicht oder noch nicht vereinbart wurden, werden gesonderte sonstige Entgelte nach § 6 oder nach § 6 der Bundespflegesatzverordnung vereinbart.

(3) Krankenhäuser mit Belegbetten, die nach § 121 Abs. 5 des Fünften Buches Sozialgesetzbuch zur Vergütung der belegärztlichen Leistungen mit Belegärzten Honorarverträge schließen, rechnen für die von Belegärzten mit Honorarverträgen behandelten Belegpatientinnen und -patienten die mit Bewertungsrelationen bewerteten Entgelte für Hauptabteilungen in Höhe von 80 Prozent ab. Bei diesen Krankenhäusern ist bei der Vereinbarung sonstiger Entgelte nach § 6 oder nach § 6 der Bundespflegesatzverordnung die Vergütung des Belegarztes einzubeziehen.

§ 19 Kostenerstattung der Ärzte

(1) Soweit Belegärzte zur Erbringung ihrer Leistungen nach § 18 Ärzte des Krankenhauses in Anspruch nehmen, sind sie verpflichtet, dem Krankenhaus die entstehenden Kosten zu erstatten; dies gilt nicht in den Fällen des § 18 Absatz 3. Die Kostenerstattung kann pauschaliert werden. Soweit vertragliche Regelungen der Vorschrift des Satzes 1 entgegenstehen, sind sie anzupassen.

(2) Soweit ein Arzt des Krankenhauses wahlärztliche Leistungen nach § 17 Abs. 3 gesondert berechnen kann, ist er, soweit in Satz 2 nichts Abweichendes bestimmt ist, verpflichtet, dem Krankenhaus die auf diese Wahlleistungen entfallenden, nach § 7 Abs. 2 Satz 2 Nr. 4 der Bundespflegesatzverordnung in der am 31. Dezember 2012 geltenden Fassung nicht pflegesatzfähigen Kosten zu erstatten. Beruht die Berechtigung des Arztes, wahlärztliche Leistungen nach § 17 Abs. 3 gesondert zu berechnen, auf einem mit dem Krankenhausträger vor dem 1. Januar 1993 geschlossenen Vertrag oder einer vor dem 1. Januar 1993 auf Grund beamtenrechtlicher Vorschriften genehmigten Nebentätigkeit, ist der Arzt abweichend von Satz 1 verpflichtet, dem Krankenhaus die auf diese Wahlleistungen entfallenden, nach § 7 Abs. 2 Satz 2 Nr. 5 der Bundespflegesatzverordnung in der am 31. Dezember 2012 geltenden Fassung nicht pflegesatzfähigen Kosten zu erstatten.

(3) Soweit Ärzte zur Erbringung sonstiger vollstationärer oder teilstationärer ärztlicher Leistungen, die sie selbst berechnen können, Personen, Einrichtungen oder Mittel des Krankenhauses in Anspruch nehmen, sind sie verpflichtet, dem Krankenhaus die auf

diese Leistungen entfallenden Kosten zu erstatten. Absatz 1 Satz 2 und 3 gilt entsprechend.

(4) Soweit ein Krankenhaus weder nach dem Krankenhausfinanzierungsgesetz noch nach den landesrechtlichen Vorschriften für den Hochschulbau gefördert wird, umfasst die Kostenerstattung nach den Absätzen 1 bis 3 auch die auf diese Leistungen entfallenden Investitionskosten.

(5) Beamtenrechtliche oder vertragliche Regelungen über die Entrichtung eines Entgelts bei der Inanspruchnahme von Einrichtungen, Personal und Material des Krankenhauses, soweit sie ein über die Kostenerstattung hinausgehendes Nutzungsentgelt festlegen, und sonstige Abgaben der Ärzte werden durch die Vorschriften der Absätze 1 bis 4 nicht berührt.

Abschnitt 6
Sonstige Vorschriften

§ 20 Zuständigkeit der Krankenkassen auf Landesebene

Die in diesem Gesetz den Landesverbänden der Krankenkassen zugewiesenen Aufgaben nehmen für die Ersatzkassen die nach § 212 Abs. 5 des Fünften Buches Sozialgesetzbuch benannten Bevollmächtigten, für die knappschaftliche Krankenversicherung die Deutsche Rentenversicherung Knappschaft-Bahn-See und für die Krankenversicherung der Landwirte die Sozialversicherung für Landwirtschaft, Forsten und Gartenbau wahr.

§ 21 Übermittlung und Nutzung von Daten

(1) Das Krankenhaus übermittelt auf einem maschinenlesbaren Datenträger jeweils zum 31. März für das jeweils vorangegangene Kalenderjahr die Daten nach Absatz 2 an eine von den Vertragsparteien nach § 17b Abs. 2 Satz 1 des Krankenhausfinanzierungsgesetzes zu benennende Stelle auf Bundesebene (DRG-Datenstelle). Erstmals sind zum 1. August 2002 Daten nach Absatz 2 Satz 1 Nr. 1 Buchstabe a bis c sowie Nr. 2 Buchstabe a bis f für alle entlassenen vollstationären und teilstationären Krankenhausfälle des ersten Halbjahres 2002 zu übermitteln.

(2) Zu übermitteln sind folgende Daten:

1. je Übermittlung einen Datensatz mit folgenden Strukturdaten

a) Institutionskennzeichen des Krankenhauses, Art des Krankenhauses und der Trägerschaft sowie Anzahl der aufgestellten Betten,
b) Merkmale für die Vereinbarung von Zu- und Abschlägen nach § 17b Abs. 1 Satz 4 und 9 des Krankenhausfinanzierungsgesetzes, einschließlich der Angabe, ob eine Teilnahme an der stationären Notfallversorgung erfolgt,
c) Anzahl der Ausbildungsplätze, Kosten des theoretischen und praktischen Unterrichts, Kosten der praktischen Ausbildung, Kosten der Ausbildungsstätte, gegliedert nach Sachaufwand, Gemeinkosten und vereinbarten Gesamtkosten sowie Anzahl der Ausbildenden und Auszubildenden, jeweils gegliedert nach Berufsbezeichnung nach § 2 Nr. 1a des Krankenhausfinanzierungsgesetzes; die Anzahl der Auszubildenden nach Berufsbezeichnungen zusätzlich gegliedert nach jeweiligem Ausbildungsjahr,
d) Summe der vereinbarten und abgerechneten DRG-Fälle, der vereinbarten und abgerechneten Summe der Bewertungsrelationen sowie der Ausgleichsbeträge nach § 5 Absatz 4, jeweils für das vorangegangene Kalenderjahr;

2. je Krankenhausfall einen Datensatz mit folgenden Leistungsdaten

a) unveränderbarer Teil der Krankenversichertennummer nach § 290 Absatz 1 Satz 2 des Fünften Buches Sozialgesetzbuch oder, sofern eine Krankenversichertennummer nicht besteht, das krankenhausinterne Kennzeichen des Behandlungsfalles,
b) Institutionskennzeichen des Krankenhauses, bei einer nach Standorten differenzierten Festlegung des Versorgungsauftrags zusätzlich Kennzeichen für den entlassenden Standort,
c) Institutionskennzeichen der Krankenkasse,
d) Geburtsjahr und Geschlecht des Patienten sowie die Postleitzahl des Wohnorts des Patienten, bei Kindern bis zur Vollendung des ersten Lebensjahres außerdem der Geburtsmonat,
e) Aufnahmedatum, Aufnahmegrund und -anlass, aufnehmende Fachabteilung, bei Verlegung die der weiter behandelnden Fachabteilungen, Entlassungs- oder Verlegungsdatum, Entlassungs- oder Verlegungsgrund, bei Kindern bis zur Vollendung des ersten Lebensjahres außerdem das Aufnahmegewicht in Gramm,
f) Haupt- und Nebendiagnosen sowie Datum und Art der durchgeführten Operationen und Prozeduren nach den jeweils gültigen Fassungen der Schlüssel nach § 301 Abs. 2 Satz 1 und 2 des Fünften Buches Sozialgesetzbuch, einschließlich der Angabe der jeweiligen Versionen, bei Beatmungsfällen die Beatmungszeit in Stunden entsprechend der Kodierregeln nach § 17b Abs. 5 Nr. 1

des Krankenhausfinanzierungsgesetzes und Angabe, ob durch Belegoperateur, -anästhesist oder Beleghebamme erbracht,

g) Art aller im einzelnen Behandlungsfall abgerechneten Entgelte,
h) Höhe aller im einzelnen Behandlungsfall abgerechneten Entgelte.

(3) Die DRG-Datenstelle prüft die Daten auf Plausibilität und übermittelt jeweils bis zum 1. Juli die

1. Daten nach Absatz 2 Nr. 1 und Nr. 2 Buchstabe b bis h zur Weiterentwicklung des DRG-Vergütungssystems nach § 17b des Krankenhausfinanzierungsgesetzes sowie zur Entwicklung und Weiterentwicklung des Entgeltsystems nach § 17d des Krankenhausfinanzierungsgesetzes und der Investitionsbewertungsrelationen nach § 10 Abs. 2 des Krankenhausfinanzierungsgesetzes an die Vertragsparteien nach § 17b Abs. 2 Satz 1 des Krankenhausfinanzierungsgesetzes,
2. landesbezogenen Daten nach Absatz 2 Nr. 1 Buchstabe c und d und Nr. 2 Buchstabe g und h zur Vereinbarung des Basisfallwerts nach § 10 Abs. 1 an die Vertragsparteien auf der Landesebene,
3. landesbezogenen Daten nach Absatz 2 Nr. 1 Buchstabe a bis c und Nr. 2 Buchstabe b und d bis g für Zwecke der Krankenhausplanung und, sofern ein gemeinsames Landesgremium nach § 90a des Fünften Buches Sozialgesetzbuch besteht, für Empfehlungen zu sektorenübergreifenden Versorgungsfragen an die zuständigen Landesbehörden; die Datennutzung für Zwecke der Empfehlungen zu sektorenübergreifenden Versorgungsfragen, insbesondere die Wahrung der Betriebsgeheimnisse der Krankenhäuser, regeln die Länder unter Einbeziehung des Datenschutzbeauftragten des jeweiligen Landes in einer Verordnung,
4. Daten nach Absatz 2 Nr. 1 Buchstabe a, c und d und Nr. 2 Buchstabe b und d bis h für Zwecke der amtlichen Krankenhausstatistik an das Statistische Bundesamt; dieses kann landesbezogene Daten an die Statistischen Landesämter übermitteln.

Nach Abschluss der Plausibilitätsprüfung darf die Herstellung eines Personenbezugs nicht mehr möglich sein. Die DRG-Datenstelle veröffentlicht zusammengefasste Daten jeweils bis zum 1. Juli, gegliedert nach bundes- und landesweiten Ergebnissen. Bei der erstmaligen Datenübermittlung nach Absatz 1 Satz 2 werden abweichend von den Sätzen 1 und 3 die Daten zum 1. Oktober 2002 übermittelt und veröffentlicht; die Übermittlung nach Satz 1 Nr. 2 erfolgt erstmals zum 1. Juli 2004. Dem Bundesministerium für Gesundheit sind auf Anforderung unverzüglich Auswertungen für seine Belange und für empfohlene Auswertungen nach Satz 6 zur Verfügung zu stellen; diese Auswertungen übermittelt das Bundesministerium auch den für die Krankenhausplanung zuständigen Landesbehörden. Die Länder können dem Bundesministerium zusätzliche Auswertungen empfehlen. Die DRG-Datenstelle übermittelt oder veröffentlicht Daten nach diesem Absatz nur, wenn ein Bezug zu einzelnen Patienten nicht hergestellt werden kann. Die Datenempfänger nach Satz 1 Nr. 3 und 4 dürfen die Postleitzahl nur für die Erstellung von Einzugsgebietsstatistiken für ein Krankenhaus oder bei nach Standorten differenziertem Versorgungsauftrag für einen Standort verwenden; dabei dürfen nur folgende Daten verbunden werden: Postleitzahl, Patientenzahl und Fachabteilung in Verbindung mit DRG-Fallpauschalen oder Hauptdiagnose oder Prozedur. Dem Bundeskartellamt sind auf Anforderung Auswertungen auf Basis der Daten nach Absatz 2 Nr. 1 Buchstabe a und d und Nr. 2 Buchstabe b und d bis h zur Fusionskontrolle nach dem Gesetz gegen Wettbewerbsbeschränkungen zur Verfügung zu stellen; den Aufwand für die Auswertung kann die DRG-Datenstelle dem Bundeskartellamt in Rechnung stellen. Andere als die in diesem Absatz und in § 17b Abs. 8 des Krankenhausfinanzierungsgesetzes genannten Verarbeitungen und Nutzungen der Daten sind unzulässig.

(3a) Die nach § 137a Abs. 1 des Fünften Buches Sozialgesetzbuch mit der Durchführung von Maßnahmen der einrichtungsübergreifenden Qualitätssicherung beauftragte Institution auf Bundesebene kann ausgewählte Leistungsdaten aus den Buchstaben a bis f des Absatzes 2 Nr. 2 anfordern, soweit diese nach Art und Umfang notwendig und geeignet sind, um Maßnahmen der Qualitätssicherung nach § 137a Abs. 2 Nr. 1, 2 und 3 des Fünften Buches Sozialgesetzbuch durchführen zu können. Die Institution auf Bundesebene kann entsprechende Daten auch für Zwecke der einrichtungsübergreifenden Qualitätssicherung auf Landesebene anfordern und diese an die jeweils zuständige Institution auf Landesebene weitergeben. Die DRG-Datenstelle übermittelt die Daten, soweit die Notwendigkeit nach Satz 1 von der Institution auf Bundesebene glaubhaft dargelegt wurde. Absatz 3 Satz 9 und 10 gilt entsprechend.

(4) Die Vertragsparteien nach § 17b Abs. 2 Satz 1 des Krankenhausfinanzierungsgesetzes vereinbaren im Benehmen mit dem Bundesbeauftragten für den Datenschutz und dem Bundesamt für die Sicherheit in der Informationstechnik die weiteren Einzelheiten der Datenübermittlung.

(5) Die Vertragsparteien nach § 17b Abs. 2 Satz 1 vereinbaren einen Abschlag von den pauschalierten Pflegesätzen nach § 17 Absatz 1 des Krankenhausfinanzierungsgesetzes für die Krankenhäuser, die ihre Verpflichtung zur Übermittlung der Daten nach Absatz 1 nicht, nicht vollständig oder nicht rechtzeitig erfüllen. Die DRG-Datenstelle unterrichtet jeweils die Vertragsparteien nach § 18 Absatz 2 des Krankenhausfinanzierungsgesetzes über Verstöße. Die Vertragsparteien nach § 18 Absatz 2 des Kranken-

hausfinanzierungsgesetzes berücksichtigen den Abschlag in den Jahren 2013 bis 2021 bei der Vereinbarung des krankenhausindividuellen Basisentgeltwerts.

(6) Kommt eine Vereinbarung nach den Absätzen 4 und 5 ganz oder teilweise nicht zustande, entscheidet auf Antrag einer Vertragspartei die Schiedsstelle nach § 18a Abs. 6 des Krankenhausfinanzierungsgesetzes. Das Benehmen nach Absatz 4 ist entsprechend herzustellen.

7.3 Krankenhaus-Buchführungsverordnung (KHBV)

Verordnung über die Rechnungs- und Buchführungspflichten von Krankenhäusern (Krankenhaus-Buchführungsverordnung - KHBV)

Ausfertigungsdatum: 10.04.1978
Stand: Zuletzt geändert 20.12.2012

§ 1 Anwendungsbereich

(1) Die Rechnungs- und Buchführungspflichten von Krankenhäusern regeln sich nach den Vorschriften dieser Verordnung und deren Anlagen, unabhängig davon, ob das Krankenhaus Kaufmann im Sinne des Handelsgesetzbuchs ist, und unabhängig von der Rechtsform des Krankenhauses. Soweit die Absätze 3 und 4 nichts anderes bestimmen, bleiben die Rechnungs- und Buchführungspflichten nach dem Handels- und Steuerrecht sowie nach anderen Vorschriften unberührt.

(2) Diese Verordnung gilt nicht für

1. die Krankenhäuser, auf die das Krankenhausfinanzierungsgesetz nach seinem § 3 Satz 1 Nr. 1 bis 4 keine Anwendung findet,
2. die Krankenhäuser, die nach § 5 Abs. 1 Nr. 2, 4 oder 7 des Krankenhausfinanzierungsgesetzes nicht gefördert werden, es sei denn, dass diese Krankenhäuser auf Grund Landesrechts nach § 5 Abs. 2 des Krankenhausfinanzierungsgesetzes gefördert werden, oder
3. die Bundeswehrkrankenhäuser und die Krankenhäuser der Träger der gesetzlichen Unfallversicherung.

(3) Krankenhäuser, die Kapitalgesellschaften im Sinne des Zweiten Abschnitts des Dritten Buchs des Handelsgesetzbuchs sind, brauchen auch für Zwecke des Handelsrechts bei der Aufstellung, Feststellung und Offenlegung ihres Jahresabschlusses nach dem Handelsgesetzbuch die Gliederungsvorschriften der §§ 266, 268 Abs. 2 und § 275 des Handelsgesetzbuchs nicht anzuwenden. Sehen sie von der Anwendung ab, so haben sie bei der Aufstellung, Feststellung und Offenlegung die Bilanz nach Anlage 1, die Gewinn- und Verlustrechnung nach Anlage 2 und den Anlagennachweis nach Anlage 3 zu gliedern. Die im Anlagennachweis vorgeschriebenen Angaben sind auch für

den Posten "Immaterielle Vermögensgegenstände" und jeweils für die Posten des Finanzanlagevermögens zu machen.

(4) Bei Inanspruchnahme des Wahlrechts nach Absatz 3 für Zwecke des Handelsrechts gelten die Erleichterungen für kleine und mittelgroße Kapitalgesellschaften nach § 266 Abs. 1 Satz 3 und § 276 des Handelsgesetzbuchs bei der Aufstellung und Feststellung nicht; bei der Offenlegung nach den §§ 325 bis 328 des Handelsgesetzbuchs dürfen § 266 Abs. 1 Satz 3 und § 276 des Handelsgesetzbuchs mit der Maßgabe angewendet werden, dass in der Bilanz nach Anlage 1 und im Anlagennachweis nach Anlage 3 nur die mit Buchstaben und römischen Zahlen bezeichneten Posten ausgewiesen werden müssen und dass in der Gewinn- und Verlustrechnung nach Anlage 2 die Posten 1 bis 8 und 10 zu dem Posten "Rohergebnis" zusammengefasst werden dürfen.

§ 2 Geschäftsjahr

Das Geschäftsjahr ist das Kalenderjahr.

§ 3 Buchführung, Inventar

Das Krankenhaus führt seine Bücher nach den Regeln der kaufmännischen doppelten Buchführung; im übrigen gelten die §§ 238 und 239 des Handelsgesetzbuchs. Die Konten sind nach dem Kontenrahmen der Anlage 4 einzurichten, es sei denn, dass durch ein ordnungsmäßiges Überleitungsverfahren die Umschlüsselung auf den Kontenrahmen sichergestellt wird. Für das Inventar gelten die §§ 240 und 241 des Handelsgesetzbuchs.

§ 4 Jahresabschluss

(1) Der Jahresabschluss des Krankenhauses besteht aus der Bilanz, der Gewinn- und Verlustrechnung und dem Anhang einschließlich des Anlagennachweises. Die Bilanz ist nach der Anlage 1, die Gewinn- und Verlustrechnung nach der Anlage 2, der Anlagennachweis nach der Anlage 3 zu gliedern; im übrigen richten sich Inhalt und Umfang des Jahresabschlusses nach Absatz 3.

(2) Der Jahresabschluss soll innerhalb von vier Monaten nach Ablauf des Geschäftsjahres aufgestellt werden.

(3) Für die Aufstellung und den Inhalt des Jahresabschlusses gelten die §§ 242 bis 256a sowie § 264 Abs. 2, § 265 Abs. 2, 5 und 8, § 268 Abs. 1 und 3, § 270 Abs. 2, die

§§ 271, 272, 274, 275 Absatz 4, § 277 Abs. 2, Abs. 3 Satz 1 und Abs. 4 Satz 1 und § 284 Abs. 2 Nr. 1 und 3 des Handelsgesetzbuchs sowie Artikel 28, 42 bis 44 des Einführungsgesetzes zum Handelsgesetzbuch, soweit diese Verordnung nichts anderes bestimmt.

§ 5 Einzelvorschriften zum Jahresabschluss

(1) Vermögensgegenstände des Anlagevermögens, deren Nutzung zeitlich begrenzt ist, sind zu den Anschaffungs- oder Herstellungskosten, vermindert um Abschreibungen, anzusetzen. Kann ein Krankenhaus, das erstmals nach den Grundsätzen dieser Verordnung eine Bewertung des Anlagevermögens vornimmt, zum Stichtag der Eröffnungsbilanz die tatsächlichen Anschaffungs- oder Herstellungskosten nicht ohne unvertretbaren Aufwand ermitteln, so sind den Preisverhältnissen des vermutlichen Anschaffungs- oder Herstellungszeitpunkts entsprechende Erfahrungswerte als Anschaffungs- oder Herstellungskosten anzusetzen. Vermögensgegenstände des Anlagevermögens, die am 1. Januar 1972 bis auf einen Erinnerungsposten abgeschrieben waren, können mit diesem Restbuchwert angesetzt werden.

(2) Nicht auf dem Krankenhausfinanzierungsgesetz beruhende Zuweisungen und Zuschüsse der öffentlichen Hand für Investitionen in aktivierte Vermögensgegenstände des Anlagevermögens sind in der Bilanz auf der Passivseite als "Sonderposten aus Zuweisungen und Zuschüssen der öffentlichen Hand", vermindert um den Betrag der bis zum jeweiligen Bilanzstichtag angefallenen Abschreibungen auf die mit diesen Mitteln finanzierten Vermögensgegenstände des Anlagevermögens, auszuweisen.

(3) Fördermittel nach dem Krankenhausfinanzierungsgesetz für Investitionen in aktivierte Vermögensgegenstände des Anlagevermögens sind in der Bilanz auf der Passivseite als "Sonderposten aus Fördermitteln nach KHG", vermindert um den Betrag der bis zum jeweiligen Bilanzstichtag angefallenen Abschreibungen auf die mit diesen Mitteln finanzierten Vermögensgegenstände des Anlagevermögens, auszuweisen.

(4) Sind Fördermittel für Lasten aus Darlehen, die vor Aufnahme des Krankenhauses in den Krankenhausplan für förderungsfähige Investitionskosten des Krankenhauses aufgenommen worden sind, bewilligt worden, ist in Höhe des Teils der jährlichen Abschreibungen auf die mit diesen Mitteln finanzierten Vermögensgegenstände des Anlagevermögens, der nicht durch den Tilgungsanteil der Fördermittel gedeckt ist, in der Bilanz auf der Aktivseite ein "Ausgleichsposten aus Darlehensförderung" zu bilden. Ist der Tilgungsanteil der Fördermittel aus der Darlehensförderung höher als die jährlichen Abschreibungen auf die mit diesen Mitteln finanzierten Vermögensgegenstände

des Anlagevermögens, ist in der Bilanz in Höhe des überschießenden Betrages auf der Passivseite ein "Ausgleichsposten aus Darlehensförderung" zu bilden. Für die in § 2 Nr. 1a des Krankenhausfinanzierungsgesetzes genannten Ausbildungsstätten gelten Satz 1 und 2 entsprechend.

(5) In Höhe der Abschreibungen auf die aus Eigenmitteln des Krankenhausträgers vor Beginn der Förderung beschafften Vermögensgegenstände des Anlagevermögens, für die ein Ausgleich für die Abnutzung in der Zeit ab Beginn der Förderung verlangt werden kann, ist in der Bilanz auf der Aktivseite ein "Ausgleichsposten für Eigenmittelförderung" zu bilden.

(6) Unter dem Eigenkapital sind bei Krankenhäusern in einer anderen Rechtsform als der Kapitalgesellschaft oder ohne eigene Rechtspersönlichkeit als "festgesetztes Kapital" die Beträge auszuweisen, die vom Krankenhausträger auf Dauer zur Verfügung gestellt werden. Als "Kapitalrücklagen" sind sonstige Einlagen des Krankenhausträgers auszuweisen. Für Gewinnrücklagen gilt § 272 Abs. 3 des Handelsgesetzbuchs entsprechend.

§ 6 Aufbewahrung und Vorlegung von Unterlagen

Für die Aufbewahrung von Unterlagen, die Aufbewahrungsfristen und die Vorlegung von Unterlagen gelten die §§ 257 und 261 des Handelsgesetzbuchs.

§ 7

(weggefallen)

§ 8 Kosten- und Leistungsrechnung

Das Krankenhaus hat eine Kosten- und Leistungsrechnung zu führen, die eine betriebsinterne Steuerung sowie eine Beurteilung der Wirtschaftlichkeit und Leistungsfähigkeit erlaubt; sie muss die Ermittlung der pflegesatzfähigen Kosten sowie bis zum Jahr 2016 die Erstellung der Leistungs- und Kalkulationsaufstellung nach den Vorschriften der Bundespflegesatzverordnung in der am 31. Dezember 2012 geltenden Fassung ermöglichen. Dazu gehören folgende Mindestanforderungen:

1. Das Krankenhaus hat die auf Grund seiner Aufgaben und Struktur erforderlichen Kostenstellen zu bilden. Es sollen, sofern hierfür Kosten und Leistungen anfallen, mindestens die Kostenstellen gebildet werden, die sich aus dem Kos-

tenstellenrahmen der Anlage 5 ergeben. Bei abweichender Gliederung dieser Kostenstellen soll durch ein ordnungsmäßiges Überleitungsverfahren die Umschlüsselung auf den Kostenstellenrahmen sichergestellt werden.

2. Die Kosten sind aus der Buchführung nachprüfbar herzuleiten.
3. Die Kosten und Leistungen sind verursachungsgerecht nach Kostenstellen zu erfassen; sie sind darüber hinaus den anfordernden Kostenstellen zuzuordnen, soweit dies für die in Satz 1 genannten Zwecke erforderlich ist.

§ 9 Befreiungsvorschrift

Ein Krankenhaus mit bis zu 100 Betten oder mit nur einer bettenführenden Abteilung kann von den Pflichten nach § 8 befreit werden, soweit die mit diesen Pflichten verbundenen Kosten in keinem angemessenen Verhältnis zu dem erreichbaren Nutzen stehen und die in § 8 Satz 1 genannten Zwecke auf andere Weise erreicht werden können. Über die Befreiung entscheidet auf Antrag des Krankenhauses die zuständige Landesbehörde; dabei sind einvernehmliche Regelungen mit den in § 18 Absatz 1 Satz 2 des Krankenhausfinanzierungsgesetzes genannten Beteiligten anzustreben.

§ 10 Ordnungswidrigkeiten

Ordnungswidrig im Sinne des § 334 Abs. 1 Nr. 6 des Handelsgesetzbuchs handelt, wer als Mitglied des vertretungsberechtigten Organs oder des Aufsichtsrats eines Krankenhauses, das Kapitalgesellschaft ist, bei der Aufstellung oder Feststellung eines Jahresabschlusses

1. entgegen § 1 Abs. 3 Satz 2
   a) die Bilanz nicht nach Anlage 1,
   b) die Gewinn- und Verlustrechnung nicht nach Anlage 2 oder
   c) den Anlagennachweis nicht nach Anlage 3

   gliedert oder
2. entgegen § 1 Abs. 3 Satz 3 die dort bezeichneten zusätzlichen Angaben im Anlagennachweis nicht, nicht in der vorgeschriebenen Form oder nicht mit dem vorgeschriebenen Inhalt macht.

§ 11 Übergangsvorschrift

(1) Krankenhäuser, die nicht Kapitalgesellschaften sind, können auf die Geschäftsjahre 1987 und 1988 anstelle der vom 1. Januar 1987 an geltenden Vorschriften dieser Verordnung die bisherigen Vorschriften einschließlich der im bisherigen § 4 Abs. 3 be-

zeichneten Vorschriften des Aktiengesetzes in der bis zum 31. Dezember 1985 geltenden Fassung anwenden.

(2) § 8 und § 9 Satz 1 gelten für Krankenhäuser, die von den Vorschriften des § 8 Abs. 1 in der bis zum 31. Dezember 1985 geltenden Fassung befreit sind, erstmals für das am 1. Januar 1987 beginnende Geschäftsjahr.

(3) Sofern für ein Geschäftsjahr, das nach dem 31. Dezember 1998 und spätestens im Jahre 2001 endet, der Jahresabschluss und der Konzernabschluss nach Artikel 42 Abs. 1 Satz 2 des Einführungsgesetzes zum Handelsgesetzbuch in Deutscher Mark aufgestellt werden, sind auch die in den Formblättern gemäß Anlage 1 und 2 für die Bilanz und die Gewinn- und Verlustrechnung sowie die im Anlagennachweis gemäß Anlage 3 vorgeschriebenen Angaben in Deutscher Mark und unter der Bezeichnung "DM" zu machen. Für ein Geschäftsjahr, das spätestens am 31. Dezember 1998 endet, ist diese Verordnung in der an diesem Tage geltenden Fassung anzuwenden.

(4) § 279 des Handelsgesetzbuchs ist letztmals auf einen Jahresabschluss anzuwenden, der für ein Geschäftsjahr aufzustellen ist, das vor dem 1. Januar 2010 beginnt. Die Anlagen 1 und 4 mit den Änderungen, die durch das Bilanzrechtsmodernisierungsgesetz vom 25. Mai 2009 (BGBl. I S. 1102) und durch Artikel 1 Nummer 3 und 4 der Verordnung zur Änderung von Rechnungslegungsverordnungen vom 9. Juni 2011 (BGBl. I S. 1041) erfolgt sind, sind erstmals auf Jahresabschlüsse für Geschäftsjahre anzuwenden, die nach dem 31. Dezember 2009, im Fall des Artikels 66 Absatz 3 Satz 6 des Einführungsgesetzes zum Handelsgesetzbuch nach dem 31. Dezember 2008 beginnen. Die Anlagen 1 und 4 in der bis zum 28. Mai 2009 geltenden Fassung sind letztmals auf einen Jahresabschluss anzuwenden, der für ein Geschäftsjahr aufzustellen ist, das vor dem 1. Januar 2010 beginnt. Soweit im Übrigen in dieser Verordnung auf Bestimmungen des Handelsgesetzbuchs in der Fassung des Bilanzrechtsmodernisierungsgesetzes vom 25. Mai 2009 (BGBl. I S. 1102) verwiesen wird, gelten die in den Artikeln 66 und 67 des Einführungsgesetzes zum Handelsgesetzbuch enthaltenen Übergangsregelungen entsprechend. Artikel 66 Abs. 3 Satz 6 des Einführungsgesetzes zum Handelsgesetzbuch gilt entsprechend.

§ 12

(weggefallen)

§ 13 (Inkrafttreten)

-

7.4 Sozialgesetzbuch V (SGB V) – *Auszüge*

Sozialgesetzbuch (SGB) Fünftes Buch (V)

– Gesetzliche Krankenversicherung

-Auszüge-

Ausfertigungsdatum: 20.12.1988
Stand: Zuletzt geändert durch Art. 2 des Gesetzes vom 15.04.2015 (BGB1. I S. 583)

§ 2 Leistungen

(1) Die Krankenkassen stellen den Versicherten die im Dritten Kapitel genannten Leistungen unter Beachtung des Wirtschaftlichkeitsgebots (§ 12) zur Verfügung, soweit diese Leistungen nicht der Eigenverantwortung der Versicherten zugerechnet werden. Behandlungsmethoden, Arznei- und Heilmittel der besonderen Therapierichtungen sind nicht ausgeschlossen. Qualität und Wirksamkeit der Leistungen haben dem allgemein anerkannten Stand der medizinischen Erkenntnisse zu entsprechen und den medizinischen Fortschritt zu berücksichtigen.

(1a) Versicherte mit einer lebensbedrohlichen oder regelmäßig tödlichen Erkrankung oder mit einer zumindest wertungsmäßig vergleichbaren Erkrankung, für die eine allgemein anerkannte, dem medizinischen Standard entsprechende Leistung nicht zur Verfügung steht, können auch eine von Absatz 1 Satz 3 abweichende Leistung beanspruchen, wenn eine nicht ganz entfernt liegende Aussicht auf Heilung oder auf eine spürbare positive Einwirkung auf den Krankheitsverlauf besteht. Die Krankenkasse erteilt für Leistungen nach Satz 1 vor Beginn der Behandlung eine Kostenübernahmeerklärung, wenn Versicherte oder behandelnde Leistungserbringer dies beantragen. Mit der Kostenübernahmeerklärung wird die Abrechnungsmöglichkeit der Leistung nach Satz 1 festgestellt.

(2) Die Versicherten erhalten die Leistungen als Sach- und Dienstleistungen, soweit dieses oder das Neunte Buch nichts Abweichendes vorsehen. Die Leistungen können auf Antrag auch als Teil eines trägerübergreifenden Persönlichen Budgets erbracht werden; § 17 Abs. 2 bis 4 des Neunten Buches in Verbindung mit der Budgetverordnung und § 159 des Neunten Buches finden Anwendung. Über die Erbringung der

Sach- und Dienstleistungen schließen die Krankenkassen nach den Vorschriften des Vierten Kapitels Verträge mit den Leistungserbringern.

(3) Bei der Auswahl der Leistungserbringer ist ihre Vielfalt zu beachten. Den religiösen Bedürfnissen der Versicherten ist Rechnung zu tragen.

(4) Krankenkassen, Leistungserbringer und Versicherte haben darauf zu achten, daß die Leistungen wirksam und wirtschaftlich erbracht und nur im notwendigen Umfang in Anspruch genommen werden.

§ 11 Leistungsarten

(1) Versicherte haben nach den folgenden Vorschriften Anspruch auf Leistungen

1. bei Schwangerschaft und Mutterschaft (§§ 24c bis 24i),
2. zur Verhütung von Krankheiten und von deren Verschlimmerung sowie zur Empfängnisverhütung, bei Sterilisation und bei Schwangerschaftsabbruch (§§ 20 bis 24b),
3. zur Früherkennung von Krankheiten (§§ 25 und 26),
4. zur Behandlung einer Krankheit (§§ 27 bis 52),
5. des Persönlichen Budgets nach § 17 Abs. 2 bis 4 des Neunten Buches.

(2) Versicherte haben auch Anspruch auf Leistungen zur medizinischen Rehabilitation sowie auf unterhaltssichernde und andere ergänzende Leistungen, die notwendig sind, um eine Behinderung oder Pflegebedürftigkeit abzuwenden, zu beseitigen, zu mindern, auszugleichen, ihre Verschlimmerung zu verhüten oder ihre Folgen zu mildern. Leistungen der aktivierenden Pflege nach Eintritt von Pflegebedürftigkeit werden von den Pflegekassen erbracht. Die Leistungen nach Satz 1 werden unter Beachtung des Neunten Buches erbracht, soweit in diesem Buch nichts anderes bestimmt ist.

(3) Bei stationärer Behandlung umfassen die Leistungen auch die aus medizinischen Gründen notwendige Mitaufnahme einer Begleitperson des Versicherten oder bei stationärer Behandlung in einem Krankenhaus nach § 108 oder einer Vorsorge- oder Rehabilitationseinrichtung nach § 107 Absatz 2 die Mitaufnahme einer Pflegekraft, soweit Versicherte ihre Pflege nach § 66 Absatz 4 Satz 2 des Zwölften Buches durch von ihnen beschäftigte besondere Pflegekräfte sicherstellen.

(4) Versicherte haben Anspruch auf ein Versorgungsmanagement insbesondere zur Lösung von Problemen beim Übergang in die verschiedenen Versorgungsbereiche; dies umfasst auch die fachärztliche Anschlussversorgung. Die betroffenen Leistungserbringer sorgen für eine sachgerechte Anschlussversorgung des Versicherten und übermitteln sich gegenseitig die erforderlichen Informationen. Sie sind zur Erfüllung dieser Aufgabe von den Krankenkassen zu unterstützen. In das Versorgungsmanagement sind die Pflegeeinrichtungen einzubeziehen; dabei ist eine enge Zusammenarbeit mit Pflegeberatern und Pflegeberaterinnen nach § 7a des Elften Buches zu gewährleisten. Das Versorgungsmanagement und eine dazu erforderliche Übermittlung von Daten darf nur mit Einwilligung und nach vorheriger Information des Versicherten erfolgen. Soweit in Verträgen nach den §§ 140a bis 140d nicht bereits entsprechende Regelungen vereinbart sind, ist das Nähere im Rahmen von Verträgen mit sonstigen Leistungserbringern der gesetzlichen Krankenversicherung und mit Leistungserbringern nach dem Elften Buch sowie mit den Pflegekassen zu regeln.

(5) Auf Leistungen besteht kein Anspruch, wenn sie als Folge eines Arbeitsunfalls oder einer Berufskrankheit im Sinne der gesetzlichen Unfallversicherung zu erbringen sind. Dies gilt auch in Fällen des § 12a des Siebten Buches.

(6) Die Krankenkasse kann in ihrer Satzung zusätzliche vom Gemeinsamen Bundesausschuss nicht ausgeschlossene Leistungen in der fachlich gebotenen Qualität im Bereich der medizinischen Vorsorge und Rehabilitation (§§ 23, 40), der Leistungen von Hebammen bei Schwangerschaft und Mutterschaft (§ 24d), der künstlichen Befruchtung (§ 27a), der zahnärztlichen Behandlung ohne die Versorgung mit Zahnersatz (§ 28 Absatz 2), bei der Versorgung mit nicht verschreibungspflichtigen apothekenpflichtigen Arzneimitteln (§ 34 Absatz 1 Satz 1), mit Heilmitteln (§ 32) und Hilfsmitteln (§ 33), im Bereich der häuslichen Krankenpflege (§ 37) und der Haushaltshilfe (§ 38) sowie Leistungen von nicht zugelassenen Leistungserbringern vorsehen. Die Satzung muss insbesondere die Art, die Dauer und den Umfang der Leistung bestimmen; sie hat hinreichende Anforderungen an die Qualität der Leistungserbringung zu regeln. Die zusätzlichen Leistungen sind von den Krankenkassen in ihrer Rechnungslegung gesondert auszuweisen.

§ 12 Wirtschaftlichkeitsgebot

(1) Die Leistungen müssen ausreichend, zweckmäßig und wirtschaftlich sein; sie dürfen das Maß des Notwendigen nicht überschreiten. Leistungen, die nicht notwendig oder unwirtschaftlich sind, können Versicherte nicht beanspruchen, dürfen die Leistungserbringer nicht bewirken und die Krankenkassen nicht bewilligen.

(2) Ist für eine Leistung ein Festbetrag festgesetzt, erfüllt die Krankenkasse ihre Leistungspflicht mit dem Festbetrag.

(3) Hat die Krankenkasse Leistungen ohne Rechtsgrundlage oder entgegen geltendem Recht erbracht und hat ein Vorstandsmitglied hiervon gewußt oder hätte es hiervon wissen müssen, hat die zuständige Aufsichtsbehörde nach Anhörung des Vorstandsmitglieds den Verwaltungsrat zu veranlassen, das Vorstandsmitglied auf Ersatz des aus der Pflichtverletzung entstandenen Schadens in Anspruch zu nehmen, falls der Verwaltungsrat das Regreßverfahren nicht bereits von sich aus eingeleitet hat.

§ 39 Krankenhausbehandlung

(1) Die Krankenhausbehandlung wird vollstationär, teilstationär, vor- und nachstationär (§ 115a) sowie ambulant (§ 115b) erbracht. Versicherte haben Anspruch auf vollstationäre Behandlung in einem zugelassenen Krankenhaus (§ 108), wenn die Aufnahme nach Prüfung durch das Krankenhaus erforderlich ist, weil das Behandlungsziel nicht durch teilstationäre, vor- und nachstationäre oder ambulante Behandlung einschließlich häuslicher Krankenpflege erreicht werden kann. Die Krankenhausbehandlung umfasst im Rahmen des Versorgungsauftrags des Krankenhauses alle Leistungen, die im Einzelfall nach Art und Schwere der Krankheit für die medizinische Versorgung der Versicherten im Krankenhaus notwendig sind, insbesondere ärztliche Behandlung (§ 28 Abs. 1), Krankenpflege, Versorgung mit Arznei-, Heil- und Hilfsmitteln, Unterkunft und Verpflegung; die akutstationäre Behandlung umfasst auch die im Einzelfall erforderlichen und zum frühestmöglichen Zeitpunkt einsetzenden Leistungen zur Frührehabilitation. Die Krankenhausbehandlung umfasst auch ein Entlassmanagement zur Lösung von Problemen beim Übergang in die Versorgung nach der Krankenhausbehandlung. Das Entlassmanagement und eine dazu erforderliche Übermittlung von Daten darf nur mit Einwilligung und nach vorheriger Information des Versicherten erfolgen. § 11 Absatz 4 Satz 4 gilt.

(2) Wählen Versicherte ohne zwingenden Grund ein anderes als ein in der ärztlichen Einweisung genanntes Krankenhaus, können ihnen die Mehrkosten ganz oder teilweise auferlegt werden.

(3) Die Landesverbände der Krankenkassen, die Ersatzkassen und die Deutsche Rentenversicherung Knappschaft-Bahn-See gemeinsam erstellen unter Mitwirkung der Landeskrankenhausgesellschaft und der Kassenärztlichen Vereinigung ein Verzeichnis der Leistungen und Entgelte für die Krankenhausbehandlung in den zugelassenen Krankenhäusern im Land oder in einer Region und passen es der Entwicklung an

(Verzeichnis stationärer Leistungen und Entgelte). Dabei sind die Entgelte so zusammenzustellen, dass sie miteinander verglichen werden können. Die Krankenkassen haben darauf hinzuwirken, dass Vertragsärzte und Versicherte das Verzeichnis bei der Verordnung und Inanspruchnahme von Krankenhausbehandlung beachten.

(4) Versicherte, die das achtzehnte Lebensjahr vollendet haben, zahlen vom Beginn der vollstationären Krankenhausbehandlung an innerhalb eines Kalenderjahres für längstens 28 Tage den sich nach § 61 Satz 2 ergebenden Betrag je Kalendertag an das Krankenhaus. Die innerhalb des Kalenderjahres bereits an einen Träger der gesetzlichen Rentenversicherung geleistete Zahlung nach § 32 Abs. 1 Satz 2 des Sechsten Buches sowie die nach § 40 Abs. 6 Satz 1 geleistete Zahlung sind auf die Zahlung nach Satz 1 anzurechnen.

(5) (weggefallen)

§ 72 Sicherstellung der vertragsärztlichen und vertragszahnärztlichen Versorgung

(1) Ärzte, Zahnärzte, Psychotherapeuten, medizinische Versorgungszentren und Krankenkassen wirken zur Sicherstellung der vertragsärztlichen Versorgung der Versicherten zusammen. Soweit sich die Vorschriften dieses Kapitels auf Ärzte beziehen, gelten sie entsprechend für Zahnärzte, Psychotherapeuten und medizinische Versorgungszentren, sofern nichts Abweichendes bestimmt ist.

(2) Die vertragsärztliche Versorgung ist im Rahmen der gesetzlichen Vorschriften und der Richtlinien des Gemeinsamen Bundesausschusses durch schriftliche Verträge der Kassenärztlichen Vereinigungen mit den Verbänden der Krankenkassen so zu regeln, daß eine ausreichende, zweckmäßige und wirtschaftliche Versorgung der Versicherten unter Berücksichtigung des allgemein anerkannten Standes der medizinischen Erkenntnisse gewährleistet ist und die ärztlichen Leistungen angemessen vergütet werden.

(3) Für die knappschaftliche Krankenversicherung gelten die Absätze 1 und 2 entsprechend, soweit das Verhältnis zu den Ärzten nicht durch die Deutsche Rentenversicherung Knappschaft-Bahn-See nach den örtlichen Verhältnissen geregelt ist.

(4) (weggefallen)

§ 73 Kassenärztliche Versorgung

(1) Die vertragsärztliche Versorgung gliedert sich in die hausärztliche und die fachärztliche Versorgung. Die hausärztliche Versorgung beinhaltet insbesondere

1. die allgemeine und fortgesetzte ärztliche Betreuung eines Patienten in Diagnostik und Therapie bei Kenntnis seines häuslichen und familiären Umfeldes; Behandlungsmethoden, Arznei- und Heilmittel der besonderen Therapierichtungen sind nicht ausgeschlossen,
2. die Koordination diagnostischer, therapeutischer und pflegerischer Maßnahmen,
3. die Dokumentation, insbesondere Zusammenführung, Bewertung und Aufbewahrung der wesentlichen Behandlungsdaten, Befunde und Berichte aus der ambulanten und stationären Versorgung,
4. die Einleitung oder Durchführung präventiver und rehabilitativer Maßnahmen sowie die Integration nichtärztlicher Hilfen und flankierender Dienste in die Behandlungsmaßnahmen.

(1a) An der hausärztlichen Versorgung nehmen

1. Allgemeinärzte,
2. Kinderärzte,
3. Internisten ohne Schwerpunktbezeichnung, die die Teilnahme an der hausärztlichen Versorgung gewählt haben,
4. Ärzte, die nach § 95a Abs. 4 und 5 Satz 1 in das Arztregister eingetragen sind und
5. Ärzte, die am 31. Dezember 2000 an der hausärztlichen Versorgung teilgenommen haben,

teil (Hausärzte). Die übrigen Fachärzte nehmen an der fachärztlichen Versorgung teil. Der Zulassungsausschuss kann für Kinderärzte und Internisten ohne Schwerpunktbezeichnung eine von Satz 1 abweichende befristete Regelung treffen, wenn eine bedarfsgerechte Versorgung nicht gewährleistet ist. Kinderärzte mit Schwerpunktbezeichnung können auch an der fachärztlichen Versorgung teilnehmen. Der Zulassungsausschuss kann Allgemeinärzten und Ärzten ohne Gebietsbezeichnung, die im Wesentlichen spezielle Leistungen erbringen, auf deren Antrag die Genehmigung zur ausschließlichen Teilnahme an der fachärztlichen Versorgung erteilen.

(1b) Ein Hausarzt darf mit schriftlicher Einwilligung des Versicherten, die widerrufen werden kann, bei Leistungserbringern, die einen seiner Patienten behandeln, die den

Versicherten betreffenden Behandlungsdaten und Befunde zum Zwecke der Dokumentation und der weiteren Behandlung erheben. Die einen Versicherten behandelnden Leistungserbringer sind verpflichtet, den Versicherten nach dem von ihm gewählten Hausarzt zu fragen und diesem mit schriftlicher Einwilligung des Versicherten, die widerrufen werden kann, die in Satz 1 genannten Daten zum Zwecke der bei diesem durchzuführenden Dokumentation und der weiteren Behandlung zu übermitteln; die behandelnden Leistungserbringer sind berechtigt, mit schriftlicher Einwilligung des Versicherten, die widerrufen werden kann, die für die Behandlung erforderlichen Behandlungsdaten und Befunde bei dem Hausarzt und anderen Leistungserbringern zu erheben und für die Zwecke der von ihnen zu erbringenden Leistungen zu verarbeiten und zu nutzen. Der Hausarzt darf die ihm nach den Sätzen 1 und 2 übermittelten Daten nur zu dem Zweck verarbeiten und nutzen, zu dem sie ihm übermittelt worden sind; er ist berechtigt und verpflichtet, die für die Behandlung erforderlichen Daten und Befunde an die den Versicherten auch behandelnden Leistungserbringer mit dessen schriftlicher Einwilligung, die widerrufen werden kann, zu übermitteln. § 276 Abs. 2 Satz 1 Halbsatz 2 bleibt unberührt. Bei einem Hausarztwechsel ist der bisherige Hausarzt des Versicherten verpflichtet, dem neuen Hausarzt die bei ihm über den Versicherten gespeicherten Unterlagen mit dessen Einverständnis vollständig zu übermitteln; der neue Hausarzt darf die in diesen Unterlagen enthaltenen personenbezogenen Daten erheben.

(1c) (weggefallen)

(2) Die vertragsärztliche Versorgung umfasst die

1. ärztliche Behandlung,
2. zahnärztliche Behandlung und kieferorthopädische Behandlung nach Maßgabe des § 28 Abs. 2,
2a. Versorgung mit Zahnersatz einschließlich Zahnkronen und Suprakonstruktionen, soweit sie § 56 Abs. 2 entspricht,
3. Maßnahmen zur Früherkennung von Krankheiten,
4. ärztliche Betreuung bei Schwangerschaft und Mutterschaft,
5. Verordnung von Leistungen zur medizinischen Rehabilitation,
6. Anordnung der Hilfeleistung anderer Personen,
7. Verordnung von Arznei-, Verband-, Heil- und Hilfsmitteln, Krankentransporten sowie Krankenhausbehandlung oder Behandlung in Vorsorge- oder Rehabilitationseinrichtungen,
8. Verordnung häuslicher Krankenpflege,

9. Ausstellung von Bescheinigungen und Erstellung von Berichten, die die Krankenkassen oder der Medizinische Dienst (§ 275) zur Durchführung ihrer gesetzlichen Aufgaben oder die die Versicherten für den Anspruch auf Fortzahlung des Arbeitsentgelts benötigen,
10. medizinische Maßnahmen zur Herbeiführung einer Schwangerschaft nach § 27a Abs. 1,
11. ärztlichen Maßnahmen nach den §§ 24a und 24b,
12. Verordnung von Soziotherapie.

Die Nummern 2 bis 8, 10 bis 12 sowie 9, soweit sich diese Regelung auf die Feststellung und die Bescheinigung von Arbeitsunfähigkeit bezieht, gelten nicht für Psychotherapeuten.

(3) In den Gesamtverträgen ist zu vereinbaren, inwieweit Maßnahmen zur Vorsorge und Rehabilitation, soweit sie nicht zur kassenärztlichen Versorgung nach Absatz 2 gehören, Gegenstand der kassenärztlichen Versorgung sind.

(4) Krankenhausbehandlung darf nur verordnet werden, wenn eine ambulante Versorgung der Versicherten zur Erzielung des Heil- oder Linderungserfolgs nicht ausreicht. Die Notwendigkeit der Krankenhausbehandlung ist bei der Verordnung zu begründen. In der Verordnung von Krankenhausbehandlung sind in den geeigneten Fällen auch die beiden nächsterreichbaren, für die vorgesehene Krankenhausbehandlung geeigneten Krankenhäuser anzugeben. Das Verzeichnis nach § 39 Abs. 3 ist zu berücksichtigen.

(5) Der an der kassenärztlichen Versorgung teilnehmende Arzt und die ermächtigte Einrichtung sollen bei der Verordnung von Arzneimitteln die Preisvergleichsliste nach § 92 Abs. 2 beachten. Sie können auf dem Verordnungsblatt oder in dem elektronischen Verordnungsdatensatz ausschließen, dass die Apotheken ein preisgünstigeres wirkstoffgleiches Arzneimittel anstelle des verordneten Mittels abgeben. Verordnet der Arzt ein Arzneimittel, dessen Preis den Festbetrag nach § 35 oder § 35a überschreitet, hat der Arzt den Versicherten über die sich aus seiner Verordnung ergebende Pflicht zur Übernahme der Mehrkosten hinzuweisen.

(6) Zur kassenärztlichen Versorgung gehören Maßnahmen zur Früherkennung von Krankheiten nicht, wenn sie im Rahmen der Krankenhausbehandlung oder der stationären Entbindung durchgeführt werden, es sei denn, die ärztlichen Leistungen werden von einem Belegarzt erbracht.

(7) Es ist Vertragsärzten nicht gestattet, für die Zuweisung von Versicherten ein Entgelt oder sonstige wirtschaftliche Vorteile sich versprechen oder sich gewähren zu lassen oder selbst zu versprechen oder zu gewähren. § 128 Absatz 2 Satz 3 gilt entsprechend.

(8) Zur Sicherung der wirtschaftlichen Verordnungsweise haben die Kassenärztlichen Vereinigungen und die Kassenärztlichen Bundesvereinigungen sowie die Krankenkassen und ihre Verbände die Vertragsärzte auch vergleichend über preisgünstige verordnungsfähige Leistungen und Bezugsquellen, einschließlich der jeweiligen Preise und Entgelte zu informieren sowie nach dem allgemeinen anerkannten Stand der medizinischen Erkenntnisse Hinweise zu Indikation und therapeutischen Nutzen zu geben. Die Informationen und Hinweise für die Verordnung von Arznei-, Verband- und Heilmitteln erfolgen insbesondere auf der Grundlage der Hinweise nach § 92 Abs. 2 Satz 3, der Rahmenvorgaben nach § 84 Abs. 7 Satz 1 und der getroffenen Arzneimittelvereinbarungen nach § 84 Abs. 1. In den Informationen und Hinweisen sind Handelsbezeichnung, Indikationen und Preise sowie weitere für die Verordnung von Arzneimitteln bedeutsame Angaben insbesondere auf Grund der Richtlinien nach § 92 Abs. 1 Satz 2 Nr. 6 in einer Weise anzugeben, die unmittelbar einen Vergleich ermöglichen; dafür können Arzneimittel ausgewählt werden, die einen maßgeblichen Anteil an der Versorgung der Versicherten im Indikationsgebiet haben. Die Kosten der Arzneimittel je Tagesdosis sind nach den Angaben der anatomisch-therapeutisch-chemischen Klassifikation anzugeben. Es gilt die vom Deutschen Institut für medizinische Dokumentation und Information im Auftrage des Bundesministeriums für Gesundheit herausgegebene Klassifikation in der jeweils gültigen Fassung. Die Übersicht ist für einen Stichtag zu erstellen und in geeigneten Zeitabständen, im Regelfall jährlich, zu aktualisieren. Vertragsärzte dürfen für die Verordnung von Arzneimitteln nur solche elektronischen Programme nutzen, die die Informationen nach den Sätzen 2 und 3 sowie über das Vorliegen von Rabattverträgen nach § 130a Abs. 8 enthalten und die von der Kassenärztlichen Bundesvereinigung für die vertragsärztliche Versorgung zugelassen sind. Das Nähere ist in den Verträgen nach § 82 Abs. 1 zu vereinbaren.

§ 73b Hausarztzentrierte Versorgung

(1) Die Krankenkassen haben ihren Versicherten eine besondere hausärztliche Versorgung (hausarztzentrierte Versorgung) anzubieten.

(2) Dabei ist sicherzustellen, dass die hausarztzentrierte Versorgung insbesondere folgenden Anforderungen genügt, die über die vom Gemeinsamen Bundesausschuss sowie in den Bundesmantelverträgen geregelten Anforderungen an die hausärztliche

Versorgung nach § 73 hinausgehen:

1. Teilnahme der Hausärzte an strukturierten Qualitätszirkeln zur Arzneimitteltherapie unter Leitung entsprechend geschulter Moderatoren,
2. Behandlung nach für die hausärztliche Versorgung entwickelten, evidenzbasierten, praxiserprobten Leitlinien,
3. Erfüllung der Fortbildungspflicht nach § 95d durch Teilnahme an Fortbildungen, die sich auf hausarzttypische Behandlungsprobleme konzentrieren, wie patientenzentrierte Gesprächsführung, psychosomatische Grundversorgung, Palliativmedizin, allgemeine Schmerztherapie, Geriatrie,
4. Einführung eines einrichtungsinternen, auf die besonderen Bedingungen einer Hausarztpraxis zugeschnittenen, indikatorengestützten und wissenschaftlich anerkannten Qualitätsmanagements.

(3) Die Teilnahme an der hausarztzentrierten Versorgung ist freiwillig. Die Teilnehmer verpflichten sich schriftlich gegenüber ihrer Krankenkasse, nur einen von ihnen aus dem Kreis der Hausärzte nach Absatz 4 gewählten Hausarzt in Anspruch zu nehmen sowie ambulante fachärztliche Behandlung mit Ausnahme der Leistungen der Augenärzte und Frauenärzte nur auf dessen Überweisung; die direkte Inanspruchnahme eines Kinderarztes bleibt unberührt. Die Versicherten können die Teilnahmeerklärung innerhalb von zwei Wochen nach deren Abgabe in Textform oder zur Niederschrift bei der Krankenkasse ohne Angabe von Gründen widerrufen. Zur Fristwahrung genügt die rechtzeitige Absendung der Widerrufserklärung an die Krankenkasse. Die Widerrufsfrist beginnt, wenn die Krankenkasse dem Versicherten eine Belehrung über sein Widerrufsrecht in Textform mitgeteilt hat, frühestens jedoch mit der Abgabe der Teilnahmeerklärung. Wird das Widerrufsrecht nicht ausgeübt, ist der Versicherte an seine Teilnahmeerklärung und an die Wahl seines Hausarztes mindestens ein Jahr gebunden; er darf den gewählten Hausarzt nur bei Vorliegen eines wichtigen Grundes wechseln. Das Nähere zur Durchführung der Teilnahme der Versicherten, insbesondere zur Bindung an den gewählten Hausarzt, zu weiteren Ausnahmen von dem Überweisungsgebot und zu den Folgen bei Pflichtverstößen der Versicherten, regeln die Krankenkassen in ihren Satzungen. Die Satzung hat auch Regelungen zur Abgabe der Teilnahmeerklärung zu enthalten; die Regelungen sind auf der Grundlage der Richtlinie nach § 217f Absatz 4a zu treffen.

(4) Zur flächendeckenden Sicherstellung des Angebots nach Absatz 1 haben Krankenkassen allein oder in Kooperation mit anderen Krankenkassen spätestens bis zum 30. Juni 2009 Verträge mit Gemeinschaften zu schließen, die mindestens die Hälfte der an der hausärztlichen Versorgung teilnehmenden Allgemeinärzte des Bezirks der Kassen-

ärztlichen Vereinigung vertreten. Können sich die Vertragsparteien nicht einigen, kann die Gemeinschaft die Einleitung eines Schiedsverfahrens nach Absatz 4a beantragen. Ist ein Vertrag nach Satz 1 zustande gekommen oder soll ein Vertrag zur Versorgung von Kindern und Jugendlichen geschlossen werden, können Verträge auch abgeschlossen werden mit

1. vertragsärztlichen Leistungserbringern, die an der hausärztlichen Versorgung nach § 73 Abs. 1a teilnehmen,
2. Gemeinschaften dieser Leistungserbringer,
3. Trägern von Einrichtungen, die eine hausarztzentrierte Versorgung durch vertragsärztliche Leistungserbringer, die an der hausärztlichen Versorgung nach § 73 Abs. 1a teilnehmen, anbieten,
4. Kassenärztlichen Vereinigungen, soweit Gemeinschaften nach Nummer 2 sie hierzu ermächtigt haben.

Finden die Krankenkassen in dem Bezirk einer Kassenärztlichen Vereinigung keinen Vertragspartner, der die Voraussetzungen nach Satz 1 erfüllt, haben sie zur flächendeckenden Sicherstellung des Angebots nach Absatz 1 Verträge mit einem oder mehreren der in Satz 3 genannten Vertragspartner zu schließen. In den Fällen der Sätze 3 und 4 besteht kein Anspruch auf Vertragsabschluss; die Aufforderung zur Abgabe eines Angebots ist unter Bekanntgabe objektiver Auswahlkriterien auszuschreiben. Soweit die hausärztliche Versorgung der Versicherten durch Verträge nach diesem Absatz durchgeführt wird, ist der Sicherstellungsauftrag nach § 75 Abs. 1 eingeschränkt. Die Krankenkassen können den der hausarztzentrierten Versorgung zuzurechnenden Notdienst gegen Aufwendungsersatz, der pauschalisiert werden kann, durch die Kassenärztlichen Vereinigungen sicherstellen lassen.

(4a) Beantragt eine Gemeinschaft gemäß Absatz 4 Satz 2 die Einleitung eines Schiedsverfahrens, haben sich die Parteien auf eine unabhängige Schiedsperson zu verständigen, die den Inhalt des Vertrages nach Absatz 4 Satz 1 festlegt. Einigen sich die Parteien nicht auf eine Schiedsperson, so wird diese von der für die Krankenkasse zuständigen Aufsichtsbehörde bestimmt. Die Kosten des Schiedsverfahrens tragen die Vertragspartner zu gleichen Teilen. Klagen gegen die Bestimmung der Schiedsperson haben keine aufschiebende Wirkung. Klagen gegen die Festlegung des Vertragsinhalts richten sich gegen eine der beiden Vertragsparteien, nicht gegen die Schiedsperson.

(5) In den Verträgen nach Absatz 4 sind das Nähere über den Inhalt und die Durchführung der hausarztzentrierten Versorgung, insbesondere die Ausgestaltung der Anforderungen nach Absatz 2, sowie die Vergütung zu regeln; in Verträgen, die nach dem 31.

März 2014 zustande kommen, sind zudem Wirtschaftlichkeitskriterien und Maßnahmen bei Nichteinhaltung der vereinbarten Wirtschaftlichkeitskriterien sowie Regelungen zur Qualitätssicherung zu vereinbaren. Eine Beteiligung der Kassenärztlichen Vereinigung bei der Ausgestaltung und Umsetzung der Anforderungen nach Absatz 2 ist möglich. Gegenstand der hausarztzentrierten Versorgung dürfen nur solche Leistungen sein, über deren Eignung als Leistung der gesetzlichen Krankenversicherung der Gemeinsame Bundesausschuss nach § 91 im Rahmen der Beschlüsse nach § 92 Abs. 1 Satz 2 Nr. 5 keine ablehnende Entscheidung getroffen hat. Die Einzelverträge können Abweichendes von den Vorschriften dieses Kapitels sowie den nach diesen Vorschriften getroffenen Regelungen regeln. § 106a Abs. 3 gilt hinsichtlich der arzt- und versichertenbezogenen Prüfung der Abrechnungen auf Rechtmäßigkeit entsprechend. Zugelassene strukturierte Behandlungsprogramme nach §§ 137f und 137g sind, soweit sie die hausärztliche Versorgung betreffen, Bestandteil der Verträge nach Absatz 4.

(5a) (weggefallen)

(6) Die Krankenkassen haben ihre Versicherten in geeigneter Weise umfassend über Inhalt und Ziele der hausarztzentrierten Versorgung sowie über die jeweils wohnortnah teilnehmenden Hausärzte zu informieren.

(7) Die Vertragspartner der Gesamtverträge nach § 83 Abs. 1 haben die Gesamtvergütungen nach § 85 Abs. 2 in den Jahren 2007 und 2008 entsprechend der Zahl der an der hausarztzentrierten Versorgung teilnehmenden Versicherten sowie dem in den Verträgen nach Absatz 4 vereinbarten Inhalt der hausarztzentrierten Versorgung zu bereinigen, soweit der damit verbundene einzelvertragliche Leistungsbedarf den nach § 295 Abs. 2 auf Grundlage des einheitlichen Bewertungsmaßstabes für vertragsärztliche Leistungen abgerechneten Leistungsbedarf vermindert. Ab dem 1. Januar 2009 ist der Behandlungsbedarf nach § 87a Abs. 3 Satz 2 entsprechend der Zahl und der Morbiditätsstruktur der an der hausarztzentrierten Versorgung teilnehmenden Versicherten sowie dem in den Verträgen nach Absatz 4 vereinbarten Inhalt der hausarztzentrierten Versorgung zu bereinigen. Kommt eine Einigung über die Verringerung der Gesamtvergütungen nach Satz 1 oder des Behandlungsbedarfs nach Satz 2 nicht zustande, können auch die Krankenkassen, die Vertragspartner der Verträge nach Absatz 4 sind, das Schiedsamt nach § 89 anrufen. Die für die Bereinigungsverfahren erforderlichen arzt- und versichertenbezogenen Daten übermitteln die Krankenkassen den zuständigen Gesamtvertragspartnern.

(8) Die Vertragsparteien nach Absatz 4 können vereinbaren, dass Aufwendungen für Leistungen, die über die hausärztliche Versorgung nach § 73 hinausgehen und insoweit nicht unter die Bereinigungspflicht nach Absatz 7 fallen, aus Einsparungen und Effizienzsteigerungen, die aus den Maßnahmen von Verträgen nach Absatz 4 erzielt werden, finanziert werden.

(9) Verträge nach Absatz 4, die nach dem 22. September 2010 zustande kommen, sind der für die Krankenkasse zuständigen Aufsichtsbehörde vorzulegen. Die Aufsichtsbehörde kann die Verträge innerhalb von zwei Monaten beanstanden. Der Aufsichtsbehörde ist die Einhaltung der nach Absatz 5 Satz 1 vereinbarten Wirtschaftlichkeitskriterien vier Jahre nach Wirksamwerden des Vertrages nachzuweisen. Sie kann zusätzliche Informationen und ergänzende Stellungnahmen anfordern; bis zum Eingang der Auskünfte ist der Lauf der Frist nach Satz 2 unterbrochen. Die Sätze 1 bis 4 gelten entsprechend für Verträge, die in einem Schiedsverfahren nach Absatz 4a Satz 1 festgelegt werden; die Schiedsperson hat den Vertrag vorzulegen.

§ 73c Besondere ambulante ärztliche Versorgung

(1) Die Krankenkassen können ihren Versicherten die Sicherstellung der ambulanten ärztlichen Versorgung durch Abschluss von Verträgen nach Absatz 4 anbieten. Gegenstand der Verträge können Versorgungsaufträge sein, die sowohl die versichertenbezogene gesamte ambulante ärztliche Versorgung als auch einzelne Bereiche der ambulanten ärztlichen Versorgung umfassen. Für die personellen und sächlichen Qualitätsanforderungen zur Durchführung der vereinbarten Versorgungsaufträge gelten die vom Gemeinsamen Bundesausschuss sowie die in den Bundesmantelverträgen für die Leistungserbringung in der vertragsärztlichen Versorgung beschlossenen Anforderungen als Mindestvoraussetzungen entsprechend.

(2) Die Versicherten erklären ihre freiwillige Teilnahme an der besonderen ambulanten ärztlichen Versorgung durch nach Absatz 3 verpflichtete Leistungserbringer, indem sie sich schriftlich gegenüber ihrer Krankenkasse verpflichten, für die Erfüllung der in den Verträgen umschriebenen Versorgungsaufträge nur die vertraglich gebundenen Leistungserbringer und andere ärztliche Leistungserbringer nur auf deren Überweisung in Anspruch zu nehmen. Die Versicherten können die Teilnahmeerklärung innerhalb von zwei Wochen nach deren Abgabe in Textform oder zur Niederschrift bei der Krankenkasse ohne Angabe von Gründen widerrufen. Zur Fristwahrung genügt die rechtzeitige Absendung der Widerrufserklärung an die Krankenkasse. Die Widerrufsfrist beginnt, wenn die Krankenkasse dem Versicherten eine Belehrung über sein Widerrufsrecht in Textform mitgeteilt hat, frühestens jedoch mit der Abgabe der

Teilnahmeerklärung. Das Nähere zur Durchführung der Teilnahme der Versicherten, insbesondere zur zeitlichen Bindung an die Teilnahmeerklärung, zur Bindung an die vertraglich gebundenen Leistungserbringer, zu Ausnahmen von dem Überweisungsgebot und zu den Folgen bei Pflichtverstößen der Versicherten, regeln die Krankenkassen in ihren Satzungen. § 73b Absatz 3 Satz 8 gilt entsprechend.

(3) Die Krankenkassen können zur Umsetzung ihres Angebots nach Absatz 1 allein oder in Kooperation mit anderen Krankenkassen Einzelverträge schließen mit

1. vertragsärztlichen Leistungserbringern,
2. Gemeinschaften dieser Leistungserbringer,
3. Trägern von Einrichtungen, die eine besondere ambulante Versorgung nach Absatz 1 durch vertragsärztliche Leistungserbringer anbieten,
4. Kassenärztlichen Vereinigungen.

Ein Anspruch auf Vertragsschluss besteht nicht. Die Aufforderung zur Abgabe eines Angebots ist unter Bekanntgabe objektiver Auswahlkriterien öffentlich auszuschreiben. Soweit die Versorgung der Versicherten durch Verträge nach Satz 1 durchgeführt wird, ist der Sicherstellungsauftrag nach § 75 Abs. 1 eingeschränkt. Die Krankenkassen können den diesen Versorgungsaufträgen zuzurechnenden Notdienst gegen Aufwendungsersatz, der pauschalisiert werden kann, durch die Kassenärztlichen Vereinigungen sicherstellen lassen.

(4) In den Verträgen nach Absatz 3 sind das Nähere über den Inhalt, den Umfang und die Durchführung der Versorgungsaufträge, insbesondere die Ausgestaltung der Qualitätsanforderungen, sowie die Vergütung zu regeln. Gegenstand der Versorgungsaufträge dürfen nur solche Leistungen sein, über deren Eignung als Leistung der gesetzlichen Krankenversicherung der Gemeinsame Bundesausschuss nach § 91 im Rahmen der Beschlüsse nach § 92 Abs. 1 Satz 2 Nr. 5 keine ablehnende Entscheidung getroffen hat. Die Verträge können Abweichendes von den Vorschriften dieses Kapitels sowie den nach diesen Vorschriften getroffenen Regelungen regeln. § 106a Abs. 3 gilt hinsichtlich der arzt- und versichertenbezogenen Prüfung der Abrechnungen auf Rechtmäßigkeit entsprechend.

(5) Die Krankenkassen haben ihre Versicherten in geeigneter Weise umfassend über Inhalt und Ziele der besonderen ambulanten ärztlichen Versorgung nach Absatz 1 sowie der daran teilnehmenden Ärzte zu informieren.

(6) Die Vertragspartner der Gesamtverträge nach § 83 Abs. 1 haben die Gesamtvergütungen nach § 85 Abs. 2 in den Jahren 2007 und 2008 entsprechend der Zahl der nach Absatz 3 teilnehmenden Versicherten sowie dem in einem Vertrag nach Absatz 3 vereinbarten Versorgungsauftrag zu bereinigen, soweit der damit verbundene einzelvertragliche Leistungsbedarf den nach § 295 Abs. 2 auf Grundlage des einheitlichen Bewertungsmaßstabes für vertragsärztliche Leistungen abgerechneten Leistungsbedarf vermindert. Ab dem 1. Januar 2009 ist der Behandlungsbedarf nach § 87a Abs. 3 Satz 2 entsprechend der Zahl und der Morbiditätsstruktur der nach Absatz 3 teilnehmenden Versicherten sowie dem in einem Vertrag nach Absatz 3 vereinbarten Versorgungsauftrag zu bereinigen. Kommt eine Einigung über die Verringerung der Gesamtvergütungen nach Satz 1 oder des Behandlungsbedarfs nach Satz 2 nicht zustande, können auch die Krankenkassen, die Vertragspartner der Verträge nach Absatz 3 sind, das Schiedsamt nach § 89 anrufen. Die für die Bereinigungsverfahren erforderlichen arzt- und versichertenbezogenen Daten übermitteln die Krankenkassen den zuständigen Gesamtvertragspartnern.

§ 85 Gesamtvergütung

(1) Die Krankenkasse entrichtet nach Maßgabe der Gesamtverträge an die jeweilige Kassenärztliche Vereinigung mit befreiender Wirkung eine Gesamtvergütung für die gesamte vertragsärztliche Versorgung der Mitglieder mit Wohnort im Bezirk der Kassenärztlichen Vereinigung einschließlich der mitversicherten Familienangehörigen.

(2) Die Höhe der Gesamtvergütung wird im Gesamtvertrag vereinbart; die Landesverbände der Krankenkassen treffen die Vereinbarung mit Wirkung für die Krankenkassen der jeweiligen Kassenart. Die Gesamtvergütung ist das Ausgabenvolumen für die Gesamtheit der zu vergütenden vertragsärztlichen Leistungen; sie kann als Festbetrag oder auf der Grundlage des Bewertungsmaßstabes nach Einzelleistungen, nach einer Kopfpauschale, nach einer Fallpauschale oder nach einem System berechnet werden, das sich aus der Verbindung dieser oder weiterer Berechnungsarten ergibt. Die Vereinbarung unterschiedlicher Vergütungen für die Versorgung verschiedener Gruppen von Versicherten ist nicht zulässig. Die Vertragsparteien haben auch eine angemessene Vergütung für nichtärztliche Leistungen im Rahmen sozialpädiatrischer und psychiatrischer Tätigkeit und für eine besonders qualifizierte onkologische Versorgung zu vereinbaren; das Nähere ist jeweils im Bundesmantelvertrag zu vereinbaren. Die Vergütungen der Untersuchungen nach den §§ 22, 25 Abs. 1 und 2, § 26 werden als Pauschalen vereinbart. Beim Zahnersatz sind Vergütungen für die Aufstellung eines Heil- und Kostenplans nicht zulässig. Soweit die Gesamtvergütung auf der Grundlage von Einzelleistungen vereinbart wird, ist der Betrag des Ausgabenvolumens nach Satz 2 zu

bestimmen. Ausgaben für Kostenerstattungsleistungen nach § 13 Abs. 2 und nach § 53 Abs. 4 mit Ausnahme der Kostenerstattungsleistungen nach § 13 Abs. 2 Satz 6 und Ausgaben auf Grund der Mehrkostenregelung nach § 28 Abs. 2 Satz 3 sind auf das Ausgabenvolumen nach Satz 2 anzurechnen.

(2a) Für die Vereinbarung der Vergütungen vertragszahnärztlicher Leistungen im Jahr 2013 ermitteln die Landesverbände der Krankenkassen und die Ersatzkassen einmalig gemeinsam und einheitlich mit der jeweiligen Kassenzahnärztlichen Vereinigung bis zum 31. Dezember 2012 die durchschnittlichen Punktwerte des Jahres 2012 für zahnärztliche Leistungen ohne Zahnersatz, gewichtet nach den gegenüber der jeweiligen Kassenzahnärztlichen Vereinigung abgerechneten Punktmengen. Soweit Punktwerte für das Jahr 2012 bis zum 30. September 2012 von den Partnern der Gesamtverträge nicht vereinbart sind, werden die Punktwerte des Jahres 2011 unter Berücksichtigung des Absatzes 3g und unter Anwendung der um 0,5 Prozentpunkte verminderten für das Jahr 2012 nach § 71 Absatz 3 für das gesamte Bundesgebiet festgestellten Veränderungsrate zugrunde gelegt. Erfolgt die Vergütung nicht auf der Grundlage von vereinbarten Punktwerten, legen die Vertragspartner nach Satz 1 für die jeweiligen Leistungsbereiche einen fiktiven Punktwert fest, der sich aus dem Verhältnis der abgerechneten Punktmenge zur vereinbarten Gesamtvergütung im Jahr 2012 ergibt. Die Partner der Gesamtverträge passen die für das Jahr 2012 vereinbarte Gesamtvergütung auf der Grundlage der nach den Sätzen 1 bis 3 festgestellten Punktwerte an und legen diese als Ausgangsbasis für die Vertragsverhandlungen für das Jahr 2013 zugrunde.

(2b) (weggefallen)

(2c) Die Vertragspartner nach § 82 Abs. 1 können vereinbaren, dass für die Gesamtvergütungen getrennte Vergütungsanteile für die an der vertragsärztlichen Versorgung beteiligten Arztgruppen zugrunde gelegt werden; sie können auch die Grundlagen für die Bemessung der Vergütungsanteile regeln. § 89 Abs. 1 gilt nicht.

(2d) Die am 31. Dezember 2010 geltenden Punktwerte für zahnärztliche Leistungen ohne Zahnersatz dürfen sich im Jahr 2011 höchstens um die um 0,25 Prozentpunkte verminderte und im Jahr 2012 höchstens um die um 0,5 Prozentpunkte verminderte nach § 71 Absatz 3 für das gesamte Bundesgebiet festgestellte Veränderungsrate verändern; dies gilt nicht für Leistungen der Individualprophylaxe und Früherkennung.

(3) In der vertragszahnärztlichen Versorgung vereinbaren die Vertragsparteien des Gesamtvertrages die Veränderungen der Gesamtvergütungen unter Berücksichtigung der Zahl und Struktur der Versicherten, der Morbiditätsentwicklung, der Kosten- und Ver-

sorgungsstruktur, der für die vertragszahnärztliche Tätigkeit aufzuwendenden Arbeitszeit sowie der Art und des Umfangs der zahnärztlichen Leistungen, soweit sie auf einer Veränderung des gesetzlichen oder satzungsmäßigen Leistungsumfangs beruhen. Bei der Vereinbarung der Veränderungen der Gesamtvergütungen ist der Grundsatz der Beitragssatzstabilität (§ 71) in Bezug auf das Ausgabenvolumen für die Gesamtheit der zu vergütenden vertragszahnärztlichen Leistungen ohne Zahnersatz neben den Kriterien nach Satz 1 zu berücksichtigen. Absatz 2 Satz 2 bleibt unberührt. Die Krankenkassen haben den Kassenzahnärztlichen Vereinigungen die Zahl ihrer Versicherten vom 1. Juli eines Jahres, die ihren Wohnsitz im Bezirk der jeweiligen Kassenzahnärztlichen Vereinigung haben, gegliedert nach den Altersgruppen des Vordrucks KM 6 der Statistik über die Versicherten in der gesetzlichen Krankenversicherung bis zum 1. Oktober des Jahres mitzuteilen. Bei den Verhandlungen über die Vereinbarungen nach Satz 1 für das Jahr 2013 sind die gegenüber der jeweiligen Kassenzahnärztlichen Vereinigung für das Jahr 2012 abgerechneten Punktmengen für zahnärztliche Leistungen ohne Zahnersatz nach sachlich-rechnerischer Berichtigung angemessen zu berücksichtigen.

(3a) (weggefallen)

(3b) (weggefallen)

(3c) (weggefallen)

(3d) (weggefallen)

(3e) (weggefallen)

(3f) Die nach Absatz 3 zu vereinbarenden Veränderungen der Gesamtvergütungen als Ausgabenvolumen für die Gesamtheit der zu vergütenden vertragszahnärztlichen Leistungen ohne Zahnersatz dürfen sich im Jahr 2011 höchstens um die um 0,25 Prozentpunkte verminderte und im Jahr 2012 höchstens um die um 0,5 Prozentpunkte verminderte nach § 71 Absatz 3 für das gesamte Bundesgebiet festgestellte Veränderungsrate verändern; dies gilt nicht für Leistungen der Individualprophylaxe und Früherkennung.

(3g) Zur Angleichung der Vergütung für zahnärztliche Leistungen ohne Zahnersatz werden die für das Jahr 2011 vereinbarten Punktwerte und Gesamtvergütungen im Jahr 2012 zusätzlich zu der nach Absatz 3 in Verbindung mit den Absätzen 2d und 3f vereinbarten Veränderung im Gebiet der in Artikel 1 Absatz 1 des Einigungsvertrages genannten Länder um 2,5 Prozent und im Land Berlin um 2 Prozent erhöht. Die sich daraus ergebenden Punktwerte und Gesamtvergütungen des Jahres 2012 werden im Jahr 2013 im Gebiet der in Artikel 1 Absatz 1 des Einigungsvertrages genannten Länder zusätzlich zu der nach Absatz 3 vereinbarten Veränderung um weitere 2,5 Prozent und im Land Berlin um weitere 2 Prozent erhöht. Die Veränderungen der Gesamtvergütungen des Jahres 2014 sind auf die nach Satz 2 erhöhten Gesamtvergütungen zu beziehen.

(4) Die Kassenzahnärztliche Vereinigung verteilt die Gesamtvergütungen an die Vertragszahnärzte. Sie wendet dabei in der vertragszahnärztlichen Versorgung den im Benehmen mit den Landesverbänden der Krankenkassen und den Ersatzkassen festgesetzten Verteilungsmaßstab an. Bei der Verteilung der Gesamtvergütungen sind Art und Umfang der Leistungen der Vertragszahnärzte zugrunde zu legen; dabei ist jeweils für die von den Krankenkassen einer Kassenart gezahlten Vergütungsbeträge ein Punktwert in gleicher Höhe zugrunde zu legen. Der Verteilungsmaßstab hat sicherzustellen, dass die Gesamtvergütungen gleichmäßig auf das gesamte Jahr verteilt werden. Der Verteilungsmaßstab hat Regelungen zur Verhinderung einer übermäßigen Ausdehnung der Tätigkeit des Vertragszahnarztes entsprechend seinem Versorgungsauftrag nach § 95 Absatz 3 Satz 1 vorzusehen. Widerspruch und Klage gegen die Honorarfestsetzung sowie ihre Änderung oder Aufhebung haben keine aufschiebende Wirkung.

(4a) (weggefallen)

(4b) Ab einer Gesamtpunktmenge je Vertragszahnarzt aus vertragszahnärztlicher Behandlung einschließlich der kieferorthopädischen Behandlung von 262 500 Punkten je Kalenderjahr verringert sich der Vergütungsanspruch für die weiteren vertragszahnärztlichen Behandlungen im Sinne des § 73 Abs. 2 Nr. 2 um 20 vom Hundert, ab einer Punktmenge von 337 500 je Kalenderjahr um 30 vom Hundert und ab einer Punktmenge von 412 500 je Kalenderjahr um 40 vom Hundert; für Kieferorthopäden verringert sich der Vergütungsanspruch für die weiteren vertragszahnärztlichen Behandlungen ab einer Gesamtpunktmenge von 280 000 Punkten je Kalenderjahr um 20 vom Hundert, ab einer Punktmenge von 360 000 Punkten je Kalenderjahr um 30 vom Hundert und ab einer Punktmenge von 440 000 Punkten je Kalenderjahr um 40 vom Hundert. Satz 1 gilt für ermächtigte Zahnärzte, für bei Vertragszahnärzten nach § 95 Abs. 9 Satz 1 angestellte Zahnärzte und für in medizinischen Versorgungszentren angestellte Zahnärzte entsprechend. Die Punktmengengrenzen bei Berufsausübungsgemeinschaften richten sich nach der Zahl der zahnärztlichen Mitglieder. Die Punktmengen erhöhen sich um 25 vom Hundert für Entlastungs-, Weiterbildungs- und Vorbereitungsassistenten. Bei Teilzeit oder nicht ganzjähriger Beschäftigung verringert sich die

Punktmengengrenze nach Satz 1 oder die zusätzlich zu berücksichtigende Punktmenge nach Satz 4 entsprechend der Beschäftigungsdauer. Die Punktmengen umfassen alle vertragszahnärztlichen Leistungen im Sinne des § 73 Abs. 2 Nr. 2. In die Ermittlung der Punktmengen sind die Kostenerstattungen nach § 13 Abs. 2 einzubeziehen. Diese werden den Kassenzahnärztlichen Vereinigungen von den Krankenkassen mitgeteilt.

(4c) Die Kassenzahnärztliche Vereinigung hat die zahnprothetischen und kieferorthopädischen Rechnungen zahnarzt- und krankenkassenbezogen nach dem Leistungsquartal zu erfassen und mit den abgerechneten Leistungen nach § 28 Abs. 2 Satz 1, 3, 7, 9 und den gemeldeten Kostenerstattungen nach § 13 Abs. 2 und nach § 53 Abs. 4 zusammenzuführen und die Punktmengen bei der Ermittlung der Gesamtpunktmenge nach Absatz 4b zugrunde zu legen.

(4d) Die Kassenzahnärztlichen Vereinigungen teilen den Krankenkassen bei jeder Rechnungslegung mit, welche Vertragszahnärzte, welche bei Vertragszahnärzten nach § 95 Abs. 9 Satz 1 angestellten Zahnärzte und welche in medizinischen Versorgungszentren angestellten Zahnärzte die Punktmengengrenzen nach Absatz 4b überschreiten. Dabei ist für diese Zahnärzte die Punktmenge sowie der Zeitpunkt anzugeben, ab dem die Überschreitung der Punktmengengrenzen eingetreten ist. Die Zahl der Entlastungs-, Weiterbildungs- und Vorbereitungsassistenten einschließlich ihrer Beschäftigungsdauer sind, bezogen auf die einzelne Praxis, ebenfalls mitzuteilen.

(4e) Die Kassenzahnärztlichen Vereinigungen haben die Honorareinsparungen aus den Vergütungsminderungen nach Absatz 4b an die Krankenkassen weiterzugeben. Die Durchführung der Vergütungsminderung durch die Kassenzahnärztliche Vereinigung erfolgt durch Absenkung der vertraglich vereinbarten Punktwerte ab dem Zeitpunkt der jeweiligen Grenzwertüberschreitungen nach Absatz 4b. Die abgesenkten Punktwerte nach Satz 2 sind den auf dem Zeitpunkt der Grenzwertüberschreitungen folgenden Abrechnungen gegenüber den Krankenkassen zugrunde zu legen. Überzahlungen werden mit der nächsten Abrechnung verrechnet. Weitere Einzelheiten können die Vertragspartner der Vergütungsverträge (§ 83) regeln.

(4f) Die Krankenkasse hat ein Zurückbehaltungsrecht in Höhe von 10 vom Hundert gegenüber jeder Forderung der Kassenzahnärztlichen Vereinigung, solange die Kassenzahnärztliche Vereinigung ihren Pflichten aus den Absätzen 4c bis 4e nicht nachkommt. Der Anspruch auf Auszahlung der nach Satz 1 einbehaltenen Beträge erlischt, wenn die Kassenzahnärztliche Vereinigung bis zur letzten Quartalsabrechnung eines Jahres ihre Verpflichtungen für dieses Jahr nicht oder nicht vollständig erfüllt.

§ 87 Bundesmantelvertrag, einheitlicher Bewertungsmaßstab, bundeseinheitliche Orientierungswerte

(1) Die Kassenärztlichen Bundesvereinigungen vereinbaren mit dem Spitzenverband Bund der Krankenkassen durch Bewertungsausschüsse als Bestandteil der Bundesmantelverträge einen einheitlichen Bewertungsmaßstab für die ärztlichen und einen einheitlichen Bewertungsmaßstab für die zahnärztlichen Leistungen. In den Bundesmantelverträgen sind auch die Regelungen, die zur Organisation der vertragsärztlichen Versorgung notwendig sind, insbesondere Vordrucke und Nachweise, zu vereinbaren. Bei der Gestaltung der Arzneiverordnungsblätter ist § 73 Abs. 5 zu beachten. Die Arzneiverordnungsblätter sind so zu gestalten, dass bis zu drei Verordnungen je Verordnungsblatt möglich sind. Dabei ist für jede Verordnung ein Feld für die Auftragung des Kennzeichens nach § 300 Abs. 1 Nr. 1 sowie ein weiteres Feld vorzusehen, in dem der Arzt seine Entscheidung nach § 73 Abs. 5 durch Ankreuzen kenntlich machen kann. Spätestens bis zum 1. Januar 2006 ist auf der Grundlage der von der Gesellschaft für Telematik nach § 291a Abs. 7 Satz 2 und § 291b getroffenen Regelungen der Telematikinfrastruktur auch ein elektronischer Verordnungsdatensatz für die Übermittlung der Verordnungsdaten an Apotheken und Krankenkassen zu vereinbaren.

(1a) In dem Bundesmantelvertrag haben die Kassenzahnärztliche Bundesvereinigung und der Spitzenverband Bund der Krankenkassen festzulegen, dass die Kosten für Zahnersatz einschließlich Zahnkronen und Suprakonstruktionen, soweit die gewählte Versorgung der Regelversorgung nach § 56 Abs. 2 entspricht, gegenüber den Versicherten nach Absatz 2 abzurechnen sind. Darüber hinaus sind im Bundesmantelvertrag folgende Regelungen zu treffen: Der Vertragszahnarzt hat vor Beginn der Behandlung einen kostenfreien Heil- und Kostenplan zu erstellen, der den Befund, die Regelversorgung und die tatsächlich geplante Versorgung auch in den Fällen des § 55 Abs. 4 und 5 nach Art, Umfang und Kosten beinhaltet. Im Heil- und Kostenplan sind Angaben zum Herstellungsort des Zahnersatzes zu machen. Der Heil- und Kostenplan ist von der Krankenkasse vor Beginn der Behandlung insgesamt zu prüfen. Die Krankenkasse kann den Befund, die Versorgungsnotwendigkeit und die geplante Versorgung begutachten lassen. Bei bestehender Versorgungsnotwendigkeit bewilligt die Krankenkasse die Festzuschüsse gemäß § 55 Abs. 1 oder 2 entsprechend dem im Heil- und Kostenplan ausgewiesenen Befund. Nach Abschluss der Behandlung rechnet der Vertragszahnarzt die von der Krankenkasse bewilligten Festzuschüsse mit Ausnahme der Fälle des § 55 Abs. 5 mit der Kassenzahnärztlichen Vereinigung ab. Der Vertragszahnarzt hat bei Rechnungslegung eine Durchschrift der Rechnung des gewerblichen oder des praxiseigenen Labors über zahntechnische Leistungen und die Erklärung nach Anhang VIII der Richtlinie 93/42/EWG des Rates vom 14. Juni 1993 über Medizinprodukte (ABl. EG Nr. L 169 S. 1) in der jeweils geltenden Fassung beizufügen. Der Bundesmantelvertrag regelt auch das Nähere zur Ausgestaltung des Heil- und Kostenplans, insbesondere muss aus dem Heil- und Kostenplan erkennbar sein, ob die zahntechnischen Leistungen von Zahnärzten erbracht werden oder nicht.

(2) Der einheitliche Bewertungsmaßstab bestimmt den Inhalt der abrechnungsfähigen Leistungen und ihr wertmäßiges, in Punkten ausgedrücktes Verhältnis zueinander; soweit möglich, sind die Leistungen mit Angaben für den zur Leistungserbringung erforderlichen Zeitaufwand des Vertragsarztes zu versehen; dies gilt nicht für vertragszahnärztliche Leistungen. Die Bewertungsmaßstäbe sind in bestimmten Zeitabständen auch daraufhin zu überprüfen, ob die Leistungsbeschreibungen und ihre Bewertungen noch dem Stand der medizinischen Wissenschaft und Technik sowie dem Erfordernis der Rationalisierung im Rahmen wirtschaftlicher Leistungserbringung entsprechen, wobei in die Überprüfung des einheitlichen Bewertungsmaßstabes für ärztliche Leistungen auch die Regelung nach § 33 Absatz 9 erstmalig bis spätestens zum 31. Oktober 2012 einzubeziehen ist; bei der Bewertung der Leistungen ist insbesondere der Aspekt der wirtschaftlichen Nutzung der bei der Erbringung von Leistungen eingesetzten medizinisch-technischen Geräte zu berücksichtigen. Im Bewertungsmaßstab für die ärztlichen Leistungen ist die Bewertung der Leistungen nach Satz 1 unter Berücksichtigung der Besonderheiten der jeweils betroffenen Arztgruppen auf der Grundlage von sachgerechten Stichproben bei vertragsärztlichen Leistungserbringern auf betriebswirtschaftlicher Basis zu ermitteln; die Bewertung der von einer Arztpraxis oder einem medizinischen Versorgungszentrum in einem bestimmten Zeitraum erbrachten Leistungen kann dabei insgesamt so festgelegt werden, dass sie ab einem bestimmten Schwellenwert mit zunehmender Menge sinkt.

(2a) Die im einheitlichen Bewertungsmaßstab für ärztliche Leistungen aufgeführten Leistungen sind entsprechend der in § 73 Abs. 1 festgelegten Gliederung der vertragsärztlichen Versorgung in Leistungen der hausärztlichen und Leistungen der fachärztlichen Versorgung zu gliedern mit der Maßgabe, dass unbeschadet gemeinsam abrechenbarer Leistungen der hausärztlichen Versorgung nur von den an der hausärztlichen Versorgung teilnehmenden Ärzten und Leistungen der fachärztlichen Versorgung nur von den an der fachärztlichen Versorgung teilnehmenden Ärzten abgerechnet werden dürfen; die Leistungen der fachärztlichen Versorgung sind in der Weise zu gliedern, dass den einzelnen Facharztgruppen die von ihnen ausschließlich abrechenbaren Leistungen zugeordnet werden. Bei der Bestimmung der Arztgruppen nach Satz 1 ist der Versorgungsauftrag der jeweiligen Arztgruppe im Rahmen der vertragsärztlichen Versorgung zugrunde zu legen. Bis spätestens zum 31. Oktober 2011 ist mit Wirkung zum 1. Januar 2012 eine Regelung zu treffen, nach der ärztliche Leistungen zur Diagnostik und ambulanten Eradikationstherapie einschließlich elektronischer Dokumentation von Trägern mit dem Methicillin-resistenten Staphylococcus aureus (MRSA) vergütet werden. Die Vergütungsvereinbarung ist auf zwei Jahre zu befristen; eine Anschlussregelung ist bis zum 31. Oktober 2013 zu treffen. Die Kassenärztliche Bundesvereinigung berichtet dem Bundesministerium für Gesundheit quartalsbezogen über Auswertungsergebnisse der Regelung nach Satz 3. Das Bundesministerium für Gesundheit kann das Nähere zum Inhalt des Berichts nach Satz 5 sowie zur Auswertung der anonymisierten Dokumentationen zum Zwecke der Versorgungsforschung bestimmen; es kann auch den Bewertungsausschuss mit der Vorlage des Berichts beauftragen. Im Übrigen gilt die Veröffentlichungspflicht gemäß § 136 Absatz 1 Satz 2. Bei der Überprüfung nach Absatz 2 Satz 2 prüft der Bewertungsausschuss bis spätestens zum 31. Oktober 2012, in welchem Umfang ambulante telemedizinische Leistungen erbracht werden können; auf dieser Grundlage beschließt er bis spätestens zum 31. März 2013, inwieweit der einheitliche Bewertungsmaßstab für ärztliche Leistungen anzupassen ist.

(2b) Die im einheitlichen Bewertungsmaßstab für ärztliche Leistungen aufgeführten Leistungen der hausärztlichen Versorgung sollen als Versichertenpauschalen abgebildet werden; für Leistungen, die besonders gefördert werden sollen oder nach Absatz 2a Satz 6 telemedizinisch erbracht werden können, sind Einzelleistungen oder Leistungskomplexe vorzusehen. Mit den Pauschalen nach Satz 1 sollen die gesamten im Abrechnungszeitraum regelmäßig oder sehr selten und zugleich mit geringem Aufwand im Rahmen der hausärztlichen Versorgung eines Versicherten erbrachten Leistungen einschließlich der anfallenden Betreuungs-, Koordinations- und Dokumentationsleistungen vergütet werden. Die Pauschalen nach Satz 1 sollen einerseits nach Patienten, die in der jeweiligen Arztpraxis erstmals diagnostiziert und behandelt werden, sowie andererseits nach Patienten, bei denen eine begonnene Behandlung fortgeführt wird, und soweit möglich nach weiteren insbesondere auf der Grundlage von Abrechnungsdaten empirisch ermittelten Morbiditätskriterien insbesondere zur Abbildung des Schweregrads der Erkrankung differenziert werden, um mit dem Gesundheitszustand verbundene Unterschiede im Behandlungsaufwand der Versicherten zu berücksichtigen. Zudem können Qualitätszuschläge vorgesehen werden, mit denen die in besonderen Behandlungsfällen erforderliche Qualität vergütet wird. Bis spätestens zum 31. Oktober 2008 ist mit Wirkung zum 1. Januar 2009 eine Regelung zu treffen, nach der ärztlich angeordnete Hilfeleistungen anderer Personen nach § 28 Abs. 1 Satz 2, die in der Häuslichkeit der Patienten in Abwesenheit des Arztes erbracht werden, vergütet werden.

(2c) Die im einheitlichen Bewertungsmaßstab für ärztliche Leistungen aufgeführten Leistungen der fachärztlichen Versorgung sollen arztgruppenspezifisch und unter Berücksichtigung der Besonderheiten kooperativer Versorgungsformen als Grund- und Zusatzpauschalen abgebildet werden; Einzelleistungen sollen vorgesehen werden, soweit dies medizinisch oder auf Grund von Besonderheiten bei Veranlassung und Ausführung der Leistungserbringung, einschließlich der Möglichkeit telemedizinischer Erbringung gemäß Absatz 2a Satz 6, erforderlich ist. Mit den Grundpauschalen nach Satz 1 sollen die regelmäßig oder sehr selten und zugleich mit geringem Aufwand von der Arztgruppe in jedem Behandlungsfall erbrachten Leistungen vergütet werden; die Grundpauschalen sollen dabei soweit möglich und sachgerecht einerseits nach Patienten, die in der jeweiligen Arztpraxis erstmals diagnostiziert und behandelt werden, sowie andererseits nach Patienten, bei denen eine begonnene Behandlung fortgeführt wird, sowie nach insbesondere auf der Grundlage von Abrechnungsdaten empirisch ermittelten Morbiditätskriterien insbesondere zur Abbildung des Schweregrads der Erkrankung, falls dieser nicht durch die Zusatzpauschalen nach Satz 3 berücksichtigt wird, differenziert werden. Mit den Zusatzpauschalen nach Satz 1 wird der besondere Leistungsaufwand vergütet, der sich aus den Leistungs-, Struktur- und Qualitätsmerkmalen des Leistungserbringers und, soweit dazu Veranlassung besteht, in bestimmten Behandlungsfällen ergibt. Abweichend von Satz 3 kann die Behandlung von Versichertengruppen, die mit einem erheblichen therapeutischen Leistungsaufwand und überproportionalen Kosten verbunden ist, mit arztgruppenspezifischen diagnosebezogenen Fallpauschalen vergütet werden. Für die Versorgung im Rahmen von kooperativen Versorgungsformen sind spezifische Fallpauschalen festzulegen, die dem fallbezogenen Zusammenwirken von Ärzten unterschiedlicher Fachrichtungen in diesen Versorgungsformen Rechnung tragen. Die Bewertungen für psychotherapeutische Leistungen haben eine angemessene Höhe der Vergütung je Zeiteinheit zu gewährleisten.

(2d) Im einheitlichen Bewertungsmaßstab für ärztliche Leistungen sind Regelungen einschließlich Prüfkriterien vorzusehen, die sicherstellen, dass der Leistungsinhalt der in den Absätzen 2a Satz 3, 2a bis 2c genannten Leistungen und Leistungen und Pauschalen jeweils vollständig erbracht wird, die jeweiligen notwendigen Qualitätsstandards eingehalten, die abgerechneten Leistungen auf den medizinisch notwendigen Umfang begrenzt sowie bei Abrechnung der Fallpauschalen nach Absatz 2c Satz 5 die Mindestanforderungen zu der institutionellen Ausgestaltung der Kooperation der beteiligten Ärzte eingehalten werden; dazu kann die Abrechenbarkeit der Leistungen an die Einhaltung der vom Gemeinsamen Bundesausschuss und in den Bundesmantelverträgen beschlossenen Qualifikations- und Qualitätssicherungsanforderungen sowie an die Einhaltung der gegenüber der Kassenärztlichen Vereinigung zu erbringenden Dokumentationsverpflichtungen geknüpft werden. Zudem können Regelungen vorgesehen werden, die darauf abzielen, dass die Abrechnung der Versichertenpauschalen nach Absatz 2b Satz 1 sowie der Grundpauschalen nach Absatz 2c Satz 1 für einen Versicherten nur durch einen Arzt im Abrechnungszeitraum erfolgt, oder es können Regelungen zur Kürzung der Pauschalen für den Fall eines Arztwechsels des Versicherten innerhalb des Abrechnungszeitraums vorgesehen werden.

(2e) Im einheitlichen Bewertungsmaßstab für ärztliche Leistungen ist jährlich bis zum 31. August ein bundeseinheitlicher Punktwert als Orientierungswert in Euro zur Vergütung der vertragsärztlichen Leistungen festzulegen.

(2f) (weggefallen)

(2g) Bei der Anpassung des Orientierungswertes nach Absatz 2e sind insbesondere

1. die Entwicklung der für Arztpraxen relevanten Investitions- und Betriebskosten, soweit diese nicht bereits durch die Weiterentwicklung der Bewertungsrelationen nach Absatz 2 Satz 2 erfasst worden sind,
2. Möglichkeiten zur Ausschöpfung von Wirtschaftlichkeitsreserven, soweit diese nicht bereits durch die Weiterentwicklung der Bewertungsrelationen nach Absatz 2 Satz 2 erfasst worden sind, sowie
3. die allgemeine Kostendegression bei Fallzahlsteigerungen, soweit diese nicht durch eine Abstaffelungsregelung nach Absatz 2 Satz 3 berücksichtigt worden ist,
4. (weggefallen)

zu berücksichtigen.

(2h) Die im einheitlichen Bewertungsmaßstab für zahnärztliche Leistungen aufgeführten Leistungen können zu Leistungskomplexen zusammengefasst werden. Die Leistungen sind entsprechend einer ursachengerechten, zahnsubstanzschonenden und präventionsorientierten Versorgung insbesondere nach dem Kriterium der erforderlichen Arbeitszeit gleichgewichtig in und zwischen den Leistungsbereichen für Zahnerhaltung, Prävention, Zahnersatz und Kieferorthopädie zu bewerten. Bei der Festlegung der Bewertungsrelationen ist wissenschaftlicher Sachverstand einzubeziehen.

(2i) Im einheitlichen Bewertungsmaßstab für zahnärztliche Leistungen ist eine zusätzliche Leistung vorzusehen für das erforderliche Aufsuchen von Versicherten, die einer Pflegestufe nach § 15 des Elften Buches zugeordnet sind, Eingliederungshilfe nach

§ 53 des Zwölften Buches erhalten oder dauerhaft erheblich in ihrer Alltagskompetenz nach § 45a des Elften Buches eingeschränkt sind und die die Zahnarztpraxis aufgrund ihrer Pflegebedürftigkeit, Behinderung oder Einschränkung nicht oder nur mit hohem Aufwand aufsuchen können. § 71 Absatz 1 Satz 2 gilt entsprechend.

(2j) Für Leistungen, die im Rahmen eines Vertrages nach § 119b Absatz 1 erbracht werden, ist im einheitlichen Bewertungsmaßstab für zahnärztliche Leistungen eine zusätzliche, in der Bewertung über Absatz 2i Satz 1 hinausgehende Leistung vorzusehen. Voraussetzung für die Abrechnung dieser zusätzlichen Leistung ist die Einhaltung der in der Vereinbarung nach § 119b Absatz 2 festgelegten Anforderungen. Die Leistung nach Absatz 2i Satz 1 ist in diesen Fällen nicht berechnungsfähig. § 71 Absatz 1 Satz 2 gilt entsprechend.

(3) Der Bewertungsausschuss besteht aus drei von der Kassenärztlichen Bundesvereinigung bestellten Vertretern sowie drei vom Spitzenverband Bund der Krankenkassen bestellten Vertreter. Den Vorsitz führt abwechselnd ein Vertreter der Ärzte und ein Vertreter der Krankenkassen. Die Beratungen des Bewertungsausschusses einschließlich der Beratungsunterlagen und Niederschriften sind vertraulich. Die Vertraulichkeit gilt auch für die zur Vorbereitung und Durchführung der Beratungen im Bewertungsausschuss dienenden Unterlagen der Trägerorganisationen und des Instituts des Bewertungsausschusses.

(3a) Der Bewertungsausschuss analysiert die Auswirkungen seiner Beschlüsse insbesondere auf die Versorgung der Versicherten mit vertragsärztlichen Leistungen, auf die vertragsärztlichen Honorare sowie auf die Ausgaben der Krankenkassen. Das Bundesministerium für Gesundheit kann das Nähere zum Inhalt der Analysen bestimmen. Absatz 6 gilt entsprechend.

(3b) Der Bewertungsausschuss wird bei der Wahrnehmung seiner Aufgaben von einem Institut unterstützt, das gemäß der vom Bewertungsausschuss nach Absatz 3e zu vereinbarenden Geschäftsordnung die Beschlüsse nach den §§ 87, 87a und 116b Absatz 6 sowie die Analysen nach Absatz 3a vorbereitet. Träger des Instituts sind die Kassenärztliche Bundesvereinigung und der Spitzenverband Bund der Krankenkassen. Ist das Institut nicht oder nicht in einer seinen Aufgaben entsprechenden Weise errichtet, kann das Bundesministerium für Gesundheit eine oder mehrere der in Satz 2 genannten Organisationen zur Errichtung des Instituts verpflichten oder eine oder mehrere der in Satz 2 genannten Organisationen oder einen Dritten mit den Aufgaben nach Satz 1 beauftragen. Satz 3 gilt entsprechend, wenn das Institut seine Aufgaben nicht in dem vorgesehenen Umfang oder nicht entsprechend den geltenden Vorgaben erfüllt oder wenn es aufgelöst wird. Abweichend von den Sätzen 1 und 2 können die in Satz 2 genannten Organisationen einen Dritten mit den Aufgaben nach Satz 1 beauftragen. Sie haben im Zeitraum bis zur Herstellung der vollständigen Arbeitsfähigkeit des Instituts oder des von ihnen beauftragten Dritten sicherzustellen, dass der Bewertungsausschuss die in Satz 1 genannten Aufgaben in vollem Umfang und fristgerecht erfüllen kann. Hierzu hat der Bewertungsausschuss festzustellen, ob und in welchem Umfang das Institut oder der beauftragte Dritte arbeitsfähig ist und ob abweichend von Satz 2 die dort genannten Aufgaben zwischen dem Institut oder dem beauftragten Dritten und der Kassenärztlichen Bundesvereinigung und dem Spitzenverband Bund der Krankenkassen aufgeteilt werden sollen; Absatz 6 gilt entsprechend.

(3c) Die Finanzierung des Instituts oder des beauftragten Dritten nach Absatz 3b erfolgt durch die Erhebung eines Zuschlags auf jeden ambulant-kurativen Behandlungsfall in der vertragsärztlichen Versorgung. Der Zuschlag ist von den Krankenkassen außerhalb der Gesamtvergütung nach § 85 oder der morbiditätsbedingten Gesamtvergütung nach § 87a zu finanzieren. Das Nähere bestimmt der Bewertungsausschuss in seinem Beschluss nach Absatz 3e Satz 1 Nr. 2.

(3d) Über die Ausstattung des Instituts oder des beauftragten Dritten nach Absatz 3b mit den für die Aufgabenwahrnehmung erforderlichen Sachmitteln, die Einstellung des Personals und die Nutzung der Daten gemäß Absatz 3f durch das Institut oder den beauftragten Dritten entscheidet der Bewertungsausschuss; Absatz 6 gilt entsprechend. Die innere Organisation ist jeweils so zu gestalten, dass sie den besonderen Anforderungen des Datenschutzes nach § 78a des Zehnten Buches gerecht wird.

(3e) Der Bewertungsausschuss beschließt

1. eine Geschäftsordnung, in der er Regelungen zur Arbeitsweise des Bewertungsausschusses und des Instituts oder des beauftragten Dritten gemäß Absatz 3b, insbesondere zur Geschäftsführung und zur Art und Weise der Vorbereitung der in Absatz 3b Satz 2 genannten Beschlüsse, Analysen und Berichte trifft, sowie
2. eine Finanzierungsregelung, in der er Näheres zur Erhebung des Zuschlags nach Absatz 3c bestimmt.

Die Geschäftsordnung und die Finanzierungsregelung bedürfen der Genehmigung des Bundesministeriums für Gesundheit.

(3f) Die Kassenärztlichen Vereinigungen und die Krankenkassen erfassen jeweils nach Maßgabe der vom Bewertungsausschuss zu bestimmenden inhaltlichen und verfahrensmäßigen Vorgaben die für die Aufgaben des Bewertungsausschusses nach diesem Gesetz erforderlichen Daten, einschließlich der Daten nach § 73b Abs. 7 Satz 4 und § 73c Abs. 6 Satz 4 sowie § 140d Absatz 1 Satz 3, arzt- und versichertenbezogen in einheitlicher pseudonymisierter Form. Die Daten nach Satz 1 werden jeweils unentgeltlich von den Kassenärztlichen Vereinigungen an die Kassenärztliche Bundesvereinigung und von den Krankenkassen an den Spitzenverband Bund der Krankenkassen übermittelt, die diese Daten jeweils zusammenführen und sie unentgeltlich dem Institut oder dem beauftragten Dritten gemäß Absatz 3b übermitteln. Soweit erforderlich hat der Bewertungsausschuss darüber hinaus Erhebungen und Auswertungen nicht personenbezogener Daten durchzuführen oder in Auftrag zu geben oder Sachverständigengutachten einzuholen. Für die Erhebung und Verarbeitung der Daten nach den Sätzen 2 und 3 kann der Bewertungsausschuss eine Datenstelle errichten oder eine externe Datenstelle beauftragen; für die Finanzierung der Datenstelle gelten die Absätze 3c und 3e entsprechend. Personenbezogene Daten nach Satz 1 sind zu löschen, sobald sie nicht mehr benötigt werden. Das Verfahren der Pseudonymisierung nach Satz 1 ist vom Bewertungsausschuss im Einvernehmen mit dem Bundesamt für Sicherheit in der Informationstechnik zu bestimmen.

(3g) Die Regelungen der Absätze 3a bis 3f gelten nicht für den für zahnärztliche Leistungen zuständigen Bewertungsausschuss.

(4) Kommt im Bewertungsausschuss durch übereinstimmenden Beschluss aller Mitglieder eine Vereinbarung über den Bewertungsmaßstab ganz oder teilweise nicht zustande, wird der Bewertungsausschuss auf Verlangen von mindestens zwei Mitgliedern um einen unparteiischen Vorsitzenden und zwei weitere unparteiische Mitglieder erweitert. Für die Benennung des unparteiischen Vorsitzenden gilt § 89 Abs. 3 entsprechend. Von den weiteren unparteiischen Mitgliedern wird ein Mitglied von der Kassenärztlichen Bundesvereinigung sowie ein Mitglied vom Spitzenverband Bund der Krankenkassen benannt.

(5) Der erweiterte Bewertungsausschuss setzt mit der Mehrheit seiner Mitglieder die Vereinbarung fest. Die Festsetzung hat die Rechtswirkung einer vertraglichen Vereinbarung im Sinne des § 82 Abs. 1. Zur Vorbereitung von Maßnahmen nach Satz 1 für den Bereich der ärztlichen Leistungen hat das Institut oder der beauftragte Dritte nach Absatz 3b dem zuständigen erweiterten Bewertungsausschuss unmittelbar und unverzüglich nach dessen Weisungen zuzuarbeiten. Absatz 3 Satz 3 und 4 gilt entsprechend; auch für die Unterlagen der unparteiischen Mitglieder gilt Vertraulichkeit.

(5a) Bei Beschlüssen zur Anpassung des einheitlichen Bewertungsmaßstabes zur Vergütung der Leistungen der spezialfachärztlichen Versorgung nach § 116b sind der Bewertungsausschuss für ärztliche Leistungen nach Absatz 3 sowie der erweiterte Bewertungsausschuss für ärztliche Leistungen nach Absatz 4 jeweils um drei Vertreter der Deutschen Krankenhausgesellschaft und jeweils um drei weitere Vertreter des Spitzenverbandes Bund der Krankenkassen zu ergänzen.

(6) Das Bundesministerium für Gesundheit kann an den Sitzungen der Bewertungsausschüsse, des Instituts oder des beauftragten Dritten nach Absatz 3b sowie der von diesen jeweils gebildeten Unterausschüssen und Arbeitsgruppen teilnehmen; ihm sind die Beschlüsse der Bewertungsausschüsse zusammen mit den Beschlüssen zugrunde liegenden Beratungsunterlagen und den für die Beschlüsse jeweils entscheidungserheblichen Gründen vorzulegen. Das Bundesministerium für Gesundheit kann die Beschlüsse innerhalb von zwei Monaten beanstanden; es kann im Rahmen der Prüfung eines Beschlusses vom Bewertungsausschuss zusätzliche Informationen und ergänzende Stellungnahmen dazu anfordern; bis zum Eingang der Auskünfte ist der Lauf der Frist unterbrochen. Die Nichtbeanstandung eines Beschlusses kann vom Bundesministerium für Gesundheit mit Auflagen verbunden werden; das Bundesministerium für Gesundheit kann zur Erfüllung einer Auflage eine angemessene Frist setzen. Kommen Beschlüsse der Bewertungsausschüsse ganz oder teilweise nicht oder nicht innerhalb einer vom Bundesministerium für Gesundheit gesetzten Frist zustande oder werden die Beanstandungen des Bundesministeriums für Gesundheit nicht innerhalb einer von ihm gesetzten Frist behoben, kann das Bundesministerium für Gesundheit die Vereinbarungen festsetzen; es kann dazu Datenerhebungen in Auftrag geben oder Sachverständigengutachten einholen. Zur Vorbereitung von Maßnahmen nach Satz 4 für den Bereich der ärztlichen Leistungen hat das Institut oder der beauftragte Dritte oder die vom Bundesministerium für Gesundheit beauftragte Organisation gemäß Absatz 3b dem Bundesministerium für Gesundheit unmittelbar und unverzüglich nach dessen Weisungen zuzuarbeiten. Die mit den Maßnahmen nach Satz 4 verbundenen Kosten sind von dem Spitzenverband Bund der Krankenkassen und der Kassenärztlichen Bundesvereinigung jeweils zur Hälfte zu tragen; das Nähere bestimmt das Bundesministerium für Gesundheit. Abweichend von Satz 4 kann das Bundesministerium für Gesundheit für den Fall, dass Beschlüsse der Bewertungsausschüsse nicht oder teilweise nicht oder nicht innerhalb einer vom Bundesministerium für Gesundheit gesetzten Frist zustande kommen, den erweiterten Bewertungsausschuss nach Absatz 4 mit Wirkung für die Vertragspartner anrufen. Der erweiterte Bewertungsausschuss setzt mit der Mehrheit seiner Mitglieder innerhalb einer vom Bundesministerium für Gesundheit gesetzten Frist die Vereinbarung fest; Satz 1 bis 6 gilt entsprechend. Die Beschlüsse und die entscheidungserheblichen Gründe sind im Deutschen Ärzteblatt

oder im Internet bekannt zu machen; falls die Bekanntmachung im Internet erfolgt, muss im Deutschen Ärzteblatt ein Hinweis auf die Fundstelle veröffentlicht werden.

(7) bis (9) (weggefallen)

§ 87a Regionale Euro-Gebührenordnung, Morbiditätsbedingte Gesamtvergütung, Behandlungsbedarf der Versicherten

(1) Abweichend von § 82 Abs. 2 Satz 2 und § 85 gelten für die Vergütung vertragsärztlicher Leistungen die in Absatz 2 bis 6 getroffenen Regelungen; dies gilt nicht für vertragszahnärztliche Leistungen.

(2) Die Kassenärztliche Vereinigung und die Landesverbände der Krankenkassen und die Ersatzkassen gemeinsam und einheitlich vereinbaren auf der Grundlage des Orientierungswertes gemäß § 87 Absatz 2e jeweils bis zum 31. Oktober eines jeden Jahres einen Punktwert, der zur Vergütung der vertragsärztlichen Leistungen im Folgejahr anzuwenden ist. Die Vertragspartner nach Satz 1 können dabei einen Zuschlag auf den oder einen Abschlag von dem Orientierungswert gemäß § 87 Absatz 2e vereinbaren, um insbesondere regionale Besonderheiten bei der Kosten- und Versorgungsstruktur zu berücksichtigen. Darüber hinaus können auf der Grundlage von durch den Bewertungsausschuss festzulegenden Kriterien zur Verbesserung der Versorgung der Versicherten, insbesondere in Planungsbereichen, für die Feststellungen nach § 100 Absatz 1 oder 3 getroffen wurden, Zuschläge auf den Orientierungswert nach § 87 Absatz 2e für besonders förderungswürdige Leistungen sowie für Leistungen von besonders zu fördernden Leistungserbringern vereinbart werden; nach Abschluss der Vereinbarung nach § 119b Absatz 2 können Zuschläge befristet für den Zeitraum bis zum 31. Dezember 2015 auch vereinbart werden zur Förderung

1. der kooperativen und koordinierten ärztlichen und pflegerischen Versorgung von pflegebedürftigen Versicherten in stationären Pflegeeinrichtungen oder
2. von Kooperationsverträgen gemäß § 119b Absatz 1 Satz 1.

Bei der Festlegung des Zu- oder Abschlags ist zu gewährleisten, dass die medizinisch notwendige Versorgung der Versicherten sichergestellt ist. Aus dem vereinbarten Punktwert nach diesem Absatz und dem einheitlichen Bewertungsmaßstab für ärztliche Leistungen gemäß § 87 Absatz 1 ist eine regionale Gebührenordnung mit Euro-Preisen (regionale Euro-Gebührenordnung) zu erstellen.

(3) Ebenfalls jährlich bis zum 31. Oktober vereinbaren die in Absatz 2 Satz 1 genannten Vertragsparteien gemeinsam und einheitlich für das Folgejahr mit Wirkung für die Krankenkassen die von den Krankenkassen mit befreiender Wirkung an die jeweilige Kassenärztliche Vereinigung zu zahlenden morbiditätsbedingten Gesamtvergütungen für die gesamte vertragsärztliche Versorgung der Versicherten mit Wohnort im Bezirk der Kassenärztlichen Vereinigung. Hierzu vereinbaren sie als Punktzahlvolumen auf der Grundlage des einheitlichen Bewertungsmaßstabes den mit der Zahl und der Morbiditätsstruktur der Versicherten verbundenen Behandlungsbedarf und bewerten diesen mit dem nach Absatz 2 Satz 1 vereinbarten Punktwert in Euro; der vereinbarte Behandlungsbedarf gilt als notwendige medizinische Versorgung gemäß § 71 Abs. 1 Satz 1. Die im Rahmen des Behandlungsbedarfs erbrachten Leistungen sind mit den Preisen der Euro-Gebührenordnung nach Absatz 2 Satz 5 zu vergüten. Darüber hinausgehende Leistungen, die sich aus einem bei der Vereinbarung der morbiditätsbedingten Gesamtvergütung nicht vorhersehbaren Anstieg des morbiditätsbedingten Behandlungsbedarfs ergeben, sind von den Krankenkassen zeitnah, spätestens im folgenden Abrechnungszeitraum unter Berücksichtigung der Empfehlungen nach Absatz 5 Satz 1 Nr. 1 ebenfalls mit den in der Euro-Gebührenordnung nach Absatz 2 Satz 5 enthaltenen Preisen zu vergüten. Vertragsärztliche Leistungen bei der Substitutionsbehandlung der Drogenabhängigkeit gemäß den Richtlinien des Gemeinsamen Bundesausschusses sind von den Krankenkassen außerhalb der nach Satz 1 vereinbarten Gesamtvergütungen mit den Preisen der Euro-Gebührenordnung nach Absatz 2 zu vergüten; in Vereinbarungen nach Satz 1 kann darüber hinaus geregelt werden, dass weitere vertragsärztliche Leistungen außerhalb der nach Satz 1 vereinbarten Gesamtvergütungen mit den Preisen der Euro-Gebührenordnung nach Absatz 2 vergütet werden, wenn sie besonders gefördert werden sollen oder soweit dies medizinisch oder auf Grund von Besonderheiten bei Veranlassung und Ausführung der Leistungserbringung erforderlich ist.

(3a) Für den Fall der überbezirklichen Durchführung der vertragsärztlichen Versorgung sind die Leistungen abweichend von Absatz 3 Satz 3 und 4 von den Krankenkassen mit den Preisen zu vergüten, die in der Kassenärztlichen Vereinigung gelten, deren Mitglied der Leistungserbringer ist. Weichen die nach Absatz 2 Satz 5 vereinbarten Preise von den Preisen nach Satz 1 ab, so ist die Abweichung zeitnah, spätestens bei der jeweils folgenden Vereinbarung der Veränderung der morbiditätsbedingten Gesamtvergütung zu berücksichtigen. Die Zahl der Versicherten nach Absatz 3 Satz 2 ist entsprechend der Zahl der auf den zugrunde gelegten Zeitraum entfallenden Versichertentage zu ermitteln. Weicht die bei der Vereinbarung der morbiditätsbedingten Gesamtvergütung zu Grunde gelegte Zahl der Versicherten von der tatsächlichen Zahl der Versicherten im Vereinbarungszeitraum ab, ist die Abweichung zeitnah, spätestens bei der jeweils folgenden Vereinbarung der Veränderung der morbiditätsbedingten Gesamtvergütung zu berücksichtigen. Ausgaben für Kostenerstattungsleistungen nach § 13 Abs. 2 und nach § 53 Abs. 4 mit Ausnahme der Kostenerstattungsleistungen nach § 13 Abs. 2 Satz 5 sind auf die nach Absatz 3 Satz 1 zu zahlende Gesamtvergütung anzurechnen.

(4) Grundlage der Vereinbarung über die Anpassung des Behandlungsbedarfs jeweils aufsetzend auf dem insgesamt für alle Versicherten mit Wohnort im Bezirk einer Kassenärztlichen Vereinigung für das Vorjahr nach Absatz 3 Satz 2 vereinbarten und bereinigten Behandlungsbedarf sind insbesondere Veränderungen

1. der Zahl der Versicherten der Krankenkasse mit Wohnort im Bezirk der jeweiligen Kassenärztlichen Vereinigung,
2. der Morbiditätsstruktur der Versicherten aller Krankenkassen mit Wohnort im Bezirk der jeweiligen Kassenärztlichen Vereinigung,
3. von Art und Umfang der ärztlichen Leistungen, soweit sie auf einer Veränderung des gesetzlichen oder satzungsmäßigen Leistungsumfangs der Krankenkassen oder auf Beschlüssen des Gemeinsamen Bundesausschusses nach § 135 Absatz 1 beruhen,
4. des Umfangs der vertragsärztlichen Leistungen aufgrund von Verlagerungen von Leistungen zwischen dem stationären und dem ambulanten Sektor und
5. des Umfangs der vertragsärztlichen Leistungen aufgrund der Ausschöpfung von Wirtschaftlichkeitsreserven bei der vertragsärztlichen Leistungserbringung;

dabei sind die Empfehlungen und Vorgaben des Bewertungsausschusses gemäß Absatz 5 zu berücksichtigen. Bei der Ermittlung des Aufsatzwertes für den Behandlungsbedarf nach Satz 1 für eine Krankenkasse ist ihr jeweiliger Anteil an dem insgesamt für alle Versicherten mit Wohnort im Bezirk der Kassenärztlichen Vereinigung für das Vorjahr vereinbarten, bereinigten Behandlungsbedarf entsprechend ihres aktuellen Anteils an der Menge der für vier Quartale abgerechneten Leistungen jeweils nach sachlich-rechnerischer Richtigstellung anzupassen. Die jeweils jahresbezogene Veränderung der Morbiditätsstruktur im Bezirk einer Kassenärztlichen Vereinigung ist auf der Grundlage der vertragsärztlichen Behandlungsdiagnosen gemäß § 295 Absatz 1 Satz 2 einerseits sowie auf der Grundlage demografischer Kriterien (Alter und Geschlecht) andererseits durch eine gewichtete Zusammenfassung der vom Bewertungsausschuss als Empfehlungen nach Absatz 5 Satz 2 bis 4 mitgeteilten Raten zu vereinbaren. Falls erforderlich, können weitere für die ambulante Versorgung relevante Morbiditätskriterien herangezogen werden.

(5) Der Bewertungsausschuss beschließt Empfehlungen

1. zur Vereinbarung des Umfangs des nicht vorhersehbaren Anstiegs des morbiditätsbedingten Behandlungsbedarfs nach Absatz 3 Satz 4,
2. zur Vereinbarung von Veränderungen der Morbiditätsstruktur nach Absatz 4 Satz 1 Nummer 2 sowie
3. zur Bestimmung von Vergütungen nach Absatz 3 Satz 5.

Bei der Empfehlung teilt der Bewertungsausschuss den in Absatz 2 Satz 1 genannten Vertragspartnern die Ergebnisse der Berechnungen des Instituts des Bewertungsausschusses zu den Veränderungen der Morbiditätsstruktur nach Absatz 4 Satz 1 Nummer 2 mit. Das Institut des Bewertungsausschusses errechnet für jeden Bezirk einer Kassenärztlichen Vereinigung zwei einheitliche Veränderungsraten, wobei eine Rate insbesondere auf den Behandlungsdiagnosen gemäß § 295 Absatz 1 Satz 2 und die andere Rate auf demografischen Kriterien (Alter und Geschlecht) basiert. Die Veränderungsraten werden auf der Grundlage des Beschlusses des erweiterten Bewertungsausschusses vom 2. September 2009 Teil B Nummer 2.3 bestimmt mit der Maßgabe, die Datengrundlagen zu aktualisieren. Zur Ermittlung der diagnosenbezogenen Rate ist das geltende Modell des Klassifikationsverfahrens anzuwenden. Der Bewertungsausschuss kann das Modell in bestimmten Zeitabständen auf seine weitere Eignung für die Anwendung in der vertragsärztlichen Versorgung überprüfen und fortentwickeln. Der Bewertungsausschuss hat zudem Vorgaben für ein Verfahren zur Bereinigung des Behandlungsbedarfs in den durch dieses Gesetz vorgesehenen Fällen sowie zur Ermittlung der Aufsatzwerte nach Absatz 4 Satz 1 und der Anteile der einzelnen Krankenkassen nach Absatz 4 Satz 2 zu beschließen; er kann darüber hinaus insbesondere Empfehlungen zur Vereinbarung von Veränderungen nach Absatz 4 Satz 1 Nummer 3 bis 5 und Satz 3 und 4 sowie ein Verfahren zur Bereinigung der Relativgewichte des Klassifikationsverfahrens im Falle von Vergütungen nach Absatz 3 Satz 5 beschließen. Die Empfehlungen nach Satz 1 sowie die Vorgaben nach Satz 7 sind jährlich bis spätestens zum 31. August zu beschließen; die Mitteilungen nach Satz 2 erfolgen jährlich bis spätestens zum 15. September.

(6) Der Bewertungsausschuss beschließt erstmals bis zum 31. März 2012 Vorgaben zu Art, Umfang, Zeitpunkt und Verfahren der für die Vereinbarungen und Berechnungen nach den Absätzen 2 bis 4 erforderlichen Datenübermittlungen von den Kassenärztlichen Vereinigungen und Krankenkassen an das Institut des Bewertungsausschusses, welches den Vertragspartnern nach Absatz 2 Satz 1 die jeweils erforderlichen Datengrundlagen bis zum 30. Juni eines jeden Jahres zur Verfügung stellt; § 87 Absatz 3f Satz 2 gilt entsprechend.

§ 87b Vergütung der Ärzte (Honorarverteilung)

(1) Die Kassenärztliche Vereinigung verteilt die vereinbarten Gesamtvergütungen an die Ärzte, Psychotherapeuten, medizinischen Versorgungszentren sowie ermächtigten Einrichtungen, die an der vertragsärztlichen Versorgung teilnehmen, getrennt für die Bereiche der hausärztlichen und der fachärztlichen Versorgung. Die Kassenärztliche Vereinigung wendet bei der Verteilung den Verteilungsmaßstab an, der im Benehmen mit den Landesverbänden der Krankenkassen und den Ersatzkassen festgesetzt worden ist. Bisherige Bestimmungen, insbesondere zur Zuweisung von arzt- und praxisbezogenen Regelleistungsvolumen, gelten bis zur Entscheidung über einen Verteilungsmaßstab vorläufig fort.

(2) Der Verteilungsmaßstab hat Regelungen vorzusehen, die verhindern, dass die Tätigkeit des Leistungserbringers über seinen Versorgungsauftrag nach § 95 Absatz 3 oder seinen Ermächtigungsumfang hinaus übermäßig ausgedehnt wird; dabei soll dem Leistungserbringer eine Kalkulationssicherheit hinsichtlich der Höhe seines zu erwartenden Honorars ermöglicht werden. Der Verteilungsmaßstab hat der kooperativen Behandlung von Patienten in dafür gebildeten Versorgungsformen angemessen Rechnung zu tragen; dabei können auch gesonderte Vergütungsregelungen für vernetzte Praxen auch als ein eigenes Honorarvolumen als Teil der morbiditätsbedingten Gesamtvergütungen nach § 87a Absatz 3 vorgesehen werden, soweit dies einer Verbesserung der ambulanten Versorgung dient und das Praxisnetz von der Kassenärztlichen Vereinigung anerkannt wird. Im Verteilungsmaßstab sind Regelungen zur Vergütung psychotherapeutischer Leistungen der Psychotherapeuten, der Fachärzte für Kinder- und Jugendpsychiatrie und -psychotherapie, der Fachärzte für Psychiatrie und Psychotherapie, der Fachärzte für Nervenheilkunde, der Fachärzte für psychosomatische Medizin und Psychotherapie sowie der ausschließlich psychotherapeutisch tätigen Ärzte zu treffen, die eine angemessene Höhe der Vergütung je Zeiteinheit gewährleisten. Widerspruch und Klage gegen die Honorarfestsetzung sowie gegen deren Änderung oder Aufhebung haben keine aufschiebende Wirkung.

(3) Hat der Landesausschuss der Ärzte und Krankenkassen einen Beschluss nach § 100 Absatz 1 oder 3 getroffen, dürfen für Ärzte der betroffenen Arztgruppe im Verteilungsmaßstab Maßnahmen zur Fallzahlbegrenzung oder -minderung nicht bei der Behandlung von Patienten des betreffenden Planungsbereiches angewendet werden. Darüber hinausgehend hat der Verteilungsmaßstab geeignete Regelungen vorzusehen, nach der die Kassenärztliche Vereinigung im Einzelfall verpflichtet ist, zu prüfen, ob und in welchem Umfang diese Maßnahme ausreichend ist, die Sicherstellung der medizinischen Versorgung zu gewährleisten.

(4) Die Kassenärztliche Bundesvereinigung hat Vorgaben zur Festlegung und Anpassung des Vergütungsvolumens für die hausärztliche und fachärztliche Versorgung nach Absatz 1 Satz 1 sowie Kriterien und Qualitätsanforderungen für die Anerkennung besonders förderungswürdiger Praxisnetze nach Absatz 2 Satz 2 als Rahmenvorgabe für Richtlinien der Kassenärztlichen Vereinigungen, insbesondere zu Versorgungszielen, im Einvernehmen mit dem Spitzenverband Bund der Krankenkassen zu bestimmen. Darüber hinaus hat die Kassenärztliche Bundesvereinigung Vorgaben insbesondere zu den Regelungen des Absatzes 2 Satz 1 bis 3 zu bestimmen; dabei ist das Benehmen mit dem Spitzenverband Bund der Krankenkassen herzustellen. Die Vorgaben nach den Sätzen 1 und 2 sind von den Kassenärztlichen Vereinigungen zu beachten.

(5) Die Regelungen der Absätze 1 bis 4 gelten nicht für vertragszahnärztliche Leistungen.

§ 95 Teilnahme an der vertragsärztlichen Versorgung

(1) An der vertragsärztlichen Versorgung nehmen zugelassene Ärzte und zugelassene medizinische Versorgungszentren sowie ermächtigte Ärzte und ermächtigte Einrichtungen teil. Medizinische Versorgungszentren sind fachübergreifende ärztlich geleitete Einrichtungen, in denen Ärzte, die in das Arztregister nach Absatz 2 Satz 3 eingetragen sind, als Angestellte oder Vertragsärzte tätig sind. Der ärztliche Leiter muss in dem medizinischen Versorgungszentrum selbst als angestellter Arzt oder als Vertragsarzt tätig sein; er ist in medizinischen Fragen weisungsfrei. Eine Einrichtung nach Satz 2 ist dann fachübergreifend, wenn in ihr Ärzte mit verschiedenen Facharzt- oder Schwerpunktbezeichnungen tätig sind; sie ist nicht fachübergreifend, wenn die Ärzte der hausärztlichen Arztgruppe nach § 101 Abs. 5 angehören und wenn die Ärzte oder Psychotherapeuten der psychotherapeutischen Arztgruppe nach § 101 Abs. 4 angehören. Sind in einer Einrichtung nach Satz 2 ein fachärztlicher und ein hausärztlicher Internist tätig, so ist die Einrichtung fachübergreifend. Sind in einem medizinischen Versorgungszentrum Angehörige unterschiedlicher Berufsgruppen, die an der vertragsärztlichen Versorgung teilnehmen, tätig, ist auch eine kooperative Leitung möglich. Die Zulassung erfolgt für den Ort der Niederlassung als Arzt oder den Ort der Niederlassung als medizinisches Versorgungszentrum (Vertragsarztsitz).

(1a) Medizinische Versorgungszentren können von zugelassenen Ärzten, von zugelassenen Krankenhäusern, von Erbringern nichtärztlicher Dialyseleistungen nach § 126 Absatz 3 oder von gemeinnützigen Trägern, die aufgrund von Zulassung oder Ermächtigung an der vertragsärztlichen Versorgung teilnehmen, gegründet werden; die Gründung ist nur in der Rechtsform einer Personengesellschaft, einer eingetragenen Genossenschaft oder einer Gesellschaft mit beschränkter Haftung möglich. Die Zulassung von medizinischen Versorgungszentren, die am 1. Januar 2012 bereits zugelassen sind, gilt unabhängig von der Trägerschaft und der Rechtsform des medizinischen Versorgungszentrums unverändert fort.

(2) Um die Zulassung als Vertragsarzt kann sich jeder Arzt bewerben, der seine Eintragung in ein Arzt- oder Zahnarztregister (Arztregister) nachweist. Die Arztregister werden von den Kassenärztlichen Vereinigungen für jeden Zulassungsbezirk geführt. Die Eintragung in ein Arztregister erfolgt auf Antrag

1. nach Erfüllung der Voraussetzungen nach § 95a für Vertragsärzte und nach § 95c für Psychotherapeuten,
2. nach Ableistung einer zweijährigen Vorbereitungszeit für Vertragszahnärzte.

Das Nähere regeln die Zulassungsverordnungen. Um die Zulassung kann sich ein medizinisches Versorgungszentrum bewerben, dessen Ärzte in das Arztregister nach Satz 3 eingetragen sind. Für die Zulassung eines medizinischen Versorgungszentrums in der Rechtsform einer Gesellschaft mit beschränkter Haftung ist außerdem Voraussetzung, dass die Gesellschafter selbstschuldnerische Bürgschaftserklärungen für Forderungen von Kassenärztlichen Vereinigungen und Krankenkassen gegen das medizinische Versorgungszentrum aus dessen vertragsärztlicher Tätigkeit abgeben; dies gilt auch für Forderungen, die erst nach Auflösung des medizinischen Versorgungszentrums fällig werden. Die Anstellung eines Arztes in einem zugelassenen medizinischen Versorgungszentrum bedarf der Genehmigung des Zulassungsausschusses. Die Genehmigung ist zu erteilen, wenn die Voraussetzungen des Satzes 5 erfüllt sind; Absatz 9b gilt entsprechend. Anträge auf Zulassung eines Arztes und auf Zulassung eines medizinischen Versorgungszentrums sowie auf Genehmigung der Anstellung eines Arztes in einem zugelassenen medizinischen Versorgungszentrum sind abzulehnen, wenn bei Antragstellung für die dort tätigen Ärzte Zulassungsbeschränkungen nach § 103 Abs. 1 Satz 2 angeordnet sind. Für die in den medizinischen Versorgungszentren angestellten Ärzte gilt § 135 entsprechend.

(2a) (weggefallen)

(3) Die Zulassung bewirkt, dass der Vertragsarzt Mitglied der für seinen Kassenarztsitz zuständigen Kassenärztlichen Vereinigung wird und zur Teilnahme an der vertragsärztlichen Versorgung im Umfang seines aus der Zulassung folgenden zeitlich vollen oder hälftigen Versorgungsauftrages berechtigt und verpflichtet ist. Die Zulassung des medizinischen Versorgungszentrums bewirkt, dass die in dem Versorgungs-

zentrum angestellten Ärzte Mitglieder der für den Vertragsarztsitz des Versorgungszentrums zuständigen Kassenärztlichen Vereinigung sind und dass das zugelassene medizinische Versorgungszentrum insoweit zur Teilnahme an der vertragsärztlichen Versorgung berechtigt und verpflichtet ist. Die vertraglichen Bestimmungen über die vertragsärztliche Versorgung sind verbindlich.

(4) Die Ermächtigung bewirkt, dass der ermächtigte Arzt oder die ermächtigte Einrichtung zur Teilnahme an der vertragsärztlichen Versorgung berechtigt und verpflichtet ist. Die vertraglichen Bestimmungen über die vertragsärztliche Versorgung sind für sie verbindlich. Die Absätze 5 bis 7, § 75 Abs. 2 und § 81 Abs. 5 gelten entsprechend.

(5) Die Zulassung ruht auf Beschluss des Zulassungsausschusses, wenn der Vertragsarzt seine Tätigkeit nicht aufnimmt oder nicht ausübt, ihre Aufnahme aber in angemessener Frist zu erwarten ist, oder auf Antrag eines Vertragsarztes, der in den hauptamtlichen Vorstand nach § 79 Abs. 1 gewählt worden ist. Unter den gleichen Voraussetzungen kann bei vollem Versorgungsauftrag das hälftige Ruhen der Zulassung beschlossen werden.

(6) Die Zulassung ist zu entziehen, wenn ihre Voraussetzungen nicht oder nicht mehr vorliegen, der Vertragsarzt die vertragsärztliche Tätigkeit nicht aufnimmt oder nicht mehr ausübt oder seine vertragsärztlichen Pflichten gröblich verletzt. Der Zulassungsausschuss kann in diesen Fällen statt einer vollständigen auch eine hälftige Entziehung der Zulassung beschließen. Einem medizinischen Versorgungszentrum ist die Zulassung auch dann zu entziehen, wenn die Gründungsvoraussetzung des Absatzes 1 Satz 4 und 5 oder des Absatzes 1a Satz 1 länger als sechs Monate nicht mehr vorliegt. Medizinischen Versorgungszentren, die unter den in Absatz 1a Satz 2 geregelten Bestandsschutz fallen, ist die Zulassung zu entziehen, wenn die Gründungsvoraussetzungen des Absatzes 1 Satz 6 zweiter Halbsatz in der bis zum 31. Dezember 2011 geltenden Fassung seit mehr als sechs Monaten nicht mehr vorliegen oder das medizinische Versorgungszentrum gegenüber dem Zulassungsausschuss nicht bis zum 30. Juni 2012 nachweist, dass die ärztliche Leitung den Voraussetzungen des Absatzes 1 Satz 3 entspricht.

(7) Die Zulassung endet mit dem Tod, mit dem Wirksamwerden eines Verzichts, mit dem Ablauf des Befristungszeitraumes oder mit dem Wegzug des Berechtigten aus dem Bezirk seines Kassenarztsitzes. Die Zulassung eines medizinischen Versorgungszentrums endet mit dem Wirksamwerden eines Verzichts, der Auflösung, dem Ablauf des Befristungszeitraumes oder mit dem Wegzug des zugelassenen medizinischen Versorgungszentrums aus dem Bezirk des Vertragsarztsitzes.

(8) (weggefallen)

(9) Der Vertragsarzt kann mit Genehmigung des Zulassungsausschusses Ärzte, die in das Arztregister eingetragen sind, anstellen, sofern für die Arztgruppe, der der anzustellende Arzt angehört, keine Zulassungsbeschränkungen angeordnet sind. Sind Zulassungsbeschränkungen angeordnet, gilt Satz 1 mit der Maßgabe, dass die Voraussetzungen des § 101 Abs. 1 Satz 1 Nr. 5 erfüllt sein müssen. Das Nähere zu der Anstellung von Ärzten bei Vertragsärzten bestimmen die Zulassungsverordnungen. Absatz 7 Satz 3 bis 5 gilt entsprechend.

(9a) Der an der hausärztlichen Versorgung teilnehmende Vertragsarzt kann mit Genehmigung des Zulassungsausschusses Ärzte, die von einer Hochschule mindestens halbtags als angestellte oder beamtete Hochschullehrer für Allgemeinmedizin oder als deren wissenschaftliche Mitarbeiter beschäftigt werden und in das Arztregister eingetragen sind, unabhängig von Zulassungsbeschränkungen anstellen. Bei der Ermittlung des Versorgungsgrades in einem Planungsbereich sind diese angestellten Ärzte nicht mitzurechnen.

(9b) Eine genehmigte Anstellung nach Absatz 9 Satz 1 ist auf Antrag des anstellenden Vertragsarztes vom Zulassungsausschuss in eine Zulassung umzuwandeln, sofern der Umfang der Tätigkeit des angestellten Arztes einem ganzen oder halben Versorgungsauftrag entspricht; beantragt der anstellende Vertragsarzt nicht zugleich bei der Kassenärztlichen Vereinigung die Durchführung eines Nachbesetzungsverfahrens nach § 103 Absatz 4, wird der bisher angestellte Arzt Inhaber der Zulassung.

(10) Psychotherapeuten werden zur vertragsärztlichen Versorgung zugelassen, wenn sie

1. bis zum 31. Dezember 1998 die Voraussetzung der Approbation nach § 12 des Psychotherapeutengesetzes und des Fachkundenachweises nach § 95c Satz 2 Nr. 3 erfüllt und den Antrag auf Erteilung der Zulassung gestellt haben,
2. bis zum 31. März 1999 die Approbationsurkunde vorlegen und
3. in der Zeit vom 25. Juni 1994 bis zum 24. Juni 1997 an der ambulanten psychotherapeutischen Versorgung der Versicherten der gesetzlichen Krankenversicherung teilgenommen haben.

Der Zulassungsausschuss hat über die Zulassungsanträge bis zum 30. April 1999 zu entscheiden.

(11) Psychotherapeuten werden zur vertragsärztlichen Versorgung ermächtigt, wenn sie

1. bis zum 31. Dezember 1998 die Voraussetzungen der Approbation nach § 12 des Psychotherapeutengesetzes erfüllt und 500 dokumentierte Behandlungsstunden oder 250 dokumentierte Behandlungsstunden unter qualifizierter Supervision in Behandlungsverfahren erbracht haben, die der Gemeinsame Bundesausschuss in den bis zum 31. Dezember 1998 geltenden Richtlinien über die Durchführung der Psychotherapie in der vertragsärztlichen Versorgung anerkannt hat (Psychotherapie-Richtlinien in der Neufassung vom 3. Juli 1987 - BAnz. Nr. 156 Beilage Nr. 156a -, zuletzt geändert durch Bekanntmachung vom 12. März 1997 - BAnz. Nr. 49 S. 2946), und den Antrag auf Nachqualifikation gestellt haben,
2. bis zum 31. März 1999 die Approbationsurkunde vorlegen und
3. in der Zeit vom 25. Juni 1994 bis zum 24. Juni 1997 an der ambulanten psychotherapeutischen Versorgung der Versicherten der gesetzlichen Krankenversicherung teilgenommen haben.

Der Zulassungsausschuss hat über die Anträge bis zum 30. April 1999 zu entscheiden. Die erfolgreiche Nachqualifikation setzt voraus, dass die für die Approbation gemäß § 12 Abs. 1 und § 12 Abs. 3 des Psychotherapeutengesetzes geforderte Qualifikation, die geforderten Behandlungsstunden, Behandlungsfälle und die theoretische Ausbildung in vom Gemeinsamen Bundesausschuss anerkannten Behandlungsverfahren erbracht wurden. Bei Nachweis des erfolgreichen Abschlusses der Nachqualifikation hat der Zulassungsausschuss auf Antrag die Ermächtigung in eine Zulassung umzuwandeln. Die Ermächtigung des Psychotherapeuten erlischt bei Beendigung der Nachqualifikation, spätestens fünf Jahre nach Erteilung der Ermächtigung; sie bleibt jedoch bis zur Entscheidung des Zulassungsausschusses erhalten, wenn der Antrag auf Umwandlung bis fünf Jahre nach Erteilung der Ermächtigung gestellt wurde.

(11a) Für einen Psychotherapeuten, der bis zum 31. Dezember 1998 wegen der Betreuung und der Erziehung eines Kindes in den ersten drei Lebensjahren, für das ihm die Personensorge zustand und mit dem er in einem Haushalt gelebt hat, keine Erwerbstätigkeit ausgeübt hat, wird die in Absatz 11 Satz 1 Nr. 1 genannte Frist zur Antragstellung für eine Ermächtigung und zur Erfüllung der Behandlungsstunden um den Zeitraum hinausgeschoben, der der Kindererziehungszeit entspricht, höchstens jedoch um drei Jahre. Die Ermächtigung eines Psychotherapeuten ruht in der Zeit, in der er wegen der Betreuung und der Erziehung eines Kindes in den ersten drei Lebensjahren, für das ihm die Personensorge zusteht und das mit ihm in einem Haushalt lebt, keine

Erwerbstätigkeit ausübt. Sie verlängert sich längstens um den Zeitraum der Kindererziehung.

(11b) Für einen Psychotherapeuten, der in dem in Absatz 10 Satz 1 Nr. 3 und Absatz 11 Satz 1 Nr. 3 genannten Zeitraum wegen der Betreuung und Erziehung eines Kindes in den ersten drei Lebensjahren, für das ihm die Personensorge zustand und mit dem er in einem Haushalt gelebt hat, keine Erwerbstätigkeit ausgeübt hat, wird der Beginn der Frist um die Zeit vorverlegt, die der Zeit der Kindererziehung in dem Dreijahreszeitraum entspricht. Begann die Kindererziehungszeit vor dem 25. Juni 1994, berechnet sich die Frist vom Zeitpunkt des Beginns der Kindererziehungszeit an.

(12) Der Zulassungsausschuss kann über Zulassungsanträge von Psychotherapeuten und überwiegend oder ausschließlich psychotherapeutisch tätige Ärzte, die nach dem 31. Dezember 1998 gestellt werden, erst dann entscheiden, wenn der Landesausschuss der Ärzte und Krankenkassen die Feststellung nach § 103 Abs. 1 Satz 1 getroffen hat. Anträge nach Satz 1 sind wegen Zulassungsbeschränkungen auch dann abzulehnen, wenn diese bei Antragstellung noch nicht angeordnet waren.

(13) In Zulassungssachen der Psychotherapeuten und der überwiegend oder ausschließlich psychotherapeutisch tätigen Ärzte (§ 101 Abs. 3 Satz 1) treten abweichend von § 96 Abs. 2 Satz 1 und § 97 Abs. 2 Satz 1 an die Stelle der Vertreter der Ärzte Vertreter der Psychotherapeuten und der Ärzte in gleicher Zahl; unter den Vertretern der Psychotherapeuten muss mindestens ein Kinder- und Jugendlichenpsychotherapeut sein. Für die erstmalige Besetzung der Zulassungsausschüsse und der Berufungsausschüsse nach Satz 1 werden die Vertreter der Psychotherapeuten von der zuständigen Aufsichtsbehörde auf Vorschlag der für die beruflichen Interessen maßgeblichen Organisationen der Psychotherapeuten auf Landesebene berufen.

§ 99 Bedarfsplan

(1) Die Kassenärztlichen Vereinigungen haben im Einvernehmen mit den Landesverbänden der Krankenkassen und den Ersatzkassen nach Maßgabe der vom Gemeinsamen Bundesausschuss erlassenen Richtlinien auf Landesebene einen Bedarfsplan zur Sicherstellung der vertragsärztlichen Versorgung aufzustellen und jeweils der Entwicklung anzupassen. Die Ziele und Erfordernisse der Raumordnung und Landesplanung sowie der Krankenhausplanung sind zu beachten. Soweit es zur Berücksichtigung regionaler Besonderheiten, insbesondere der regionalen Demografie und Morbidität, für eine bedarfsgerechte Versorgung erforderlich ist, kann von den Richtlinien des Gemeinsamen Bundesausschusses abgewichen werden. Den zuständigen Landes-

behörden und den auf Landesebene für die Wahrnehmung der Interessen der Patientinnen und Patienten und der Selbsthilfe chronisch kranker und behinderter Menschen maßgeblichen Organisationen ist Gelegenheit zur Stellungnahme zu geben. Der aufgestellte oder angepasste Bedarfsplan ist der für die Sozialversicherung zuständigen obersten Landesbehörde vorzulegen. Sie kann den Bedarfsplan innerhalb einer Frist von zwei Monaten beanstanden. Der Bedarfsplan ist in geeigneter Weise zu veröffentlichen.

(2) Kommt das Einvernehmen zwischen den Kassenärztlichen Vereinigungen, den Landesverbänden der Krankenkassen und den Ersatzkassen nicht zustande, kann jeder der Beteiligten den Landesausschuss der Ärzte und Krankenkassen anrufen. Dies gilt auch für den Fall, dass kein Einvernehmen darüber besteht, wie einer Beanstandung des Bedarfsplans abzuhelfen ist.

(3) Die Landesausschüsse beraten die Bedarfspläne nach Absatz 1 und entscheiden im Falle des Absatzes 2.

§ 107 Krankenhäuser, Vorsorge- oder Rehabilitationseinrichtungen

(1) Krankenhäuser im Sinne dieses Gesetzbuchs sind Einrichtungen, die

1. der Krankenhausbehandlung oder Geburtshilfe dienen,
2. fachlich-medizinisch unter ständiger ärztlicher Leitung stehen, über ausreichende, ihrem Versorgungsauftrag entsprechende diagnostische und therapeutische Möglichkeiten verfügen und nach wissenschaftlich anerkannten Methoden arbeiten,
3. mit Hilfe von jederzeit verfügbarem ärztlichem, Pflege-, Funktions- und medizinisch-technischem Personal darauf eingerichtet sind, vorwiegend durch ärztliche und pflegerische Hilfeleistung Krankheiten der Patienten zu erkennen, zu heilen, ihre Verschlimmerung zu verhüten, Krankheitsbeschwerden zu lindern oder Geburtshilfe zu leisten,
   und in denen
4. die Patienten untergebracht und verpflegt werden können.

(2) Vorsorge- oder Rehabilitationseinrichtungen im Sinne dieses Gesetzbuchs sind Einrichtungen, die

1. der stationären Behandlung der Patienten dienen, um

a) eine Schwächung der Gesundheit, die in absehbarer Zeit voraussichtlich zu einer Krankheit führen würde, zu beseitigen oder einer Gefährdung der gesundheitlichen Entwicklung eines Kindes entgegenzuwirken (Vorsorge) oder
b) eine Krankheit zu heilen, ihre Verschlimmerung zu verhüten oder Krankheitsbeschwerden zu lindern oder im Anschluss an Krankenhausbehandlung den dabei erzielten Behandlungserfolg zu sichern oder zu festigen, auch mit dem Ziel, eine drohende Behinderung oder Pflegebedürftigkeit abzuwenden, zu beseitigen, zu mindern, auszugleichen, ihre Verschlimmerung zu verhüten oder ihre Folgen zu mildern (Rehabilitation), wobei Leistungen der aktivierenden Pflege nicht von den Krankenkassen übernommen werden dürfen.

2. fachlich-medizinisch unter ständiger ärztlicher Verantwortung und unter Mitwirkung von besonders geschultem Personal darauf eingerichtet sind, den Gesundheitszustand der Patienten nach einem ärztlichen Behandlungsplan vorwiegend durch Anwendung von Heilmitteln einschließlich Krankengymnastik, Bewegungstherapie, Sprachtherapie oder Arbeits- und Beschäftigungstherapie, ferner durch andere geeignete Hilfen, auch durch geistige und seelische Einwirkungen, zu verbessern und den Patienten bei der Entwicklung eigener Abwehr- und Heilungskräfte zu helfen,
und in denen
3. die Patienten untergebracht und verpflegt werden können.

§ 108 Zugelassene Krankenhäuser

Die Krankenkassen dürfen Krankenhausbehandlung nur durch folgende Krankenhäuser (zugelassene Krankenhäuser) erbringen lassen:

1. Krankenhäuser, die nach den landesrechtlichen Vorschriften als Hochschulklinik anerkannt sind,
2. Krankenhäuser, die in den Krankenhausplan eines Landes aufgenommen sind (Plankrankenhäuser), oder
3. Krankenhäuser, die einen Versorgungsvertrag mit den Landesverbänden der Krankenkassen und den Verbänden der Ersatzkassen abgeschlossen haben.

§ 109 Abschluss von Versorgungsverträgen mit Krankenhäusern

(1) Der Versorgungsvertrag nach § 108 Nr. 3 kommt durch Einigung zwischen den Landesverbänden der Krankenkassen und den Ersatzkassen gemeinsam und dem Krankenhausträger zustande; er bedarf der Schriftform. Bei den Hochschulkliniken gilt die Anerkennung nach den landesrechtlichen Vorschriften, bei den Plankrankenhäusern die Aufnahme in den Krankenhausbedarfsplan nach § 8 Abs. 1 Satz 2 des Krankenhausfinanzierungsgesetzes als Abschluss des Versorgungsvertrages. Dieser ist für alle Krankenkassen im Inland unmittelbar verbindlich. Die Vertragsparteien nach Satz 1 können im Einvernehmen mit der für die Krankenhausplanung zuständigen Landesbehörde eine gegenüber dem Krankenhausplan geringere Bettenzahl vereinbaren, soweit die Leistungsstruktur des Krankenhauses nicht verändert wird; die Vereinbarung kann befristet werden. Enthält der Krankenhausplan keine oder keine abschließende Festlegung der Bettenzahl oder der Leistungsstruktur des Krankenhauses, werden diese durch die Vertragsparteien nach Satz 1 im Benehmen mit der für die Krankenhausplanung zuständigen Landesbehörde ergänzend vereinbart.

(2) Ein Anspruch auf Abschluss eines Versorgungsvertrags nach § 108 Nr. 3 besteht nicht. Bei notwendiger Auswahl zwischen mehreren geeigneten Krankenhäusern, die sich um den Abschluss eines Versorgungsvertrags bewerben, entscheiden die Landesverbände der Krankenkassen und die Ersatzkassen gemeinsam unter Berücksichtigung der öffentlichen Interessen und der Vielfalt der Krankenhausträger nach pflichtgemäßem Ermessen, welches Krankenhaus den Erfordernissen einer bedarfsgerechten, leistungsfähigen und wirtschaftlichen Krankenhausbehandlung am besten gerecht wird.

(3) Ein Versorgungsvertrag nach § 108 Nr. 3 darf nicht abgeschlossen werden, wenn das Krankenhaus

1. nicht die Gewähr für eine leistungsfähige und wirtschaftliche Krankenhausbehandlung bietet oder
2. für eine bedarfsgerechte Krankenhausbehandlung der Versicherten nicht erforderlich ist.

Abschluss und Ablehnung des Versorgungsvertrags werden mit der Genehmigung durch die zuständigen Landesbehörden wirksam. Verträge, die vor dem 1. Januar 1989 nach § 371 Abs. 2 der Reichsversicherungsordnung abgeschlossen worden sind, gelten bis zu ihrer Kündigung nach § 110 weiter.

(4) Mit einem Versorgungsvertrag nach Absatz 1 wird das Krankenhaus für die Dauer des Vertrages zur Krankenhausbehandlung der Versicherten zugelassen. Das zugelassene Krankenhaus ist im Rahmen seines Versorgungsauftrags zur Krankenhausbehandlung (§ 39) der Versicherten verpflichtet. Die Krankenkassen sind verpflichtet, unter Beachtung der Vorschriften dieses Gesetzbuchs mit dem Krankenhausträger Pflegesatzverhandlungen nach Maßgabe des Krankenhausfinanzierungsgesetzes, des Krankenhausentgeltgesetzes und der Bundespflegesatzverordnung zu führen.

§ 115a Vor- und nachstationäre Behandlung im Krankenhaus

(1) Das Krankenhaus kann bei Verordnung von Krankenhausbehandlung Versicherte in medizinisch geeigneten Fällen ohne Unterkunft und Verpflegung behandeln, um

1. die Erforderlichkeit einer vollstationären Krankenhausbehandlung zu klären oder die vollstationäre Krankenhausbehandlung vorzubereiten (vorstationäre Behandlung) oder
2. im Anschluss an eine vollstationäre Krankenhausbehandlung den Behandlungserfolg zu sichern oder zu festigen (nachstationäre Behandlung).

Das Krankenhaus kann die Behandlung nach Satz 1 auch durch hierzu ausdrücklich beauftragte niedergelassene Vertragsärzte in den Räumen des Krankenhauses oder der Arztpraxis erbringen. Absatz 2 Satz 5 findet insoweit keine Anwendung.

(2) Die vorstationäre Behandlung ist auf längstens drei Behandlungstage innerhalb von fünf Tagen vor Beginn der stationären Behandlung begrenzt. Die nachstationäre Behandlung darf sieben Behandlungstage innerhalb von 14 Tagen, bei Organübertragungen nach § 9 Absatz 2 des Transplantationsgesetzes drei Monate nach Beendigung der stationären Krankenhausbehandlung nicht überschreiten. Die Frist von 14 Tagen oder drei Monaten kann in medizinisch begründeten Einzelfällen im Einvernehmen mit dem einweisenden Arzt verlängert werden. Kontrolluntersuchungen bei Organübertragungen nach § 9 Absatz 2 des Transplantationsgesetzes dürfen vom Krankenhaus auch nach Beendigung der nachstationären Behandlung fortgeführt werden, um die weitere Krankenbehandlung oder Maßnahmen der Qualitätssicherung wissenschaftlich zu begleiten oder zu unterstützen. Eine notwendige ärztliche Behandlung außerhalb des Krankenhauses während der vor- und nachstationären Behandlung wird im Rahmen des Sicherstellungsauftrags durch die an der vertragsärztlichen Versorgung teilnehmenden Ärzte gewährleistet. Das Krankenhaus hat den einweisenden Arzt über die vor- oder nachstationäre Behandlung sowie diesen und die an der weiteren Krankenbehandlung jeweils beteiligten Ärzte über die Kontrolluntersuchungen und deren Er-

gebnis unverzüglich zu unterrichten. Die Sätze 2 bis 6 gelten für die Nachbetreuung von Organspendern nach § 8 Abs. 3 Satz 1 des Transplantationsgesetzes entsprechend.

(3) Die Landesverbände der Krankenkassen, die Ersatzkassen und der Landesausschuss des Verbandes der privaten Krankenversicherung gemeinsam vereinbaren mit der Landeskrankenhausgesellschaft oder mit den Vereinigungen der Krankenhausträger im Land gemeinsam und im Benehmen mit der kassenärztlichen Vereinigung die Vergütung der Leistungen mit Wirkung für die Vertragsparteien nach § 18 Abs. 2 des Krankenhausfinanzierungsgesetzes. Die Vergütung soll pauschaliert werden und geeignet sein, eine Verminderung der stationären Kosten herbeizuführen. Der Spitzenverband Bund der Krankenkassen und die Deutsche Krankenhausgesellschaft oder die Bundesverbände der Krankenhausträger gemeinsam geben im Benehmen mit der Kassenärztlichen Bundesvereinigung Empfehlungen zur Vergütung ab. Diese gelten bis zum Inkrafttreten einer Vereinbarung nach Satz 1. Kommt eine Vereinbarung über die Vergütung innerhalb von drei Monaten nicht zustande, nachdem eine Vertragspartei schriftlich zur Aufnahme der Verhandlungen aufgefordert hat, setzt die Schiedsstelle nach § 18a Abs. 1 des Krankenhausfinanzierungsgesetzes auf Antrag einer Vertragspartei oder der zuständigen Landesbehörde die Vergütung fest.

§ 115b Ambulantes Operieren im Krankenhaus

(1) Der Spitzenverband Bund der Krankenkassen, die Deutsche Krankenhausgesellschaft oder die Bundesverbände der Krankenhausträger gemeinsam und die Kassenärztlichen Bundesvereinigungen vereinbaren

1. einen Katalog ambulant durchführbarer Operationen und sonstiger stationsersetzender Eingriffe,
2. einheitliche Vergütungen für Krankenhäuser und Vertragsärzte.

In der Vereinbarung nach Satz 1 Nr. 1 sind bis zum 31. Dezember 2000 die ambulant durchführbaren Operationen und stationsersetzenden Eingriffe gesondert zu benennen, die in der Regel ambulant durchgeführt werden können, und allgemeine Tatbestände zu bestimmen, bei deren Vorliegen eine stationäre Durchführung erforderlich sein kann. In der Vereinbarung sind die Qualitätsvoraussetzungen nach § 135 Abs. 2 sowie die Richtlinien und Beschlüsse des Gemeinsamen Bundesausschusses nach § 92 Abs. 1 Satz 2 und § 137 zu berücksichtigen. In der Vereinbarung ist vorzusehen, dass die Leistungen nach Satz 1 auch auf der Grundlage einer vertraglichen Zusammenarbeit des Krankenhauses mit niedergelassenen Vertragsärzten ambulant im Krankenhaus erbracht werden können.

(2) Die Krankenhäuser sind zur ambulanten Durchführung der in dem Katalog genannten Operationen und stationsersetzenden Eingriffe zugelassen. Hierzu bedarf es einer Mitteilung des Krankenhauses an die Landesverbände der Krankenkassen und die Ersatzkassen, die Kassenärztliche Vereinigung und den Zulassungsausschuss (§ 96); die Kassenärztliche Vereinigung unterrichtet die Landeskrankenhausgesellschaft über den Versorgungsgrad in der vertragsärztlichen Versorgung. Das Krankenhaus ist zur Einhaltung des Vertrages nach Absatz 1 verpflichtet. Die Leistungen werden unmittelbar von den Krankenkassen vergütet. Die Prüfung der Wirtschaftlichkeit und Qualität erfolgt durch die Krankenkassen; die Krankenhäuser übermitteln den Krankenkassen die Daten nach § 301, soweit dies für die Erfüllung der Aufgaben der Krankenkassen erforderlich ist.

(3) Kommt eine Vereinbarung nach Absatz 1 ganz oder teilweise nicht zu Stande, wird ihr Inhalt auf Antrag einer Vertragspartei durch das Bundesschiedsamt nach § 89 Abs. 4 festgesetzt. Dieses wird hierzu um Vertreter der Deutschen Krankenhausgesellschaft in der gleichen Zahl erweitert, wie sie jeweils für die Vertreter der Krankenkassen und der Kassenärztlichen Bundesvereinigungen vorgesehen ist (erweitertes Bundesschiedsamt). Das erweiterte Bundesschiedsamt beschließt mit einer Mehrheit von zwei Dritteln der Stimmen der Mitglieder. § 112 Abs. 4 gilt entsprechend.

(4) Bis zum Inkrafttreten einer Regelung nach Absatz 1 oder 3, jedoch längstens bis zum 31. Dezember 1994, sind die Krankenhäuser zur Durchführung ambulanter Operationen auf der Grundlage des einheitlichen Bewertungsmaßstabs (§ 87) berechtigt. Hierzu bedarf es einer Mitteilung des Krankenhauses an die Landesverbände der Krankenkassen und die Ersatzkassen, die Kassenärztliche Vereinigung und den Zulassungsausschuss (§ 96), in der die im Krankenhaus ambulant durchführbaren Operationen bezeichnet werden; Absatz 2 Satz 2 zweiter Halbsatz gilt entsprechend. Die Vergütung richtet sich nach dem einheitlichen Bewertungsmaßstab mit den für die Versicherten geltenden Vergütungssätzen. Absatz 2 Satz 4 und 5 gilt entsprechend.

(5) In der Vereinbarung nach Absatz 1 können Regelungen über ein gemeinsames Budget zur Vergütung der ambulanten Operationsleistungen der Krankenhäuser und der Vertragsärzte getroffen werden. Die Mittel sind aus der Gesamtvergütung und den Budgets der zum ambulanten Operieren zugelassenen Krankenhäuser aufzubringen.

§ 116 Ambulante Behandlung durch Krankenhausärzte

Ärzte, die in einem Krankenhaus, einer Vorsorge- oder Rehabilitationseinrichtung, mit der ein Versorgungsvertrag nach § 111 Absatz 2 besteht, oder nach § 119b Absatz 1 Satz 3 oder 4 in einer stationären Pflegeeinrichtung tätig sind, können, soweit sie über eine abgeschlossene Weiterbildung verfügen, mit Zustimmung des jeweiligen Trägers der Einrichtung, in der der Arzt tätig ist, vom Zulassungsausschuss (§ 96) zur Teilnahme an der vertragsärztlichen Versorgung der Versicherten ermächtigt werden. Die Ermächtigung ist zu erteilen, soweit und solange eine ausreichende ärztliche Versorgung der Versicherten ohne die besonderen Untersuchungs- und Behandlungsmethoden oder Kenntnisse von hierfür geeigneten Ärzten der in Satz 1 genannten Einrichtungen nicht sichergestellt wird.

§ 116a Ambulante Behandlung durch Krankenhäuser bei Unterversorgung

Der Zulassungsausschuss kann zugelassene Krankenhäuser für das entsprechende Fachgebiet in den Planungsbereichen, in denen der Landesausschuss der Ärzte und Krankenkassen Unterversorgung nach § 100 Absatz 1 oder einen zusätzlichen lokalen Versorgungsbedarf nach § 100 Absatz 3 festgestellt hat, auf deren Antrag zur vertragsärztlichen Versorgung ermächtigen, soweit und solange dies zur Beseitigung der Unterversorgung oder zur Deckung des zusätzlichen lokalen Versorgungsbedarfs erforderlich ist.

§ 116b Ambulante spezialfachärztliche Versorgung

(1) Die ambulante spezialfachärztliche Versorgung umfasst die Diagnostik und Behandlung komplexer, schwer therapierbarer Krankheiten, die je nach Krankheit eine spezielle Qualifikation, eine interdisziplinäre Zusammenarbeit und besondere Ausstattungen erfordern. Hierzu gehören nach Maßgabe der Absätze 4 und 5 insbesondere folgende schwere Verlaufsformen von Erkrankungen mit besonderen Krankheitsverläufen, seltene Erkrankungen und Erkrankungszustände mit entsprechend geringen Fallzahlen sowie hochspezialisierte Leistungen:

1. schwere Verlaufsformen von Erkrankungen mit besonderen Krankheitsverläufen bei
   a) onkologischen Erkrankungen,
   b) HIV/AIDS,
   c) rheumatologischen Erkrankungen,
   d) Herzinsuffizienz (NYHA Stadium 3–4),

e) Multipler Sklerose,
f) zerebralen Anfallsleiden (Epilepsie),
g) komplexen Erkrankungen im Rahmen der pädiatrischen Kardiologie,
h) der Versorgung von Frühgeborenen mit Folgeschäden oder
i) Querschnittslähmung bei Komplikationen, die eine interdisziplinäre Versorgung erforderlich machen;

2. seltene Erkrankungen und Erkrankungszustände mit entsprechend geringen Fallzahlen wie
a) Tuberkulose,
b) Mukoviszidose,
c) Hämophilie,
d) Fehlbildungen, angeborene Skelettsystemfehlbildungen und neuromuskuläre Erkrankungen,
e) schwerwiegende immunologische Erkrankungen,
f) biliäre Zirrhose,
g) primär sklerosierende Cholangitis,
h) Morbus Wilson,
i) Transsexualismus,
j) Versorgung von Kindern mit angeborenen Stoffwechselstörungen,
k) Marfan-Syndrom,
l) pulmonale Hypertonie,
m) Kurzdarmsyndrom oder
n) Versorgung von Patienten vor oder nach Organtransplantation und von lebenden Spendern sowie

3. hochspezialisierte Leistungen wie
a) CT/MRT-gestützte interventionelle schmerztherapeutische Leistungen oder
b) Brachytherapie.

Untersuchungs- und Behandlungsmethoden können Gegenstand des Leistungsumfangs in der ambulanten spezialfachärztlichen Versorgung sein, soweit der Gemeinsame Bundesausschuss im Rahmen der Beschlüsse nach § 137c für die Krankenhausbehandlung keine ablehnende Entscheidung getroffen hat.

(2) An der vertragsärztlichen Versorgung teilnehmende Leistungserbringer und nach § 108 zugelassene Krankenhäuser sind berechtigt, Leistungen der ambulanten spezialfachärztlichen Versorgung nach Absatz 1, deren Behandlungsumfang der Gemeinsame Bundesausschuss nach den Absätzen 4 und 5 bestimmt hat, zu erbringen, soweit sie die hierfür jeweils maßgeblichen Anforderungen und Voraussetzungen nach den Ab-

sätzen 4 und 5 erfüllen und dies gegenüber dem nach Maßgabe des Absatzes 3 Satz 1 erweiterten Landesausschuss der Ärzte und Krankenkassen nach § 90 Absatz 1 unter Beifügung entsprechender Belege anzeigen. Soweit der Abschluss von Vereinbarungen nach Absatz 4 Satz 9 und 10 zwischen den in Satz 1 genannten Leistungserbringern erforderlich ist, sind diese im Rahmen des Anzeigeverfahrens nach Satz 1 ebenfalls vorzulegen. Dies gilt nicht, wenn der Leistungserbringer glaubhaft versichert, dass ihm die Vorlage aus den in Absatz 4 Satz 11 zweiter Halbsatz genannten Gründen nicht möglich ist. Der Leistungserbringer ist nach Ablauf einer Frist von zwei Monaten nach Eingang seiner Anzeige zur Teilnahme an der ambulanten spezialfachärztlichen Versorgung berechtigt, es sei denn, der Landesausschuss nach Satz 1 teilt ihm innerhalb dieser Frist mit, dass er die Anforderungen und Voraussetzungen hierfür nicht erfüllt. Der Landesausschuss nach Satz 1 kann von dem anzeigenden Leistungserbringer zusätzlich erforderliche Informationen und ergänzende Stellungnahmen anfordern; bis zum Eingang der Auskünfte ist der Lauf der Frist nach Satz 4 unterbrochen. Nach Satz 4 berechtigte Leistungserbringer haben ihre Teilnahme an der ambulanten spezialfachärztlichen Versorgung den Landesverbänden der Krankenkassen und den Ersatzkassen, der Kassenärztlichen Vereinigung sowie der Landeskrankenhausgesellschaft zu melden und dabei den Erkrankungs- und Leistungsbereich anzugeben, auf den sich die Berechtigung erstreckt. Erfüllt der Leistungserbringer die für ihn nach den Sätzen 1 und 2 maßgeblichen Voraussetzungen für die Berechtigung zur Teilnahme an der ambulanten spezialfachärztlichen Versorgung nicht mehr, hat er dies unverzüglich unter Angabe des Zeitpunkts ihres Wegfalls gegenüber dem Landesausschuss nach Satz 1 anzuzeigen sowie den in Satz 6 genannten Stellen zu melden. Der Landesausschuss nach Satz 1 kann einen an der ambulanten spezialfachärztlichen Versorgung teilnehmenden Leistungserbringer aus gegebenem Anlass sowie unabhängig davon nach Ablauf von mindestens fünf Jahren seit seiner erstmaligen Teilnahmeanzeige oder der letzten späteren Überprüfung seiner Teilnahmeberechtigung auffordern, ihm gegenüber innerhalb einer Frist von zwei Monaten nachzuweisen, dass er die Voraussetzungen für seine Teilnahme an der ambulanten spezialfachärztlichen Versorgung weiterhin erfüllt. Die Sätze 4, 5 und 7 gelten entsprechend.

(3) Für die Wahrnehmung der Aufgaben nach Absatz 2 wird der Landesausschuss der Ärzte und Krankenkassen nach § 90 Absatz 1 um Vertreter der Krankenhäuser in der gleichen Zahl erweitert, wie sie nach § 90 Absatz 2 jeweils für die Vertreter der Krankenkassen und die Vertreter der Ärzte vorgesehen ist (erweiterter Landesausschuss). Die Vertreter der Krankenhäuser werden von der Landeskrankenhausgesellschaft bestellt. Über den Vorsitzenden des erweiterten Landesausschusses und die zwei weiteren unparteiischen Mitglieder sowie deren Stellvertreter sollen sich die beteiligten Kassenärztlichen Vereinigungen, die Landesverbände der Krankenkassen und die Er-

satzkassen sowie die Landeskrankenhausgesellschaft einigen. Kommt eine Einigung nicht zustande, werden sie durch die für die Sozialversicherung zuständige oberste Verwaltungsbehörde des Landes im Benehmen mit den beteiligten Kassenärztlichen Vereinigungen, den Landesverbänden der Krankenkassen und den Ersatzkassen sowie der Landeskrankenhausgesellschaft berufen. Die dem Landesausschuss durch die Wahrnehmung der Aufgaben nach Absatz 2 entstehenden Kosten werden zur Hälfte von den Verbänden der Krankenkassen und den Ersatzkassen sowie zu je einem Viertel von den beteiligten Kassenärztlichen Vereinigungen und der Landeskrankenhausgesellschaft getragen. Der erweiterte Landesausschuss beschließt mit einfacher Mehrheit; bei der Gewichtung der Stimmen zählen die Stimmen der Vertreter der Krankenkassen doppelt. Der erweiterte Landesausschuss kann für die Beschlussfassung über Entscheidungen im Rahmen des Anzeigeverfahrens nach Absatz 2 in seiner Geschäftsordnung abweichend von Satz 1 die Besetzung mit einer kleineren Zahl von Mitgliedern festlegen. Er ist befugt, geeignete Dritte ganz oder teilweise mit der Durchführung von Aufgaben nach Absatz 2 zu beauftragen und kann hierfür nähere Vorgaben beschließen.

(4) Der Gemeinsame Bundesausschuss regelt in einer Richtlinie bis zum 31. Dezember 2012 das Nähere zur ambulanten spezialfachärztlichen Versorgung nach Absatz 1. Er konkretisiert die Erkrankungen nach Absatz 1 Satz 2 nach der Internationalen Klassifikation der Krankheiten in der jeweiligen vom Deutschen Institut für medizinische Dokumentation und Information im Auftrag des Bundesministeriums für Gesundheit herausgegebenen deutschen Fassung oder nach weiteren von ihm festzulegenden Merkmalen und bestimmt den Behandlungsumfang. In Bezug auf Krankenhäuser, die an der ambulanten spezialfachärztlichen Versorgung teilnehmen, hat der Gemeinsame Bundesausschuss für Leistungen, die sowohl ambulant spezialfachärztlich als auch teilstationär oder stationär erbracht werden können, allgemeine Tatbestände zu bestimmen, bei deren Vorliegen eine ambulante spezialfachärztliche Leistungserbringung ausnahmsweise nicht ausreichend ist und eine teilstationäre oder stationäre Durchführung erforderlich sein kann. Er regelt die sächlichen und personellen Anforderungen an die ambulante spezialfachärztliche Leistungserbringung sowie sonstige Anforderungen an die Qualitätssicherung. Bei schweren Verlaufsformen von Erkrankungen mit besonderen Krankheitsverläufen setzt die ambulante spezialfachärztliche Versorgung die Überweisung durch einen Vertragsarzt voraus; das Nähere hierzu regelt der Gemeinsame Bundesausschuss in seiner Richtlinie nach Satz 1. Satz 5 gilt nicht bei Zuweisung von Versicherten aus dem stationären Bereich. Für seltene Erkrankungen und Erkrankungszustände mit entsprechend geringen Fallzahlen sowie hochspezialisierte Leistungen regelt der Gemeinsame Bundesausschuss, in welchen Fällen die ambulante spezialfachärztliche Leistungserbringung die Überweisung durch

den behandelnden Arzt voraussetzt. Für die Behandlung von schweren Verlaufsformen von Erkrankungen mit besonderen Krankheitsverläufen nach Absatz 1 Satz 2 Nummer 1, bei denen es sich nicht zugleich um seltene Erkrankungen oder Erkrankungszustände mit entsprechend geringen Fallzahlen handelt, kann er Empfehlungen als Entscheidungshilfe für den behandelnden Arzt abgeben, in welchen medizinischen Fallkonstellationen bei der jeweiligen Krankheit von einem besonderen Krankheitsverlauf auszugehen ist. Zudem kann er für die Versorgung bei schweren Verlaufsformen von Erkrankungen mit besonderen Krankheitsverläufen Regelungen zu Vereinbarungen treffen, die eine Kooperation zwischen den beteiligten Leistungserbringern nach Absatz 2 Satz 1 in diesem Versorgungsbereich fördern. Für die Versorgung von Patienten mit schweren Verlaufsformen onkologischer Erkrankungen hat er Regelungen für solche Vereinbarungen zu treffen. Diese Vereinbarungen nach den Sätzen 9 und 10 sind Voraussetzung für die Teilnahme an der ambulanten spezialfachärztlichen Versorgung, es sei denn, dass ein Leistungserbringer eine Vereinbarung nach den Sätzen 9 oder 10 nicht abschließen kann, weil in seinem für die ambulante spezialfachärztliche Versorgung relevanten Einzugsbereich

a) kein geeigneter Kooperationspartner vorhanden ist oder
b) er dort trotz ernsthaften Bemühens innerhalb eines Zeitraums von mindestens zwei Monaten keinen zur Kooperation mit ihm bereiten geeigneten Leistungserbringer finden konnte.

(5) Der Gemeinsame Bundesausschuss ergänzt den Katalog nach Absatz 1 Satz 2 auf Antrag eines Unparteiischen nach § 91 Absatz 2 Satz 1, einer Trägerorganisation des Gemeinsamen Bundesausschusses oder der für die Wahrnehmung der Interessen der Patientinnen und Patienten und der Selbsthilfe chronisch kranker und behinderter Menschen auf Bundesebene maßgeblichen Organisationen nach § 140f nach Maßgabe des Absatzes 1 Satz 1 um weitere schwere Verlaufsformen von Erkrankungen mit besonderen Krankheitsverläufen, seltene Erkrankungen und Erkrankungszustände mit entsprechend geringen Fallzahlen sowie hochspezialisierte Leistungen. Im Übrigen gilt Absatz 4 entsprechend.

(6) Die Leistungen der ambulanten spezialfachärztlichen Versorgung werden unmittelbar von der Krankenkasse vergütet; vertragsärztliche Leistungserbringer können die Kassenärztliche Vereinigung gegen Aufwendungsersatz mit der Abrechnung von Leistungen der ambulanten spezialfachärztlichen Versorgung beauftragen. Für die Vergütung der Leistungen der ambulanten spezialfachärztlichen Versorgung vereinbaren der Spitzenverband Bund der Krankenkassen, die Deutsche Krankenhausgesellschaft und die Kassenärztliche Bundesvereinigung gemeinsam und einheitlich die Kalkulations-

systematik, diagnosebezogene Gebührenpositionen in Euro sowie deren jeweilige verbindliche Einführungszeitpunkte nach Inkrafttreten der entsprechenden Richtlinien gemäß den Absätzen 4 und 5. Die Kalkulation erfolgt auf betriebswirtschaftlicher Grundlage ausgehend vom einheitlichen Bewertungsmaßstab für ärztliche Leistungen unter ergänzender Berücksichtigung der nichtärztlichen Leistungen, der Sachkosten sowie der spezifischen Investitionsbedingungen. Bei den seltenen Erkrankungen und Erkrankungszuständen mit entsprechend geringen Fallzahlen sollen die Gebührenpositionen für die Diagnostik und die Behandlung getrennt kalkuliert werden. Die Vertragspartner können einen Dritten mit der Kalkulation beauftragen. Die Gebührenpositionen sind in regelmäßigen Zeitabständen daraufhin zu überprüfen, ob sie noch dem Stand der medizinischen Wissenschaft und Technik sowie dem Grundsatz der wirtschaftlichen Leistungserbringung entsprechen. Kommt eine Vereinbarung nach Satz 2 ganz oder teilweise nicht zustande, wird ihr Inhalt auf Antrag einer Vertragspartei durch das Schiedsamt nach § 89 Absatz 4 innerhalb von drei Monaten festgesetzt, das hierzu um weitere Vertreter der Deutschen Krankenhausgesellschaft sowie der Krankenkassen in jeweils gleicher Zahl erweitert wird und mit einer Mehrheit der Stimmen der Mitglieder beschließt; § 112 Absatz 4 gilt entsprechend. Bis zum Inkrafttreten einer Vereinbarung nach Satz 2 erfolgt die Vergütung auf der Grundlage der vom Bewertungsausschuss gemäß § 87 Absatz 5a bestimmten abrechnungsfähigen ambulanten spezialfachärztlichen Leistungen des einheitlichen Bewertungsmaßstabs für ärztliche Leistungen mit dem Preis der jeweiligen regionalen Euro-Gebührenordnung; dabei ist die Vergütung bei den öffentlich geförderten Krankenhäusern um einen Investitionskostenabschlag von 5 Prozent zu kürzen. Der Bewertungsausschuss gemäß § 87 Absatz 5a hat den einheitlichen Bewertungsmaßstab für ärztliche Leistungen bis zum Inkrafttreten einer Vereinbarung nach Satz 2 und jeweils bis spätestens sechs Monate nach Inkrafttreten der Richtlinien gemäß den Absätzen 4 und 5 insbesondere so anzupassen, dass die Leistungen nach Absatz 1 unter Berücksichtigung der Vorgaben nach den Absätzen 4 und 5 angemessen bewertet sind und nur von den an der ambulanten spezialfachärztlichen Versorgung teilnehmenden Leistungserbringern abgerechnet werden können. Die Prüfung der Abrechnung und der Wirtschaftlichkeit sowie der Qualität, soweit der Gemeinsame Bundesausschuss hierzu in der Richtlinie nach Absatz 4 keine abweichende Regelung getroffen hat, erfolgt durch die Krankenkassen, die hiermit eine Arbeitsgemeinschaft oder den Medizinischen Dienst der Krankenversicherung beauftragen können; ihnen sind die für die Prüfungen erforderlichen Belege und Berechtigungsdaten nach Absatz 2 auf Verlangen vorzulegen. Für die Abrechnung gilt § 295 Absatz 1b Satz 1 entsprechend. Das Nähere über Form und Inhalt des Abrechnungsverfahrens sowie über die erforderlichen Vordrucke wird von den Vertragsparteien nach Satz 2 vereinbart; Satz 7 gilt entsprechend. Die morbiditätsbedingte Gesamtvergütung ist nach Maßgabe der Vorgaben des Bewertungsausschusses nach

§ 87a Absatz 5 Satz 7 in den Vereinbarungen nach § 87a Absatz 3 um die Leistungen zu bereinigen, die Bestandteil der ambulanten spezialfachärztlichen Versorgung sind. Die Bereinigung darf nicht zulasten des hausärztlichen Vergütungsanteils und der fachärztlichen Grundversorgung gehen. In den Vereinbarungen zur Bereinigung ist auch über notwendige Korrekturverfahren zu entscheiden. Leistungserbringer dürfen unter den Voraussetzungen des § 295 Absatz 5 auch eine andere Stelle mit der Abrechnung der Leistungen nach Satz 1 beauftragen.

(7) Die ambulante spezialfachärztliche Versorgung nach Absatz 1 schließt die Verordnung von Leistungen nach § 73 Absatz 2 Nummer 5 bis 8 und 12 ein, soweit diese zur Erfüllung des Behandlungsauftrags nach Absatz 2 erforderlich sind; § 73 Absatz 2 Nummer 9 gilt entsprechend. Die Richtlinien nach § 92 Absatz 1 Satz 2 gelten entsprechend. Die Vereinbarungen über Vordrucke und Nachweise nach § 87 Absatz 1 Satz 2 sowie die Richtlinien nach § 75 Absatz 7 gelten entsprechend, soweit sie Regelungen zur Verordnung von Leistungen nach Satz 1 betreffen. Verordnungen im Rahmen der Versorgung nach Absatz 1 sind auf den Vordrucken gesondert zu kennzeichnen. Leistungserbringer nach Absatz 2 erhalten ein Kennzeichen nach § 293 Absatz 1 und Absatz 4 Satz 2 Nummer 1, das eine eindeutige Zuordnung im Rahmen der Abrechnung nach den §§ 300 und 302 ermöglicht, und tragen dieses auf die Vordrucke auf. Das Nähere zu Form und Zuweisung der Kennzeichen nach den Sätzen 4 und 5, zur Bereitstellung der Vordrucke sowie zur Auftragung der Kennzeichen auf die Vordrucke ist in der Vereinbarung nach Absatz 6 Satz 12 zu regeln. Für die Prüfung der Wirtschaftlichkeit der Verordnungen nach Satz 1 gilt § 113 Absatz 4 entsprechend mit der Maßgabe, dass die Prüfung durch die Prüfungsstellen entsprechend § 106 Absatz 2 Satz 12 bis 14 und 17, § 106 Absatz 4 und 4a sowie § 106 Absatz 5 bis 5d gegen Kostenersatz durchgeführt wird, soweit die Krankenkasse mit dem Leistungserbringer nach Absatz 2 nichts anderes vereinbart hat.

(8) Bestimmungen, die von einem Land nach § 116b Absatz 2 Satz 1 in der bis zum 31. Dezember 2011 geltenden Fassung getroffen wurden, gelten bis zu deren Aufhebung durch das Land weiter. Das Land hat eine nach Satz 1 getroffene Bestimmung für eine Erkrankung nach Absatz 1 Satz 2 Nummer 1 oder 2 oder eine hochspezialisierte Leistung nach Absatz 1 Satz 2 Nummer 3, für die der Gemeinsame Bundesausschuss das Nähere zur ambulanten spezialfachärztlichen Versorgung in der Richtlinie nach Absatz 4 Satz 1 geregelt hat, spätestens zwei Jahre nach dem Inkrafttreten des entsprechenden Richtlinienbeschlusses des Gemeinsamen Bundesausschusses aufzuheben. Die von zugelassenen Krankenhäusern aufgrund von Bestimmungen nach Satz 1 erbrachten Leistungen werden nach § 116b Absatz 5 in der bis zum 31. Dezember 2011 geltenden Fassung vergütet.

(9) Die Auswirkungen der ambulanten spezialfachärztlichen Versorgung auf die Kostenträger, die Leistungserbringer sowie auf die Patientenversorgung sind fünf Jahre nach Inkrafttreten des Gesetzes zu bewerten. Gegenstand der Bewertung sind insbesondere der Stand der Versorgungsstruktur, der Qualität sowie der Abrechnung der Leistungen in der ambulanten spezialfachärztlichen Versorgung auch im Hinblick auf die Entwicklung in anderen Versorgungsbereichen. Die Ergebnisse der Bewertung sind dem Bundesministerium für Gesundheit zum 31. März 2017 zuzuleiten. Die Bewertung und die Berichtspflicht obliegen dem Spitzenverband Bund, der Kassenärztlichen Bundesvereinigung und der Deutschen Krankenhausgesellschaft gemeinsam.

§ 117 Hochschulambulanzen

(1) Der Zulassungsausschuss (§ 96) ist verpflichtet, auf Verlangen von Hochschulen oder Hochschulkliniken die Ambulanzen, Institute und Abteilungen der Hochschulkliniken (Hochschulambulanzen) zur ambulanten ärztlichen Behandlung der Versicherten und der in § 75 Abs. 3 genannten Personen zu ermächtigen. Die Ermächtigung ist so zu gestalten, dass die Hochschulambulanzen die Untersuchung und Behandlung der in Satz 1 genannten Personen in dem für Forschung und Lehre erforderlichen Umfang durchführen können. Das Nähere zur Durchführung der Ermächtigung regeln die Kassenärztlichen Vereinigungen im Einvernehmen mit den Landesverbänden der Krankenkassen und den Ersatzkassen gemeinsam und einheitlich durch Vertrag mit den Hochschulen oder Hochschulkliniken.

(2) Absatz 1 gilt entsprechend für die Ermächtigung der Hochschulambulanzen an Psychologischen Universitätsinstituten im Rahmen des für Forschung und Lehre erforderlichen Umfangs und der Ambulanzen an Ausbildungsstätten nach § 6 des Psychotherapeutengesetzes zur ambulanten psychotherapeutischen Behandlung der Versicherten und der in § 75 Abs. 3 genannten Personen in Behandlungsverfahren, die vom Gemeinsamen Bundesausschuss nach § 92 Abs. 6a anerkannt sind, sofern die Krankenbehandlung unter der Verantwortung von Personen stattfindet, die die fachliche Qualifikation für die psychotherapeutische Behandlung im Rahmen der vertragsärztlichen Versorgung erfüllen. Im Rahmen der Ermächtigung der Hochschulambulanzen an Psychologischen Universitätsinstituten sind Fallzahlbegrenzungen vorzusehen. Für die Vergütung gilt § 120 Abs. 2 bis 4 entsprechend.

§ 118 Psychiatrische Institutsambulanzen

(1) Psychiatrische Krankenhäuser sind vom Zulassungsausschuss zur ambulanten psychiatrischen und psychotherapeutischen Versorgung der Versicherten zu ermächtigen.

Die Behandlung ist auf diejenigen Versicherten auszurichten, die wegen Art, Schwere oder Dauer ihrer Erkrankung oder wegen zu großer Entfernung zu geeigneten Ärzten auf die Behandlung durch diese Krankenhäuser angewiesen sind. Der Krankenhausträger stellt sicher, dass die für die ambulante psychiatrische und psychotherapeutische Behandlung erforderlichen Ärzte und nichtärztlichen Fachkräfte sowie die notwendigen Einrichtungen bei Bedarf zur Verfügung stehen.

(2) Allgemeinkrankenhäuser mit selbständigen, fachärztlich geleiteten psychiatrischen Abteilungen mit regionaler Versorgungsverpflichtung sind zur psychiatrischen und psychotherapeutischen Behandlung der im Vertrag nach Satz 2 vereinbarten Gruppe von Kranken ermächtigt. Der Spitzenverband Bund der Krankenkassen mit der Deutschen Krankenhausgesellschaft und der Kassenärztlichen Bundesvereinigung legen in einem Vertrag die Gruppe psychisch Kranker fest, die wegen ihrer Art, Schwere oder Dauer ihrer Erkrankung der ambulanten Behandlung durch die Einrichtungen nach Satz 1 bedürfen. Kommt der Vertrag ganz oder teilweise nicht zu Stande, wird sein Inhalt auf Antrag einer Vertragspartei durch das Bundesschiedsamt nach § 89 Abs. 4 festgelegt. Dieses wird hierzu um Vertreter der Deutschen Krankenhausgesellschaft in der gleichen Zahl erweitert, wie sie jeweils für die Vertreter der Krankenkassen und der Kassenärztlichen Bundesvereinigung vorgesehen ist (erweitertes Bundesschiedsamt). Das erweiterte Bundesschiedsamt beschließt mit einer Mehrheit von zwei Dritteln der Stimmen der Mitglieder. Absatz 1 Satz 3 gilt. Für die Qualifikation der Krankenhausärzte gilt § 135 Abs. 2 entsprechend.

(3) Absatz 2 gilt für psychosomatische Krankenhäuser und Allgemeinkrankenhäuser mit selbstständig, fachärztlich geleiteten psychosomatischen Abteilungen mit regionaler Versorgungsverpflichtung entsprechend.

§ 119 Sozialpädiatrische Zentren

(1) Sozialpädiatrische Zentren, die fachlich-medizinisch unter ständiger ärztlicher Leitung stehen und die Gewähr für eine leistungsfähige und wirtschaftliche sozialpädiatrische Behandlung bieten, können vom Zulassungsausschuss (§ 96) zur ambulanten sozialpädiatrischen Behandlung von Kindern ermächtigt werden. Die Ermächtigung ist zu erteilen, soweit und solange sie notwendig ist, um eine ausreichende sozialpädiatrische Behandlung sicherzustellen.

(2) Die Behandlung durch sozialpädiatrische Zentren ist auf diejenigen Kinder auszurichten, die wegen der Art, Schwere oder Dauer ihrer Krankheit oder einer drohenden Krankheit nicht von geeigneten Ärzten oder in geeigneten Frühförderstellen behandelt

werden können. Die Zentren sollen mit den Ärzten und den Frühförderstellen eng zusammenarbeiten.

§ 120 Vergütung ambulanter Krankenhausleistungen

(1) Die im Krankenhaus erbrachten ambulanten ärztlichen Leistungen der ermächtigten Krankenhausärzte, die in stationären Pflegeeinrichtungen erbrachten ambulanten ärztlichen Leistungen von nach § 119b Absatz 1 Satz 4 ermächtigten Ärzten und ambulante ärztliche Leistungen, die in ermächtigten Einrichtungen erbracht werden, werden nach den für Vertragsärzte geltenden Grundsätzen aus der vertragsärztlichen Gesamtvergütung vergütet. Die mit diesen Leistungen verbundenen allgemeinen Praxiskosten, die durch die Anwendung von ärztlichen Geräten entstehenden Kosten sowie die sonstigen Sachkosten sind mit den Gebühren abgegolten, soweit in den einheitlichen Bewertungsmaßstäben nichts Abweichendes bestimmt ist. Die den ermächtigten Krankenhausärzten zustehende Vergütung wird für diese vom Krankenhausträger mit der Kassenärztlichen Vereinigung abgerechnet und nach Abzug der anteiligen Verwaltungskosten sowie der dem Krankenhaus nach Satz 2 entstehenden Kosten an die berechtigten Krankenhausärzte weitergeleitet. Die Vergütung der von nach § 119b Absatz 1 Satz 4 ermächtigten Ärzten erbrachten Leistungen wird von der stationären Pflegeeinrichtung mit der Kassenärztlichen Vereinigung abgerechnet.

(1a) Ergänzend zur Vergütung nach Absatz 1 sollen die Landesverbände der Krankenkassen und die Ersatzkassen gemeinsam und einheitlich für die in kinder- und jugendmedizinischen, kinderchirurgischen und kinderorthopädischen sowie insbesondere pädaudiologischen und kinderradiologischen Fachabteilungen von Krankenhäusern erbrachten ambulanten Leistungen mit dem Krankenhausträger fall- oder einrichtungsbezogene Pauschalen vereinbaren, wenn diese erforderlich sind, um die Behandlung von Kindern und Jugendlichen, die auf Überweisung erfolgt, angemessen zu vergüten. Die Pauschalen werden von der Krankenkasse unmittelbar vergütet. § 295 Absatz 1b Satz 1 gilt entsprechend. Das Nähere über Form und Inhalt der Abrechnungsunterlagen und der erforderlichen Vordrucke wird in der Vereinbarung nach § 301 Absatz 3 geregelt. Soweit für ein Jahr für diese Leistungen erstmals Pauschalen nach Satz 1 vereinbart werden, sind bei besonderen Einrichtungen einmalig die Erlössumme nach § 6 Absatz 3 des Krankenhausentgeltgesetzes für dieses Jahr in Höhe der Summe der nach Satz 1 vereinbarten Pauschalen zu vermindern. Der jeweilige Minderungsbetrag ist bereits bei der Vereinbarung der Vergütung nach Satz 1 festzulegen. Bei der Vereinbarung des Landesbasisfallwerts nach § 10 des Krankenhausentgeltgesetzes ist die Summe der für das jeweilige Jahr erstmalig vereinbarten ambulanten Pauschalen ausgabenmindernd zu berücksichtigen.

(2) Die Leistungen der Hochschulambulanzen, der psychiatrischen Institutsambulanzen und der sozialpädiatrischen Zentren werden unmittelbar von der Krankenkasse vergütet. Die Vergütung wird von den Landesverbänden der Krankenkassen und den Ersatzkassen gemeinsam und einheitlich mit den Hochschulen oder Hochschulkliniken, den Krankenhäusern oder den sie vertretenden Vereinigungen im Land vereinbart. Sie muss die Leistungsfähigkeit der psychiatrischen Institutsambulanzen und der sozialpädiatrischen Zentren bei wirtschaftlicher Betriebsführung gewährleisten. Bei der Vergütung der Leistungen der Hochschulambulanzen soll eine Abstimmung mit Entgelten für vergleichbare Leistungen erfolgen. Bei Hochschulambulanzen an öffentlich geförderten Krankenhäusern ist ein Investitionskostenabschlag zu berücksichtigen. Bei den Vergütungsvereinbarungen für Hochschulambulanzen nach Satz 2 sind Vereinbarungen nach Absatz 1a Satz 1 zu berücksichtigen, falls bei der Behandlung von Kindern und Jugendlichen vergleichbare Leistungen erbracht werden.

(3) Die Vergütung der Leistungen der Hochschulambulanzen, der psychiatrischen Institutsambulanzen, der sozialpädiatrischen Zentren und sonstiger ermächtigter ärztlich geleiteter Einrichtungen kann pauschaliert werden. Bei den öffentlich geförderten Krankenhäusern ist die Vergütung nach Absatz 1 um einen Investitionskostenabschlag von 10 vom Hundert zu kürzen. § 295 Absatz 1b Satz 1 gilt entsprechend. Das Nähere über Form und Inhalt der Abrechnungsunterlagen und der erforderlichen Vordrucke wird für die Hochschulambulanzen, die psychiatrischen Institutsambulanzen und sozial-pädiatrischen Zentren von den Vertragsparteien nach § 301 Absatz 3, für die sonstigen ermächtigten ärztlich geleiteten Einrichtungen von den Vertragsparteien nach § 83 Satz 1 vereinbart.

(4) Kommt eine Vereinbarung nach Absatz 1a Satz 1 oder nach Absatz 2 Satz 2 ganz oder teilweise nicht zustande, setzt die Schiedsstelle nach § 18a Abs. 1 des Krankenhausfinanzierungsgesetzes auf Antrag einer Vertragspartei die Vergütung fest; im Falle von Vereinbarungen nach Absatz 1a Satz 1 hat die Schiedsstelle zunächst festzustellen, ob die Vereinbarung erforderlich ist, um die Behandlung von Kindern und Jugendlichen, die auf Überweisung erfolgt, angemessen zu vergüten.

(5) Beamtenrechtliche Vorschriften über die Entrichtung eines Entgelts bei der Inanspruchnahme von Einrichtungen, Personal und Material des Dienstherrn oder vertragliche Regelungen über ein weitergehendes Nutzungsentgelt, das neben der Kostenerstattung auch einen Vorteilsausgleich umfasst, und sonstige Abgaben der Ärzte werden durch die Absätze 1 bis 4 nicht berührt.

(6) (weggefallen)

§ 121 Belegärztliche Leistungen

(1) Die Vertragsparteien nach § 115 Abs. 1 wirken gemeinsam mit Krankenkassen und zugelassenen Krankenhäusern auf eine leistungsfähige und wirtschaftliche belegärztliche Behandlung der Versicherten hin. Die Krankenhäuser sollen Belegärzten gleicher Fachrichtung die Möglichkeit geben, ihre Patienten gemeinsam zu behandeln (kooperatives Belegarztwesen).

(2) Belegärzte im Sinne dieses Gesetzbuchs sind nicht am Krankenhaus angestellte Vertragsärzte, die berechtigt sind, ihre Patienten (Belegpatienten) im Krankenhaus unter Inanspruchnahme der hierfür bereitgestellten Dienste, Einrichtungen und Mittel vollstationär oder teilstationär zu behandeln, ohne hierfür vom Krankenhaus eine Vergütung zu erhalten.

(3) Die belegärztlichen Leistungen werden aus der vertragsärztlichen Gesamtvergütung vergütet. Die Vergütung hat die Besonderheiten der belegärztlichen Tätigkeit zu berücksichtigen. Hierzu gehören auch leistungsgerechte Entgelte für

1. den ärztlichen Bereitschaftsdienst für Belegpatienten und
2. die vom Belegarzt veranlassten Leistungen nachgeordneter Ärzte des Krankenhauses, die bei der Behandlung seiner Belegpatienten in demselben Fachgebiet wie der Belegarzt tätig werden.

(4) Der Bewertungsausschuss hat in einem Beschluss nach § 87 mit Wirkung zum 1. April 2007 im einheitlichen Bewertungsmaßstab für ärztliche Leistungen Regelungen zur angemessenen Bewertung der belegärztlichen Leistungen unter Berücksichtigung der Vorgaben nach Absatz 3 Satz 2 und 3 zu treffen.

(5) Abweichend von den Vergütungsregelungen in Absatz 2 bis 4 können Krankenhäuser mit Belegbetten zur Vergütung der belegärztlichen Leistungen mit Belegärzten Honorarverträge schließen.

§ 137 Richtlinien und Beschlüsse zur Qualitätssicherung

(1) Der Gemeinsame Bundesausschuss bestimmt für die vertragsärztliche Versorgung und für zugelassene Krankenhäuser grundsätzlich einheitlich für alle Patienten durch Richtlinien nach § 92 Abs. 1 Satz 2 Nr. 13 insbesondere

1. die verpflichtenden Maßnahmen der Qualitätssicherung nach § 135a Abs. 2, § 115b Abs. 1 Satz 3 und § 116b Absatz 3 Satz 3 unter Beachtung der Ergebnisse nach § 137a Absatz 3 sowie die grundsätzlichen Anforderungen an ein einrichtungsinternes Qualitätsmanagement und
2. Kriterien für die indikationsbezogene Notwendigkeit und Qualität der durchgeführten diagnostischen und therapeutischen Leistungen, insbesondere aufwändiger medizintechnischer Leistungen; dabei sind auch Mindestanforderungen an die Struktur-, Prozess- und Ergebnisqualität festzulegen.

Soweit erforderlich erlässt er die notwendigen Durchführungsbestimmungen und Grundsätze für Konsequenzen insbesondere für Vergütungsabschläge für Leistungserbringer, die ihre Verpflichtungen zur Qualitätssicherung nicht einhalten. Der Verband der privaten Krankenversicherung, die Bundesärztekammer sowie die Berufsorganisationen der Pflegeberufe sind bei den Richtlinien nach § 92 Abs. 1 Satz 2 Nr. 13 zu beteiligen; die Bundespsychotherapeutenkammer und die Bundeszahnärztekammer sind, soweit jeweils die Berufsausübung der Psychotherapeuten oder der Zahnärzte berührt ist, zu beteiligen.

(1a) Der Gemeinsame Bundesausschuss legt in seinen Richtlinien nach Absatz 1 geeignete Maßnahmen zur Sicherung der Hygiene in der Versorgung fest und bestimmt insbesondere für die einrichtungsübergreifende Qualitätssicherung der Krankenhäuser Indikatoren zur Beurteilung der Hygienequalität. Er hat die Festlegungen nach Satz 1 erstmalig bis zum 31. Dezember 2012 zu beschließen. Der Gemeinsame Bundesausschuss berücksichtigt bei den Festlegungen etablierte Verfahren zur Erfassung, Auswertung und Rückkopplung von nosokomialen Infektionen, antimikrobiellen Resistenzen und zum Antibiotika-Verbrauch sowie die Empfehlungen der nach § 23 Absatz 1 und 2 des Infektionsschutzgesetzes beim Robert Koch-Institut eingerichteten Kommissionen.

(1b) Die nach der Einführung mit den Indikatoren nach Absatz 1a Satz 1 gemessenen und für eine Veröffentlichung geeigneten Ergebnisse sind in den Qualitätsberichten nach Absatz 3 Nummer 4 darzustellen. Der Gemeinsame Bundesausschuss soll ihm bereits zugängliche Erkenntnisse zum Stand der Hygiene in den Krankenhäusern unverzüglich in die Qualitätsberichte aufnehmen lassen sowie zusätzliche Anforderungen nach Absatz 3 Nummer 4 zur Verbesserung der Informationen über die Hygiene stellen.

(1c) Der Gemeinsame Bundesausschuss legt in seinen Richtlinien nach Absatz 1 geeignete Maßnahmen zur Sicherung der Qualität in der psychiatrischen und psychosomatischen Versorgung fest und beschließt insbesondere Empfehlungen für die Ausstattung der stationären Einrichtungen mit dem für die Behandlung erforderlichen therapeutischen Personal sowie Indikatoren zur Beurteilung der Struktur-, Prozess- und Ergebnisqualität für die einrichtungs- und sektorenübergreifende Qualitätssicherung in diesem Bereich. Bei Festlegungen und Empfehlungen nach Satz 1 für die kinder- und jugendpsychiatrische Versorgung hat er die Besonderheiten zu berücksichtigen, die sich insbesondere aus den altersabhängigen Anforderungen an die Versorgung von Kindern und Jugendlichen ergeben. Er hat die Maßnahmen und Empfehlungen nach Satz 1 bis spätestens zum 1. Januar 2017 einzuführen. Informationen über die Umsetzung der Empfehlungen zur Ausstattung mit therapeutischem Personal und die nach der Einführung mit den Indikatoren nach Satz 1 gemessenen und für eine Veröffentlichung geeigneten Ergebnisse sind in den Qualitätsberichten nach Absatz 3 Nummer 4 darzustellen.

(1d) Der Gemeinsame Bundesausschuss bestimmt in seinen Richtlinien über die grundsätzlichen Anforderungen an ein einrichtungsinternes Qualitätsmanagement nach Absatz 1 Nummer 1 erstmalig bis zum 26. Februar 2014 wesentliche Maßnahmen zur Verbesserung der Patientensicherheit und legt insbesondere Mindeststandards für Risikomanagement- und Fehlermeldesysteme fest. Über die Umsetzung von Risikomanagement- und Fehlermeldesystemen in Krankenhäusern ist in den Qualitätsberichten nach Absatz 3 Nummer 4 zu informieren. Als Grundlage für die Vereinbarung von Vergütungszuschlägen nach § 17b Absatz 1 Satz 5 des Krankenhausfinanzierungsgesetzes bestimmt der Gemeinsame Bundesausschuss Anforderungen an einrichtungsübergreifende Fehlermeldesysteme, die in besonderem Maße geeignet erscheinen, Risiken und Fehlerquellen in der stationären Versorgung zu erkennen, auszuwerten und zur Vermeidung unerwünschter Ereignisse beizutragen.

(2) Die Richtlinien nach Absatz 1 sind sektorenübergreifend zu erlassen, es sei denn, die Qualität der Leistungserbringung kann nur durch sektorbezogene Regelungen angemessen gesichert werden. Die Regelungen in Absatz 3 und 4 bleiben unberührt.

(3) Der Gemeinsame Bundesausschuss fasst für zugelassene Krankenhäuser grundsätzlich einheitlich für alle Patienten auch Beschlüsse über

1. die im Abstand von fünf Jahren zu erbringenden Nachweise über die Erfüllung der Fortbildungspflichten der Fachärzte, der Psychologischen Psychotherapeuten und der Kinder- und Jugendlichenpsychotherapeuten,
2. einen Katalog planbarer Leistungen nach den §§ 17 und 17b des Krankenhausfinanzierungsgesetzes, bei denen die Qualität des Behandlungsergebnisses in besonderem Maße von der Menge der erbrachten Leistungen abhängig ist sowie Mindestmengen für die jeweiligen Leistungen je Arzt oder Krankenhaus und Ausnahmetatbestände,

3. Grundsätze zur Einholung von Zweitmeinungen vor Eingriffen und
4. Inhalt, Umfang und Datenformat eines jährlich zu veröffentlichenden strukturierten Qualitätsberichts der zugelassenen Krankenhäuser, in dem der Stand der Qualitätssicherung insbesondere unter Berücksichtigung der Anforderungen nach Absatz 1 und 1a sowie der Umsetzung der Regelungen nach den Nummern 1 und 2 dargestellt wird. Der Bericht hat auch Art und Anzahl der Leistungen des Krankenhauses auszuweisen sowie eine Erklärung zu enthalten, die unbeschadet der Rechte Dritter Auskunft darüber gibt, ob sich das Krankenhaus bei Verträgen mit leitenden Ärzten an die Empfehlungen der Deutschen Krankenhausgesellschaft nach § 136a Satz 2 hält; liegen diese Empfehlungen nach dem 30. April 2013 nicht vor oder hält sich das Krankenhaus nicht an sie, hat es unbeschadet der Rechte Dritter anzugeben, für welche Leistungen leistungsbezogene Zielvereinbarungen getroffen wurden; der Bericht ist in einem für die Abbildung aller Kriterien geeigneten standardisierten Datensatzformat zu erstellen. Er ist über den in dem Beschluss festgelegten Empfängerkreis hinaus auch von den Landesverbänden der Krankenkassen und den Ersatzkassen im Internet zu veröffentlichen.

Wenn die nach Satz 1 Nr. 2 erforderliche Mindestmenge bei planbaren Leistungen voraussichtlich nicht erreicht wird, dürfen entsprechende Leistungen nicht erbracht werden. Die für die Krankenhausplanung zuständige Landesbehörde kann Leistungen aus dem Katalog nach Satz 1 Nr. 2 bestimmen, bei denen die Anwendung von Satz 2 die Sicherstellung einer flächendeckenden Versorgung der Bevölkerung gefährden könnte; sie entscheidet auf Antrag des Krankenhauses bei diesen Leistungen über die Nichtanwendung von Satz 2. Zum Zwecke der Erhöhung von Transparenz und Qualität der stationären Versorgung können die Kassenärztlichen Vereinigungen sowie die Krankenkassen und ihre Verbände die Vertragsärzte und die Versicherten auf der Basis der Qualitätsberichte nach Nummer 4 auch vergleichend über die Qualitätsmerkmale der Krankenhäuser informieren und Empfehlungen aussprechen. Der Verband der privaten Krankenversicherung, die Bundesärztekammer sowie die Berufsorganisationen der Pflegeberufe sind bei den Beschlüssen nach den Nummern 1 bis 4 zu beteiligen; bei den Beschlüssen nach Nummer 1 und 4 ist zusätzlich die Bundespsychotherapeutenkammer zu beteiligen. Die Beschlüsse sind für zugelassene Krankenhäuser unmittelbar verbindlich. Sie haben Vorrang vor Verträgen nach § 112 Abs. 1, soweit diese keine ergänzenden Regelungen zur Qualitätssicherung enthalten. Verträge zur Qualitätssicherung nach § 112 Abs. 1 gelten bis zum Inkrafttreten von Richtlinien nach Absatz 1 fort. Ergänzende Qualitätsanforderungen im Rahmen der Krankenhausplanung der Länder sind zulässig.

(4) Der Gemeinsame Bundesausschuss hat auch Qualitätskriterien für die Versorgung mit Füllungen und Zahnersatz zu beschließen. Bei der Festlegung von Qualitätskriterien für Zahnersatz ist der Verband Deutscher Zahntechniker-Innungen zu beteiligen; die Stellungnahmen sind in die Entscheidung einzubeziehen. Der Zahnarzt übernimmt für Füllungen und die Versorgung mit Zahnersatz eine zweijährige Gewähr. Identische und Teilwiederholungen von Füllungen sowie die Erneuerung und Wiederherstellung von Zahnersatz einschließlich Zahnkronen sind in diesem Zeitraum vom Zahnarzt kostenfrei vorzunehmen. Ausnahmen hiervon bestimmen die Kassenzahnärztliche Bundesvereinigung und der Spitzenverband Bund der Krankenkassen. § 195 des Bürgerlichen Gesetzbuchs bleibt unberührt. Längere Gewährleistungsfristen können zwischen den Kassenzahnärztlichen Vereinigungen und den Landesverbänden der Krankenkassen und den Ersatzkassen sowie in Einzel- oder Gruppenverträgen zwischen Zahnärzten und Krankenkassen vereinbart werden. Die Krankenkassen können hierfür Vergütungszuschläge gewähren; der Eigenanteil der Versicherten bei Zahnersatz bleibt unberührt. Die Zahnärzte, die ihren Patienten eine längere Gewährleistungsfrist einräumen, können dies ihren Patienten bekannt machen.

(5) Der Gemeinsame Bundesausschuss beschließt zur Entwicklung und Durchführung der Qualitätssicherung sowie zur Verbesserung der Transparenz über die Qualität der ambulanten und stationären Versorgung Aufträge nach § 137a Absatz 3 an das Institut für Qualitätssicherung und Transparenz im Gesundheitswesen. Soweit hierbei personenbezogene Daten übermittelt werden sollen, gilt § 299.

§ 140a Integrierte Versorgung

(1) Abweichend von den übrigen Regelungen dieses Kapitels können die Krankenkassen Verträge über eine verschiedene Leistungssektoren übergreifende Versorgung der Versicherten oder eine interdisziplinär-fachübergreifende Versorgung mit den in § 140b Abs. 1 genannten Vertragspartnern abschließen. Die Verträge zur integrierten Versorgung sollen eine bevölkerungsbezogene Flächendeckung der Versorgung ermöglichen. Soweit die Versorgung der Versicherten nach diesen Verträgen durchgeführt wird, ist der Sicherstellungsauftrag nach § 75 Abs. 1 eingeschränkt. Das Versorgungsangebot und die Voraussetzungen seiner Inanspruchnahme ergeben sich aus dem Vertrag zur integrierten Versorgung.

(2) Die Teilnahme der Versicherten an den integrierten Versorgungsformen ist freiwillig. Die Versicherten können die Teilnahmeerklärung innerhalb von zwei Wochen nach deren Abgabe in Textform oder zur Niederschrift bei der Krankenkasse ohne

Angabe von Gründen widerrufen. Zur Fristwahrung genügt die rechtzeitige Absendung der Widerrufserklärung an die Krankenkasse. Die Widerrufsfrist beginnt, wenn die Krankenkasse dem Versicherten eine Belehrung über sein Widerrufsrecht in Textform mitgeteilt hat, frühestens jedoch mit der Abgabe der Teilnahmeerklärung. § 73b Absatz 3 Satz 8 gilt entsprechend. Ein behandelnder Leistungserbringer darf aus der gemeinsamen Dokumentation nach § 140b Abs. 3 die den Versicherten betreffenden Behandlungsdaten und Befunde nur dann abrufen, wenn der Versicherte ihm gegenüber seine Einwilligung erteilt hat, die Information für den konkret anstehenden Behandlungsfall genutzt werden soll und der Leistungserbringer zu dem Personenkreis gehört, der nach § 203 des Strafgesetzbuches zur Geheimhaltung verpflichtet ist. Vertragspartner der Krankenkassen nach § 140b Absatz 1 Nummer 4 dürfen die für die Durchführung der zum Versorgungsmanagement notwendigen Steuerungsaufgaben im Rahmen der integrierten Versorgung erforderlichen personenbezogenen Daten aus der gemeinsamen Dokumentation nach § 140b Absatz 3 nur mit Einwilligung und nach vorheriger Information des Versicherten erheben, verarbeiten und nutzen. Für die Vertragspartner nach § 140b Absatz 1 Nummer 4 gilt § 35 des Ersten Buches entsprechend.

(3) Die Versicherten haben das Recht, von ihrer Krankenkasse umfassend über die Verträge zur integrierten Versorgung, die teilnehmenden Leistungserbringer, besondere Leistungen und vereinbarte Qualitätsstandards informiert zu werden.

§ 266 Zuweisungen aus dem Gesundheitsfonds (Risikostrukturausgleich)

(1) Die Krankenkassen erhalten als Zuweisungen aus dem Gesundheitsfonds (§ 271) zur Deckung ihrer Ausgaben eine Grundpauschale, alters-, geschlechts- und risikoadjustierte Zu- und Abschläge zum Ausgleich der unterschiedlichen Risikostrukturen und Zuweisungen für sonstige Ausgaben (§ 270). Mit den alters-, geschlechts- und risikoadjustierten Zuweisungen wird jährlich ein Risikostrukturausgleich durchgeführt, mit dem die finanziellen Auswirkungen von Unterschieden in der Verteilung der Versicherten auf nach Alter und Geschlecht getrennte Versichertengruppen (§ 267 Abs. 2) und Morbiditätsgruppen (§ 268) zwischen den Krankenkassen ausgeglichen werden.

(2) Die Grundpauschale und die alters-, geschlechts- und risikoadjustierten Zu- und Abschläge dienen zur Deckung der standardisierten Leistungsausgaben der Krankenkassen. Die standardisierten Leistungsausgaben je Versicherten werden auf der Basis der durchschnittlichen Leistungsausgaben je Versicherten aller Krankenkassen jährlich so bestimmt, dass das Verhältnis der standardisierten Leistungsausgaben je Versicherten der Versichertengruppen zueinander dem Verhältnis der nach § 267 Abs. 3 für alle

Krankenkassen ermittelten durchschnittlichen Leistungsausgaben je Versicherten der Versichertengruppen nach § 267 Abs. 2 zueinander entspricht.

(3) (weggefallen)

(4) Bei der Ermittlung der standardisierten Leistungsausgaben nach Absatz 2 bleiben außer Betracht

1. die von Dritten erstatteten Ausgaben,
2. Aufwendungen für satzungsgemäße Mehr- und Erprobungsleistungen sowie für Leistungen, auf die kein Rechtsanspruch besteht.

Aufwendungen für eine stationäre Anschlussrehabilitation (§ 40 Abs. 6 Satz 1) sind in die Ermittlung der durchschnittlichen Leistungsausgaben nach Satz 1 einzubeziehen. Die Aufwendungen für die Leistungen der Knappschaftsärzte und -zahnärzte werden in der gleichen Weise berechnet wie für Vertragsärzte und -zahnärzte.

(5) Das Bundesversicherungsamt ermittelt die Höhe der Zuweisungen und weist die entsprechenden Mittel den Krankenkassen zu. Es gibt für die Ermittlung der Höhe der Zuweisung nach Absatz 2 Satz 1 jährlich bekannt

1. die Höhe der standardisierten Leistungsausgaben aller am Ausgleich beteiligten Krankenkassen je Versicherten, getrennt nach Versichertengruppen (§ 267 Abs. 2) und Morbiditätsgruppen (§ 268 Abs. 1), und
2. die Höhe der alters-, geschlechts- und risikoadjustierten Zu- und Abschläge.
3. (weggefallen)

Das Bundesversicherungsamt kann zum Zwecke der einheitlichen Zuordnung und Erfassung der für die Berechnung maßgeblichen Daten über die Vorlage der Geschäfts- und Rechnungsergebnisse hinaus weitere Auskünfte und Nachweise verlangen.

(6) Das Bundesversicherungsamt stellt im Voraus für ein Kalenderjahr die Werte nach Absatz 5 Satz 2 Nr. 1 und 2 vorläufig fest. Es legt bei der Berechnung der Höhe der monatlichen Zuweisungen die Werte nach Satz 1, die zuletzt erhobene Zahl der Versicherten der Krankenkassen und die zum 1. Oktober des Vorjahres erhobene Zahl der Versicherten der Krankenkassen je Versichertengruppe nach § 267 Abs. 2 und je Morbiditätsgruppe nach § 268 zugrunde. Nach Ablauf des Kalenderjahres ist die Höhe der Zuweisung für jede Krankenkasse vom Bundesversicherungsamt aus den für dieses Jahr erstellten Geschäfts- und Rechnungsergebnissen und den zum 1. Oktober dieses

Jahres erhobenen Versichertenzahlen der beteiligten Krankenkassen zu ermitteln. Die nach Satz 2 erhaltenen Zuweisungen gelten als Abschlagszahlungen. Sie sind nach der Ermittlung der endgültigen Höhe der Zuweisung für das Geschäftsjahr nach Satz 3 auszugleichen. Werden nach Abschluss der Ermittlung der Werte nach Satz 3 sachliche oder rechnerische Fehler in den Berechnungsgrundlagen festgestellt, hat das Bundesversicherungsamt diese bei der nächsten Ermittlung der Höhe der Zuweisungen nach den dafür geltenden Vorschriften zu berücksichtigen. Klagen gegen die Höhe der Zuweisungen im Risikostrukturausgleich einschließlich der hierauf entfallenden Nebenkosten haben keine aufschiebende Wirkung.

(7) Das Bundesministerium für Gesundheit regelt durch Rechtsverordnung mit Zustimmung des Bundesrates das Nähere über

1. die Ermittlung der Höhe der Grundpauschale nach Absatz 1 Satz 1 und ihre Bekanntgabe an die Versicherten, der Werte nach Absatz 5 sowie die Art, den Umfang und den Zeitpunkt der Bekanntmachung der für die Durchführung des Risikoausgleichsverfahrens erforderlichen Daten,
2. die Abgrenzung der Leistungsausgaben nach Absatz 2, 4 und 5; dabei können für in § 267 Abs. 3 genannte Versichertengruppen abweichend von Absatz 2 Satz 3 besondere Standardisierungsverfahren und Abgrenzungen für die Berücksichtigung des Krankengeldes geregelt werden,
2a. die Abgrenzung und die Verfahren der Standardisierung der sonstigen Ausgaben nach § 270 sowie die Kriterien der Zuweisung der Mittel zur Deckung dieser Ausgaben,
3. die Abgrenzung der zu berücksichtigenden Versichertengruppen nach § 267 Absatz 2 einschließlich der Altersabstände zwischen den Altersgruppen, auch abweichend von § 267 Absatz 2; hierzu gehört auch die Festlegung der Anforderungen an die Zulassung der Programme nach § 137g hinsichtlich des Verfahrens der Einschreibung der Versicherten einschließlich der Dauer der Teilnahme und des Verfahrens der Erhebung und Übermittlung der für die Durchführung der Programme erforderlichen personenbezogenen Daten,
4. die Berechnungsverfahren sowie die Durchführung des Zahlungsverkehrs einschließlich der Stelle, der die Berechnungen und die Durchführung des Zahlungsverkehrs übertragen werden können,
5. die Fälligkeit der Beträge und die Erhebung von Säumniszuschlägen,
6. das Verfahren und die Durchführung des Ausgleichs,
7. die Festsetzung der Stichtage und Fristen nach § 267; anstelle des Stichtages nach § 267 Abs. 2 kann ein Erhebungszeitraum bestimmt werden,

8. die von den Krankenkassen, den Rentenversicherungsträgern und den Leistungserbringern mitzuteilenden Angaben,
9. die Prüfung der von den Krankenkassen mitzuteilenden Daten durch die mit der Prüfung nach § 274 befassten Stellen einschließlich der Folgen fehlerhafter Datenlieferungen oder nicht prüfbarer Daten sowie das Verfahren der Prüfung und der Prüfkriterien, auch abweichend von § 274.

Abweichend von Satz 1 können die Verordnungsregelungen zu Absatz 4 Satz 2 und Satz 1 Nr. 3 ohne Zustimmung des Bundesrates erlassen werden.

(8) (weggefallen)

(9) Die landwirtschaftliche Krankenkasse nimmt am Risikostrukturausgleich nicht teil.

(10) (weggefallen)

7.5 Bundespflegesatzverordnung (BPflV) - *ohne Anlagen*

Verordnung zur Regelung der Krankenhauspflegesätze (Bundespflegesatzverordnung - BPflV)

Ausfertigungsdatum: 26.09.1994
Stand: Zuletzt geändert durch Art. 16b G v. 21.07.2014

Erster Abschnitt
Allgemeine Vorschriften

§ 1 Anwendungsbereich

(1) Nach dieser Verordnung werden die vollstationären und teilstationären Leistungen der Krankenhäuser vergütet, die nach § 17b Abs. 1 Satz 1 zweiter Halbsatz des Krankenhausfinanzierungsgesetzes nicht in das DRG-Vergütungssystem einbezogen sind. Krankenhaus im Sinne dieser Verordnung ist auch die Gesamtheit der selbstständigen, gebietsärztlich geleiteten Abteilungen für die Fachgebiete Psychiatrie und Psychotherapie, Kinder- und Jugendpsychiatrie und -psychotherapie (psychiatrische Einrichtungen) und für die Psychosomatische Medizin und Psychotherapie (psychosomatische Einrichtungen) an einem somatischen Krankenhaus.

(2) Diese Verordnung gilt nicht für

1. die Krankenhäuser, auf die das Krankenhausfinanzierungsgesetz nach seinem § 3 Satz 1 Nr. 1 bis 4 keine Anwendung findet,
2. die Krankenhäuser, die nach § 5 Abs. 1 Nr. 2, 4 oder 7 des Krankenhausfinanzierungsgesetzes nicht gefördert werden.

(3) Die vor- und nachstationäre Behandlung wird für alle Benutzer einheitlich nach § 115a des Fünften Buches Sozialgesetzbuch vergütet.

§ 2 Krankenhausleistungen

(1) Krankenhausleistungen nach § 1 Abs. 1 sind insbesondere ärztliche Behandlung, auch durch nicht fest angestellte Ärztinnen und Ärzte, Krankenpflege, Versorgung mit Arznei-, Heil- und Hilfsmitteln, die für die Versorgung im Krankenhaus notwendig sind, sowie Unterkunft und Verpflegung; sie umfassen allgemeine Krankenhausleistungen und Wahlleistungen. Zu den Krankenhausleistungen gehören nicht die Leistungen der Belegärzte (§ 18 des Krankenhausentgeltgesetzes).

(2) Allgemeine Krankenhausleistungen sind die Krankenhausleistungen, die unter Berücksichtigung der Leistungsfähigkeit des Krankenhauses im Einzelfall nach Art und Schwere der Krankheit für die medizinisch zweckmäßige und ausreichende Versorgung des Patienten notwendig sind. Unter diesen Voraussetzungen gehören dazu auch

1. die während des Krankenhausaufenthalts durchgeführten Maßnahmen zur Früherkennung von Krankheiten im Sinne des Fünften Buches Sozialgesetzbuch,
2. die vom Krankenhaus veranlaßten Leistungen Dritter,
3. die aus medizinischen Gründen notwendige Mitaufnahme einer Begleitperson des Patienten oder die Mitaufnahme einer Pflegekraft nach § 11 Absatz 3 des Fünften Buches Sozialgesetzbuch,
4. das Entlassmanagement im Sinne des § 39 Absatz 1 Satz 4 des Fünften Buches Sozialgesetzbuch.

Nicht zu den Krankenhausleistungen gehört eine Dialyse.

(3) Bei der Erbringung von allgemeinen Krankenhausleistungen durch nicht im Krankenhaus fest angestellte Ärztinnen und Ärzte hat das Krankenhaus sicherzustellen, dass diese für ihre Tätigkeit im Krankenhaus die gleichen Anforderungen erfüllen, wie sie auch für fest im Krankenhaus angestellte Ärztinnen und Ärzte gelten.

Zweiter Abschnitt
Vergütung der Krankenhausleistungen

§ 3 Vereinbarung eines Gesamtbetrags für die Jahre 2013 bis 2018

(1) Das Vergütungssystem nach § 17d des Krankenhausfinanzierungsgesetzes wird für die Jahre 2013 bis 2018 budgetneutral für das Krankenhaus eingeführt. Für die Jahre 2013, 2014, 2015 oder 2016 (Optionsjahre) erfolgt die Einführung auf Verlangen des

Krankenhauses. Das Krankenhaus hat sein Verlangen zum Zeitpunkt der Aufforderung zur Verhandlung durch die Sozialleistungsträger, frühestens jedoch zum 31. Dezember des jeweiligen Vorjahres, den anderen Vertragsparteien nach § 18 Absatz 2 Nummer 1 oder 2 des Krankenhausfinanzierungsgesetzes schriftlich mitzuteilen. Ab dem 1. Januar 2017 ist die Anwendung des Vergütungssystems für alle Krankenhäuser verbindlich. Für die Jahre 2013 bis 2018 dürfen die nach § 11 Absatz 4 vorzulegenden Nachweise über Art und Anzahl der Entgelte nach § 7 Satz 1 Nummer 1 und 2 nur verwendet werden, um den krankenhausindividuellen Basisentgeltwert nach den Vorgaben des Absatzes 3 zu ermitteln und die Veränderung der medizinischen Leistungsstruktur zu erörtern.

(2) Ab dem krankenhausindividuellen Einführungsjahr bis zum Jahr 2018 ist für ein Krankenhaus ein Gesamtbetrag in entsprechender Anwendung des § 6 Absatz 1 der Bundespflegesatzverordnung in der am 31. Dezember 2012 geltenden Fassung zu vereinbaren, mit der Maßgabe, dass anstelle der Veränderungsrate nach § 6 Absatz 1 Satz 3 der Bundespflegesatzverordnung in der am 31. Dezember 2012 geltenden Fassung der Veränderungswert nach § 9 Absatz 1 Nummer 5 in den Jahren 2015 und 2016 in zweifacher und in den Jahren 2017 und 2018 in einfacher Höhe als maßgebliche Rate für den Anstieg des Gesamtbetrags gilt; für das Jahr 2013 ist zusätzlich § 18 Absatz 1 Satz 2 entsprechend anzuwenden. Ausgangsgrundlage der Vereinbarung ist der für das jeweilige Vorjahr vereinbarte Gesamtbetrag. Dieser wird bei der Vereinbarung nach Satz 1 insbesondere

1. vermindert um
   a) anteilige Kosten für Leistungen, die im Vereinbarungszeitraum in andere Versorgungsbereiche verlagert werden,
   b) darin enthaltene Kosten für Leistungen für ausländische Patientinnen und Patienten, soweit sie nach Absatz 6 aus dem Gesamtbetrag ausgegliedert werden,
2. bereinigt um darin enthaltene Ausgleiche sowie Ausgleichszahlungen aufgrund von Berichtigungen für Vorjahre,
3. verändert um die Ausgliederung oder Wiedereingliederung von
   a) sonstigen Zu- und Abschlägen nach § 7 Satz 1 Nummer 3,
   b) Kosten für Leistungen, die im Vereinbarungszeitraum erstmals im Rahmen von Modellvorhaben nach § 63 des Fünften Buches Sozialgesetzbuch oder von Integrationsverträgen nach § 140b des Fünften Buches Sozialgesetzbuch oder erstmals im Rahmen des Krankenhausbudgets vergütet werden.

Der vereinbarte Gesamtbetrag ist sachgerecht aufzuteilen auf

1. Erlöse für Entgelte nach § 7 Satz 1 Nummer 1 und 2 (Erlösbudget), einschließlich noch nicht ausgegliederter sonstiger Zu- und Abschläge nach § 7 Satz 1 Nummer 3; das Erlösbudget umfasst auch die effektiven Bewertungsrelationen,
2. Erlöse für Entgelte nach § 7 Satz 1 Nummer 4 (Erlössumme nach § 6 Absatz 3). Der Gesamtbetrag und das Erlösbudget nach Satz 4 Nummer 1 sind um Ausgleiche und Berichtigungen für Vorjahre zu verändern; bei einer Berichtigung ist zusätzlich zu der Berichtigung des bisherigen Budgets (Basisberichtigung) ein entsprechender Ausgleich durchzuführen.

(3) Für die Abrechnung der Entgelte nach § 7 Satz 1 Nummer 1 sind für die Jahre 2013 bis 2018 krankenhausindividuelle Basisentgeltwerte zu ermitteln. Dazu werden von dem jeweiligen veränderten Erlösbudget nach Absatz 2 Satz 5 die Summe der Zusatzentgelte und die Erlöse für Überlieger abgezogen und der sich ergebende Betrag wird durch die vereinbarte Summe der effektiven Bewertungsrelationen dividiert. Der für das jeweilige Jahr geltende Basisentgeltwert ist der Abrechnung der mit Bewertungsrelationen bewerteten Entgelte zugrunde zu legen.

(4) Auf Antrag eines nicht nach dem Krankenhausfinanzierungsgesetz geförderten Krankenhauses sind Investitionskosten für neue Investitionsmaßnahmen in dem Gesamtbetrag nach Absatz 2 Satz 1 zusätzlich zu berücksichtigen, soweit der krankenhausindividuelle Basisentgeltwert niedriger ist als der geschätzte durchschnittliche Basisentgeltwert der Krankenhäuser in dem Land. Die Berücksichtigung erfolgt nach Maßgabe des § 17 Absatz 5 Satz 3 des Krankenhausfinanzierungsgesetzes in Verbindung mit § 8 der Bundespflegesatzverordnung in der am 31. Dezember 2012 geltenden Fassung. Die Sätze 1 und 2 gelten entsprechend für Krankenhäuser, die aufgrund einer Vereinbarung nach § 8 Absatz 1 Satz 2 des Krankenhausfinanzierungsgesetzes nur teilweise gefördert werden.

(5) Weicht für die Jahre 2013 bis 2018 die Summe der auf das Kalenderjahr entfallenden Erlöse des Krankenhauses aus Entgelten nach § 7 Satz 1 Nummer 1, 2 und 4 von dem veränderten Gesamtbetrag nach Absatz 2 Satz 5 ab, so werden die Mehr- oder Mindererlöse wie folgt ausgeglichen:

1. Mindererlöse werden für die Jahre 2013, 2014, 2015 und 2016 zu 95 Prozent und ab dem Jahr 2017 zu 20 Prozent ausgeglichen,
2. Mehrerlöse, die infolge einer veränderten Kodierung von Diagnosen und Prozeduren entstehen, werden vollständig ausgeglichen,

3. sonstige Mehrerlöse werden für die Jahre 2013, 2014, 2015 und 2016 zu 65 Prozent ausgeglichen, ab dem Jahr 2017 werden sonstige Mehrerlöse bis zur Höhe von 5 Prozent des veränderten Gesamtbetrags nach Absatz 2 Satz 5 zu 85 Prozent und darüber hinaus zu 90 Prozent ausgeglichen.

Die Vertragsparteien können im Voraus abweichende Ausgleichssätze vereinbaren, wenn dies der angenommenen Entwicklung von Leistungen und deren Kosten besser entspricht. Für den Bereich der mit Bewertungsrelationen bewerteten Entgelte werden die sonstigen Mehrerlöse nach Satz 1 Nummer 3 vereinfacht ermittelt, indem folgende Faktoren miteinander multipliziert werden:

1. Anzahl der Berechnungs- und Belegungstage, die zusätzlich zu denjenigen Berechnungs- und Belegungstagen erbracht werden, die bei der Ermittlung des krankenhausindividuellen Basisentgeltwerts nach Absatz 3 Satz 3 zugrunde gelegt werden,
2. Mittelwert der vereinbarten Bewertungsrelationen je Berechnungs- und Belegungstag; der Mittelwert wird ermittelt, indem die Summe der effektiven Bewertungsrelationen nach Absatz 3 Satz 2 durch die vereinbarten Berechnungs- und Belegungstage dividiert wird, und
3. krankenhausindividueller Basisentgeltwert nach Absatz 3 Satz 3.

Soweit das Krankenhaus oder eine andere Vertragspartei nachweist, dass die sonstigen Mehrerlöse nach Satz 1 Nummer 3 infolge von Veränderungen der Leistungsstruktur mit der vereinfachten Ermittlung nach Satz 3 zu niedrig oder zu hoch bemessen sind, ist der Betrag der sonstigen Mehrerlöse entsprechend anzupassen. Die Mehrerlöse nach Satz 1 Nummer 2 werden ermittelt, indem von den insgesamt angefallenen Mehrerlösen für Entgelte, die mit Bewertungsrelationen bewertet sind, die Mehrerlöse nach Satz 3 oder Satz 4 abgezogen werden.

(6) Auf Verlangen des Krankenhauses werden Leistungen für ausländische Patientinnen und Patienten, die mit dem Ziel einer Krankenhausbehandlung in die Bundesrepublik Deutschland einreisen, nicht im Rahmen des Gesamtbetrags vergütet.

(7) Die Vertragsparteien sind an den Gesamtbetrag gebunden. Auf Verlangen einer Vertragspartei ist bei wesentlichen Änderungen der Annahmen, die der Vereinbarung des Gesamtbetrags zugrunde liegen, der Gesamtbetrag für das laufende Kalenderjahr neu zu vereinbaren. Die Vertragsparteien können im Voraus vereinbaren, dass in bestimmten Fällen der Gesamtbetrag nur teilweise neu vereinbart wird. Der Unter-

schiedsbetrag zum bisherigen Gesamtbetrag ist über den neu vereinbarten Gesamtbetrag abzurechnen; § 15 Absatz 2 Satz 3 gilt entsprechend.

§ 4 Vereinbarung eines Erlösbudgets für die Jahre 2019 bis 2023

(1) Jeweils zum 1. Januar 2019, 2020, 2021, 2022 und 2023 werden der krankenhausindividuelle Basisentgeltwert und das Erlösbudget des Krankenhauses (§ 3 Absatz 2 Satz 4 Nummer 1) stufenweise an den Landesbasisentgeltwert nach § 10 und das sich daraus ergebende Erlösvolumen angeglichen.

(2) Ausgangswert für die Ermittlung des Erlösbudgets für das Jahr 2019 ist das vereinbarte Erlösbudget nach § 3 Absatz 2 Satz 4 Nummer 1 für das Jahr 2018, dessen Basis nach § 3 Absatz 2 Satz 5 berichtigt ist; dieses wird

1. vermindert um

   a) anteilige Kosten für Leistungen, die im Vereinbarungszeitraum in andere Versorgungsbereiche verlagert werden,
   b) die nach Absatz 9 auszugliedernden Leistungen für ausländische Patientinnen und Patienten, soweit sie in dem Gesamtbetrag für das Jahr 2018 enthalten sind,

2. bereinigt um darin enthaltene Ausgleiche sowie Ausgleichszahlungen aufgrund von Berichtigungen für Vorjahre,
3. erhöht um die voraussichtlichen Erlöse aus Entgelten nach § 7 Satz 1 Nummer 1 und 2, soweit bisher nach § 6 Absatz 2 vergütete Leistungen in das Vergütungssystem nach § 17d des Krankenhausfinanzierungsgesetzes einbezogen werden,
4. verändert um die Ausgliederung oder Wiedereingliederung von

   a) sonstigen Zu- und Abschlägen nach § 7 Satz 1 Nummer 3,
   b) Erlösen für Leistungen nach § 6 Absatz 1,
   c) Kosten für Leistungen, die im Vereinbarungszeitraum erstmals im Rahmen von Modellvorhaben nach § 63 des Fünften Buches Sozialgesetzbuch oder von Integrationsverträgen nach § 140b des Fünften Buches Sozialgesetzbuch oder erstmals im Rahmen des Krankenhausbudgets vergütet werden.

Ausgangswert für die Ermittlung der Erlösbudgets für die Jahre 2020 bis 2023 ist jeweils das Erlösbudget des Vorjahres; die Vorgaben des Satzes 1 sind entsprechend anzuwenden.

(3) Der Ausgangswert nach Absatz 2 wird verändert, indem für einen zukünftigen Zeitraum (Vereinbarungszeitraum nach § 11 Absatz 2) folgende Tatbestände berücksichtigt werden:

1. Veränderungen von Art und Menge der voraussichtlich zu erbringenden voll- und teilstationären Leistungen, die von den bundesweiten Entgeltkatalogen nach § 9 Absatz 1 Nummer 1 und 2 umfasst sind,
2. der Veränderungswert nach § 9 Absatz 1 Nummer 5.

Zusätzliche Leistungen nach Satz 1 Nummer 1 werden für das Jahr 2019 zu 45 Prozent, für das Jahr 2020 zu 55 Prozent, für das Jahr 2021 zu 60 Prozent, für das Jahr 2022 zu 70 Prozent und für das Jahr 2023 zu 80 Prozent finanziert und deshalb mit folgendem Anteil der Entgelthöhe, die sich bei Entgelten nach § 7 Satz 1 Nummer 1 unter Anwendung des Landesbasisentgeltwerts ergibt, im Ausgangswert berücksichtigt:

1. 38,9 Prozent für das Jahr 2019,
2. 46 Prozent für das Jahr 2020,
3. 50 Prozent für das Jahr 2021,
4. 55 Prozent für das Jahr 2022 und
5. 60 Prozent für das Jahr 2023;

mit den gleichen Anteilen werden wegfallende Leistungen berücksichtigt, soweit diese Leistungen nicht bereits nach den Vorgaben des Absatzes 2 Satz 1 Nummer 1 budgetmindernd zu berücksichtigen sind. Zur Vereinfachung der Verhandlungen sollen die Vertragsparteien die Vorgaben des Satzes 2 pauschaliert auf die entsprechende Veränderung der Summe der effektiven Bewertungsrelationen anwenden, soweit diese nicht auf Änderungen der Entgeltkataloge, der Abrechnungsbestimmungen oder der Kodierrichtlinien zurückzuführen sind. Soweit im Einzelfall die für zusätzliche Leistungen entstehenden Kosten mit diesen Prozentsätzen nicht gedeckt werden können, vereinbaren die Vertragsparteien abweichend von den Sätzen 2 und 3 eine Berücksichtigung in Höhe eines von Satz 2 abweichenden Prozentsatzes; soweit größere organisatorische Einheiten geschlossen werden und Leistungen nicht mehr erbracht werden, ist der Ausgangswert entsprechend zu verringern. Zusatzentgelte für Arzneimittel sind zu 100 Prozent zu berücksichtigen.

(4) Als Zielwert für die Angleichung nach Absatz 1 wird für die Jahre 2019 bis 2023 jeweils ein Erlösvolumen für das Krankenhaus vereinbart, indem Art und Menge der voraussichtlich zu erbringenden Entgelte nach § 7 Satz 1 Nummer 1 mit dem jeweili-

gen Landesbasisentgeltwert nach § 10 bewertet werden und die ermittelte Summe der Erlöse um die voraussichtliche Summe der Erlöse aus Zusatzentgelten erhöht wird.

(5) Die Angleichung nach Absatz 1 erfolgt für das Jahr 2019 zu 10 Prozent, für die Jahre 2020 und 2021 zu jeweils 15 Prozent und für die Jahre 2022 und 2023 zu jeweils 20 Prozent. Der für die Angleichung nach Absatz 1 maßgebliche Angleichungsbetrag für die Jahre 2019 bis 2023 wird ermittelt, indem jeweils der veränderte Ausgangswert nach Absatz 3 von dem Zielwert nach Absatz 4 abgezogen wird und von diesem Zwischenergebnis folgende Anteile errechnet werden:

1. 10,0 Prozent für das Jahr 2019,
2. 16,7 Prozent für das Jahr 2020,
3. 20,0 Prozent für das Jahr 2021,
4. 33,3 Prozent für das Jahr 2022 und
5. 50,0 Prozent für das Jahr 2023.

Zur Ermittlung der Erlösbudgets für die Jahre 2019 bis 2023 werden der für das jeweilige Jahr maßgebliche veränderte Ausgangswert nach Absatz 3 und der für das gleiche Jahr ermittelte Angleichungsbetrag nach Satz 2 unter Beachtung des Vorzeichens addiert. Bei bisherigen besonderen Einrichtungen nach § 6 Absatz 1, die erstmals nach § 4 verhandeln, ist jeweils der nach Satz 2 für das jeweilige Jahr genannte Prozentsatz anzuwenden. Bei Krankenhäusern, deren Erlösbudget vermindert wird, wird die Angleichung nach den Sätzen 2 und 3 auf höchstens folgende Anteile vom veränderten Ausgangswert nach Absatz 3 begrenzt (Kappungsgrenze):

1. 1,0 Prozent für das Jahr 2019,
2. 1,5 Prozent für das Jahr 2020,
3. 2,0 Prozent für das Jahr 2021,
4. 2,5 Prozent für das Jahr 2022 und
5. 3,0 Prozent für das Jahr 2023.

(6) Zur Ermittlung der für die Jahre 2019 bis 2023 jeweils geltenden krankenhausindividuellen Basisentgeltwerte ist das jeweilige Erlösbudget nach Absatz 5 Satz 3

1. zu vermindern um die voraussichtlichen Erlöse aus Zusatzentgelten sowie Erlöse für Überlieger und
2. zu verändern um noch durchzuführende, vorgeschriebene Ausgleiche für Vorjahre, auch soweit diese Folge einer Berichtigung sind.

Das veränderte Erlösbudget nach Satz 1 wird durch die vereinbarte Summe der effektiven Bewertungsrelationen für die Behandlungsfälle dividiert. Der sich ergebende Basisentgeltwert ist der Abrechnung der mit Bewertungsrelationen bewerteten Entgelte zugrunde zu legen.

(7) Auf Antrag eines nicht nach dem Krankenhausfinanzierungsgesetz geförderten Krankenhauses sind Investitionskosten für neue Investitionsmaßnahmen in dem Erlösbudget zusätzlich zu berücksichtigen, soweit der krankenhausindividuelle Basisentgeltwert niedriger ist als der Landesbasisentgeltwert nach § 10. Die Berücksichtigung erfolgt nach Maßgabe des § 17 Absatz 5 Satz 3 des Krankenhausfinanzierungsgesetzes in Verbindung mit § 8 der Bundespflegesatzverordnung in der am 31. Dezember 2012 geltenden Fassung. Die Sätze 1 und 2 gelten entsprechend für Krankenhäuser, die aufgrund einer Vereinbarung nach § 8 Absatz 1 Satz 2 des Krankenhausfinanzierungsgesetzes nur teilweise gefördert werden.

(8) Das nach Absatz 5 Satz 3 vereinbarte Erlösbudget und die nach § 6 Absatz 3 vereinbarte Erlössumme werden für die Ermittlung von Mehr- oder Mindererlösausgleichen zu einem Gesamtbetrag zusammengefasst. Weicht von diesem Gesamtbetrag die Summe der auf das Kalenderjahr entfallenden Erlöse des Krankenhauses aus den Entgelten nach § 7 Satz 1 Nummer 1, 2 und 4 ab, so werden die Mehr- oder Mindererlöse wie folgt ausgeglichen:

1. Mindererlöse werden zu 20 Prozent ausgeglichen,
2. Mehrerlöse werden bis zur Höhe von 5 Prozent des Gesamtbetrags nach Satz 1 zu 85 Prozent und darüber hinaus zu 90 Prozent ausgeglichen.

Die Vertragsparteien können im Voraus abweichende Ausgleichssätze vereinbaren, wenn dies der angenommenen Entwicklung von Leistungen und deren Kosten besser entspricht.

(9) Auf Verlangen des Krankenhauses werden Leistungen für ausländische Patientinnen und Patienten, die mit dem Ziel einer Krankenhausbehandlung in die Bundesrepublik Deutschland einreisen, nicht im Rahmen des Gesamtbetrags nach Absatz 8 Satz 1 vergütet.

(10) Die Vertragsparteien nach § 11 sind an das Erlösbudget gebunden. Auf Verlangen einer Vertragspartei ist bei wesentlichen Änderungen der Annahmen, die der Vereinbarung des Erlösbudgets zugrunde liegen, das Erlösbudget für das laufende Kalenderjahr neu zu vereinbaren. Die Vertragsparteien können im Voraus vereinbaren, dass in

bestimmten Fällen das Erlösbudget nur teilweise neu vereinbart wird. Der Unterschiedsbetrag zum bisherigen Erlösbudget ist über das neu vereinbarte Erlösbudget abzurechnen; § 15 Absatz 2 Satz 3 gilt entsprechend.

(11) Falls für die Zeit ab dem Jahr 2024 keine andere gesetzliche Regelung in Kraft getreten ist, sind für die Ermittlung des Erlösbudgets Absatz 4 und für die Berücksichtigung von Ausgleichen und Berichtigungen für Vorjahre Absatz 6 Satz 1 entsprechend anzuwenden. Die Absätze 8, 9 und 10 sind anzuwenden.

§ 5 Vereinbarung von Zu- und Abschlägen

(1) Die nach § 9 Absatz 1 Nummer 3 vereinbarten Regelungen für bundeseinheitliche Zu- und Abschläge nach § 17d Absatz 2 Satz 4 des Krankenhausfinanzierungsgesetzes sind für die Vertragsparteien nach § 11 verbindlich. Auf Antrag einer Vertragspartei ist zu prüfen, ob bei dem Krankenhaus die Voraussetzungen für einen Zu- oder Abschlag vorliegen. Wurde für einen Tatbestand ein bundeseinheitlicher Zu- oder Abschlagsbetrag festgelegt, der für die Zwecke der Abrechnung gegenüber den Patientinnen und Patienten oder den Kostenträgern auf eine krankenhausindividuelle Bezugsgröße umgerechnet werden muss, so vereinbaren die Vertragsparteien gemäß den bundeseinheitlichen Vereinbarungen den sich daraus ergebenden krankenhausindividuellen Abrechnungsbetrag oder -prozentsatz.

(2) Für die Vereinbarung von Sicherstellungszuschlägen gilt § 17d Absatz 2 Satz 5 des Krankenhausfinanzierungsgesetzes.

§ 6 Vereinbarung sonstiger Entgelte

(1) Für Leistungen, die mit den nach § 17d des Krankenhausfinanzierungsgesetzes auf Bundesebene bewerteten Entgelten noch nicht sachgerecht vergütet werden können, und ab dem Jahr 2019 für besondere Einrichtungen nach § 17d Absatz 2 Satz 4 des Krankenhausfinanzierungsgesetzes vereinbaren die Vertragsparteien nach § 11 tages-, fall- oder zeitraumbezogene Entgelte, sofern die Leistungen oder die besonderen Einrichtungen nach Feststellung der Vertragsparteien nach § 9 oder in einer Verordnung nach § 17d Absatz 6 Satz 1 Nummer 3 des Krankenhausfinanzierungsgesetzes von der Anwendung der auf Bundesebene bewerteten Entgelte ausgenommen sind. In eng begrenzten Ausnahmefällen vereinbaren die Vertragsparteien Zusatzentgelte. Die Entgelte sind sachgerecht zu kalkulieren; die Empfehlungen nach § 9 Absatz 1 Nummer 4 sind zu beachten.

(2) Für die Vergütung neuer Untersuchungs- und Behandlungsmethoden, die mit den nach § 17d des Krankenhausfinanzierungsgesetzes auf Bundesebene bewerteten Entgelten noch nicht sachgerecht vergütet werden können und nicht gemäß § 137c des Fünften Buches Sozialgesetzbuch von der Finanzierung ausgeschlossen worden sind, sollen die Vertragsparteien nach § 11 erstmals für das Kalenderjahr 2019 zeitlich befristete Entgelte außerhalb des Erlösbudgets nach § 4 und der Erlössumme nach Absatz 3 vereinbaren. Für die Einzelheiten des Verfahrens ist § 6 Absatz 2 Satz 2 bis 9 des Krankenhausentgeltgesetzes entsprechend anzuwenden.

(3) Werden krankenhausindividuelle Entgelte für Leistungen oder besondere Einrichtungen nach Absatz 1 Satz 1 und 2 vereinbart, so ist für diese Entgelte in entsprechender Anwendung des § 6 Absatz 1 der Bundespflegesatzverordnung in der am 31. Dezember 2012 geltenden Fassung eine Erlössumme zu bilden, mit der Maßgabe, dass anstelle der Veränderungsrate nach § 6 Absatz 1 Satz 3 der Bundespflegesatzverordnung in der am 31. Dezember 2012 geltenden Fassung der Veränderungswert nach § 9 Absatz 1 Nummer 5 als maßgebliche Rate für den Anstieg der Erlössumme gilt. Sie umfasst nicht die Entgelte nach Absatz 2. Für die Vereinbarung der Entgelte und der Erlössumme sind Kalkulationsunterlagen nach § 9 Absatz 1 Nummer 4 vorzulegen. Weichen die tatsächlich eintretenden Erlöse von der vereinbarten Erlössumme ab, so sind die Mehr- oder Mindererlöse nach den Vorgaben des § 4 Absatz 8 zu ermitteln und auszugleichen.

Dritter Abschnitt

Entgeltarten und Abrechnung

§ 7 Entgelte für allgemeine Krankenhausleistungen

Die allgemeinen Krankenhausleistungen werden gegenüber den Patientinnen und Patienten oder ihren Kostenträgern mit folgenden Entgelten abgerechnet:

1. mit Bewertungsrelationen bewertete Entgelte nach dem auf Bundesebene vereinbarten Entgeltkatalog (§ 9),
2. Zusatzentgelte nach dem auf Bundesebene vereinbarten Entgeltkatalog (§ 9),
3. Ausbildungszuschlag (§ 17a Absatz 6 des Krankenhausfinanzierungsgesetzes) und sonstige Zu- und Abschläge (§ 17d Absatz 2 Satz 4 und 5 des Krankenhausfinanzierungsgesetzes und Qualitätssicherungsabschläge nach § 8 Absatz 4),

4. Entgelte für besondere Einrichtungen und für Leistungen, die noch nicht von den auf Bundesebene vereinbarten Entgelten erfasst werden (§ 6 Absatz 1),
5. Entgelte für neue Untersuchungs- und Behandlungsmethoden, die noch nicht in die Entgeltkataloge nach § 9 aufgenommen worden sind (§ 6 Absatz 2).

Mit diesen Entgelten werden alle für die Versorgung der Patientinnen und Patienten erforderlichen allgemeinen Krankenhausleistungen vergütet. Darüber hinaus werden folgende Zuschläge abgerechnet:

1. der DRG-Systemzuschlag nach § 17b Absatz 5 des Krankenhausfinanzierungsgesetzes,
2. der Systemzuschlag für den Gemeinsamen Bundesausschuss und das Institut für Qualität und Wirtschaftlichkeit im Gesundheitswesen nach § 91 Absatz 3 Satz 1 in Verbindung mit § 139c des Fünften Buches Sozialgesetzbuch und
3. der Telematikzuschlag nach § 291a Absatz 7a Satz 1 und 2 des Fünften Buches Sozialgesetzbuch.

§ 8 Berechnung der Entgelte

(1) Die Entgelte für allgemeine Krankenhausleistungen sind für alle Patientinnen und Patienten des Krankenhauses einheitlich zu berechnen; § 17 Absatz 5 des Krankenhausfinanzierungsgesetzes bleibt unberührt. Bei Patientinnen und Patienten, die im Rahmen einer klinischen Studie behandelt werden, sind die Entgelte für allgemeine Krankenhausleistungen nach § 7 zu berechnen; dies gilt auch bei klinischen Studien mit Arzneimitteln. Die Entgelte dürfen nur im Rahmen des Versorgungsauftrags berechnet werden; dies gilt nicht für die Behandlung von Notfallpatientinnen und -patienten. Der Versorgungsauftrag des Krankenhauses ergibt sich

1. bei einem Plankrankenhaus aus den Festlegungen des Krankenhausplans in Verbindung mit den Bescheiden zu seiner Durchführung nach § 6 Absatz 1 in Verbindung mit § 8 Absatz 1 Satz 3 des Krankenhausfinanzierungsgesetzes sowie aus einer ergänzenden Vereinbarung nach § 109 Absatz 1 Satz 4 des Fünften Buches Sozialgesetzbuch,
2. bei einer Hochschulklinik aus der Anerkennung nach den landesrechtlichen Vorschriften, aus dem Krankenhausplan nach § 6 Absatz 1 des Krankenhausfinanzierungsgesetzes sowie aus einer ergänzenden Vereinbarung nach § 109 Absatz 1 Satz 4 des Fünften Buches Sozialgesetzbuch,
3. bei anderen Krankenhäusern aus dem Versorgungsvertrag nach § 108 Nummer 3 des Fünften Buches Sozialgesetzbuch.

(2) Tagesbezogene Entgelte für voll- oder teilstationäre Leistungen werden für den Aufnahmetag und jeden weiteren Tag des Krankenhausaufenthalts berechnet (Berechnungstag); der Entlassungs- oder Verlegungstag, der nicht zugleich Aufnahmetag ist, wird nur bei teilstationärer Behandlung berechnet. Satz 1 erster Halbsatz gilt entsprechend bei internen Verlegungen; wird ein Patient oder eine Patientin an einem Tag mehrfach intern verlegt, berechnet nur die zuletzt aufnehmende Abteilung das tagesbezogene Entgelt. Für die zusätzlich zu tagesbezogenen Entgelten berechenbaren Entgelte gelten die Vorgaben des § 8 Absatz 2 Satz 3 Nummer 1, 2 und 4 des Krankenhausentgeltgesetzes entsprechend. Sofern fallbezogene Entgelte zu berechnen sind, gelten die Vorgaben des § 8 Absatz 2 Satz 3, Absatz 5 und 6 des Krankenhausentgeltgesetzes entsprechend. Näheres oder Abweichendes wird von den Vertragsparteien nach § 17b Absatz 2 Satz 1 des Krankenhausfinanzierungsgesetzes vereinbart oder in einer Rechtsverordnung nach § 17d Absatz 6 des Krankenhausfinanzierungsgesetzes geregelt. Für die Patientinnen und Patienten von Belegärzten werden gesonderte Entgelte berechnet.

(3) Krankenhäuser in dem in Artikel 3 des Einigungsvertrages genannten Gebiet berechnen bis zum 31. Dezember 2014 für jeden Berechnungstag den Investitionszuschlag nach Artikel 14 Absatz 3 des Gesundheitsstrukturgesetzes. Bei teilstationärer Behandlung wird der Zuschlag auch für den Entlassungstag berechnet.

(4) Hält das Krankenhaus seine Verpflichtungen zur Qualitätssicherung nicht ein, so sind von den Entgelten nach § 7 Satz 1 Nummer 1 und 2 Abschläge nach § 137 Absatz 1 Satz 2 des Fünften Buches Sozialgesetzbuch vorzunehmen.

(5) Das Krankenhaus kann von Patientinnen und Patienten eine angemessene Vorauszahlung verlangen, soweit ein Krankenversicherungsschutz nicht nachgewiesen wird. Ab dem achten Tag des Krankenhausaufenthalts kann das Krankenhaus eine angemessene Abschlagszahlung verlangen, deren Höhe sich an den bisher erbrachten Leistungen in Verbindung mit den voraussichtlich zu zahlenden Entgelten orientiert. Die Sätze 1 bis 2 gelten nicht, soweit andere Regelungen über eine zeitnahe Vergütung der allgemeinen Krankenhausleistungen in für das Krankenhaus verbindlichen Regelungen nach den §§ 112 bis 114 des Fünften Buches Sozialgesetzbuch oder in der Vereinbarung nach § 11 Absatz 1 getroffen werden.

(6) Das Krankenhaus hat selbstzahlenden Patientinnen und Patienten oder deren gesetzlichem Vertreter die voraussichtlich maßgebenden Entgelte so bald wie möglich schriftlich bekannt zu geben, es sei denn, die Patientin oder der Patient ist in vollem Umfang für die Krankenhausbehandlung versichert. Im Übrigen kann jede Patientin

und jeder Patient verlangen, dass die voraussichtlich abzurechnenden Entgelte unverbindlich mitgeteilt werden. Stehen bei der Aufnahme einer selbstzahlenden Patientin oder eines selbstzahlenden Patienten die Entgelte noch nicht endgültig fest, so ist hierauf hinzuweisen. Dabei ist mitzuteilen, dass das zu zahlende Entgelt sich erhöht, wenn das neue Entgelt während der stationären Behandlung der Patientin oder des Patienten in Kraft tritt. Die voraussichtliche Erhöhung ist anzugeben.

Vierter Abschnitt
Vereinbarungsverfahren

§ 9 Vereinbarung auf Bundesebene

(1) Der Spitzenverband Bund der Krankenkassen und der Verband der privaten Krankenversicherung gemeinsam vereinbaren mit der Deutschen Krankenhausgesellschaft (Vertragsparteien auf Bundesebene) mit Wirkung für die Vertragsparteien nach § 11 insbesondere

1. einen Katalog nach § 17d Absatz 1 des Krankenhausfinanzierungsgesetzes mit insbesondere tagesbezogenen Entgelten einschließlich der Bewertungsrelationen sowie in geeigneten Fällen Regelungen zu Zu- oder Abschlägen, die nach Über- oder Unterschreitung erkrankungstypischer Behandlungszeiten vorzunehmen sind,
2. einen Katalog ergänzender Zusatzentgelte nach § 17d Absatz 2 Satz 2 des Krankenhausfinanzierungsgesetzes einschließlich der Vergütungshöhe,
3. die Abrechnungsbestimmungen für die Entgelte nach den Nummern 1 und 2 sowie die Regelungen zu Zu- und Abschlägen,
4. Empfehlungen für die Kalkulation und die krankenhausindividuelle Vergütung von Leistungen und neuen Untersuchungs- und Behandlungsmethoden, für die nach § 6 gesonderte Entgelte vereinbart werden können,
5. bis zum 31. Oktober jeden Jahres, erstmals für das Jahr 2013, den Veränderungswert nach Maßgabe des § 10 Absatz 6 Satz 5 oder 6 des Krankenhausentgeltgesetzes für die Begrenzung der Entwicklung des Basisentgeltwerts nach § 10 Absatz 3, wobei bereits anderweitig finanzierte Kostensteigerungen zu berücksichtigen sind, soweit dadurch die Veränderungsrate nach § 71 Absatz 3 des Fünften Buches Sozialgesetzbuch nicht unterschritten wird; im Falle des § 10 Absatz 6 Satz 6 des Krankenhausentgeltgesetzes ist die Veränderungsrate nach § 71 Absatz 3 des Fünften Buches Sozialgesetzbuch um 40 Prozent dieser Differenz zu erhöhen,

6. den einheitlichen Aufbau der Datensätze und das Verfahren für die Übermittlung der Daten nach § 11 Absatz 4 Satz 1 sowie die Weiterentwicklung der Abschnitte E1 bis E3 und B1 und B2 nach der Anlage dieser Verordnung.

Abweichend von Satz 1 Nummer 5 zweiter Halbsatz ist für die Jahre 2014 und 2015 die Veränderungsrate nach § 71 Absatz 3 des Fünften Buches Sozialgesetzbuch im Falle des § 10 Absatz 6 Satz 6 des Krankenhausentgeltgesetzes unter Berücksichtigung der Gewährleistung der notwendigen medizinischen Versorgung und von Personal- und Sachkostensteigerungen bis zur vollständigen Höhe dieser Differenz, mindestens jedoch um 40 Prozent dieser Differenz zu erhöhen.

(2) Kommt eine Vereinbarung zu Absatz 1 Nummer 1 bis 3 ganz oder teilweise nicht zustande, gilt § 17d Absatz 6 des Krankenhausfinanzierungsgesetzes. In den übrigen Fällen entscheidet auf Antrag einer Vertragspartei die Schiedsstelle nach § 18a Absatz 6 des Krankenhausfinanzierungsgesetzes; eine Entscheidung zu Absatz 1 Nummer 5 hat die Schiedsstelle bis zum 15. November des jeweiligen Jahres zu treffen.

§ 10 Vereinbarung auf Landesebene

(1) Zur Bestimmung der Höhe der mit Bewertungsrelationen bewerteten Entgelte nach § 9 Absatz 1 Nummer 1 vereinbaren die in § 18 Absatz 1 Satz 2 des Krankenhausfinanzierungsgesetzes genannten Beteiligten (Vertragsparteien auf Landesebene) mit Wirkung für die Vertragsparteien nach § 11 jährlich, erstmals für das Jahr 2019, einen landesweit geltenden Basisentgeltwert (Landesbasisentgeltwert) für das folgende Kalenderjahr. Dabei gehen sie als Ausgangsgrundlage von den Vereinbarungswerten der Krankenhäuser im Land für das laufende Kalenderjahr nach der Anlage zu dieser Verordnung aus, insbesondere von der Summe der effektiven Bewertungsrelationen und der Summe der Erlöse für Entgelte nach § 7 Satz 1 Nummer 1, und schätzen auf dieser Grundlage die voraussichtliche Entwicklung im folgenden Kalenderjahr; soweit Werte für einzelne Krankenhäuser noch nicht vorliegen, sind diese zu schätzen. Die Vertragsparteien auf Landesebene vereinbaren, dass Fehlschätzungen bei den Tatbeständen, die der Vereinbarung des Landesbasisentgeltwerts zugrunde gelegt werden, bei der Vereinbarung des Landesbasisentgeltwerts für das Folgejahr berichtigt werden. Sie haben in der Vereinbarung festzulegen, zu welchen Tatbeständen und unter welchen Voraussetzungen im Folgejahr eine Berichtigung vorgenommen wird. Bei einer Berichtigung ist zusätzlich zu der Berichtigung des vereinbarten Erlösvolumens (Basisberichtigung) ein entsprechender Ausgleich durchzuführen. Die Berichtigung ist nur durchzuführen, soweit im Rahmen des Veränderungswerts nach Absatz 3 bei der zu ändernden Vereinbarung des Vorjahres auch ohne eine Fehlschätzung eine Berücksichtigung des Betrags der Basisberichtigung zulässig gewesen wäre.

(2) Bei der Vereinbarung sind insbesondere zu berücksichtigen:

1. voraussichtliche allgemeine Kostenentwicklungen,
2. Möglichkeiten zur Ausschöpfung von Wirtschaftlichkeitsreserven, soweit diese nicht bereits durch die Weiterentwicklung der Bewertungsrelationen erfasst worden sind,
3. Leistungsveränderungen, soweit diese nicht Folge einer veränderten Kodierung der Diagnosen und Prozeduren sind, in Höhe des geschätzten Anteils der variablen Kosten an den mit Entgelten nach § 7 Satz 1 Nummer 1 bewerteten Leistungen,
4. die Ausgabenentwicklung insgesamt bei den Leistungsbereichen, die nicht durch mit Bewertungsrelationen bewertete Entgelte vergütet werden, soweit diese den Veränderungswert nach § 9 Absatz 1 Nummer 5 überschreiten; dabei werden die Zuschläge nach § 7 Satz 1 Nummer 3 nicht einbezogen,
5. mindernd die Summe der Erlöse, die voraussichtlich im jeweiligen Jahr aufgrund der Kappungsgrenze nach § 4 Absatz 5 Satz 5 bei Krankenhäusern im Land insgesamt nicht budgetmindernd wirksam wird, sowie die Summe der sonstigen Zuschläge nach § 7 Satz 1 Nummer 3, soweit die Leistungen bislang durch den Basisentgeltwert finanziert worden sind,
6. erhöhend die Summe der sonstigen Abschläge nach § 7 Satz 1 Nummer 3, so weit die Leistungen bislang durch den Basisentgeltwert finanziert worden sind,
7. Vereinbarungen nach § 9 Absatz 1.

Bei der Anwendung von Satz 1 Nummer 3 ist sicherzustellen, dass zusätzliche Leistungen bei der Vereinbarung des Landesbasisentgeltwerts mindernd berücksichtigt werden. Soweit infolge einer veränderten Kodierung der Diagnosen und Prozeduren Ausgabenerhöhungen entstehen, sind diese vollständig durch eine entsprechende Minderung des Landesbasisentgeltwerts auszugleichen.

(3) Der nach Absatz 2 vereinbarte Landesbasisentgeltwert darf den um den Veränderungswert nach § 9 Absatz 1 Nummer 5 veränderten und berichtigten Landesbasisentgeltwert des Vorjahres nicht überschreiten. Dies gilt nicht, soweit eine Erhöhung des Landesbasisentgeltwerts lediglich technisch bedingt ist und nicht zu einer Erhöhung der Gesamtausgaben für Krankenhausleistungen führt oder soweit eine Berichtigung von Fehlschätzungen nach Absatz 1 durchzuführen ist. Lediglich technisch bedingt ist eine Erhöhung des Landesbasisentgeltwerts insbesondere dann, wenn sie auf die Weiterentwicklung des Vergütungssystems nach § 17d des Krankenhausfinanzierungsgesetzes oder der Abrechnungsbestimmungen zurückzuführen ist.

(4) Die Vereinbarung des Landesbasisentgeltwerts ist bis zum 30. November jeden Jahres zu schließen. Die Vertragsparteien auf Landesebene nehmen die Verhandlungen unverzüglich auf, nachdem eine Partei dazu schriftlich aufgefordert hat. Die Vereinbarung kommt durch Einigung zwischen den Parteien zustande, die an der Verhandlung teilgenommen haben; sie ist schriftlich abzuschließen. Kommt eine Vereinbarung bis zum 30. November des betreffenden Jahres nicht zustande, so setzt die Schiedsstelle nach § 13 den Landesbasisentgeltwert auf Antrag einer Vertragspartei unverzüglich fest.

§ 11 Vereinbarung für das einzelne Krankenhaus

(1) Nach Maßgabe der §§ 3 bis 6 und unter Beachtung des Versorgungsauftrags des Krankenhauses (§ 8 Absatz 1 Satz 3 und 4) regeln die Vertragsparteien nach § 18 Absatz 2 des Krankenhausfinanzierungsgesetzes (Vertragsparteien) in der Vereinbarung den Gesamtbetrag, das Erlösbudget, die Summe der Bewertungsrelationen, den krankenhausindividuellen Basisentgeltwert, die Erlössumme, die sonstigen Entgelte, die Zu- und Abschläge und die Mehr- und Mindererlösausgleiche. Die Vereinbarung ist für einen zukünftigen Zeitraum (Vereinbarungszeitraum) zu treffen. Die Vereinbarung muss auch Bestimmungen enthalten, die eine zeitnahe Zahlung der Entgelte an das Krankenhaus gewährleisten; hierzu sollen insbesondere Regelungen zu angemessenen monatlichen Teilzahlungen und Verzugszinsen bei verspäteter Zahlung getroffen werden. Die Vereinbarung kommt durch Einigung zwischen den Vertragsparteien zustande, die an der Verhandlung teilgenommen haben; sie ist schriftlich abzuschließen.

(2) Der Vereinbarungszeitraum beträgt ein Kalenderjahr, wenn das Krankenhaus ganzjährig betrieben wird. Ein Zeitraum, der mehrere Kalenderjahre umfasst, kann vereinbart werden.

(3) Die Vertragsparteien nehmen die Verhandlung unverzüglich auf, nachdem eine Vertragspartei dazu schriftlich aufgefordert hat. Die Verhandlung soll unter Berücksichtigung der Sechswochenfrist des § 18 Absatz 4 des Krankenhausfinanzierungsgesetzes so rechtzeitig abgeschlossen werden, dass das neue Budget und die neuen Entgelte mit Ablauf des laufenden Vereinbarungszeitraums in Kraft treten können.

(4) Der Krankenhausträger übermittelt zur Vorbereitung der Verhandlung den anderen Vertragsparteien, den in § 18 Absatz 1 Satz 2 des Krankenhausfinanzierungsgesetzes genannten Beteiligten und der zuständigen Landesbehörde

1. für die Jahre ab 2013, 2014, 2015, 2016 oder 2017 die Abschnitte E1 bis E3 und B1 nach der Anlage dieser Verordnung in der jeweils geltenden Fassung der Vereinbarung nach § 9 Absatz 1 Satz 1 Nummer 6 sowie die Leistungs- und Kalkulationsaufstellung nach Anlage 1 der Bundespflegesatzverordnung in der am 31. Dezember 2012 geltenden Fassung mit Ausnahme der Abschnitte V1, V4, L4 und K4,
2. für die Jahre ab 2019 die Abschnitte E1 bis E3 und B2 nach der Anlage dieser Verordnung oder in der jeweils geltenden Fassung der Vereinbarung nach § 9 Absatz 1 Satz 1 Nummer 6.

Die Daten sind auf maschinenlesbaren Datenträgern vorzulegen. Das Krankenhaus hat auf gemeinsames Verlangen der anderen Vertragsparteien nach § 18 Absatz 2 Nummer 1 und 2 des Krankenhausfinanzierungsgesetzes zusätzliche Unterlagen vorzulegen und Auskünfte zu erteilen, soweit dies zur Beurteilung der Leistungen des Krankenhauses im Rahmen seines Versorgungsauftrags im Einzelfall erforderlich ist und wenn der zu erwartende Nutzen den verursachten Aufwand deutlich übersteigt.

(5) Die Vertragsparteien sind verpflichtet, wesentliche Fragen zum Versorgungsauftrag und zur Leistungsstruktur des Krankenhauses sowie zur Höhe der Zu- und Abschläge nach § 5 so frühzeitig gemeinsam vorzuklären, dass die Verhandlung zügig durchgeführt werden kann.

§ 12 Vorläufige Vereinbarung

Können sich die Vertragsparteien insbesondere über die Höhe des Gesamtbetrags, des Erlösbudgets, des krankenhausindividuellen Basisentgeltwerts oder über die Höhe sonstiger Entgelte nicht einigen und soll deswegen die Schiedsstelle nach § 13 angerufen werden, schließen die Vertragsparteien eine Vereinbarung, soweit die Höhe unstrittig ist. Die auf dieser Vereinbarung beruhenden Entgelte sind so lange zu erheben, bis die endgültig maßgebenden Entgelte verbindlich werden. Mehr- oder Mindererlöse des Krankenhauses infolge der erhobenen vorläufigen Entgelte werden durch Zu- oder Abschläge auf die Entgelte des laufenden oder eines folgenden Vereinbarungszeitraums ausgeglichen.

§ 13 Schiedsstelle

(1) Kommt eine Vereinbarung nach § 10 oder § 11 ganz oder teilweise nicht zustande, entscheidet die Schiedsstelle nach § 18a Abs. 1 des Krankenhausfinanzierungsgesetzes auf Antrag einer der in § 10 oder § 11 genannten Vertragsparteien. Sie ist dabei an die für die Vertragsparteien geltenden Rechtsvorschriften gebunden.

(2) Die Schiedsstelle entscheidet innerhalb von sechs Wochen über die Gegenstände, über die keine Einigung erreicht werden konnte.

(3) (weggefallen)

§ 14 Genehmigung

(1) Die Genehmigung des vereinbarten oder von der Schiedsstelle nach § 13 festgesetzten Landesbasisentgeltwerts nach § 10 und der krankenhausindividuellen Basisentgeltwerte, des Erlösbudgets, der Erlössumme, der sonstigen Entgelte und der Zu- und Abschläge nach § 5 ist von einer der Vertragsparteien bei der zuständigen Landesbehörde zu beantragen. Die zuständige Landesbehörde erteilt die Genehmigung, wenn die Vereinbarung oder Festsetzung den Vorschriften dieser Verordnung sowie sonstigem Recht entspricht. Sie entscheidet über die Genehmigung des Landesbasisentgeltwerts innerhalb von vier Wochen nach Eingang des Antrags.

(2) Die Vertragsparteien und die Schiedsstellen haben der zuständigen Landesbehörde die Unterlagen vorzulegen und die Auskünfte zu erteilen, die für die Prüfung der Rechtmäßigkeit erforderlich sind. Im übrigen sind die für die Vertragsparteien bezüglich der Vereinbarung geltenden Rechtsvorschriften entsprechend anzuwenden. Die Genehmigung kann mit Nebenbestimmungen verbunden werden, soweit dies erforderlich ist, um rechtliche Hindernisse zu beseitigen, die einer uneingeschränkten Genehmigung entgegenstehen.

(3) Wird die Genehmigung eines Schiedsspruches versagt, ist die Schiedsstelle auf Antrag verpflichtet, unter Beachtung der Rechtsauffassung der Genehmigungsbehörde erneut zu entscheiden.

(4) Im Hinblick auf die Genehmigung des Landesbasisentgeltwerts ist der Verwaltungsrechtsweg nur für die Vertragsparteien auf Landesebene gegeben. Ein Vorverfahren findet nicht statt. Die Klage hat keine aufschiebende Wirkung.

§ 15 Laufzeit

(1) Die mit Bewertungsrelationen bewerteten Entgelte und sonstigen Entgelte werden in der für das Kalenderjahr vereinbarten krankenhausindividuellen Höhe vom Beginn des neuen Vereinbarungszeitraums an erhoben. Wird die Vereinbarung erst nach diesem Zeitpunkt genehmigt, so sind die Entgelte ab dem ersten Tag des Monats zu erheben, der auf die Genehmigung folgt, sofern in der Vereinbarung oder

Schiedsstellenentscheidung kein anderer zukünftiger Zeitpunkt bestimmt ist. Bis dahin sind die bisher geltenden Entgelte weiter zu erheben; dies gilt auch bei der Einführung des Vergütungssystems nach § 17d des Krankenhausfinanzierungsgesetzes im Jahr 2013, 2014, 2015, 2016 oder 2017. Sie sind jedoch um die darin enthaltenen Ausgleichsbeträge zu bereinigen, wenn und soweit dies in der bisherigen Vereinbarung oder Festsetzung so bestimmt worden ist.

(2) Mehr- oder Mindererlöse infolge der Weitererhebung der bisherigen Entgelte werden durch Zu- und Abschläge auf die im restlichen Vereinbarungszeitraum zu erhebenden neuen Entgelte ausgeglichen. Wird der Ausgleichsbetrag durch die Erlöse aus diesen Zu- und Abschlägen im restlichen Vereinbarungszeitraum über- oder unterschritten, so wird der abweichende Betrag über die Entgelte des nächsten Vereinbarungszeitraums ausgeglichen; es ist ein einfaches Ausgleichsverfahren zu vereinbaren. Würden die Entgelte durch diesen Ausgleich und einen Betrag nach § 3 Absatz 7 oder § 4 Absatz 10 insgesamt um mehr als 30 Prozent erhöht, sind übersteigende Beträge bis jeweils zu dieser Grenze in nachfolgenden Budgets auszugleichen. Ein Ausgleich von Mindererlösen entfällt, soweit die verspätete Genehmigung der Vereinbarung von dem Krankenhaus zu vertreten ist.

Fünfter Abschnitt
Sonstige Vorschriften

§ 16 Gesondert berechenbare ärztliche und andere Leistungen

Die Berechnung belegärztlicher Leistungen richtet sich nach § 18 des Krankenhausentgeltgesetzes. Die Vereinbarung und Berechnung von Wahlleistungen richten sich nach den §§ 17 und 19 des Krankenhausentgeltgesetzes.

§ 17 Zuständigkeit der Krankenkassen auf Landesebene

Die in dieser Verordnung den Landesverbänden der Krankenkassen zugewiesenen Aufgaben nehmen für die Ersatzkassen die nach § 212 Abs. 5 des Fünften Buches Sozialgesetzbuch benannten Bevollmächtigten, für die knappschaftliche Krankenversicherung die Deutsche Rentenversicherung Knappschaft-Bahn-See und für die Krankenversicherung der Landwirte die Sozialversicherung für Landwirtschaft, Forsten und Gartenbau wahr.

§ 18 Übergangsvorschriften

(1) Krankenhäuser, die in den Jahren 2013, 2014, 2015 oder 2016 nach § 3 Absatz 1 Satz 2 das Vergütungssystem nach § 17d des Krankenhausfinanzierungsgesetzes nicht einführen, haben in diesen Jahren die Bundespflegesatzverordnung in der am 31. Dezember 2012 geltenden Fassung mit der Maßgabe anzuwenden, dass

1. anstelle der Veränderungsrate nach § 6 Absatz 1 Satz 3 ab dem Jahr 2013 der Veränderungswert nach § 9 Absatz 1 Nummer 5 der Bundespflegesatzverordnung in der ab dem 1. Januar 2013 jeweils geltenden Fassung als maßgebliche Rate für den Anstieg des Gesamtbetrags gilt,
2. § 6 Absatz 2 zum 31. Dezember 2012 aufgehoben wird und
3. § 15 Absatz 1 Satz 1 letztmalig für das Jahr 2012 gilt.

Für das Jahr 2013 ist das von den Vertragsparteien vereinbarte Budget um 40 Prozent der nach § 9 Absatz 1 Satz 1 Nummer 5 des Krankenhausentgeltgesetzes vereinbarten Rate erhöhend zu berichtigen, wobei der Berichtigungsbetrag über das Budget des folgenden Pflegesatzzeitraumes abzurechnen ist; § 3 Absatz 2 Satz 5 zweiter Halbsatz ist zu beachten.

(2) Für die Jahre 2013 bis 2018 haben die Krankenhäuser, die eine Vereinbarung nach § 6 Absatz 4 der Bundespflegesatzverordnung in der am 31. Dezember 2012 geltenden Fassung abschließen, den anderen Vertragsparteien nach § 11 eine Bestätigung des Jahresabschlussprüfers über die tatsächliche jahresdurchschnittliche Stellenbesetzung zum 31. Dezember sowie über die zweckentsprechende Mittelverwendung vorzulegen; nicht zweckentsprechend verwendete Mittel sind zurückzuzahlen.

Verwendete Literatur

Albrecht, M./Töpfer, A. (Hrsg.) [2006]

Erfolgreiches Changemanagement im Krankenhaus, Berlin 2006.

Amelung, V. E./Eble, S./Hildebrandt, H. [2011]

Innovatives Versorgungsmanagement. Neue Versorgungsformen auf dem Prüfstand, Berlin 2011.

Amelung, V. E./Meyer-Lutterloh, K./Schmid, E./Seiler, R./Lägel, R./Weatherly, J. N. [2008]

Integrierte Versorgung und Medizinische Versorgungszentren. Von der Idee zur Umsetzung, 2. Aufl., Berlin 2008.

Baumann, M. [2006]

Medizinische Versorgungszentren und Integrationsversorgung, Bayreuth 2006.

Becker, J./Kugeler, M./ Rosemann, M. (Hrsg.) [2012]

Prozessmanagement: Ein Leitfaden zur prozessorientierten Organisationsgestaltung, Heidelberg 2012.

Behrends, B. [2013]

Praxishandbuch Krankenhausfinanzierung. Krankenhausfinanzierungsgesetz. Krankenhausentgeltgesetz. Psych-Entgeltgesetz. Bundespflegesatzverordnung, 2. Aufl., Berlin 2013.

Bettig, U./Büche, V./Roth, M./Thiek, G. [2010]

Pflegewirtschaftslehre. für Krankenhäuser, Pflege-, Vorsorge- und Rehabilitationseinrichtungen, 3. Aufl., Heidelberg 2010.

Bienert, M./Brase, R. [2014]

Management stationärer Pflegeeinrichtungen, Heidelberg 2014.

Blättner, B./Waller, H. [2011]

Gesundheitswissenschaft. Eine Einführung in Grundlagen, Theorie und Anwendung, 5. Aufl., Stuttgart 2011.

Bohnet-Joschko, S. (Hrsg.) [2007]

Wissensmanagement im Krankenhaus, Wiesbaden 2007.

Bonse-Rohrmann, M./Burchert, H. (Hrsg.) [2011]

Neue Bildungskonzepte für das Gesundheitswesen, Bielefeld 2011.

Busse, R./Blümel, M./Ogynyanova, D. [2013]

Das deutsche Gesundheitssystem. Akteure, Daten, Analysen, Berlin 2013.

Burchert, H. (Hrsg.) [2011]

Lexikon Gesundheitsmanagement, Herne 2011.

Butterwegge, C. [2013]

Krise und Zukunft des Sozialstaats, 5. Aufl., Wiesbaden 2013.

Carels, J./Pirk, O. [2005]

Springer Wörterbuch Gesundheitswesen. Public Health von A bis Z, 2. Aufl., Berlin Heidelberg 2005.

Drauschke, P./Drauschke, S./Schade, N. [2013]

Führen im Wandel. Die besten Kolumnen über Kommunikation, Führung und Changemanagement, Heidelberg 2013.

Ehlers, A.P.F./Günter, H.H. [2008]

Arzthaftungsrecht, 4. Aufl., München 2008.

Fleßa, S. [2013]

Grundzüge der Krankenhausbetriebslehre. Band 1, 3. Aufl., München 2013.

Fleßa, S. [2008]

Grundzüge der Krankenhaussteuerung, München 2008.

Frielingsdorf, O. (Hrsg.) [2009]

Professionelle Leitung eines MVZ. Komprimiertes Hintergrundwissen zu Managementaufgaben im MVZ, Heidelberg 2009.

Graf von der Schulenburg, J.-M./ Greiner, W [2013]

Gesundheitsökonomik, 3. Aufl., Mohr Siebeck 2013.

Graumann, M./Schmidt-Graumann, A. [2011]

Rechnungslegung und Finanzierung der Krankenhäuser. Leitfaden für Rechnungslegung, Beratung und Prüfung, 2. Aufl., Herne 2011.

Greiner, W/Graf von der Schulenburg, J.-M./Vauth, C. (Hrsg.) [2008]

Gesundheitsbetriebslehre. Management von Gesundheitsunternehmen, Bern 2008.

Grethler, A. [2011]

Fachkunde für Kaufleute im Gesundheitswesen, 2. Aufl., Stuttgart 2011.

Greulich, A./Onetti, A./Schade, V./Zaugg, B. [2002]

Balanced Scorecard im Krankenhaus. Von der Planung bis zur Umsetzung. Ein Praxishandbuch, Heidelberg 2002.

Hajen, L./Paetow, H./ Schumacher, H. [2011]

Gesundheitsökonomie, 6. Aufl., Stuttgart 2011.

Hellmann, W./Beivers, A./Radtke, C./Wichelhaus, D. (Hrsg.) [2014]

Krankenhausmanagement für Leitende Ärzte, 2. Aufl., Heidelberg 2014.

Hellmann, W./Hoefert, H.-W. (Hrsg.) [2012]

Das Krankenhaus im demografischen Wandel, Heidelberg 2012.

Hellmann, W./Schmid, R./Schmitz, C./Wichelhaus, D. P. (Hrsg.) [2011]

Managementwissen für Krankenhausärztinnen und Krankenhausärzte. Das Basiswissen zu Betriebswirtschaft, Qualitätsmanagement und Kommunikation, Heidelberg 2011.

Hellmann, W./Eble, S./Halbe, B./Kurscheid, C./Wichelhaus, D. (Hrsg.) [2012]

Lexikon Krankenhausmanagement, Heidelberg 2012.

Hellmann, W/ Hoefert, H.W./ Wichelhaus, D. (Hrsg.) [2010]

Ärztliche Karriere im Krankenhaus. Ein Leitfaden für die Übernahme von Führungsaufgaben, Heidelberg 2010.

Hellmann, W./Kretzmann, W./Kurscheid, C./Eble, S. (Hrsg.) [2010]

Medizinische Versorgungszentren erfolgreich führen und weiterentwickeln. Qualität steigern, Erträge ausbauen, Zukunft sichern, Berlin 2010.

Hellmann, W./Eble, S. [2009]

Gesundheitsnetzwerke managen, Berlin 2009.

Hensen, G./Hensen, P. [2011]

Gesundheits- und Sozialmanagement. Lehrbegriffe und Grundlagen modernen Managements, Stuttgart 2011.

Hentze, J./Kehres, E. (Hrsg.) [2010]

Krankenhauscontrolling. Konzepte, Methoden und Erfahrungen aus der Krankenhauspraxis, 4. Aufl., Stuttgart 2010.

Hesse, S./Leve, J./Goerdeler, P./Zapp, W. [2013]

Benchmarking im Krankenhaus. Controlling auf der Basis von InEK-Kostendaten, Wiesbaden 2013.

Jaeckel, R./Heigl, A. [2010]

Lexikon Arzneimittelpolitik, Heidelberg 2010.

Jansen, C. [2012]

Überwindung der Sektorgrenze: Dauerbaustelle des Gesetzgebers, in: Deutsches Ärzteblatt, 109. Jg., Nr. 26, 2012, S. A1363-A1366.

Kaestner, F./Warzok, J./Zechmann, C. [2004]

Crashkurs Innere Medizin, München 2004.

Kahla-Witzsch, H. A. [2009]

Praxiswissen Qualitätsmanagement im Krankenhaus. Hilfen zur Vorbereitung und Umsetzung, 2. Aufl., Stuttgart 2009.

Kampe, D.H./Bächstädt, K.H. (Hrsg.) [2007]

Die Zukunft der Krankenhausfinanzierung, Wegscheid 2007.

Karenberg, A. [2009]

Fachsprache Medizin im Schnellkurs, 2. Aufl., Stuttgart 2009.

Keller, S. [2012]

Ärztenetze und Integrierte Versorgung. Zwischen Anspruch und Wirklichkeit, in: Deutsches Ärzteblatt, 109. Jg., Nr.12, 2012, S. A576-A578.

Kirchler, E. [2011]

Wirtschaftspsychologie. Individuen, Gruppen, Märkte, Staat, 4. Aufl., Göttingen 2011.

Klemperer, D. [2010]

Sozialmedizin – Public Health, Lehrbuch für Gesundheits- und Sozialberufe, Bern 2010.

Kurscheid, C./Beivers, A. [2014]

Gesundheits- und Sozialpolitik, Stuttgart 2014.

Kuster, J./Huber, E./Lippmann, R./Schmid, A./Schneider, E./Witschi, U./Wüst, R. [2006]

Handbuch Projektmanagement, 2. Aufl., Berlin Heidelberg 2006.

Lauterbach, K.W./Stock, St./Brunner, H. [2009]

Gesundheitsökonomie. Ein Lehrbuch für Mediziner und andere Gesundheitsberufe, 2. Aufl., Bern 2009.

Leber, W.D. [2010]

§ 115x: Spezialfachärztliche Versorgung, in: führen und wirtschaften im Krankenhaus, Nr. 6, 27. Jg., 2010.

Mamerow, R. [2013]

Praxisanleitung in der Pflege, 4. Aufl., Heidelberg 2013.

Monzer, M. [2013]

Case Management Grundlagen, Heidelberg 2013.

Moser, K. [2007]

Wirtschaftspsychologie, Heidelberg 2007.

Münzel, H./Zeiler, N. [2010]

Krankenhausrecht und Krankenhausfinanzierung, Stuttgart 2010.

Münzel, H./Zeiler, N. [2008]

Ambulante Leistungen in und an Krankenhäusern. Grundlagen und praktische Umsetzung, Stuttgart 2008.

Naegler, H [2014]

Personalmanagement im Krankenhaus, 3. Aufl., Berlin 2014.

Nerdinger, F. /Blickle, G./Schaper, N. [2008]

Arbeits-und Organisationspsychologie, Heidelberg 2008.

Olfert, K. [2014]

Projektmanagement, 9. Aufl., Herne 2014.

Patzak, G./ Rattay, G. [2009]

Projektmanagement, Leitfaden zum Management von Projekten, Projektportfolios und projektorientierten Unternehmen, 5 Aufl., Wien 2009.

Plötz, H. [2013]

Kleine Arzneimittellehre. Für die Fachberufe im Gesundheitswesen, 6. Aufl., Berlin Heidelberg 2013.

Preusker, U. K. (Hrsg.) [2014]

Das deutsche Gesundheitssystem verstehen. Strukturen und Funktionen im Wandel, 2. Aufl., Heidelberg 2014.

Preusker, U. K. (Hrsg.) [2013]

Lexikon des deutschen Gesundheitssystems, 4. Aufl., Heidelberg 2013.

Preusker, U. K. (Hrsg.) [2012]

Das deutsche Pflegesystem in 100 Stichworten, Heidelberg 2012.

Preusker, U. K. (Hrsg.) [2011]

Das deutsche Gesundheitswesen in 100 Stichworten, Heidelberg 2011.

Rapp, B. [2010]

Praxiswissen DRG. Optimierung von Strukturen und Abläufen, 2. Aufl., Stuttgart 2010.

Rebscher, H./Kaufmann, S. [2013]

Versorgungsmanagement in Gesundheitssystemen, Heidelberg 2013.

Rosenbrock, R./Gerlinger, T. [2014]

Gesundheitspolitik. Eine systematische Einführung, 3. Aufl., Bern 2014.

Rosenthal, T./Wagner, E. [2004]

Organisationsentwicklung und Projektmanagement im Gesundheitswesen, Heidelberg 2004

Rummer, A./Schulz, R.-J. [2012]

Vermeidung des Drehtüreffekts, in: Deutsches Ärzteblatt, 109. Jg., Nr. 15, 2012, S. A746-A748.

Schmeier, S. [2013]

Medizinisches Versorgungszentrum als Konkurrenz oder Ergänzung für das Krankenhaus, München 2013.

Schmitz, S. [2010]

Lexikon Pflegerecht, Hamburg 2010.

Schmola, G./Rapp, B. [2014]

Grundlagen des Krankenhausmanagements. Betriebswirtschaftliches und rechtliches Basiswissen, Stuttgart 2014.

Schöffski, O./Graf von der Schulenburg, J.-M. [2008]

Gesundheitsökonomische Evaluation, 3. Aufl., Heidelberg 2008.

Schulz-Nieswandt, F./Kurscheid, C. [2004]

Integrationsversorgung. Eine Einführung für die gesundheitsökonomische, pflegewissenschaftliche und sozialpolitische Ausbildung, Münster 2004.

Schwarze, J. [2009]

Grundlagen der Statistik. Band 1: Beschreibende Verfahren, 11. Aufl., Herne 2009.

Schwarze, J. [2009]

Grundlagen der Statistik. Band 2: Wahrscheinlichkeitsrechnung und induktive Statistik, 9. Aufl., Herne 2009.

Simon, M. [2013]

Das Gesundheitssystem in Deutschland. Eine Einführung in Struktur und Funktionsweise, 4. Aufl., Bern 2013.

Stock, S./Drablik, A./Büscher, G./Graf, C./Ullrich, W./Gerber, A./Lauterbach, K. W./Lüngen, M. [2010]

German Diabetes Management Programs Improve Quality Of Care And Curb Costs, in: Health Affairs, 29. Jg., Nr. 12, 2010, S. 2197-2205.

Stock, S./Redaelli, M./Lauterbach, K. W. [2008]

Wörterbuch Gesundheitsökonomie, Stuttgart 2008.

Trambacz, J./Borner, A./Döhmen, C./Mauersberg, C./Wehage, A./Schmeier, S./Röblreiter, S./Maaß, P. [2015]

Internationale Gesundheitssysteme im Vergleich, Hamburg 2015.

Trambacz, J. [2014]

Delphi-Befragungen im Gesundheitswesen, München 2014.

Trambacz, J. [2012]

Präventionsmaßnahmen von Methicillin-resistenten Staphylococcus-aureus-Stämmen (MRSA) im stationären Bereich und deren Umsetzung in deutschen Krankenhäusern, München 2012.

Trambacz, J. [2012]

Klinische Behandlungspfade in der Fast-track Chirurgie, München 2012.

Vahs, D./Schäfer-Kunz, J. [2007]

Einführung in die Betriebswirtschaftslehre, 5 Aufl., Stuttgart 2007.

Wasem, J./Staudt, S./Matusiewicz, D. (Hrsg.) [2013]

Medizinmanagement. Grundlagen und Praxis, Berlin 2013.

Wenzel, F. (Hrsg.) [2009]

Handbuch des Fachanwalts Medizinrecht, 23. Aufl., Köln 2009.

Wernitz, M. H./Pelz, J. [2011]

Gesundheitsökonomie und das deutsche Gesundheitswesen, Stuttgart 2011.

Werth, L. [2009]

Psychologie für die Wirtschaft. Grundlagen und Anwendungen, München 2009.

Zapp, W. (Hrsg.) [2014]

Krankenhausmanagement. Organisatorischer Wandel und Leadership, Stuttgart 2014.

Zapp, W. (Hrsg.) [2014]

Strategische Entwicklung im Krankenhaus. Kennzahlen-Portfolio-Geokodierung-Belegungsmanagement, Stuttgart 2014.

Zapp, W./Oswald, J./Bettig, U./Fuchs, C. [2014]

Betriebswirtschaftliche Grundlagen im Krankenhaus, Stuttgart 2014.

Zapp, W./Oswald, J. [2009]

Controlling-Instrumente für Krankenhäuser, Stuttgart 2009.

Gesetzestexte

KHG

http://www.gesetze-im-internet.de/khg/

KHEngG

http://www.gesetze-im-internet.de/khentgg/

SGB V

http://www.gesetze-im-internet.de/sgb_5/

KHBV

http://www.gesetze-im-internet.de/khbv/

BPflV

http://www.gesetze-im-internet.de/bpflv_1994/

Der Autor

Geboren 1987 in Meinerzhagen (NRW). Ausbildung zum Gesundheits- und Krankenpfleger bei den Kliniken der Stadt Köln, danach mehrjährige Tätigkeit am Standort Köln-Merheim. 2011 bis 2014 Bachelorstudium der Gesundheitsökonomie an der Hochschule Fresenius Köln mit den Studienschwerpunkten Krankenhausmanagement und Controlling. Während des Studiums Praktika bei der BDO AG Wirtschaftsprüfungsgesellschaft und der Solidaris Unternehmensberatungs-GmbH. Nach Studienabschluss erst als Klinischer Projektmanager am Sana-Klinikum Remscheid, danach als Stabsstelle Organisationsentwicklung am Evangelischen Krankenhaus Bergisch Gladbach angestellt.

Printed in the United States
By Bookmasters